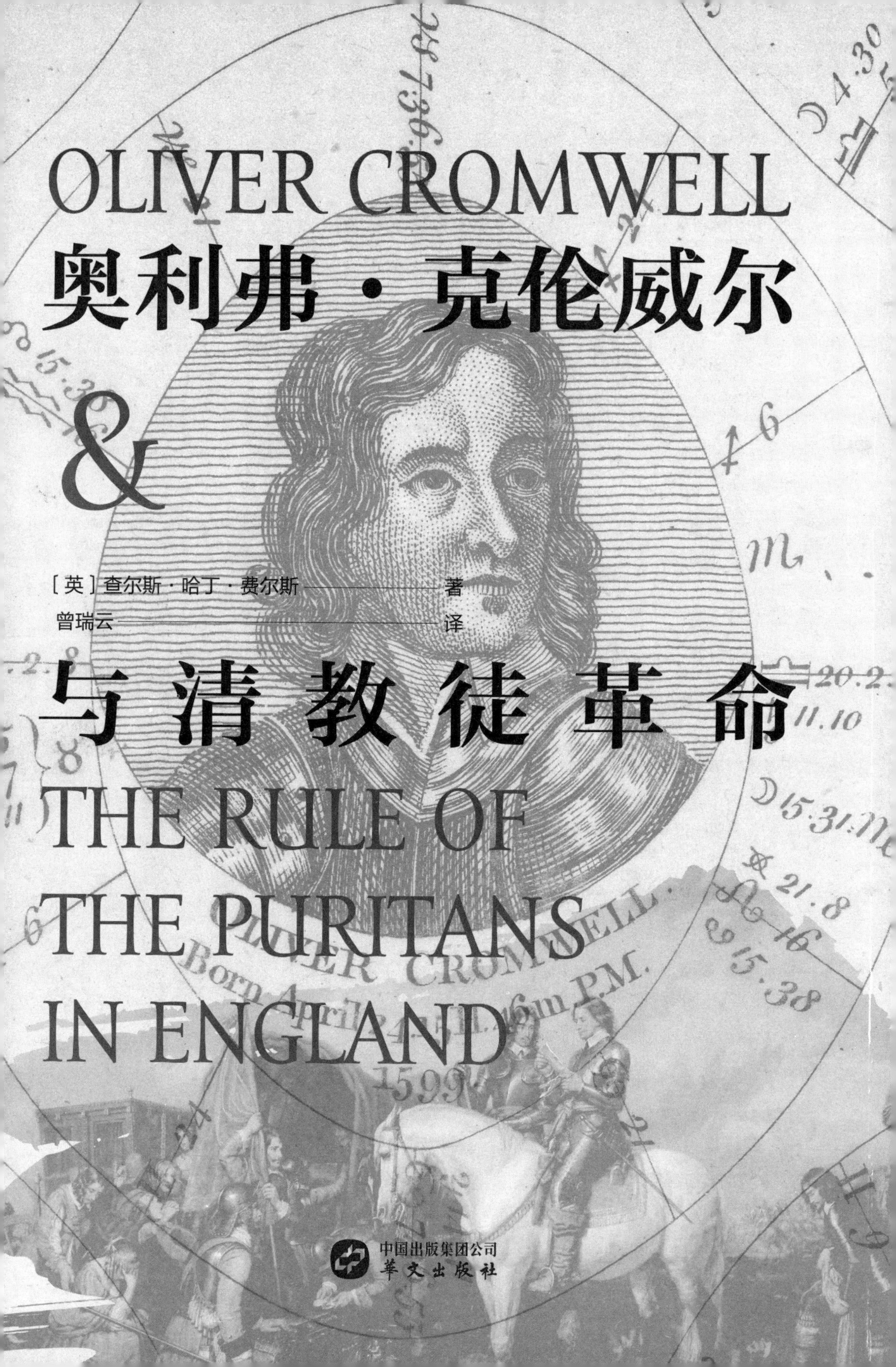

OLIVER CROMWELL
奥利弗·克伦威尔
&
与清教徒革命
THE RULE OF THE PURITANS IN ENGLAND

[英] 查尔斯·哈丁·费尔斯 —— 著
曾瑞云 —— 译

中国出版集团公司
华文出版社

图书在版编目（CIP）数据

奥利弗·克伦威尔与清教徒革命 /（英）查尔斯·哈丁·费尔斯著；曾瑞云译. -- 北京：华文出版社，2019.11

（华文全球史）

ISBN 978-7-5075-5206-5

Ⅰ.①奥… Ⅱ.①查… ②曾… Ⅲ.①克伦威尔(Cromwell, Oliver 1599-1658)—生平事迹②清教徒—革命史 Ⅳ.①K835.617=41②B976.3

中国版本图书馆CIP数据核字(2019)第235991号

奥利弗·克伦威尔与清教徒革命

作　　者：	[英]查尔斯·哈丁·费尔斯
译　　者：	曾瑞云
选题策划：	華 盛 典
插图供应：	029—85504182
责任编辑：	董云梅
出版发行：	华文出版社
社　　址：	北京市西城区广外大街305号8区2号楼
邮政编码：	100055
网　　址：	http：//www.hwcbs.com.cn
电　　话：	总编室010—58336239
	发行部010—58336212
经　　销：	新华书店
印　　刷：	三河市国英印务有限公司
开　　本：	710×1000　1/16
印　　张：	39.25
字　　数：	580千字
版　　次：	2019年11月第1版
印　　次：	2019年11月第1次印刷
标准书号：	ISBN 978-7-5075-5206-5
定　　价：	150.00元

版权所有　侵权必究

出版前言

随着中国开放的大门越开越大,关注世界各国尤其是西方国家文明的源流、发展和未来已经成为当下世界史研究的一个热点,为了成系统地推出一套强调"史源性"且在现有世界史出版物中具有拾遗补阙价值的作品,我们经过认真论证,推出了"华文全球史"系列,首次出版约为一百个品种。

"华文全球史"系列从书目选择到人名地名的规范,从书稿中图片的采用到译者的确定,都有比较严格的遴选规定、编审要求和成稿检查,目的就是要奉献给读者一套具有学术性、权威性的高质量的世界史系列图书。

书目的选择。本系列图书重视世界史学科建设,视角宽阔,层级明晰,数量均衡,有所突出。计划出版的华文全球史中,既有通史,也有专题史,还有回忆录,基本上是世界历史著作中的上乘之作,填补了国内同类作品出版的空白。

人名地名规范。本系列图书中人名地名,译名规范,重视专业性。同时,在人名翻译方面,我们坚持"姓名皆全"的原则,加大考据力度,从而实现了有姓必有名,有名必有姓,方便了读者的使用。另外,在注释方面,书中既有原书注,完整地保留了原著中的注释;也有译者注,体现了译者的研究性成果。

书中的插图。本系列图书的一个重要特征是书中都有功能性插图。这些插图全方位、多层次、宽视角反映当时重大历史事件,或与事件的场景密切相关,涉及政治、军事、经济、社会、外交、人物、地理、民俗、生活等方面的绘画作品与摄影作品。功能性插图与文字结合,赋予文字视觉的艺术,增加了文字的内涵。

译者的确定。本系列图书的翻译主要凭借的是一个以大学教师为主的翻译团队,团队中不乏知名教授和相关领域的资深人士。他们治学严谨,译笔优美,为确保质量奉献良多。

"华文全球史"系列作为一套具有较高学术价值的优秀的世界历史丛书,对增加读者的知识,开阔读者的视野,具有积极的意义。同时要看到,一方面很多西方历史学家的观点符合事实,另一方面不少西方历史学家的观点是错误的,对于这些,我们希望读者不要不加分析地全盘接受或全盘否定,而是要批判地吸收外国文化中有益的东西。

华文出版社
2019年8月

序言

本书部分取自笔者于1888年在《国家传记辞典》上发表的文章，同时加入了笔者后来的研究成果，以及《克拉克文件》等新近发表的文献。B.V.达比希尔先生特意为本书还原了书中提到的作战计划。其中有两场战争的作战计划与广为接受的说法大不相同。本书不准备讨论做出改动的原因，但有关作战计划的证据均经过仔细审查，任何与既定记录不相符的部分均系有意为之。希望进一步阅读相关资料的读者可参阅《皇家历史学会学刊（新系列）》第十二卷中的一篇关于马斯顿荒原战役的研究文章及第十四卷中一篇关于邓巴战役的论文。

根据需要，作者引用奥利弗·克伦威尔书信和演讲时做了适当删减。

查尔斯·哈丁·费尔斯

目 录

001　第 1 章
　　　奥利弗·克伦威尔的早期岁月（1599—1629）

037　第 2 章
　　　内战前夕（1629—1640）

079　第 3 章
　　　长期议会（1640—1642）

109　第 4 章
　　　第一次内战（1642）

133　第 5 章
　　　东部联盟（1643）

161　第 6 章
　　　马斯顿荒原战役（1644）

191　第 7 章
　　　纳斯比战役和兰波特战役（1645—1646）

223	第 8 章 长老会和独立派（1642—1647）
239	第 9 章 军队与议会（1647—1648）
265	第 10 章 第二次内战（1648）
281	第 11 章 处决查理一世（1648—1649）
315	第 12 章 共和国及其敌人（1649）
339	第 13 章 爱尔兰（1649—1650）
363	第 14 章 奥利弗·克伦威尔和苏格兰（1650—1651）
393	第 15 章 长期议会的终结（1651—1653）
425	第 16 章 护国制的建立（1653）
443	第 17 章 奥利弗·克伦威尔的对内政策（1654—1658）
465	第 18 章 奥利弗·克伦威尔的对外政策（1654—1658）

491	**第 19 章** 奥利弗·克伦威尔的殖民政策
509	**第 20 章** 奥利弗·克伦威尔及其议会
531	**第 21 章** 奥利弗·克伦威尔之死（1658—1660）
555	**第 22 章** 奥利弗·克伦威尔和家庭
573	**第 23 章** 奥利弗·克伦威尔：国家未来的塑造者
591	**译名对照表**

第 1 章

奥利弗·克伦威尔的早期岁月

（1599—1629）

自任护国主后，奥利弗·克伦威尔曾经对一名议员说："我出身绅士家庭，虽非名门，但也绝不是无名之辈。"在宗教改革时期，许多英格兰家族财富累增，声名鹊起。克伦威尔家族便是其中之一。这个家族的发家应归功于第一代埃塞克斯伯爵托马斯·克伦威尔。作为亨利八世的首席大臣，第一代埃塞克斯

第一代埃塞克斯伯爵托马斯·克伦威尔

伯爵托马斯·克伦威尔曾经一手摧毁了英格兰修道院的势力。1494年,第一代埃塞克斯伯爵托马斯·克伦威尔的姐姐凯瑟琳·克伦威尔嫁给了普特尼富裕的酿酒商摩根·威廉姆斯。摩根·威廉姆斯的家族发家于格拉摩根郡。凯瑟琳·克伦威尔的长子理查德·克伦威尔[①]随母姓,追随舅舅第一代埃塞克斯伯爵托马斯·克伦威尔进入亨利八世宫廷,协助第一代埃塞克斯伯爵托马斯·克

亨利八世

---

① 理查德·克伦威尔,亨利八世宫廷中的朝臣。——译者注

克莱沃的安妮

伦威尔与难缠的英格兰教会人士周旋。由于与亨利八世的政务大臣有亲戚关系，理查德·克伦威尔一路财运亨通，获赐大量土地。1537年，理查德·克伦威尔获赐亨廷顿附近欣钦布鲁克的本笃会①小修道院。1540年，富饶的拉姆西本笃会大修道院及附属的几个最有价值的庄园也被他收归名下。紧随财富而来的是无上的荣誉。1540年五朔节②，亨利八世迎娶克莱沃的安妮。为庆祝这桩英格兰和德意志这两个新教国家的联姻，1540年5月1日，在威斯敏斯特举行了盛

---

① 本笃会，天主教的一个隐修会。529年，在意大利中部卡西诺山，意大利人圣本笃创立了本笃会。——译者注
② 五朔节，为了庆祝春天到来的西方传统节日，定在每年的5月1日。在这一天，人们围着五月柱唱歌跳舞，给民间推选的"五月皇后"加冕，有时还伴随其他体育竞技活动。——译者注

大的体育竞技大会。理查德·克伦威尔与其他五人一道,击败所有挑战者,获得冠军,捍卫了英格兰的荣誉。亨利八世对理查德·克伦威尔的精妙剑术极其赞赏,赏赐他一枚钻石戒指,并封他为骑士。

然而,仅仅过了六周,权势熏天的第一代埃塞克斯伯爵托马斯·克伦威尔的势力就一落千丈。第一代埃塞克斯伯爵托马斯·克伦威尔对宗教改革的推进速度已经远超亨利八世的预期,他帮亨利八世物色的新妻子克莱沃的安妮也受到憎恶。亨利八世抱怨道:"不管别人怎么说,她长得可不美。"亨利八世突然下令休妻。连同克莱沃的安妮一起被废的还有之前的治国政策和首席大臣。1540年6月10日,因叛国罪,第一代埃塞克斯伯爵托马斯·克伦威尔在会议厅被逮捕,并被送入伦敦塔①。人们说"他改革宗教的方式卑鄙无情,却又正确无私",但亨利八世将这个改革践踏在地。第一代埃塞克斯伯爵托马斯·克伦威尔热衷于推进宗教改革。他一度放言,即使国王和整个王国都不赞同宗教改革,他也会凭一己之力剑指国王及任何反对者。第一代埃塞克斯伯爵托马斯·克伦威尔深信如果上天能多给他一两年时间,"所有事务都将在他精心设计的制度体系下运行,而不必取决于国王的好恶"。1540年7月28日,第一代埃塞克斯伯爵托马斯·克伦威尔被送上断头台。

当第一代埃塞克斯伯爵托马斯·克伦威尔被处死后,同情他的人很少,悼念他的人只有理查德·克伦威尔一人。据传,理查德·克伦威尔竟敢违逆上意,身着丧服出入宫廷。看在理查德·克伦威尔有孝心的分上,亨利八世宽恕了他。终其一生,理查德·克伦威尔深受亨利八世的宠信,先后被任命为枢密院绅士②和伯克利城堡的治安官③,获赐更多土地。1544年,理查德·克伦威尔去世。

---

① 伦敦塔,位于伦敦市中心泰晤士河北岸。1100年到1952年,伦敦塔一直被作为监狱使用。——译者注
② 枢密院绅士,王室的仆人。当王宫举行各种仪式和娱乐活动时,枢密院绅士负责照顾国王和王后。如果得到国王恩宠,他们还可以替国王传口谕。——译者注
③ 治安官,治安系统中的一个低级职位,其他没有这个头衔的人也可以被授予治安官的权力。——译者注

伦敦塔

理查德·克伦威尔的儿子亨利·克伦威尔①建造了欣钦布鲁克庄园。在伊丽莎白一世统治时期,亨利·克伦威尔获得爵位,并在伊丽莎白一世的一次出巡中接待圣驾。亨利·克伦威尔爵士曾经四次担任亨廷顿郡的郡长。在西班牙无敌舰队②入侵期间,作为亨廷顿郡的首领,亨利·克伦威尔爵士率军队奋力抵

伊丽莎白一世

---

① 亨利·克伦威尔,1563年作为亨廷顿郡骑士位列下议院,曾经四次被伊丽莎白一世任命为剑桥郡和亨廷顿郡的郡长。——译者注
② 西班牙无敌舰队,在1588年5月下旬从佛兰德斯出发入侵英格兰的一支西班牙舰队。这支舰队由一百三十艘船组成,目的是推翻伊丽莎白一世和英格兰新教。——译者注

西班牙无敌舰队入侵期间与英格兰舰队交战

抗。除了装备分内的四名士兵,亨利·克伦威尔爵士还出资为二十六名骑兵提供装备,并号召民兵进行正规操练,学会"正确、充分地使用手中的武器"。在宗教问题上,亨利·克伦威尔爵士呼吁用"基督的真诚信仰"对抗"教皇的邪恶迷信"。亨利·克伦威尔爵士的长篇演讲充满着激情,与数十年后他孙子护国主奥利弗·克伦威尔的演讲极其相似。亨利·克伦威尔爵士以富有和慷慨闻名,人称"黄金骑士"。亨利·克伦威尔爵士的子女均与东部各郡的上流家族联姻。其中小女儿弗朗西丝·克伦威尔生下了爱德华·沃利,即后来的弑君者之一;另一个女儿伊丽莎白·克伦威尔嫁给了威廉·汉普登,生下了约翰·汉普登。

在亨利·克伦威尔爵士的儿子中,继承人奥利弗·克伦威尔[①]是一个纨绔

[①] 奥利弗·克伦威尔,地主、律师、政治家,护国主奥利弗·克伦威尔的叔叔。1589年到1625年多次位列下议院。——译者注

子弟。面对父亲亨利·克伦威尔爵士的慷慨大方,奥利弗·克伦威尔愈加挥霍无度。詹姆斯一世到英格兰即位时,途经欣钦布鲁克,受到奥利弗·克伦威尔的盛情款待。当时有记载称:"这是詹姆斯一世从苏格兰出发以来从未有过的盛情款待。"在加冕礼上,詹姆斯一世封奥利弗·克伦威尔为"巴斯骑士"①。在詹姆斯一世统治期间,巴斯骑士奥利弗·克伦威尔又三次承接御驾。

詹姆斯一世

---

① 巴斯骑士,这个称谓来源于中世纪精心设计的任命骑士的仪式。作为净化的象征,受洗是任命仪式的其中一个环节。而通过这种仪式获得任命的骑士被称为"巴斯骑士"。 译者注

亨利·克伦威尔爵士的次子罗伯特·克伦威尔[①]继承了自己名下位于亨廷顿的一处地产。这处地产当时每年可收入三百英镑，约合现在的九百到一千二百英镑。1593年，罗伯特·克伦威尔曾代表亨廷顿出席议会，担任该区的行政长官，还是郡治安法官之一。罗伯特·克伦威尔娶了威廉·林恩的遗孀伊丽莎白·斯图尔德。威廉·林恩留给伊丽莎白·斯图尔德的遗产每年为她带来六十英镑的收入。伊丽莎白·斯图尔德是伊利的威廉·斯图尔德的女儿，家境富裕。斯图尔德家族与伊利的最后一位修道院院长罗伯特·斯图尔德有亲戚关系。这位院长也是伊利第一位新教教长，因而斯图尔德家族能用非常优惠的价格租用教会土地，还成为教会什一税[②]用地的农场主。因此，有传说牵强附会地将斯图尔德家族与这个家族后人推翻的斯图亚特王朝联系在一起。但据历史记载，斯图尔德家族起源于诺福克郡一个名为斯提尔德的家族。后来的护国主奥利弗·克伦威尔[③]是罗伯特·克伦威尔的第五个孩子，也是唯一一个幸存下来的男孩儿。1599年4月25日，奥利弗·克伦威尔出生于亨廷顿。1599年4月29日，他在当地的圣约翰教堂受洗，取了与伯父一样的名字。有关他少年生活的记载很少。一位保王派传记作家说，从小奥利弗·克伦威尔就"脾气暴躁"。而同时代的颂词作者则认为，他在很小的时候就表现出"良好的洞察力、较高的智力和坚定果断的判断力"。

关于这位伟人，出现过很多传说。有人说奥利弗·克伦威尔曾经多次经历生死。关于奥利弗·克伦威尔后来的崇高地位，更是有许多神奇的预兆。据说奥利弗·克伦威尔做过一个奇怪的梦，在梦中幽灵对他说："你将成为英格兰最伟大的人，近似国王。"还有一个故事说，在学校的一次表演中，奥利弗·克伦威尔扮演国王，头戴王冠，并在台词中加入自创的"威严有力的词句"。当

---

① 罗伯特·克伦威尔，护国主奥利弗·克伦威尔的父亲，在亨廷顿定居。——译者注
② 源于《圣经·旧约》时代，它的希伯来文原意是"十分之一"。作为对宗教组织的进奉或政府的强制性税收，什一税通常以农产品等实物支付，后来发展成以现金、支票或股票支付。——译者注
③ 奥利弗·克伦威尔，英国政治人物、国会议员、独裁者，在1653年到1658年出任护国主。——译者注

托马斯·比尔德博士

然，这些传说不过是一些子虚乌有的故事。但可以肯定的是，奥利弗·克伦威尔在亨廷顿一所公费学校上过学。当时的校长托马斯·比尔德博士是一个清教徒，曾经写过拉丁戏剧，力证教皇是反基督的。托马斯·比尔德博士写了《上帝审判剧场》。其中提到，无论是在此世还是彼世，人如果犯罪，必遭上帝惩罚。托马斯·比尔德博士是一个严厉的校长，信奉棍棒出纪律。一位传记作者说,在纠正年轻的奥利弗·克伦威尔的举止时,托马斯·比尔德博士"手持棍棒,目光严厉"。这些或许属实,但并不妨碍这对师生日后成为忘年之交。

十七岁时,奥利弗·克伦威尔前往剑桥。1616年4月23日,他成为西德尼·苏塞克斯学院①的一名自费生。西德尼·苏塞克斯学院建于1596年,是威

威廉·劳德

① 西德尼·苏塞克斯学院,简称西德尼学院,是英国剑桥大学下属的一所学院,于1596年根据苏塞克斯伯爵夫人弗朗西斯·西德尼的遗嘱成立,并以她的名字命名。——译者注

廉·劳德后来批评的两个清教主义摇篮当中的一个。西德尼·苏塞克斯学院的校长塞缪尔·沃德博学广闻，极度虔诚。塞缪尔·沃德纪律严明，要求所有学生详细记录听到的布道，违反纪律者则会在礼堂被当众鞭打。在剑桥，奥利弗·克伦威尔表现并不出众，但也没有虚度光阴。奥利弗·克伦威尔语言天赋不高。传记作者吉尔伯特·伯内特[①]说，他"不会外语，仅在学校学了一些拉丁语，也说得磕磕巴巴、错漏百出"。成为护国主后，奥利弗·克伦威尔学的拉丁语使他勉强能和荷兰大使交谈。

塞缪尔·沃德

[①] 吉尔伯特·伯内特，苏格兰哲学家和历史学家，他的自传《我的时代》于1724年首次出版，涵盖了从英国内战到1713年《乌得勒支和约》签订之间的英国历史。这部作品虽然带有党派性，但被认为是对那段时期的历史事件的一份详细公正的记录，具有相当高的历史权威，本书作者从中进行了大量引用。——译者注

吉尔伯特·伯内特

另一位传记作家说，奥利弗·克伦威尔"主要擅长数学"。诗人埃德蒙·沃勒是奥利弗·克伦威尔的亲戚，经常提到他"广泛涉猎希腊罗马故事"。奥利弗·克伦威尔在给儿子理查德·克伦威尔[①]的建议中写道："读点历史，学习数学和宇宙结构学有助于我们服从上帝的意志，更好地为公众服务。这是我们天生的义务。"这印证了奥利弗·克伦威尔对历史和数学的喜好。和蒙特罗斯侯爵詹姆斯·格雷汉姆一样，奥利弗·克伦威尔将沃尔特·雷利爵士的《世界史》列

---

① 理查德·克伦威尔，护国主奥利弗·克伦威尔的第三个儿子，英吉利共和国第二代护国主，在任时间为1658年9月3日到1659年5月25日。——译者注

埃德蒙·沃勒

理查德·克伦威尔

蒙特罗斯侯爵詹姆斯·格雷汉姆

沃尔特·雷利爵士

为最喜欢的读物,并敦促儿子理查德·克伦威尔认真研读。他告诫理查德·克伦威尔:"这是完整的历史体系,比零散的故事更能加深你对历史的理解。"

奥利弗·克伦威尔的导师曾经带有偏见地说,与学习相比,奥利弗·克伦威尔更喜欢运动。保王派的传记作家更是贬低他早年对体育运动的偏好。一个保王派传记作家写道:"他厌倦学习,更喜欢骑马和户外运动。"另一位保王派传记作家也写道:"他在剑桥留下的声名,更多是在运动方面,而不是学业方面。他组织足球、单棒①等各项激烈运动和比赛,并担当主力队员。"

奥利弗·克伦威尔在剑桥大学待了多长时间尚不清楚,但可以肯定的是,他没等拿到学位就离开了。据猜测,奥利弗·克伦威尔提前离开剑桥是因为父亲罗伯特·克伦威尔的离世。1617年6月24日,罗伯特·克伦威尔被葬在亨廷顿的万圣教堂。奥利弗·克伦威尔在亨廷顿待了一段时间,帮助母亲伊丽莎白·斯图尔德管理庄园,处理父亲罗伯特·克伦威尔的后事。接着,奥利弗·克伦威尔去伦敦学习乡绅所必需的一些法律知识。后来担任治安法官和议会议员时奥利弗·克伦威尔之所以表现出众,这些法律知识功不可没。一位当代传记作家写道:"他前往林肯律师学院学习法律,渴望成为一名真正的绅士,一个良好的英格兰公民。"虽然奥利弗·克伦威尔的名字没有出现在伦敦法律协会的册子里,但后来的事实证明,他被接受了。

1620年8月22日,奥利弗·克伦威尔娶了伊丽莎白·布尔奇尔,这时他的父亲罗伯特·克伦威尔已经去世三年了。他们的婚礼在克利伯盖特的圣吉尔斯教堂举行。伊丽莎白·布尔奇尔是詹姆斯·布尔奇尔爵士的女儿。詹姆斯·布尔奇尔爵士是一个伦敦商人,住在塔山②,在埃塞克斯郡的费尔斯特德拥有地产。据猜测,伊丽莎白·布尔奇尔可能带来了大量嫁妆,因为婚后第二天,奥利弗·克伦威尔就立下字据指定死后将由妻子伊丽莎白·布尔奇尔继承位于亨廷顿郡哈特福德的教区牧师住宅及教会附属土地和什一税田,并承诺如有违约,

---

① 单棒,或单剑,使用木棍当武器的一种武术运动。——译者注
② 塔山,伦敦塔西北部的一片城市建筑和花园广场,位于伦敦城边界外。——译者注

伊丽莎白·布尔奇尔

罚款四千英镑。伊丽莎白·布尔奇尔比奥利弗·克伦威尔大一岁，是一位公认的贤妻。尽管保王派作家对伊丽莎白·布尔奇尔的外貌冷嘲热讽，但如果她的肖像画是没有经过粉饰，她其实并不算丑。伊丽莎白·布尔奇尔对奥利弗·克伦威尔的爱可谓真挚而持久。1650年，伊丽莎白·布尔奇尔写信给奥利弗·克伦威尔说："你不在时，我的生命如残月。"伊丽莎白·布尔奇尔还抱怨奥利弗·克伦威尔不写信给她，奥利弗·克伦威尔回信解释说："在你的许多信中说我不该忽略你和孩子，这是冤枉的。但说真的，如果不是因为太爱你，我不会犯这么多的错误。于我而言，你比世间万物更珍贵。这就够了。"

婚后，奥利弗·克伦威尔在亨廷顿安顿下来，经营父亲罗伯特·克伦威尔留给自己的土地。罗伯特·克伦威尔将身后地产所得的三分之二留给了妻子伊丽莎白·斯图尔德，为期二十一年，以抚养两个女儿。由此可知，奥利弗·克伦威尔在结婚初期收入甚微。不过，奥利弗·克伦威尔的舅舅托马斯·斯图尔德爵士已经指定他为继承人。1628年，奥利弗·克伦威尔的叔叔理查德·克伦威尔[①]将位于亨廷顿的一小笔财产留给了他。有证据表明，在亨廷顿定居不久，奥利弗·克伦威尔就赢得了邻居们的一致好评。1628年2月，奥利弗·克伦威尔当选为议员，代表家乡参加了查理一世召开的第三届议会。奥利弗·克伦威尔

查理一世

① 理查德·克伦威尔，亨利·克伦威尔爵士的小儿子，罗伯特·克伦威尔的弟弟。——译者注

奥利弗·克伦威尔的纹章

的当选一方面是由于克伦威尔家族在当地的威望和家族与所在选区的长期联系，另一方面是因为奥利弗·克伦威尔本人的性格和声誉。克伦威尔家族在当地根基较深，但由于族长过度奢侈、耗费财力，家族影响力已江河日下。1627年，为了还债，奥利弗·克伦威尔的叔叔巴斯骑士奥利弗·克伦威尔不得不将欣钦布鲁克庄园卖给西德尼·蒙塔古爵士，去了拉姆西。巴斯骑士奥利弗·克伦威尔曾经八次代表亨廷顿出席议会，但也就到此为止了。此后，蒙塔古家族取代克伦威尔家族成为亨廷顿郡的第一家族。

奥利弗·克伦威尔初登英格兰政治舞台，恰逢查理一世和议会之间的争斗日趋白热化。对亨利八世来说，议会不过是他用来在教会和国家事务上为所欲为的工具。对伊丽莎白一世来说，议会虽然偶尔有抱怨和不从，但总体还算温顺听话，是她忠实的奴仆。在伊丽莎白一世统治期间，下议院逐渐发展壮大并开始意识到自身力量。这种意识来自两方面：一方面，摧毁修道院充实了乡绅的财富，而地方政府的发展也让乡绅得到了政治上的锻炼；另一方面，商业的兴起也给普通商人和企业家带来了巨大财富。在中上层阶级中，宗教改革引领了一种质疑精神。他们开始质疑宗教权威，进而质疑政治权威。

反抗精神首先在宗教问题上显露出来。亨利八世将英格兰教会从天主教教会中分离出来。亨利八世这样做不是为了改变教义，而是为了让自己成为英格兰教会的主宰。在亨利八世统治期间，第一代埃塞克斯伯爵托马斯·克伦威尔尝试的教义改革以失败告终。而在亨利八世之子爱德华六世统治期间，萨默

爱德华六世

玛丽一世

塞特公爵爱德华·西摩和沃里克伯爵约翰·达德利却对教义进行全面改革。在玛丽一世统治期间，宗教改革出现逆转。玛丽一世提倡天主教，这激起了大多数英格兰人的反对。伊丽莎白一世恢复了新教，重新确立了国家对教会的控制。伊丽莎白一世自称"最高统治者"而非"教会领袖"①，但保留了亨利八世确立的君权至上的关键因素。为了安抚英格兰天主教教徒，伊丽莎白一世中和了英格兰国教的教义和仪式，使新教特征不那么明显。即便如此，为了强化自

---

① "教会领袖"，《新约》里对耶稣的称呼，罗马天主教沿用此称呼，称教皇为"可见的领袖"，以区别于耶稣的"不可见的领袖"。因此，"教会领袖"这一称呼具有教皇制天主教色彩，自伊丽莎白女王后，英格兰教会就使用"教会最高统治者"以示与罗马天主教分裂。——译者注

己的宗教折中政策，伊丽莎白一世不得不诉诸武力。年复一年，拒绝改变信仰的天主教教徒受到的惩罚日益加重，日子日趋艰辛，但依然有成千上万的天主教教徒意志坚定，他们宁可承受折磨也不愿放弃信仰。

伊丽莎白一世的折中政策非但没有压制天主教，反倒催生了清教主义和新教中的反对统一宗教的倾向。清教主义代表了第一个"新教的新教主义"，信奉者自称清教徒，意图恢复教会在教义、礼拜和管理上的纯净。有些人满足于现状，只要教义和礼拜仪式合他们的胃口，他们就能接受主教的统治和君权至上的价值观念。另一些人则希望简化礼拜仪式，建立更民主的管理形式。他们试图将英格兰圣公会①转变成苏格兰或日内瓦式的教会。这些人是查理一世时期长老会②成员的先驱。另有一小群极端分子完全脱离了国教，成立了自

长老会的标志

---

① 英格兰圣公会，是基于西方基督教传统，以新教改革后英格兰国教会的宗教形式和礼仪特征为基础演变而来的一个宗教派别。——译者注
② 长老会，新教改革后的一个教派，起源于苏格兰。"长老会"的名字来源于这个教派的组织形式，即由长老代表大会进行管理。——译者注

治教会，自定教义，自选牧师。尽管独立教派率先在英格兰兴起，但很少有信奉者，直至传播到荷兰和新英格兰地区时，独立教派才发展壮大。

伊丽莎白一世一边镇压新生的长老会，一边迫害天主教反抗者和新教分离主义者。但在英格兰教会内部，清教徒在镇压中越发壮大。议会更偏向新教，迫切渴望教会改革。伊丽莎白一世统治期间，教会制度依然无法被撼动。伊丽莎白一世驾崩后，有识之士建议继任者采取不同策略，尝试用包容代替强迫，接受清教主义。詹姆斯一世断然拒绝，他说："我要让他们统一信奉国教，否

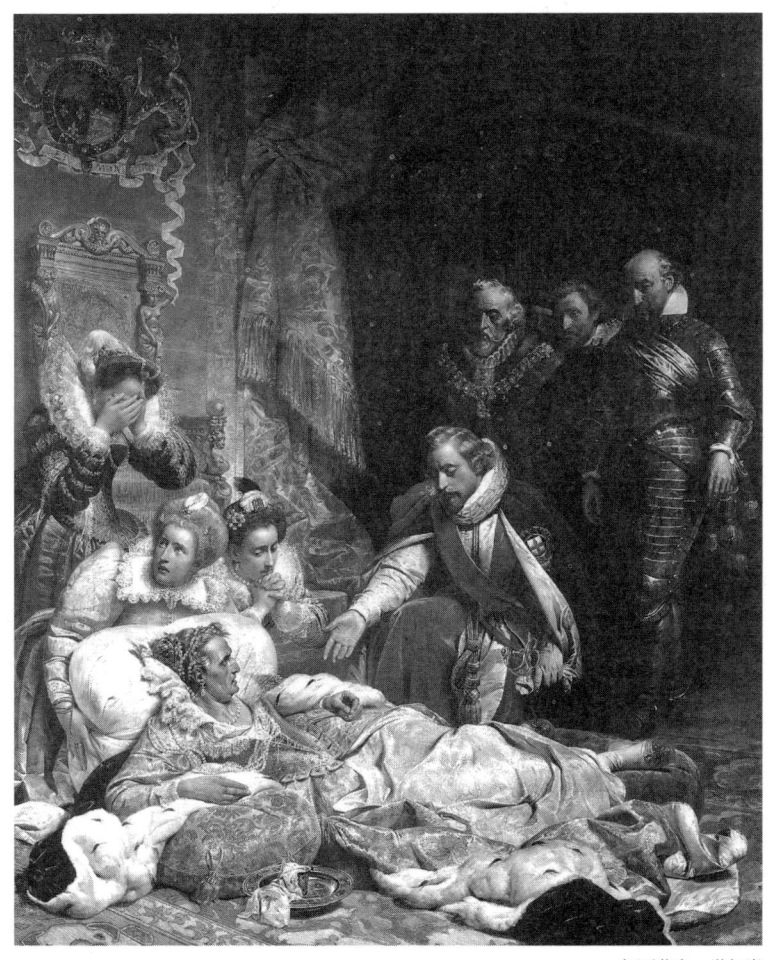

伊丽莎白一世驾崩

则就将他们赶出这片土地。"刚一上位，詹姆斯一世就批准了新的教规，强制实行更严格的教会统一政策，剥夺了三百名牧师的职位。詹姆斯一世与第一届议会决裂的主要原因就在于他拒绝收缩权力和改革教会法庭的弊端。

詹姆斯一世对教会分歧置之不理，他颁布的教会政策甚至加剧了国内分离主义的盛行。詹姆斯一世的外交政策与英格兰的国家传统和宗教信仰背道而驰。对英格兰人而言，这一公理是不言自明的：英格兰的天然盟友是欧洲的新教国家，因此在捍卫新教、对抗天主教势力时，英格兰应挺身而出。然而，詹姆斯一世却与西班牙建立了长达十多年的紧密联盟关系，并将维持联盟作为自己欧洲政策的主要目标。虽然出于结束宗教战争的目的与西班牙联盟无可非议，但詹姆斯一世同时希望利用西班牙公主的嫁妆来偿还债务。为了巩固联盟，詹姆斯一世将华尔特·罗利送上了断头台，拒绝帮助德意志新教教徒，提出暂停针对天主教教徒的刑法，并禁止议会讨论国外事务。在英格兰与西班牙联盟破裂时，举国上下一片欢呼。这无疑体现了民众对詹姆斯一世外交策略深深的敌意。

与此同时，詹姆斯一世对英格兰国家制度的态度引发了人们对宪法的反对。詹姆斯一世企图扩大王权，削弱议会权力。这无疑体现了君权至上的思想。一次司法判决认为国王有征收进出口税的特权，詹姆斯一世便据此擅自征收新的关税。议会投票认为这一行为违法，詹姆斯一世便借机解散了第二届议会。下议院议员们因为发表反对言论而被囚禁，而议会也被禁止讨论国家机密和国王事务。下议院宣称自己享有言论自由，詹姆斯一世却说，言论自由来自他祖先的恩赐。议会抗议说，自由是"英格兰国民与生俱来的权利和毋庸置疑的先辈遗产"。于是，詹姆斯一世果断镇压了抗议活动。

詹姆斯一世的政策似乎有意为破坏英格兰的自由而制定。纵观欧洲，国民自由已被摧毁，绝对君主制死灰复燃。现在同样的命运正威胁着英格兰。查理一世继承王位后发现，他要管理的国民心怀不满，满腔质疑。1625年，一位议员发表演讲说："我们是基督教世界的君主政体中最后一个保留公民权利的国

华尔特·罗利被送上断头台

家。"詹姆斯一世的自命不凡所激起的怀疑和恐惧让他的儿子查理一世的王权之路布满荆棘。

詹姆斯一世无帝王威仪、欠缺风度。相较而言,查理一世相貌堂堂,似乎比父亲詹姆斯一世更能赢得臣民的心。但和父亲詹姆斯一世一样,查理一世对治下的臣民缺乏同情,喜欢不切实际的空想,对既定事实视而不见。詹姆斯一世留给儿子查理一世的辅臣只知一味奉承,缺乏谋略。查理一世完全听信第一代白金汉公爵乔治·维利尔斯,仿佛他老道如伯利男爵威廉·塞西尔,智慧如弗朗西斯·培根。

第一代白金汉公爵乔治·维利尔斯

伯利男爵威廉·塞西尔

查理一世统治伊始，英格兰与西班牙决裂，查理一世及其第一代白金汉公爵乔治·维利尔斯一时声极望高。但在国内外事务上，查理一世和议会很快产生分歧。议会虽然渴望与西班牙开战，但既不准备提供资金对抗哈布斯堡王朝[①]以争取欧洲联盟，也无意废除针对英格兰天主教教徒的刑法来讨好法兰西。议会同意给查理一世拨款装备舰队，但拒绝提供更多支持，并公开宣称对第一代白金汉公爵乔治·维利尔斯缺乏信心。查理一世一怒之下解散了议会。

---

① 哈布斯堡王朝，欧洲历史上统治领域最广的王室，曾统治神圣罗马帝国、西班牙王国、奥地利帝国、奥匈帝国。——译者注

第一代白金汉公爵乔治·维利尔斯渴望用胜利证明自己,并借此机会进入欧洲政途,于是决定铤而走险。第一代白金汉公爵乔治·维利尔斯派一支远征队突袭加的斯①,企图俘获西班牙的宝藏船。第一代白金汉公爵乔治·维利尔斯承诺为丹麦国王克里斯蒂安四世在德意志的战争提供资金。第一代白金汉公爵乔治·维利尔斯还废除了查理一世婚约中与法兰西的约定,并装成胡格诺

英格兰远征队突袭加的斯

---

① 加的斯,西班牙西南部的一个城市和港口,也是加的斯省的首府。——译者注

丹麦国王克里斯蒂安四世

派①的保护者，意图赢得清教徒的支持。然而，当第二届议会召开时，查理一世所有的努力都白费了。前往加的斯的远征队全军覆灭，耻辱地结束了战争。约翰·艾略特爵士在下议院大声疾呼："我们的荣誉毁了，我们的船沉了，我们的士兵死了。不是毁于刀剑，不是死于敌手，也不是事发偶然，而是被我们信任的人亲手葬送的。"第一代白金汉公爵乔治·维利尔斯成了千夫所指的罪人，但

---

① 胡格诺教派，法兰西加尔文新教教派，主要集中在法兰西王国的南部和西部，1572年，这一教派曾占法兰西人口的10%，经法兰西天主教会迫害，人数骤减。1598年，法兰西国王亨利四世颁布了《南特赦令》，允许胡格诺教派保持信仰自由，享有与天主教徒同等的公民权，但后世君主并不严格遵守。路易十四在位期间，《南特赦令》被废除，胡格诺教派遭到更严厉的宗教迫害。本书后文有所提及。——译者注

查理一世禁止议会问责自己的宠臣第一代白金汉公爵乔治·维利尔斯。为阻止议会弹劾第一代白金汉公爵乔治·维利尔斯,查理一世第二次解散了议会。

查理一世曾经威胁议会,要求议会提供必要支持,否则将实施"新举措"。在接下来的两年,查理一世就将这些"新举措"一一推行。他强行向民众借款三十万英镑。对于拒绝借款的人,富人被投进监狱,穷人则被强征服役。查理一世还制订计划,提高消费税以支持常备军,征收造船税①以维持舰队。法官们因为否认强制贷款的合法性而被解职;牧师则因为布道称拒绝借款是有罪行为而获得晋升。查理一世的外交政策四处碰壁。在德意志,由于查理一世无法提供承诺的资助,丹麦国王克里斯蒂安四世被击败了。英法联盟陷入论战,最终演变成战争。第一代白金汉公爵乔治·维利尔斯又发起对罗伊岛②的

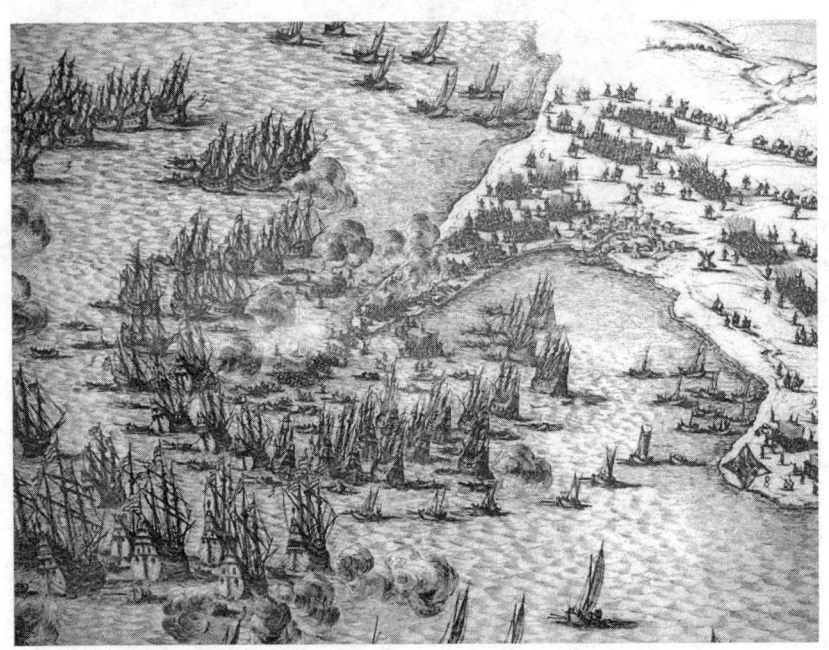

英格兰军队远征罗伊岛

---

① 造船税,原来是为了给海军提供船只而对沿海城市征收的税收,后征税范围扩大到全国各地。——译者注
② 罗伊岛,是法国西海岸的一个岛屿,靠近拉罗谢尔,在佩图斯海峡的北侧。——译者注

登齐尔·霍利斯

远征,但这次失败比上次在加的斯的溃败更彻底。登齐尔·霍利斯写道:"既然英格兰还是英格兰,就绝不接受这么可耻的打击。"由于资金短缺,英格兰与法兰西和西班牙的战争陷入僵局,查理一世被迫再次向国民求助。

1628年3月17日,查理一世召开第三届议会。会议一开始就讨论了国民的不满情绪。奥利弗·克伦威尔在议会听到的第一场演讲,应该就是约翰·艾略特爵士发表的。在演讲中,约翰·艾略特爵士呼吁议员们高度重视当前问题的严重性。这位下议院议长说:"在这场争端中,我们的财产和土地被侵占,我们所有的东西都被剥夺。那些使我们父辈获得自由的权利受到侵犯。当前吾辈如果不谨守我们的权利,我们的子孙后代将比我们的父辈更不自由,他们的人生将更无价值。"下议院投票同意给查理一世拨款，前提是必须安抚国民的不满情绪。下议院接着起草了《权利请愿书》，宣布未经议会同意的随意监禁和课税是非法行为。最后，下议院威胁要再次弹劾第一代白金汉公爵乔治·维利尔斯。查理一世迫不得已，接受了下议院的请愿书。

在第三届议会的第一次和第二次会议之间，约翰·费尔顿刺死了第一代白金汉公爵乔治·维利尔斯。第一代白金汉公爵乔治·维利尔斯之死并没能结束这场争端。查理一世独掌大权。这一行动表明，下议院激烈反对的内外政策全然出自查理一世本意，而不是受宠臣第一代白金汉公爵乔治·维利尔斯的影响。1629年1月，第二次会议开启了关于税收的新一轮辩论。下议院声称，未经议会授权而收取的吨税和磅税①，以及继续征收詹姆斯一世时期制定的关税，都违反了《权利请愿书》。查理一世宣布，收税是他从未打算放弃的权利，无论下议院是否同意，他都将继续收税。反对高教会牧师和查理一世有关教会方面政策的呼声更是强烈。让清教徒领袖们不满的不仅是宣扬绝对君主制的布道，宗教仪式上的改革也不尽如人意。关于仪式的争论逐渐发展成关于教义的争论。在清教徒看来，高教会派教士青睐的关于救赎和上帝的选择的温和理论，即著名的阿民念主义②，正在侵蚀新教的根基，为教皇制铺平道路。查理一世试图通过压制有争议的布道来结束教义上的争论。下议院要求镇压阿民念主义，严惩宣扬背离新教正统教义观点的人。

当奥利弗·克伦威尔第一次参加下议院的辩论时，查理一世和议会议员正就宗教争端展开激烈讨论。克伦威尔家族现有的一切都来源于宗教改革，加上清教徒校长托马斯·比尔德博士的言传身教和在清教学校接受的教育，奥利弗·克伦威尔秉持家族一贯的原则，选择了站在清教主义一方，加入了对教会中教皇制亲善派的攻击。当时议会正在讨论针对温彻斯特主教理查德·尼尔博

---

① 吨税和磅税，对交易的货物按吨数和磅数收取的税费。——译者注
② 阿民念主义，基督教新教改革时期的一个教派，由荷兰神学家雅各布斯·阿民念提出。阿民念主义派强调基督的救赎、上帝之爱和人的责任。——译者注

第一代白金汉公爵乔治·维利尔斯遇刺身亡

士的指控。奥利弗·克伦威尔参与了指证，称温彻斯特主教理查德·尼尔博士倾向于教皇制教义。奥利弗·克伦威尔讲述说，有一次在伦敦市长面前布道，温彻斯特主教威廉·阿拉布拉斯特博士"直接宣扬教皇制"。轮到托马斯·比尔德博士宣讲之前，温彻斯特主教理查德·尼尔博士叫托马斯·比尔德博士过来，指示"教区内不允许宣扬任何与之前威廉·阿拉布拉斯特博士的布道相违背的教义"。然而，托马斯·比尔德博士坚持立场，驳斥了教皇制，因而受到温彻斯特主教理查德·尼尔博士的训斥。

没等对温彻斯特主教理查德·尼尔博士和其他教士的指控讨论出一个结论，也没等下议院完成对查理一世的教会政策的谏议，查理一世就宣布解散议会。

温彻斯特主教理查德·尼尔

温彻斯特主教威廉·阿拉布拉斯特

议会闭会前,在约翰·艾略特爵士的授意下,下议院重申了议会一贯坚持的原则。奥利弗·克伦威尔与其他议员一起集体藐视查理一世的休庭令。约翰·艾略特爵士的三项决议在众人欢呼下通过了。决议宣布,任何人胆敢改变英格兰国教,企图引入教皇制、阿民念主义或任何与正统教会不一致的观念,都将被视为英格兰的死敌;在没有议会批准的情况下,任何为查理一世征收吨税和磅税出谋划策的人,都将被视为国家的敌人;任何自愿缴纳非法税费的人,都将被视为自由英格兰的叛徒。这三项决议不仅向查理一世发起挑战,更宣泄了民众对政治和宗教的不满。伊丽莎白一世的政策产生了一个宗教反对派;詹姆斯一世造成了一个宪法反对派;在查理一世治下,这两个反对派联合起来,引发了内战。

在议会领导人看来，他们只是捍卫现行宪法，确保宪法在教会和国家的贯彻执行，反对查理一世的革命性变革。可实际上，这个创举的伟大之处在于下议院宣称教会和国家应该由人民代表控制，而不是由国王控制。这个要求一旦提出，争取主权的斗争就无法避免，也难以化解了。

第 2 章

内战前夕

（1629—1640）

在接下来的十一年里，查理一世摆脱了议会，独自统治着国家。1626年，查理一世警告下议院："你们记住，议会的召集、开会和解散完全在我的掌控之内。我要根据你们结出果子的好坏来决定你们的去留。"现在，查理一世宣布议会结出了坏果子。因此重新召集议会将变得遥遥无期。从今以后，查理一世将以上帝赐予他的权柄治理国家。这样，国民就不得不承认他们是基督教世界最幸福、最自由的臣民。

此后，未经议会授权的征税司空见惯。商人们要交吨税和磅税，却似乎对此从未有过异议。旧的贸易税尚未废止，新的税费又叠加上来。遭到废除的法律被重新启用并严格执行。1630年，法律要求拥有年收入超过四十英镑地产的个人必须接受骑士封号，拒不接受者将被罚款，而罚款总额高达十七万英镑。1634年，古老的森林法①死灰复燃。三百年来一直处在皇家森林边界之外的土地现在突然被宣布成为皇家森林的一部分，而这些土地所有者因侵占皇家土地被处以重罚。

骑士门槛极低，导致针对骑士的罚款涵盖所有乡绅，甚至所有人。皇家森

---

① 森林法，由查理一世推行。该法为了国王可以随意扩大皇家森林面积，不惜侵害臣民的利益。——译者注

林的扩张主要威胁到贵族和上层阶级，而垄断让所有阶级都深受其害。据估算，酒的垄断使查理一世每年获利三万八千英镑。专利权持有人从葡萄酒商手中获得九万英镑。葡萄酒商只好提高售价。这样一来，国民为此每年多付了三十六万英镑。除了酒的垄断，还有肥皂、铁、烟草、盐、火药等许多其他商品的垄断。

一方面，查理一世的敛财措施让整个国家怨声载道；另一方面，这些措施不足以满足政府需求。1635年，查理一世的正常收入是六十万英镑，而查理一世的债务高达一百二十万英镑。一旦遇到海上安全问题或紧急外事需要舰队出征时，直接征税就势在必行。于是，造船税应运而生。1634年，造船税仅适用于沿海郡县，给查理一世带来十万英镑的收入。到了1635年，造船税扩展到内陆，查理一世的收入翻了一番。

即使向法院上诉寻求保护或赔偿也无济于事。由于查理一世可以随意撤换法官，法官认为自己是查理一世的仆人，拒绝在查理一世和人民之间进行仲裁。在裁定造船税的合法性时，法官们公布的决定居然是出于政治而非法律考量。一位法官宣布，法律是国王忠实的奴仆。通常情况下，国王即法律，而非法律即国王。另一位法官声称，议会的任何决议都不能剥夺国王的权力。只要国王认为有必要，他就有权支配臣民的人身和财产。法官们的态度相当于表明法律已然无效。这套逻辑的实质是，人们可称为私有的东西已不复存在。除普通法庭外，还有都铎王朝创立的特殊法庭执行国王意志。国王可以随时任意扩大特殊法庭的管辖范围。1632年，北方议会①的权力增加。枢密院宣告拥有立法权，"命令不听法律命令的人，约束不受法律约束的人"。星室法庭②通过罚款和监禁强制执行命令，并对反对者及批评者施以羞辱性的惩罚。威廉·普

---

① 北方议会，1472年约克王朝的第一任英格兰国王爱德华四世建立的一个行政机构，旨在改善政府控制、刺激经济繁荣、造福整个英格兰北部。——译者注
② 星室法庭，原本是国王直接管辖的一个委员会，在16世纪后期成为一个独立的司法机构。它代表委员会的司法权力机关，拥有比普通法院更大的权力，在司法程序上不受一般法律规则的约束。——原注

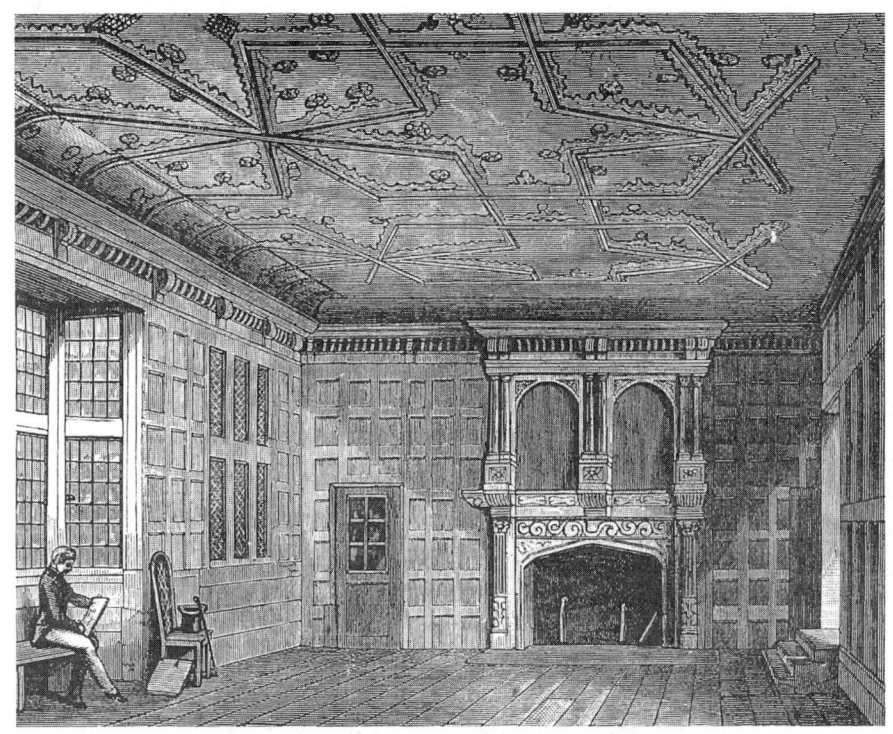

星室法庭

林、亨利·伯顿和约翰·巴茨威克的命运表明,野蛮可耻的惩罚可能落在任何人身上,不管这个人拥有什么职业①。约翰·艾略特爵士及同僚的遭遇表明,议会特权也不能免遭查理一世的报复②。有些枢密院成员"听到'自由'这个词时,发出一声冷笑"。有识之士忧心忡忡,权利的根基已濒临毁灭。

如果英格兰人想知道国王的最终目的,越过圣乔治海峡就可以明白了。1638年,爱尔兰总督托马斯·温特沃斯③写信回来说:"在这里,国王和普天下

---

① 威廉·普林,律师;亨利·伯顿,牧师;约翰·巴茨威克,医生。1637年,三人被星室法庭判决罚款每人五千英镑,并割去耳朵,投进监狱。——原注
② 1629年,约翰·艾略特爵士因为在议会闭会时的行为被监禁。1632年11月,他死于伦敦塔内。他请求使用议员特权,拒绝服从法院的判决。而他的盟友屈服了,交了罚款。——原注
③ 托马斯·温特沃斯,于1628年7月22日成为贵族,1629年12月成为北方议会主席,1632年1月成为爱尔兰总督。1640年1月12日,他受封为斯特拉福德伯爵。——原注

威廉·普林

亨利·伯顿

约翰·巴茨威克

约翰·艾略特爵士

的君王一样，拥有绝对权力。"议会完全由托马斯·温特沃斯控制，已经形同虚设。正如约翰·皮姆所说，没有自由的议会不过是将奴役合法化而已。虽然名义上保留陪审团，但当陪审团成员做出不利于国王的裁决时，会因为抗命而面临罚款。高级官员和富裕贵族深切感受到托马斯·温特沃斯话语的分量，纷纷俯首听命。贸易量增加了。查理一世的命令深入全国各地。穷人不再受贵族的压迫，过上了爱尔兰的穷人做梦都想要的"自由生活"。除了一些偶然个例，政府自治的痕迹已经荡然无存。政府成了查理一世手中的棋子，所有的行动和权力都来自查理一世。人民别无选择，只能服从查理一世。托马斯·温特沃斯

约翰·皮姆

托马斯·温特沃斯

说,"让他们服从国王的意志,相信国王的公正和智慧,相信国王爱他们如父母",而不是被别人用"子虚乌有的自由"弄得昏头昏脑。

然而,查理一世对绝对权力的运用并没有培养出英格兰人对他卓越智慧的盲目信仰。

本来,如果查理一世能拿出一套强有力的对外政策振兴国家,或许会缓和部分臣民对他以个人统治取代自治政府的反感。然而,查理一世没有固定的对欧洲的政策。当查理一世解散第三届议会时,他正与法兰西和西班牙交战。由于缺乏资金,查理一世不得不尽快结束战争。在欧洲政治中,查理一世唯一关注的事情是能否让姐姐伊丽莎白·斯图亚特及其子女重新统治普法尔茨[①]。为此，查理一世同时向瑞典国王古斯塔夫二世·阿道夫和神圣罗马帝国皇帝斐迪南二世提出结盟[②]。查理一世还同时与法兰西和西班牙谈判，一如几年后他同时与长老派和独立派谈判一样[③]。查理一世的政策充满阴谋诡计，但无一有效。查理一世的谈判是廉价的讨价还价，要得多，给得少，必然一无所获。查理

伊丽莎白·斯图亚特

---

① 普法尔茨，当时隶属于神圣罗马帝国的一个伯爵领地。它的统治者被称为选帝侯。——译者注
② 古斯塔夫二世·阿道夫代表的新教和斐迪南二世代表的天主教是敌对的。——译者注
③ 当时西班牙和法兰西是交战双方，而后来英国内战期间长老派和独立派也是水火不容。——译者注

神圣罗马帝国皇帝斐迪南二世

一世制定的欧洲政策的目标随时变化,毫无立场,也从未成功。这导致他在欧洲没有任何盟友。

不过,查理一世的政策也有好的地方。英格兰从未卷入战争。阿谀奉承者将此奉为治国智慧,而朝臣们认为这是对失去自由的补偿。爱德华·海德①说:"英格兰目前享有的安宁和幸福,是长久以来所有人曾经享有的总和。整个基督教世界都对此称羡不已。"三十年战争将富饶的德意志变成了荒原,也将城市变成了废墟。战争将其他国家拖得一贫如洗、满目疮痍,只有英格兰仍然是

---

① 爱德华·海德,英国著名的历史学家、政治家。他是英格兰内战期间查理一世的主要支持者之一,查理二世复辟后的首辅大臣。——译者注

"基督教的花园"和"欧洲的交易中心"。一位诗人赞颂道:"纯净的和平、美好的事物,都已找到永恒的家园。"英格兰宫廷从没有像现在这样热闹喧嚣、歌舞升平。在德意志新教危机期间,英格兰宫廷的假面舞会和宴会更是频繁举行。

一位宫廷诗人这样写道:"就让德意志的鼓声为自由呐喊吧。这噪音扰乱不了我们的心绪,也带不走我们的欣喜。"

然而,在清教徒看来,德意志的战鼓是在号召英格兰觉醒。在天主教和新教的生死之战中,清教徒们随着斗争局势的变化时而焦灼不安,时而欢欣鼓舞。约翰·艾略特爵士虽然身在伦敦塔,但心系"国外"战争动向。一有进展,他就欢呼雀跃。就在瑞典国王古斯塔夫二世·阿道夫即将兵临布赖滕费尔德时,蒂莉伯爵约翰·瑟克莱斯弃城而逃。约翰·艾略特爵士高呼:"命运女神终

蒂莉伯爵约翰·瑟克莱斯

于与希望女神相遇了!"当瑞典国王古斯塔夫二世·阿道夫在吕岑倒下时,每一个清教徒都十分揪心。西蒙兹·德威尔斯写道:"从没有一个人的死能像现在的瑞典国王古斯塔夫二世·阿道夫那样,让所有真正的新教教徒如此悲伤。我们神圣的爱德华六世没有,我们英勇的亨利王子也没有。"

欧洲大陆上这场新教和天主教之间的战争让英格兰的清教徒感同身受。清教徒认为:查理一世的外交政策是对新教的背弃,是一种懦夫行为;他的教会政策是对新教的阴险攻击;而他的欧洲政策软弱无力、优柔寡断。在威廉·劳德[1]的影响下,查理一世的教会政策重回统一教会的老路。威廉·劳德自认为是非常保守的改革家,只是在执行教会戒律和国家法律。威廉·劳德的目标是将教会自宗教改革以来沾染的加尔文主义[2]污点一一去除,使英格兰教会重新回归天主教。威廉·劳德允许学者有一定的思想自由,但压制与国家教会精神不同的布道,不允许出现其他形式的宗教仪式。威廉·劳德认为信仰的一致对于一个国家教会来说是至关重要的,而一致的途径在于统一教会,"因为当教会内部不一致时,教会的团结是不会长久的"。威廉·劳德将奋斗目标定为"维持教会尊严,制定有序的礼拜仪式"。

在清教徒看来,威廉·劳德是一个创新者和革命者。在全国超过一半的地区,他试图恢复执行的宗教仪式早已被废弃多年。每一次官方形式的恢复,每一种老式用法的复兴,都使英格兰教会向罗马仪式靠近。在清教徒看来,旧式宗教仪式的复兴还意味着国教更偏向天主教教义。鞠躬不再是表示尊敬,而是偶像崇拜的象征。一件白袍不再是几码白布,而是一件罗马牧师的法衣。清教徒们怀疑威廉·劳德的动机,认为他是隐藏的教皇主义者。随着威廉·劳德试图禁止传教士布道,这种怀疑和猜想似乎都得到了证实。

---

[1] 威廉·劳德,1621年成为圣大卫的主教,1628年成为伦敦的主教,1633年成为坎特伯雷大主教。但他在教会的深远影响可以追溯到查理一世统治之初。——原注
[2] 加尔文主义,16世纪法国与瑞士基督新教宗教改革家约翰·加尔文毕生的主张,以及支持约翰·加尔文的其他神学家意见的统称。——译者注

瑞典国王古斯塔夫二世·阿道夫在吕岑战场率军冲杀

瑞典国王古斯塔夫二世·阿道夫在吕岑战场阵亡

因改革手段，威廉·劳德树敌很多。国王作为教会的最高统治者，可为国家所用，实现宗教改革家的主张。威廉·劳德毫不顾忌地利用了这一点。威廉·劳德在教会事务上依赖独权政府的支持，在世俗事务上必然要与支持者结盟。对托马斯·温特沃斯来说，专制主义是他的政治信条。而对威廉·劳德来说，这不过是出于教会的需要。他们都需要专制主义这个工具：一个是为了实现英格兰长治久安的梦想，另一个是为了将已经半加尔文化的教会塑造成符合英格兰圣公教理想的统一教会。威廉·劳德和托马斯·温特沃斯同样狂热。詹姆斯一世说："威廉·劳德有一种不安分的精神。威廉·劳德对已经发展良好的事物视而不见，只热衷于改革，按照自己臆想的变革行事。"托马斯·温特沃斯则这样描述自己："永远追求极致，从不认为自己已经做得够好，而是渴望更好。"

威廉·劳德和托马斯·温特沃斯对反对意见缺乏耐心，无论这些反对意见是出于懒政还是良心未泯，也不管反对意见有无违法或违宪。虽然查理一世的政府已经转变成独裁政府，但这两位狂热的改革者仍不满足。托马斯·温特沃斯的政治影响力范围有限，只在爱尔兰，而威廉·劳德的改革狂热也只局限在教会领域内。威廉·劳德和托马斯·温特沃斯间的通信充满了对其他大臣渎职的不满及对一揽子计划①的叹息。

对造船税的反抗者和所有清教徒必须用强硬的手段加以镇压。托马斯·温特沃斯写道："无论是在世俗事务上还是在宗教事务上，反抗者和清教徒的聪明才智都被用来反对一切当局的命令。但实际上，对待他们的正确方式，就该是用鞭子抽他们一顿，让他们将才智用在正道上。"威廉·劳德附和说："确实如此。只有用于正道的智慧才能为国建树，但他们明显所用非途。"就这样，托马斯·温特沃斯和威廉·劳德一拍即合，从未想过"门边的双手引擎"②有朝一日会反过来毁灭自己。

---

① 即威廉·劳德和托马斯·温特沃斯试图在英格兰重建绝对君主制的一系列计划。——译者注
② "门边的双手引擎"，出自约翰·弥尔顿的《利西达斯》中的诗句，"门边的双手引擎准备袭击，一击致命"。——译者注

在1629年到1640年的专制统治下，奥利弗·克伦威尔的生活风平浪静。这期间发生的事无意中为他未来的行动埋下了种子，并最终结出了累累硕果。1628年，"伟大、热烈、嘈杂的议会"解散后，奥利弗·克伦威尔回到亨廷顿的小庄园，忙于农事。1631年5月，奥利弗·克伦威尔以一千八百英镑的价格卖掉亨廷顿的地产，在圣艾夫斯租了一片牧场。牧场位于圣艾夫斯东面五英里①外的乌斯河下游。1636年，奥利弗·克伦威尔的舅舅托马斯·斯图尔德爵士去世。奥利弗·克伦威尔继承了托马斯·斯图尔德爵士的遗产，接替他成为大教堂什一税田的农场主。奥利弗·克伦威尔搬到伊利，住在大圣马利亚堂附近的"牧师公馆"②。奥利弗·克伦威尔的妻子伊丽莎白·布尔奇尔和孩子一直在这里住到1647年。在亨廷顿时，克伦威尔夫妇育有四子二女。男孩们分别是罗伯特·克伦威尔、奥利弗·克伦威尔、理查德·克伦威尔和亨利·克伦威尔，女孩们

亨利·克伦威尔

---

① 英里，英制长度单位。一英里约等于一千六百零九米。——译者注
② 是教会教区内用来支持教区牧师的一块土地。土地可以归教会所有，或者将获得的利润留给教会。——译者注

则分别叫布丽奇特·克伦威尔和伊丽莎白·克伦威尔。1637年，三女儿玛丽·克伦威尔出生，1638年，四女儿弗朗西丝·克伦威出生。这座房子保存至今，曾经在1845年被用作酒店。

托马斯·卡莱尔写道："这座房子算不上奢华。但在那个崇尚简朴的时代，对一个年入三四百英镑的家庭来说已经足够用了。从残垣断壁中，访客仍然可以感受到古朴典雅的气息。这座房子有两层，更确切地说是一层半。房子屋顶是三角形的，有许多窗户和形状各异的烟囱。"

布丽奇特·克伦威尔

伊丽莎白·克伦威尔

一些作家，尤其是诗人，曾经写到家庭事务和农业生产完全占据了奥利弗·克伦威尔这些年的生活。安德鲁·马维尔极口称赞奥利弗·克伦威尔及时从公务中抽身，虽然并非出自本意：

您还未曾将清醒的灵魂
投入崇高的领域，
只在您的领地里长期蛰伏
锤炼心智，强壮身躯。

第 2 章 内战前夕（1629—1640） | 053

安德鲁·马维尔

在另一首诗中,安德鲁·马维尔描绘了这位未来共和国将军崛起的图景:

> 在他的秘密花园,在那里
> 他避世而居,随遇而安,
> 仿佛他的最高目标
> 仅在于种植香柑。

然而,即使在隐秘的花园里或在僻静的田野上,德意志战鼓的回声一定也曾穿越而来。三十年战争①扰乱了西蒙兹·德威尔斯和约翰·艾略特爵士的一生,也一定给奥利弗·克伦威尔平静的田园生活激起了涟漪。奥利弗·克伦威尔晚年的生活足以证明这一点。1647年,当英格兰内战似乎要结束时,奥利弗·克伦威尔曾经考虑去德意志参战。成为护国主后,奥利弗·克伦威尔的欧洲政策深受三十年战争的影响。对三十年战争的记忆支配着奥利弗·克伦威尔对奥地利和瑞典的态度。奥利弗·克伦威尔认为利奥波德一世②会是第二个斐迪南

利奥波德一世

---

① 三十年战争,指1618年到1648年间爆发在新教和天主教国家之间的大规模战争。这是人类历史上最具破坏性的战争之一,共八百万人死于军事冲突及随之而来的暴力、饥荒和瘟疫。——译者注
② 利奥波德一世,神圣罗马帝国皇帝,1658年到1705年在位。——译者注

卡尔十世·古斯塔夫

二世[①]，并希望在卡尔十世·古斯塔夫[②]身上发现一个新的古斯塔夫二世·阿道夫。然而，清教徒农场主们对未来斗争的认识十分清楚。对他们来说，这场战争不仅是一幅壮观的场景，也是一次军事教育。英格兰出版的图书精彩地描述了三十年战争中的几场战斗和古斯塔夫二世·阿道夫的战法。1630年到1640年，《瑞典情报员》和《瑞典士兵》是最畅销的图书。毫无疑问，奥利弗·克伦威尔读过这些故事并从中汲取了有关军事原理和军事战术的知识。此举为奥利弗·克伦威尔日后的实际作战提供了可借鉴的经验。一位军事作家说：

---

① 斐迪南二世，神圣罗马帝国皇帝，1619年到1637年在位。——译者注
② 卡尔十世·古斯塔夫，瑞典国王，1654年到1660年在位。——译者注

我发现，在第一次接触战争前，奥利弗·克伦威尔曾总结前人经验，按原则行事。奥利弗·克伦威尔向古斯塔夫二世·阿道夫学习，几乎达到那个时代最高的战术水平。奥利弗·克伦威尔借鉴古斯塔夫二世·阿道夫屡试不爽的激励制度，在一次战斗中使用了一模一样的口号。各种迹象表明，虽然奥利弗·克伦威尔从未参与和平时期的军事操练，但他曾经仔细研究过战争史。

奥利弗·克伦威尔更关心英格兰专制政府的发展。1630年，因为缺席骑士册封典礼，许多乡绅被起诉。奥利弗·克伦威尔是被起诉者中的一个，并交了十

古斯塔夫二世·阿道夫

英镑罚金。奥利弗·克伦威尔很有可能还交了造船税,因为在官方文件上没有提到他的反对意见。反之,如果奥利弗·克伦威尔拒绝付款,郡治安官肯定会扣押他的财产以抵偿相应税款。在一个问题上,奥利弗·克伦威尔与地方当局发生冲突,接着与查理一世的委员会发生更大冲突。在1630年以前,亨廷顿一直是一个按古老的传统惯例由市议会治理的自治市。市议会的成员包括两个法警和二十四个平民,每年选举一次。1630年7月15日,查理一世向亨廷顿下发了新宪章。"为了防止民众骚乱",原有的市议会宣布解散。市政府由十二个选举出来的终身市政官共同管理,每年从十二个市政官中推选一个市长,同时配备一个特委法官。寡头政治取代了民主制。这次管理变动的主使者显然是住在亨廷顿的律师罗伯特·巴纳德先生。在布兰普顿附近买了一处地产后不久,罗伯特·巴纳德就成了市里的特委法官。原来的市议会批准了亨廷顿政府的管理变动,但新宪章的条款在审查时引起了民众的广泛不满。有人抱怨说,新宪章赋予市长和市政官剥夺自由民使用公地的权利,并对拒绝担任市政职务的自由民处以高额罚款。奥利弗·克伦威尔接受了这一变动。在新宪章中,奥利弗·克伦威尔将出任所在选区的三个治安法官之一。但他认为民众的抱怨不无道理,主动为公众的不满发声。可能是因为觉得罗伯特·巴纳德欺人太甚了,在后来的一封信中,奥利弗·克伦威尔警告市政机关要提防罗伯特·巴纳德。奥利弗·克伦威尔怒火中烧,向新市长和罗伯特·巴纳德发表了"可耻的、不得体的言论"。新的市政机关将此事报告给枢密院。1630年11月2日,市议会拘留了奥利弗·克伦威尔和他的一个同伙。此案于1630年12月1日开庭审理,并交由曼彻斯特伯爵爱德华·蒙塔古仲裁。在仲裁报告中,曼彻斯特伯爵爱德华·蒙塔古指责了奥利弗·克伦威尔的过激行为。为了顺应对奥利弗·克伦威尔的责难,曼彻斯特伯爵爱德华·蒙塔古命令市议会修改了新宪章中的三条。其中一条修改命令保障了较穷的自由民的权利。这条命令称:"按照此条命令和以往惯例,人们在公地上饲养的所有牲畜的数量,不得加以削减或改变。"关于个人恩怨,曼彻斯特伯爵爱德华·蒙塔古的报告说:

曼彻斯特伯爵爱德华·蒙塔古

至于奥利弗·克伦威尔先生发出的关于市长先生和罗伯特·巴纳德先生的不当言论,我们应当认为是他在一时头脑发热、过度激动的情况下说出的。希望大家就此捐弃前嫌。我发现奥利弗·克伦威尔先生非常愿意和罗伯特·巴纳德先生保持友谊。出于良好愿望,罗伯特·巴纳德先生也愿意抛弃所有不愉快的过往,既往不咎。所以,我让他们私下和解。

毫无疑问,这场与地方当局的争论是奥利弗·克伦威尔离开亨廷顿的原因之一。在圣艾夫斯和伊利,奥利弗·克伦威尔仍然积极捍卫贫穷邻里的权利。

贝德福德伯爵威廉·罗素

1634年，一家新成立的公司开始在伊利的沼泽地建设排水工程，即著名的大平面工程。这项工程能够通过从沼泽中排除渍水获得大量土地。作为回报，这群由贝德福德伯爵威廉·罗素领导的"冒险家们"可以获得部分土地。1637年，大平面工程宣告完工，"冒险家们"拿到了土地。这项排水工程让平民失去了以往在沼泽地放牧、打渔的权利。为维护平民的利益，奥利弗·克伦威尔带头反对这群"冒险家"。一个"冒险家"抱怨道：

> 在伊利沼泽地及毗邻沼泽地的平民中有传言称，伊利的奥利弗·克伦威尔先生已经做出承诺。他表示只要平民将在公用地上饲

养的牛按每头四便士的酬劳付给他,他就会将排水公司的人告进监狱连关五年,由此平民们就可以享有公用地上的每一寸土地。

1638年,查理一世介入此事,宣布排水工程尚未完工,并承诺由他亲自监督建设完成。同时查理一世也宣布该地区的居民将继续拥有自由土地和公地,直至工程真正完工。关于奥利弗·克伦威尔在这场与地方当局的争论中的作用,除了菲利普·华威克爵士在回忆录中对故事有些粗略记录,人们别无所知。这个故事只提到,"那帮粗人"对排水计划的反对情绪高涨,而奥利弗·克伦威尔应群众呼声成为抗议民众的带头人。在这个事件过后很久,菲利普·华威克爵士才开始写回忆录,他想当然地认为奥利弗·克伦威尔反对查理一世,而这个误解很容易让后人相信。

菲利普·华威克爵士

几年后，奥利弗·克伦威尔以同样的方式站出来捍卫以前在圣艾夫斯时的邻居们的权利。圣艾夫斯附近萨默舍姆的荒地未经平民同意就被圈起来卖给了曼彻斯特伯爵爱德华·蒙塔古。长期议会①召开期间，愤愤不平的平民请求下议院纠正这一行为。上议院进而干涉，下了袒护曼彻斯特伯爵爱德华·蒙塔古的命令。平民们拆掉了篱笆，夺回了荒地，以"暴乱好战的方式"回应了上议院的命令。上议院派一支民兵队帮助曼彻斯特伯爵爱德华·蒙塔古收复财产。随后，曼彻斯特伯爵爱德华·蒙塔古向平民们发出了六十张传票。奥利弗·克伦威尔并没有试图为平民的暴力辩护，而只是让下议院任命了一个委员会来仲裁此案中双方的权利。委员会主席爱德华·海德对奥利弗·克伦威尔倡导平民权利时的激烈言辞十分反感。爱德华·海德报告说，奥利弗·克伦威尔"命令证人和请愿者按照他的说法作证，并对证词进行大肆渲染"。奥利弗·克伦威尔指责爱德华·海德偏袒曼彻斯特伯爵爱德华·蒙塔古，并用难听的话辱骂占用圈地的主使人——曼彻斯特伯爵爱德华·蒙塔古的儿子。爱德华·海德威胁说要向下议院举报奥利弗·克伦威尔，称"他的整个言行举止十分粗暴无礼"。

对农民和耕种自有土地的小农场主权利的一贯支持为奥利弗·克伦威尔在东部地区影响力的扩大打下了基础。奥利弗·克伦威尔吸引了许多非清教徒的支持。因为对他们而言，平民权益是具体可见的东西，而议会权利过于抽象，不可企及。村庄的普通村民都将奥利弗·克伦威尔视为领袖，愿意追随他。1643年，一份保王派报纸给奥利弗·克伦威尔起了个外号——"沼泽地勋爵"。虽然这个外号来自奥利弗·克伦威尔的军事功绩，但早在这之前，奥利弗·克伦威尔就已经在沼泽地区深孚众望了。

在小范围内，奥利弗·克伦威尔是一名热心的清教徒。他反对威廉·劳德的教会政策，但并未因此名声受损。约翰·威廉姆斯是奥利弗·克伦威尔的亲戚，时任林肯主教，这几年住在亨廷顿附近的巴克登。奥利弗·克伦威尔后来

---

① 长期议会，指从1640年一直持续到1653年的议会，因此被称为长期议会。与之对应，1640年4月至1640年5月召开的议会被称为短期议会。——译者注

爱德华·海德

约翰·威廉姆斯

常说,在那段时间,约翰·威廉姆斯是"非教会派新教教徒的共同发言人,坚决捍卫他们的立场"。威廉·劳德的教会政策中有一条是压制自由布道的,对此奥利弗·克伦威尔极其反对。城镇的清教徒们,有的对教会人士的玩忽职守十分不满,有的对教义充满反感。他们联合起来支持以布道为职业的讲师。大多数城镇自治机构都设有讲师岗位。1625年,一个小社团成立,专门收购私人托管的什一税田,并将所得收入用于支付讲师费用。威廉·劳德试图压制这些布道活动。1633年,星室法庭废除了公共不动产私人托管制,交由国王托管。

在圣艾夫斯和亨廷顿郡的一些地区,奥利弗·克伦威尔密切关注着一个讲师职位。在这个职位上的讲师的薪资一直是由一些伦敦市民捐助的。1636年,由于捐助的中断,这个讲师职位将被取消。奥利弗·克伦威尔的第一封信以十分谨慎老道的措辞呼吁一个中断资助的捐助者。他在信的开头写道:

> 你做的绝不是微不足道的善行,相反,你提供的是精神食粮。建造医院保障了人们的身体的健康,而建造礼拜堂为人们的心灵提供了庇护。但那些保障精神食粮、建造精神礼拜堂的人,才是真正仁慈、真正虔诚的人。你资助宣讲就是在做这样一件伟大的事。

奥利弗·克伦威尔接着说在这个职位上的讲师是一个好人,能力很强,之前工作表现卓越,所以请他继续资助下去。

> 确实,看到众多有能力、有信仰的人支持这个讲师职位是一件非常令人欣慰的事。我深信资助这个讲师职位的诸位正是这样的人。这个时候,我们眼睁睁地看着反对上帝真理的人压制有能力和信仰的人……收回捐助无异于撤销宣讲。我们不能指望士兵自带粮饷与敌人作战。因此我恳求您……继续资助下去吧!上帝的孩子会为您祈祷。我也会。

去往教堂的清教徒

威廉·劳德在礼拜仪式上的变革和对清教徒布道的压制，都让奥利弗·克伦威尔深感厌恶。1658年，奥利弗·克伦威尔回顾威廉·劳德的政策时说：

> 威廉·劳德在蓄意变革我们的宗教。这些变革正在吞噬我们宗教的核心、削弱我们的力量、带走我们的灵魂、夺走我们的生命力。威廉·劳德引入了一系列有害的天主教仪式，并强加给这个国家的清教徒和宗教人士，迫使他们在寒风呼啸的荒野中求生存。现在，我们的朋友为寻找良心的自由安放之地而被迫逃到荷兰、新英格兰，逃到世界的每一个角落。

有说法认为，奥利弗·克伦威尔也曾经考虑过移居新英格兰。有很多证据能证明这一点。

如果奥利弗·克伦威尔曾经有过这样的念头，那大概是1631年到1636年。

1631年5月,离开亨廷顿前,奥利弗·克伦威尔变卖了所有地产。对于计划移民的人,这是一种很自然的做法。奥利弗·克伦威尔买的牛和租用的土地都可以在短时间内变现。这个行为发生的时间更是值得一提。1630年和1631年,清教徒出走运动^①达到高潮,大部分抵达新英格兰的殖民者来自东英吉利地区。1632年3月,华威克伯爵罗伯特·里奇将原来的康涅狄格的殖民特权授予了赛义

华威克伯爵罗伯特·里奇

---

① 清教徒出走运动,17世纪初,成千上万的英格兰清教徒离开家园,到北美定居。这些清教徒一般都是英格兰国教徒。他们认为英格兰国教改革不彻底,保留了太多的罗马天主教教义。——译者注

赛义子爵威廉·费因斯

子爵威廉·费因斯及包括约翰·汉普登在内的同事。约翰·汉普登是奥利弗·克伦威尔的表兄，因此奥利弗·克伦威尔极有可能曾经考虑过到表兄约翰·汉普登治下的殖民地定居。

如果奥利弗·克伦威尔曾经考虑移民，是什么原因让其未能成行呢？18世纪时有传言称，1638年5月，地方议会命令一艘船停航，而奥利弗·克伦威尔当时就在那艘船上。这显然是谣传，因为在船上乘客请愿之后，船恢复了航行。同时代的说法显然更可信。据称是因为奥利弗·克伦威尔的亲戚去世了，给他留下了一笔可观的财产。人们认为这个亲戚是死于1636年1月的托马斯·斯图尔德爵士。如果传说与事实高度吻合，那可信度应该更高。

在奥利弗·克伦威尔考虑移民期间，他写过一封信。信中透露出的另一个事实值得我们注意。如果奥利弗·克伦威尔记录过自己的早年生活，那么对我们来说，他内心发生的变化比他与地方当局的冲突或世俗命运的改变更有意义。在1628年之前，奥利弗·克伦威尔就宣称信教。各种迹象表明奥利弗·克伦威尔是一名虔诚的清教徒。1638年，奥利弗·克伦威尔正式信奉加尔文主义。这是一种消除一切恐惧和怀疑的完美信仰。信奉加尔文主义后，奥利弗·克伦威尔有些矛盾。很多清教徒都经历过同样的挣扎。约翰·班扬曾讲述奥利弗·克伦威尔是如何"在生活中开始了某种外在的宗教改革"。奥利弗·克伦

约翰·班扬

威尔的邻里认为他是"一个非常虔诚的人,一个新的宗教人士。看到如此巨大而显著的改变,他们感到很惊奇"。然而,此后很长一段时间,奥利弗·克伦威尔"处于一种绝望悲伤的状态",疑虑不安,饱受折磨。他拷问自己:"你如何得知你心怀信仰?你如何得知你是上帝的选民?如果上帝慈悲不再,又该如何?"奥利弗·克伦威尔写道:"我的思想像无主的地狱猎犬,我的灵魂像残破的海上孤舟,随风摇曳,有时会一头栽进绝望之中。"

"执拗的问题"困扰、折磨着奥利弗·克伦威尔。在亨廷顿时,奥利弗·克伦威尔结识了一个不留情面的医生。这个医生说奥利弗·克伦威尔脾气暴躁,充满幻想,而他在伦敦咨询过的另一个医生将他诊断成"忧郁症患者"。他们对病入膏肓的心灵和自我交战的灵魂无能为力。1628年到1636年,这场内心冲突达到顶峰。奥利弗·克伦威尔当时的一位朋友在多年后写道:

> 这位伟人从一个极其消沉痛苦的状况走到今天的位置。他的灵魂曾经遭受巨大的痛苦。他曾经长期被恐惧与诱惑困扰,以寒微之躯应对外物。在苦难的深渊中,他学会服从主的旨意。宗教就这样"用锤子和火铸进他的灵魂",而不只是"像光一样刺入他的心灵"。

1638年,应其堂妹圣约翰夫人伊丽莎白·克伦威尔之请,奥利弗·克伦威尔吐露了这段人生危机。他说:

> 你知道我过着怎样的生活吗?啊!我生活在黑暗之中,热爱黑暗,憎恨光明,我是罪人的领袖。我憎恶虔敬,而神却怜悯我。直到如今,斗争还没有结束。我身处米谢克,他们说这意味着深渊。我身居基达,他们说这里代表黑暗。幸而主没有放弃我。虽然主姗姗来迟,但我相信他会带我到他的帐幕,他的安息之所。我的灵魂

与圣子的随从同在，我的躯体在希望中安歇……他的光芒让我得见光明。

这些不过是奥利弗·克伦威尔的自我批评，我们不能因此认为保王派作家对奥利弗·克伦威尔早期生活的指责是有根据的。这些自我批评是精神上的弱点而非道德上的堕落，是对尘世虚荣的追求。虽然奥利弗·克伦威尔后来经常告诫孩子们远离虚荣。这些自我反省是感情变化而非行动上的变化，是从冷漠到热忱、从沮丧到欣喜的变化。

奥利弗·克伦威尔对上帝于他的救赎满怀感激，并渴望向世人证明自己的信仰。"如果需要我以行动或苦难的形式崇敬上帝，我将非常乐意去做。真的，这世上没有哪个可怜人比我更有理由为上帝献身。我已经有了丰厚的收入，此后绝不多赚一分。"采取行动的机会马上就要到来了。在奥利弗·克伦威尔写下这些话的时候，苏格兰的反抗已经开始。之前引述过的那位朋友指出，奥利弗·克伦威尔精神生活的转折与他事业上历史性的转折竟然同时发生，"他精神极度痛苦的时候，正是我们的宗教事业处于低谷的时候"。当事业走向成功时，"他走了出来，精神平静，地位攀升"。因此，"他为事业而受苦，为事业而奋起，仿佛他的生命只为此而来"。

1638年是英格兰清教主义发展的历史转折点。起初，查理一世的统治似乎如他渴望的那样稳固。法官们裁定造船税合法。这一裁定为君主专制提供了法律基础，也为查理一世将来提出更多要求提供了有利依据。只要查理一世希望如此，那些用来证明国王有权为了维持海军而随意征税的论据，同样可以拿来证明他有权为维持军队筹集资金。因此，用斯特拉福德伯爵托马斯·温特沃斯的话说，王权"永远免受臣民的限制和约束"。一位清教徒律师写道："我们所有的自由都在一瞬间被彻底摧毁了。"

1637年，有传言说苏格兰发生了骚乱。斯特拉福德伯爵托马斯·温特沃斯的密探给他写信说："主教们将我们的《祈祷书》引入苏格兰时，遇到了大麻

约翰·汉普登

烦。"但两人都没有重视这一消息。1638年3月月末,苏格兰人签订了《盟约》①,北方的小片阴云演变成一触即发的风暴。如果约翰·汉普登及其同仁能读到威廉·劳德写给斯特拉福德伯爵托马斯·温特沃斯的信,定会放声大笑。1638年5月,约翰·汉普登为"苏格兰事务"感到极其不安,"如果上帝保佑此事平安结束,那再好不过"。冰冻三尺非一日之寒。对约翰·汉普登的不利判决刚过十天,威廉·劳德被彻底吓坏了。威廉·劳德表示:"我指望的不只是苏格兰的事务,而是国内外所有的事务。我们花费巨大,但收获甚微。我现在内心极度忧虑,只怕有不小的灾祸发生……我看除非奇迹发生,不然无药可救了。"

---

① 《盟约》,由苏格兰长老派组织签订的苏格兰国民宣言,该宣言反对查理一世推行的宗教政策,宣称苏格兰将在长老会基础上进行宗教和政治管理。——译者注

查理一世决定用武力镇压苏格兰人的反抗。查理一世说:"只要这个《盟约》生效,我在苏格兰的权力就不会比威尼斯公爵大多少。我宁死也不接受。"查理一世派汉密尔顿侯爵詹姆斯·汉密尔顿和苏格兰人谈判:"给我争取时间。在我做好镇压准备之前,别让他们公开做蠢事。"谈判和阴谋都没有破坏苏格兰人的团结。1639年5月,查理一世召集了两万人向边境进军,开始

汉密尔顿侯爵詹姆斯·汉密尔顿

利文伯爵亚历山大·莱斯利

进行镇压。利文伯爵亚历山大·莱斯利曾经是古斯塔夫二世·阿道夫手下的士兵,他集结了同等数量的苏格兰兵力在边境堵截。利文伯爵亚历山大·莱斯利的军队纪律严明、酬劳丰厚、军粮充足。他的手下"精力充沛、骁勇善战、斗志昂扬"。相反,查理一世的军队装备落后、粮饷不足、士气低迷。英格兰的贵族们和军队各怀鬼胎。为了此次战役,查理一世掏空了国库来组建军队。

镇压事件的结果是,查理一世除了讲和别无选择。1639年6月24日,双方签署了《伯威克条约》。如果战争是一出闹剧,那么条约就是一出喜剧。查理一世原谅了苏格兰战前的一切行为,满足了其战后的所有要求。在与苏格兰人的谈判中,查理一世占据主导地位。苏格兰人认为查理一世是"他们见过的最公正可亲、通情达理的人之一"。一个苏格兰人写道:"陛下受到了前所未有的爱戴。同样,他也更喜爱我们。"

苏格兰人满怀忠诚地返回家乡。《伯威克条约》允许苏格兰人在自己的宗教大会上解决教会事务，在自己的议会里解决世俗事务。查理一世返回伦敦，策划让条约作废。查理一世拒绝废除建立圣公会①的法案，也拒绝批准苏格兰议会的法案，并从爱尔兰召回斯特拉福德伯爵托马斯·温特沃斯来鞭策苏格兰人进行正常思维。斯特拉福德伯爵托马斯·温特沃斯的行动计划和作战策略已准备就绪。按照斯特拉福德伯爵托马斯·温特沃斯的计划，英格兰海军负责封锁苏格兰港口，摧毁苏格兰贸易。爱尔兰军队则在西苏格兰登陆造成威胁，或登陆坎伯兰郡；英格兰陆军部队将入侵苏格兰，在利斯的防御营地驻扎以威慑爱丁堡和苏格兰低地，直到英格兰的《祈祷书》在苏格兰启用，主教们恢复教会权威。"不，也许直到让苏格兰王国的所有事务——无论是世俗事务还是教会事务都完全符合英格兰政府和法律的规定为止，直到苏格兰由英格兰国王和议会统治的那一天。"斯特拉福德伯爵托马斯·温特沃斯到达英格兰的第一步是召集议会。斯特拉福德伯爵托马斯·温特沃斯想，在这样极端的情况下，任何一个英格兰人都应该主动给查理一世送钱，支持查理一世镇压如此邪恶的叛乱。如果有人拒绝送钱，就应该"将他打倒在地，直到他学会服从，不再违抗"。斯特拉福德伯爵托马斯·温特沃斯不愿意承认查理一世已经失去民心。1640年4月，议会再次召开。据描述，议员们清醒、冷静，很少有人带着不良目的。奥利弗·克伦威尔就是议员之一。奥利弗·克伦威尔反对"冒险家"开采沼泽地的行为为他赢得了剑桥选区的席位。所有这些清醒冷静的人都团结起来要求恢复议会在宪法中应有的地位。约翰·皮姆详细列举了教会和政府造成的苦难，声称这些苦难的根源是议会的休会，因为议会是国家政体的灵魂。对查理一世的金钱需求，下议院回应说："在议会和王国的自由明晰之前，他们不知道能给予什么，或不给予什么。"查理一世试图讨价还价，提出只要议会同意给自己筹款八十四万英镑就取消造船税。然而，议会要求的不只是废除造

---

① 圣公会，一种等级制管理形式的教会，圣职分为主教、会长（也称神父或牧师）、会吏三级。——译者注

《伯威克条约》签订现场

船税，还要求废除查理一世为支持民兵而对各郡新征的军事费用。1640年5月5日，查理一世听说下议院打算联合上议院抵制对苏格兰发动战争。为了阻止这个计划，查理一世突然解散了议会。这个变故让议会温和派忧心忡忡，但反对派领导人的脸上显示出"一种不可思议的平静"。奥利弗·克伦威尔的亲戚奥利弗·圣约翰阴郁的脸上闪耀着一道不同寻常的光芒。奥利弗·圣约翰说：

奥利弗·圣约翰

"很好。事物在好转之前，总要先变得更糟。他们认为该做的，本届议会一件都不会做。"

不管议会是否会出手相助，查理一世都决意迫使苏格兰人屈服。一些顾问知道国库空空如也，敦促查理一世采取守势。

斯特拉福德伯爵托马斯·温特沃斯叫嚣道："没有防御性的战争。要么猛烈攻击，要么就此罢休。国王是自由的，不受任何政府规章的约束。在极端情况下，您可以自由行使手中权力。是议会拒绝了您，您无愧于上帝和人民。您在爱尔兰有一支军队，可以将它召集过来消灭这个王国。只要好好安排，一个夏天就够了。"

然而，以往问题的日积月累让查理一世举步维艰。伦敦拒绝借款，法兰西和西班牙也拒绝援助。查理一世甚至向教皇借兵借钱，但一无所获。征收上来的造船税不到十分之一，而服装和行军费①则遭到普遍抵制。查理一世走投无路，甚至想降低货币成色造币，再将西班牙政府之前运到英格兰用于造币的金条据为己有。军事前景同样令人沮丧。这支军队比1639年的军队规模更小、状况更糟。纽卡斯尔的骑兵将军将自己的任务称为"教拉车的马学会行军"和"让聚众闹事的人遵守十诫"。约克郡步兵团的指挥官回应说，他那些不服管教的民兵都是这个国家臭名昭著的地痞无赖。1640年8月18日，斯特拉福德伯爵托马斯·温特沃斯虽然已奄奄一息，但仍然不屈不挠，出任总司令一职。

专制主义已经摇摇欲坠，只需轻轻一触就可土崩瓦解。当斯特拉福德伯爵托马斯·温特沃斯躺在担架上与军队会合时，利文伯爵亚历山大·莱斯利已带领两万五千名苏格兰人穿过了特维德河。1640年8月28日，利文伯爵亚历山大·莱斯利在纽伯恩强渡泰恩河，将驻防当地的三千名步兵和一千五百名骑兵驱赶回英格兰。英格兰驻扎在纽卡斯尔的军队已经撤离，而诺森伯兰和杜伦也落入了利文伯爵亚历山大·莱斯利手中。斯特拉福德伯爵托马斯·温特沃斯在

---

① 1640年查理一世非法征收的费用，用以支付受其逼迫而攻打苏格兰人的士兵的服装费和路费。——译者注

路上遇到了英格兰军队，眼见他们一路溃败，正源源不断地逃向约克郡，而苏格兰人紧追不舍。斯特拉福德伯爵托马斯·温特沃斯愤怒地喊道："从未见过如此惨败！"这次失败不只是因为军队缺乏训练，士兵怯懦，还因为全国上下都对这次战事漠不关心，甚至充满抵触情绪。"举国上下一片恐慌，拒绝为查理一世效力，对耻辱无动于衷。"斯特拉福德伯爵托马斯·温特沃斯竭尽全力重组这支溃败的军队，将苏格兰人赶出了约克郡。只要一息尚存，斯特拉福德伯爵托马斯·温特沃斯对这个国家垂死的忠诚似乎又燃起瞬间的火焰。苏格兰的入侵似乎重新激起两国久被遗忘的敌意。

然而，一切努力皆是徒劳，胜利的希望更是渺茫。十二位贵族提交了一份请愿书，要求缔结和约，召集议会。伦敦也提交了一份请愿书，提出同样要求。查理一世召集了贵族委员会，草草拟定了与苏格兰的休战协议，并宣布将于1640年11月3日召开议会。专制主义时代的日子结束了。

第 3 章

长期议会

（1640—1642）

1640年11月3日，长期议会在威斯敏斯特召开。参会的大部分议员，包括奥利弗·克伦威尔，都曾经出席1640年5月的议会。而现在，他们带着完全不同的情绪聚在一起，手握更大权力。只要苏格兰军队还驻扎在英格兰领土上，查理

1640 年 11 月 3 日的长期议会

一世就不敢解散议会。一个苏格兰人写道:"只要纽卡斯尔的小伙子们稳坐不动,议会尽管放心开会。"

长期议会决定解决三个问题。第一,将受迫害者从专制政府中解放出来。第二,惩罚协助查理一世建立君主专政制度的为虎作伥者。第三,修改宪法,消除日后发生独裁统治的可能。约翰·皮姆在议会的长期经验使他无可争议地成为人民党领袖。约翰·皮姆的格言是:仅仅消除表面的不满是不够的,必须将引发不满的原因连根拔除。

在这段党纪不明的时期,约翰·皮姆是一位议会战术大师。直至去世,约翰·皮姆一直保持着领导地位。但终其一生,约翰·皮姆只是一个伟大的政党领袖,而不是一个伟大的政治家。约翰·皮姆过于党派化,不能切身体会反对党的感受。约翰·皮姆还过于依赖先例和法则,无法理解新时代带来的新问题。当需要离开原来破败不堪的道路时,约翰·皮姆无法找到新出路。约翰·皮姆是人民党的首席演说家和精神导师。在有条不紊地长篇论述全国人民的不满时,约翰·皮姆总能将对专制政府的指控阐述得铿锵有力、令人信服。有时约翰·皮姆会用威严崇高的雄辩和短小精悍的语句将自己当时的感情表达出来。这些短语很快像谚语一样流行起来。

在下议院,约翰·汉普登的威望仅次于约翰·皮姆。而在议会之外,约翰·汉普登的名声比在议会内更响亮。造船税早已使他名扬天下。"所有人的目光都投向他,将他当成爱国主义国父和乘风破浪的领航员。他们驾驶同一艘船在狂风骤雨、暗礁密布的海面航行。"约翰·汉普登不擅长演讲,但目光敏锐,精力充沛,态度坚决。"他能自如地控制情绪",是议会决意的风向标和行动的领头羊。

紧随其后的重要领导人有奥利弗·圣约翰、登齐尔·霍利斯,威廉·斯特罗德和本杰明·鲁迪亚德。奥利弗·圣约翰是约翰·汉普登在造船税案中的法律顾问,也是最得力的反对党律师。1629年,因在议会上大胆直言,登齐尔·霍利斯和威廉·斯特罗德遭到报复。在早期议会中,本杰明·鲁迪亚德就以雄辩

威廉·斯特罗德

本杰明·鲁迪亚德

纳撒尼尔·费因斯

闻名。更年轻的一代中，最引人注目的有纳撒尼尔·费因斯和亨利·韦恩爵士。前面提到的这些人以进步的宗教观点远近闻名，而阿瑟·哈塞里格爵士和哈里·马滕爵士则以民主观点著称。人民党的总部设在理查德·曼利爵士的房子里。这所房子坐落在威斯敏斯特大厅后面的一个小院子里，当时是约翰·皮姆的居所。在议会召开期间，约翰·皮姆、约翰·汉普登和其他几个人共同出资，置办了一张办公桌。他们就坐在这张桌子边开会，处理许多事务。毫无疑问，作为约翰·汉普登和奥利弗·圣约翰的亲戚，奥利弗·克伦威尔也是参会的一员。奥利弗·克伦威尔已经参加过两届议会，但他在党内只是一个沉默寡言的乡绅。不过有迹象表明，奥利弗·克伦威尔在商业方面的能力已经小有名气。在长期议会的第一次会议上，奥利弗·克伦威尔被特别任命为十八个委员会的委员。这还不包括专门处理东部各郡事务的委员会，因为剑桥选区的代表本来就是这些委员会的常任委员。1640年11月9日，奥利弗·克伦威尔第一次参与了议会辩论。此次会议广泛讨论全国人民的不满情绪及饱受星室法庭和最高刑事法庭迫害的人的冤屈。奥利弗·克伦威尔站出来替囚禁在舰队的约翰·利尔伯恩递交了一份请愿书。在回忆录中，菲利普·华威克爵士记录了奥利弗·克伦威尔的长相和说话方式：

> 1640年11月，议会开始时，我第一次注意到了奥利弗·克伦威尔。当时他以斯文气派的年轻绅士自居。我们这些人总是因为身上的华服而自命不凡。一天早晨，我穿戴整齐地来到下议院，看见一位先生在讲话，但我不认识他。他的穿着很普通。那是一套简单的西装，像是出自乡下蹩脚的裁缝之手。他的衣服不仅很普通，也不太干净。我记得他的领带①上有一两个血点儿，领带比衣领大不了多少，帽子也没有帽圈。他身材魁梧，佩剑紧贴着身体挂着。他的面庞红润，声音尖锐刺耳。他的发言充满热情。他代表威廉·白兰先生的一个仆人发言，而发言主题不太理性。这个仆人散布了有关王后亨利埃塔·玛丽亚跳舞的诽谤言论和对类似无伤大雅的体育运动的不当言辞。在会议桌前，他极力夸大这个仆人被监禁的事，让人以为因为这件事整个政府都无药可救了。老实说，因为大委员会采纳了他的说法，反而大大降低了我对大委员会的尊敬。

---

① 领带，指从衣领前面垂下的两条带子，是牧师、学者或律师等人服装的一部分。——译者注

亨利·韦恩爵士

阿瑟·哈塞里格爵士

哈里·马滕爵士

约翰·利尔伯恩

长期议会听取了全国人民的不满,将受迫害个体的请愿书提交给委员会,开始着手惩罚查理一世的大臣们。议会没有提及查理一世本人的过错,仍然保留他作为国王的尊严,只是将他看作一个被邪恶顾问蒙蔽视听的国王。本杰明·鲁迪亚德认为,为了国王和臣民的利益,必须清除和惩罚这群逆臣。正如《圣经》所说:"除去君主身边的恶人,王位将因此稳固。"

1640年11月11日,当斯特拉福德伯爵托马斯·温特沃斯正着手指控议会领袖煽动并协助苏格兰入侵的叛国罪时,斯特拉福德伯爵托马斯·温特沃斯遭到议会的逮捕和弹劾。一个月后,继威廉·劳德后,斯特拉福德伯爵托马斯·温特沃斯被关进伦敦塔。同样受到指控的还有国务秘书弗朗西斯·温德班克和

弗朗西斯·温德班克

诺丁汉伯爵赫尼奇·芬奇

掌玺大臣诺丁汉伯爵赫尼奇·芬奇，但他们很快逃亡海外。还有两名主教和六名法官被弹劾和监禁。所有支持专制者的人士都被驱逐出下议院。这简直就是"末日审判"[①]。斯特拉福德伯爵托马斯·温特沃斯是第一个被指控的。他的审判在威斯敏斯特大厅举行，吸引了所有人的目光。

斯特拉福德伯爵托马斯·温特沃斯不仅被指控为"英格兰最大的变节者""英属爱尔兰殖民地的压迫者"，还被指控是发动对苏格兰人进行非正义战争的精神支持者。所有这些指控都表示：斯特拉福德伯爵托马斯·温特沃斯

---

① 末日审判，根据基督教一些教派的说法，基督第二次降临之前会经历一段磨难时期，对世上的所有罪恶进行一次末日审判。——译者注

试图通过语言、行动和劝告的形式颠覆英格兰和爱尔兰的基本法，引入一个独裁专制的政府。斯特拉福德伯爵托马斯·温特沃斯似乎是独裁统治的化身，而议会则致力于恢复法治。约翰·皮姆讨伐斯特拉福德伯爵托马斯·温特沃斯的演说自始至终都充满着对法律统治的颂扬。约翰·皮姆说："当个人意志凌驾于法律之上时，好的法律，不，即使是最好的法律，也没有任何价值。"所有危害国家的恶行都包含在叛国罪中。

　　法律是用来区分善恶，辨别正义与非正义的。如果废掉法律，万事都将陷入混乱，每个人都会自己制定法律。当人性堕落时，必然产生暴行。欲望会成为法律，嫉妒会成为法律，贪婪和野心也会成为法律。这样会带来什么？这样的法律会产生什么后果？看看爱尔兰政府就知道了。

以专制取代法律，受害的不仅仅是臣民。

　　这对国王的人身安全是危险的，对王权也是有危害的。如果我们重蹈东方国家的覆辙，任由君主们按照斯特拉福德伯爵托马斯·温特沃斯的荒唐原则管理国家事务，一意孤行，不受任何国家制度管辖，必将频陷战乱漩涡，被杀被弑，不得善终。

斯特拉福德伯爵托马斯·温特沃斯竭力证明，在法律上，针对他的控诉并不构成叛国罪。议会通过了《剥夺公民权提案》，以此回应斯特拉福德伯爵托马斯·温特沃斯的说法。为了国家的安全，必须将这些行为列为叛国行为。约翰·皮姆说："改变政府的既定框架和宪法在任何国家都是叛国行为。如果在国家的其他地区都共同遵守的法律，在某个地方却不能自我保护和存续，这样的法律是无效的、有缺陷的。"

对斯特拉福德伯爵托马斯·温特沃斯的审判过程中，查理一世急于救助，但他的鲁莽干预最终失败。查理一世密谋派人占领伦敦塔，并将英格兰军队从约克郡调集过来，以震慑议会。这一密谋很快被发现。斯特拉福德伯爵托马斯·温特沃斯的命运也因此尘埃落定。查理一世受到上下两院施压和伦敦的暴动威胁，只好同意签署《剥夺公民权提案》。1641年5月12日，斯特拉福德伯爵托马斯·温特沃斯被送上断头台。

在起诉查理一世的邪恶顾问的同时，议会开始着手为将来对抗专制政府做准备。作为压迫手段的特殊法庭被完全清除，星室法庭、高级委员会、北方议会、威尔士议会和边界法庭都在此列。《吨税和磅税法案》宣布，自生效之日起，未经议会批准的征税是违法行为。同时，议会禁止皇家森林的扩张，取消对骑士的罚款，宣布造船税非法。《吨税和磅税法案》颁布后，在没有议会许可的情况下，国王不仅不能征税，就连执政也变得不可能了。1641年2月15日，查理一世通过了《三年法案》。该法案要求国王每三年召集一次议会，并为议会的召开提供机制，以防国王未在指定时间召集议会。1641年5月1日，查理一世又同意了一项法案，该法案禁止国王解散现有的议会，甚至禁止国王在未经议会许可的情况下休会。

奥利弗·克伦威尔既不是演说家，也不是律师，因此没有参与对斯特拉福德伯爵托马斯·温特沃斯的起诉。然而，一项宪法改革与他密切相关。《三年法案》的签订起因于威廉·斯特罗德的一条提案。在提案中，威廉·斯特罗德建议复兴爱德华三世时期的一条旧法。根据旧法，议会必须每年召开一次。1640年12月3日，奥利弗·克伦威尔修改了这条提案的二读[①]。最后，作为委员会成员之一，奥利弗·克伦威尔参与审议，通过了该提案。依据该提案的规定，每三年召集一次议会。在教会事务中，奥利弗·克伦威尔的作用更明显。在宪法问题上，人民党的意见几乎一致。但在宗教问题上，人民党的意见很难统一。人民

---

① 二读，在英国的威斯敏斯特立法体系中，一项提案在正式立法前，立法机构通常要对该提案进行三次正式或非正式的辩论，这被称为提案宣读。——译者注

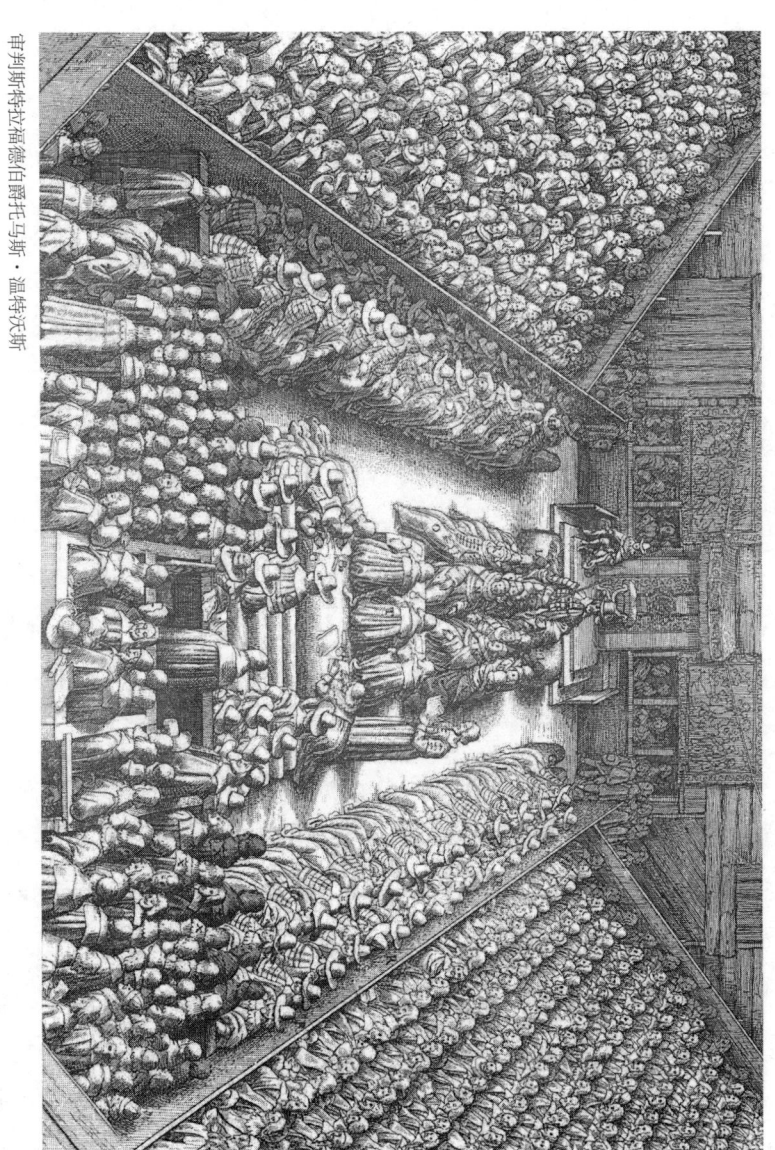

审判斯特拉福德伯爵托马斯·温特沃斯

斯特拉福德伯爵托马斯·温特沃斯被送上断头台

党领导人的总目标是让由议会代表的国家控制教会，而不是让国王作为教会的"最高统治者"。一些人希望废除《祈祷书》，使教会的教义更符合加尔文主义，而另一些人只希望废除一些令人反感的规定和仪式。在教会管理方面，同样也是意见不一。一些人希望保留现在的主教制，一些人希望完全废除主教制，大多数人则希望在限制主教权力的情况下保留主教职位。因此大主教詹姆斯·厄谢尔提出的有限主教制大受欢迎。詹姆斯·厄谢尔提出，每个主教都

詹姆斯·厄谢尔

要得到教区牧师委员会的协助和控制。及至此时，议会中还没有一个党派提议引入长老会或独立教派，但很多人希望彻底铲除主教制度。在下议院，纳撒尼尔·费因斯和亨利·韦恩爵士赞成废除主教制，"连根带叶，彻底废除"。后来约翰·汉普登也加入此行列。奥利弗·克伦威尔是这些"彻底派"中的一员。在长期议会期间的众多讨论议题中，奥利弗·克伦威尔更专注于对教会的申讨。他在这段时间内写的唯一一封信表露了他对宗教问题的关注。这是写给一个书商的信，要求对方提供一份关于"苏格兰人希望实施宗教统一理由"的印刷材料副本。奥利弗·克伦威尔写道："我要细读一下。辩论马上开始，我希望赢得辩论。"

1641年2月9日，奥利弗·克伦威尔发表了一次演讲。这是他有记录的演讲中唯一一场讨论教会问题的演讲。演讲前，一万五千名伦敦市民签署了一份要求彻底废除主教制的请愿书。奥利弗·克伦威尔就这件事发表演讲，讨论是否要将这份请愿书提交给委员会通过。

一名议员极力反对，他认为主教是国家阶层之一，也是宪法的一部分。教会的平权会带来国家的平等。奥利弗·克伦威尔站出来直截了当地否定了这名议员的推论和假设。"有人打断了奥利弗·克伦威尔，要审查他的发言资格。"多亏约翰·皮姆和登齐尔·霍利斯支持，他可以继续演讲。记录上写着：

> 他不明白，为什么刚才发言的那位绅士会做出从教会平权到国家平权的推论，也不明白主教为什么要占用国家大量税收。他越发觉得有必要调查主教的违规行为。因为就像罗马的宗教等级制度一样，主教们不会让自己接受审判。

1641年5月，奥利弗·克伦威尔又一次攻击主教。下议院通过了一项提案，禁止神职人员以法官、议员或上议院议员的身份担任世俗职务，而上议院坚决不予通过。作为回应，"彻底派"拟了一条提案，要求完全废除主教制。他们说服著名的演说家爱德华·德林爵士提出这条提案。随后爱德华·德林爵士后悔了，他解释说："这条提案是阿瑟·哈塞里格爵士塞给我的，而阿瑟·哈塞里格爵士的提案则是亨利·韦恩爵士和奥利弗·克伦威尔先生塞给他的。"

虽然议会没有通过"彻底派"的提案，但这个提案的提出进一步加剧了人民党内部的分歧。由爱德华·海德和福克兰子爵卢修斯·卡里领导的一部分人宣布与之前的同僚决裂。他们天性保守，满足于当前的改革成果，更愿意相信查理一世会遵守宪法，而不相信议会会保留国家教会。在这次会议结束前，爱德华·海德与查理一世进行了沟通。一个基于保护教会的保王派正在形成。查

爱德华·德林爵士

福克兰子爵卢修斯·卡里

理一世同样决心维护教会，正想方设法重新夺回权力。想到可能会获得下议院内部的支持，查理一世对胜利前景信心倍增。1641年8月，查理一世动身前往苏格兰。查理一世希望赢得苏格兰贵族的支持，用一个王国对抗另一个王国。

1641年10月，在长期议会召开第二次会议后，事态发生重大变化。人民党在宗教问题上的分歧削弱了它自身的力量，而宗教分歧迅速蔓延全国。与此同时，随着苏格兰军队撤军，议会领导人失去赖以保护自己的军事力量。来自苏格兰的消息证实，对查理一世发动政变的担心绝不是空穴来风。有传言说，在查理一世的批准下，一群保王派士兵密谋刺杀汉密尔顿侯爵詹姆斯·汉密尔顿和阿盖尔侯爵阿奇博德·坎贝尔。两人匆忙逃出爱丁堡才幸免于难。最重要的消息是，爱尔兰发生了叛乱。有人企图袭击都柏林城堡①，还有人在阿尔斯特地区屠杀英格兰殖民者。叛乱每天都在蔓延，谋杀和抢劫四起。衣衫褴褛的逃亡者逃到都柏林，讲述各自经历的屠杀和掠夺。英格兰群情激愤。人们相信，总共有五万英格兰人被野蛮杀害，也有人说是十五万。

在现代历史学家看来，爱尔兰的叛乱只是英格兰殖民爱尔兰的必然结果。但在当时的英格兰人看来，这简直是晴天霹雳。在过去的六十年，爱尔兰

阿盖尔侯爵阿奇博德·坎贝尔

① 都柏林城堡，位于爱尔兰都柏林的圣母街，此时是英格兰驻爱尔兰总督的政府所在地。——译者注

都柏林城堡

人民被没收土地并饱受痛苦和贫穷，而斯特拉福德伯爵托马斯·温特沃斯准备在康诺特建立种植园的计划更是让他们愤怒和恐惧。对天主教的彻底镇压曾经只是停留在口头威胁阶段，但现在清教徒掌权，镇压行动迫在眉睫、不可避免。斯特拉福德伯爵托马斯·温特沃斯和亲信顾问已经下台，他们建立起来的强大政府也陷入瘫痪。军队的解散使这个国家到处都是训练有素的武装人员。起义成功的机会终于来了。毫无疑问，爱尔兰人抓住了这个机会。1641年10月，爱尔兰人发动了起义，意在收复被占用的土地。阿尔斯特的六个郡首先爆发了起义。在詹姆斯一世统治期间，这几个郡被占为种植园。接着，最近的种植园威克洛也爆发了叛乱。尽管叛乱十分血腥野蛮，叛乱者却没有策划或实施大规模屠杀。叛乱分子的首要目标只是将殖民者赶出家园。在驱逐过程中，有些殖民者被杀，而所有的殖民者都被掠夺。在叛乱最初的一两个月，大约有四千人被杀，而死于苦难和贫困的人则可能翻倍。

在英格兰清教徒看来，教皇制是这一叛乱的罪魁祸首。1641年12月4日，长期议会通过了一项决议，坚决不允许在爱尔兰或其他任何英格兰王国的领土上容忍教皇制宗教。同样致命的是，议会还通过第二项决议，要重新没收爱尔兰的土地，并重新分配没收来的两百五十万英亩①土地，用以补偿那些为重新占领爱尔兰而提供战争资金的人。就这样，第一次投票将局部的起义变成全面的叛乱，第二次投票则使叛乱演变成自相残杀的战争。

议会两党批准了这两项投票，开始发起公开募捐。议会议员和伦敦商人都自愿捐款。奥利弗·克伦威尔不了解爱尔兰历史，认为这个计划相当明智公正。奥利弗·克伦威尔捐了五百英镑，而这相当于他一年的收入。和当时的大部分人一样，奥利弗·克伦威尔对叛乱的起因一无所知，却对关于大屠杀的夸大之词深信不疑。1650年3月21日，奥利弗·克伦威尔对爱尔兰神职人员说：

> 爱尔兰曾经与英格兰联合。在爱尔兰，英格兰人拥有的财产有很多是他们和他们的祖先从你们和你们的祖先手里买来的。长期以来，英格兰人从爱尔兰人手中租用土地，蓄养牲畜。英格兰人自己出资建房子，开垦种植园，与你们一起和平共处。在利益保护方面，英格兰对英格兰人与你们一视同仁。在法律上，你们与英格兰人一样享有平等正义。只有在特殊情况下，出于国家安全考虑，国家才对那些有叛乱倾向的人施以法律的惩罚。而你们打破了这个联盟，无端屠杀英格兰人，不问性别、不分年龄，野蛮程度普天之下闻所未闻。这一切竟然在爱尔兰的完全和平时期发生了。

如果要重新征服爱尔兰，就必须立即召集军队，而议会领导人不可能再任由查理一世控制军队。1641年5月，查理一世刚策划了一次政变，召集军队威

---

① 英亩，英美制面积单位，一英亩约等于四千平方米。——译者注

惧议会。最近在前往苏格兰的途中，查理一世又一次擅自调遣了这支刚被议会解散的军队。如果这次再给查理一世一支新的军队，谁能保证他不会像六个月前那样利用军队反过来镇压议会？约翰·皮姆对此深信不疑。1641年11月6日，约翰·皮姆发表了一篇演讲，声称除非查理一世任用议会批准的政府大臣，"否则议会就自行采取措施保护爱尔兰，同时保护自己"。约翰·皮姆提议让议会掌握爱尔兰的行政权，而奥利弗·克伦威尔提议要同时抓住英格兰的行政权。奥利弗·克伦威尔提出了一项提案，要求上议院和下议院授权埃塞克斯伯爵罗伯特·德弗罗指挥特伦特河以南的所有民兵，直到议会做出下一步指示。

埃塞克斯伯爵罗伯特·德弗罗

第 3 章 长期议会（1640—1642） | 099

1641年12月，阿瑟·哈塞里格爵士提出了一项民兵提案。这项提案规定由议会指定一位将军担任英格兰所有民兵的总指挥。这样一来就出现了一个尖锐的问题：国家武装力量的最高指挥权应该在国王手里还是在议会手里。

1641年11月，长期议会呼吁全国人民支持议会。《大谏章》列举了查理一世统治的十五年里英格兰遭受的所有苦难。议会在过去十二个月里做的一切都是为了消除这些苦难。《大谏章》指出议会在消除苦难时遇到的障碍，并宣布未来的打算，认为造成苦难的罪恶根源在于查理一世对英格兰基本法律和原则的颠覆。而这些法律和原则恰恰是英格兰王国的宗教和正义的根源。只有"铲除恶党"，才能完成教会和国家的改革。《大谏章》还请求国人判断自己选出的代表是否值得信任，并请求他们继续保持信任。《大谏章》使战争不可避免，不是因为对查理一世的间接控诉，而是因为在最后几条中提出的教会政策将国家分成了两个阵营。在随后几项条文中，下议院宣布将接手教会改革工作，并要求召集宗教全体会议来帮助完成这项改革。1641年11月22日，关于《大谏章》的以上条款，议会经历了漫长而激烈的争论。最终《大谏章》以十一票的微弱优势获得通过。在多数派提议将《大谏章》交付印刷时，内战似乎就要在下议院当场爆发。议员们抗议呼喊，大声咆哮，挥舞着帽子，有些议员手中剑已出鞘，好像就等着一声令下。一个目击者说："我感觉我们是坐在死神降临的山谷里。我们就像《圣经》里的青年约押和押尼珥，彼此相扣，将刀插进对方肚子里。"①

骚乱平息后，议员们动身回家。奥利弗·克伦威尔对福克兰子爵卢修斯·卡里低声说的几句话，表明当晚的决定意义重大。奥利弗·克伦威尔说："如果《大谏章》被否决，第二天一早我就将所有的东西都卖掉，再也不回英格兰了。我知道有许多忠诚之士抱着同样的决心。"

---

① 约押是大卫王的妹妹洗鲁雅的儿子。大卫王立他为将军。约押有两个兄弟，亚比筛和亚撒黑。亚撒黑在战场上被押尼珥杀了，约押伏击杀押尼珥，为弟弟复仇。——译者注

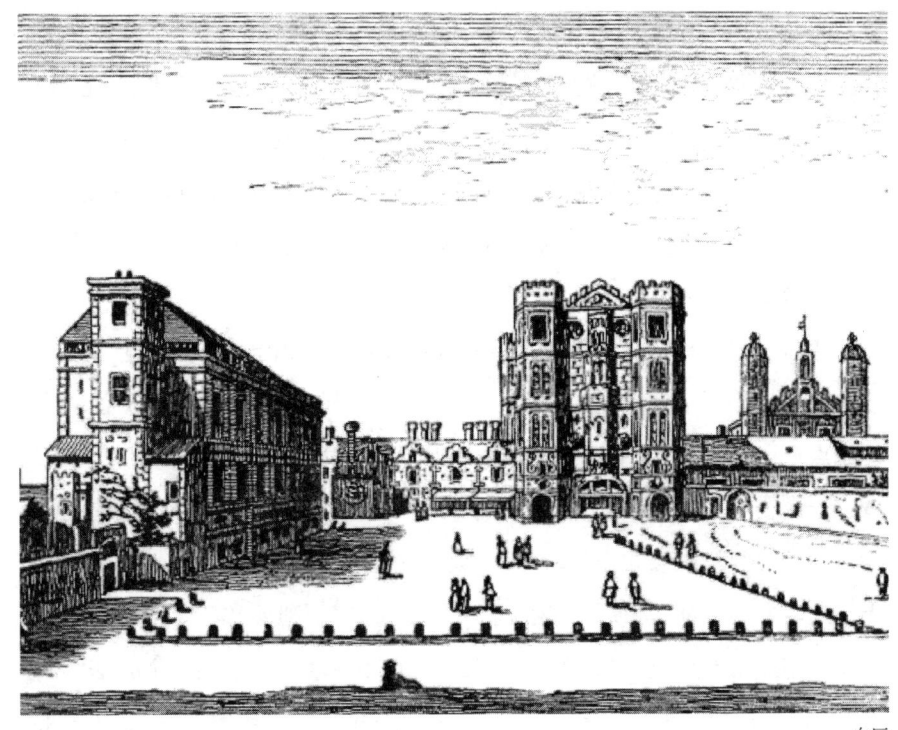
白厅

在《大谏章》通过后的第三天，查理一世回到白厅①。查理一世决心摆脱议会领导人以法律形式强加给他的控制，并不再做出任何让步。在查理一世看来，在最近这次战争中，议会领导人与苏格兰人的关系、对国王权力的攻击及试图改变宪法的做法，都足以证明议会领导人犯有叛国罪。查理一世要做的第一步是撤掉下议院周围的警卫，第二步是取悦伦敦，第三步是派一名亲信去控制伦敦塔。下议院请求恢复警卫时，查理一世回复说，作为国王，保护议会的安全不受暴力威胁对他来说就像保护孩子一样重要。就在下议院收到这一答复的当天，查理一世指派司法大臣弹劾五名议员②，并派一支保安队前往逮捕。下

---

① 白厅，亨利八世至威廉三世期间的国王宫殿。1698年被大火烧毁。——译者注
② 查理一世所拟的"五名议员"分别是约翰·皮姆、约翰·汉普登、登齐尔·霍利斯、阿瑟·哈塞里格爵士和威廉·斯特罗德。——原注

议院拒绝放人。1642年1月4日，查理一世带着四百名武装人员，亲自到下议院执行逮捕，却发现这五人跑了。随逮捕而去的是议会对查理一世的信任。下议院撤到伦敦，伦敦也拒绝交出查理一世指控的议员。成千上万的请愿者从全国各地涌来支持各自的议会代表。很明显，国民大多支持议会。查理一世的政变彻底失败。1642年1月11日，下议院返回威斯敏斯特。为避免目睹议会的胜利，查理一世离开了伦敦。

查理一世并不认为自己背信弃义。相反，他认为自己的行为完全合法。但议会领袖拒绝再信任他，坚决要求控制军队。奥利弗·克伦威尔与议会领导人的观点一致。回到威斯敏斯特三天后，即1642年1月4日，奥利弗·克伦威尔提议成立一个委员会，在英格兰全国实行戒严。这个提议有些为时过早。约翰·皮姆认为议会两院应该联合行动，而上议院迟迟不肯回应。于是约翰·皮姆警告上议院，要求上议院必须与下议院一起行动起来，否则下议院将自行行动拯救王国。上议院迫不得已做出让步。1642年2月，上议院通过了驱逐主教法案，联合下议院提出控制民兵的要求。1642年3月，上下议院联合投票，决定动用两院的权威让英格兰王国处于防御状态。

然而，直到现在，查理一世和议会都无意刀兵相向：查理一世努力争取时间以积蓄力量，而议会仍然希望查理一世能批准他们要求的安全。因此，接下来的六个月间，他们不断地争论谈判，双方通过一轮又一轮的宣言和反宣言呼吁全国，寻求支持。这些小摩擦引发了真正的敌对行动。查理一世有两项交替实行的政策，每一项都需要时间才能成功。一项是王后亨利埃塔·玛丽亚和朝臣的政策，另一项是爱德华·海德和保王派的政策。王后亨利埃塔·玛丽亚的政策是：积极为不可避免的战争做准备，而不必顾忌任何碍事的宪法教条。他们可向法兰西、丹麦和奥兰治亲王威廉二世[①]寻求帮助，并占据一个港口，让

---

① 1641年5月2日，奥兰治亲王威廉二世迎娶查理一世的女儿玛丽长公主；1647年，奥兰治亲王威廉二世成为尼德兰联合省总督，本书第十二章有提及。他们唯一的孩子威廉三世在光荣革命后成为英格兰国王。——译者注

奥兰治亲王威廉二世

外国军队登陆。爱德华·海德的政策是：查理一世应该保持被动，"让自己完全置于法律羽翼之下"，批准任何法律要求批准的事，否决任何法律允许否决的事，坚持任何作为国王不应做出让步的事。爱德华·海德说："到最后，国王和法律就已足够强大，能从容应对事态的发展变化。"

查理一世的性格和地位都不允许他采取前后一致的政策。查理一世不得不做出一些让步，一方面是为安抚公众舆论，另一方面是为备战争取时间。查理一世撤销对五名议员的弹劾，撤掉伦敦塔的总督，对《民兵提案》临时妥协，甚至同意将主教驱逐出上议院。最后一条让查理一世的良心备受煎熬，但王后

亨利埃塔·玛丽亚

亨利埃塔·玛丽亚坚持要他让步。为了能让王后亨利埃塔·玛丽亚顺利抵达欧洲大陆,查理一世只好屈服。王后亨利埃塔·玛丽亚带了一批王室珠宝前往荷兰,准备抵押换取武器弹药。王后亨利埃塔·玛丽亚启航后,查理一世前往约克郡,准备与支持者会合,以占领这个不可缺少的港口。在查理一世向北进发时,一个议会代表团在纽马克特与他相遇,再次请愿让议会控制民兵。但这时查理一世认为已没有必要让步了,他甚至拒绝临时授权。查理一世叫道:"即使只有一个小时我也不会同意!你们提出的这个要求从没有人向国王提过。在这件事上我甚至不会授权我的妻子和儿女。"

到达约克郡后，查理一世立即采取行动，试图占领赫尔。赫尔不仅为荷兰和丹麦的救援物资登陆提供最为便利的港口，而且是一个大军火库所在地。这里存放了之前为苏格兰战争准备的武器弹药。1642年4月23日，查理一世带着三百名骑兵出现在赫尔，要求入城。然而，守城总督约翰·霍萨姆爵士拉起了吊桥，站在城墙上拒绝让查理一世入城。查理一世宣布他是叛徒，然后策马离开。

虽然王后亨利埃塔·玛丽亚的政策失败了，但爱德华·海德的政策为查理一世吸引了一批拥护者。舆论转向支持查理一世。这种变化主要归咎于议

约翰·霍萨姆爵士

会的教会政策。对英格兰国教心怀感情的人担心教会的礼拜仪式和管理权落入简单粗暴的清教主义议会和宗教大会手中。毫无疑问,爱德华·海德娴熟的辩护才能大大激发了这种担忧。爱德华·海德为查理一世写的宣言行文流畅,辞藻华丽,再加上幽默讽刺的语调,远比议会发表的枯燥冗长的法律论据有效得多。更重要的是,爱德华·海德将查理一世描绘成宪法的守护者,而议会则是宪法的破坏者。约翰·皮姆对法律的颂扬反而被对方利用来攻击自己。查理一世成为"现有的国家法律"的拥护者,而革命者则企图将国王和臣民长期以来享有的权利置于下议院的投票之下。查理一世被树立成"古老、平等、快乐、自成一体、完美无缺的宪法"的捍卫者,革命者则尝试引入"新宗教和乌托邦政府"。

议会要求新的权力,而国王维护旧的权力。这是不可否认的事实。而议会很难证明其要求的必要性。议会不信任查理一世的心理可以说是出于"恐惧和猜忌",而他们不信任查理一世的真实理由只能靠推测的证据支持,虽然后来的历史学家充分论证了这些证据。

仅靠一次嘴皮上的胜利并不能解决英格兰当前亟待解决的问题。争论的焦点不再是法律是否赋予国王或议会某些权力,而是主权应该是在国王还是议会手里。议会下了最后通牒。在议会的十九项主张中,议会要求主权的所有分支均属议会,包括外交政策、教会政策、陆军和海军的控制权,以及大臣、议员和法官的任命、惩罚和赦免权。简而言之,政府将由议会选出的人来管理,而不是由国王任命的人来管理。从此以后,国王可以统治国家,但不能管理国家。

从某种意义上说,查理一世充分理解了这十九项主张。他回复说:

> 这些主张一旦通过,我们将一无所有。我们可以继续保留王室风格的吻手礼,议会两院宣称的国王权威可能仍然是你们熟悉的样子。我们仍然可以保留王室仪仗,准许国王头戴王冠,手执权杖,但

关于切切实实的权力，我们只能徒有其表，只有一个国王的样子和符号。

然而，议会中的一方认为，他们当初构想这些要求的意图与其说是攻击性的，不如说是防御性的。他们认为，没有主权的转移，他们就不可能将先辈传下来的自治政权传给后代。埃德蒙·勒德洛说：

埃德蒙·勒德洛

在我看来，我们和保王派之间存在的争议是，应该允许国王像上帝那样凭个人意志统治，视国民如蝼蚁，还是让人民按照自己制定的法律要求进行自我管理，生活在自己批准的政府之下。

唯有剑能裁决一切。1642年7月4日，议会建立了安全委员会。1642年7月6日，议会决定征召一万士兵。1642年7月9日，议会任命埃塞克斯伯爵罗伯特·德弗罗为将军。1642年8月22日，查理一世在诺丁汉竖起王旗。

第 4 章

第一次内战

（1642）

　　从查理一世在诺丁汉竖起王旗的那一天起，甚至是更早，英格兰王国就分为两大阵营。人民有的站在国王一边，有的站在议会一边。自15世纪以来，这个国家从未发生过内战。现在，英格兰即将体会到内战带来的痛苦。在玫瑰战争①中，两个敌对的家族声称忠于人民。现在，两个敌对的权力阵营要求人民服从。除了不知应该服从哪一个权威，议会的分裂让选择变得困难重重，也掩盖了主要问题。下议院不再是1640年11月时意见一致的团体。大约有一百七十五名议员选择追随查理一世，还有近三百人留在威斯敏斯特的议会一方。在上议院，绝大多数人站在查理一世一边。有三十多个贵族加入了人民党，约有八十人支持查理一世，还有约二十人没有加入任何一方。

　　人们选择的动机各不相同。在许多贵族看来，他们的命运与查理一世密不可分，就像纽卡斯尔侯爵威廉·卡文迪许一样。他们拥护君主制，因为这是他们贵族地位的基础和支撑。最近一批从查理一世及父亲詹姆斯一世处获得贵族称号的人自认对斯图亚特王朝负有个人义务，愿意牺牲一切来回报他们。在给妻子的信中，戈林勋爵乔治·戈林写道："如果我有几百万个王冠和几十个

---

① 玫瑰战争，英格兰金雀花王朝王室两个敌对分支为争夺英格兰王位而进行的长期内战。战争的一方兰开斯特家族以红玫瑰为代表，而另一方约克家族以白玫瑰为代表，故称玫瑰战争。——译者注

儿子，我愿意都奉献给查理一世和他的事业，为此我宁可忍饥挨饿……我的所有身家都来自查理一世，现在他可以拿回这一切。"议会派的贵族中不乏几个像亨利·布鲁克男爵、赛义子爵威廉·费因斯和华威克伯爵罗伯特·里奇这样虔诚的清教徒，他们对宗教的热情不亚于政治动机。封建贵族号称"世上最高贵的人"。在诺森伯兰，封建贵族的独立精神似乎正在复兴。霍兰德伯爵亨利·里奇①反对王室。霍兰德伯爵亨利·里奇野心勃勃，希望成为议会军的一名将军。

霍兰德伯爵亨利·里奇

---

① 霍兰德伯爵亨利·里奇，1623年到1624年为肯辛顿勋爵，1624年受封为霍兰德伯爵，1649年被处死。是前义提到的议会派领导人华威克伯爵罗伯特·里奇的弟弟。　　译者注

彭布罗克伯爵菲利普·赫伯特

其他人则认为议会比国王更强大，决心站在更有胜算的一方。爱德华·海德说："彭布罗克伯爵菲利普·赫伯特和索尔兹伯里伯爵威廉·塞西尔宁可毁掉查理一世和他的后代，也不愿让威尔顿和哈特菲尔德分别落入不同阵营之手。"

乡绅的动机也各不相同。的确，他们中的大部分人拥护查理一世，但也有很多人支持议会，尤其是在清教主义盛行的地区。

出于私心，在城镇中，像约克大教堂和切斯特大教堂①这样的大教堂所

---

① 约克大教堂，英国国教第二号人物约克大主教的座堂，地位仅次于坎特伯雷大教堂。切斯特大教堂是圣公会切斯特教区的座堂，供奉着基督和圣母玛利亚。——译者注

约翰·弥尔顿

在的城市通常倾向支持保王派。牛津大学和剑桥大学都支持查理一世,但牛津和剑桥的代表都支持议会。约翰·弥尔顿①将伦敦称为"自由大厦",而爱德华·海德称伦敦为"国王坏脾气的污水槽"。伦敦是清教主义大本营,大多数制造业和贸易城镇都是反对保王派的。爱德华·海德说:"曼彻斯特②有许多以富有的企业。从一开始,它就以一种故作傲慢的态度反对查理一世,并庄严宣布对议会的支持。"虽然伯明翰③比一个村庄大不了多少,"但对查理一世切切

---

① 约翰·弥尔顿,英国诗人,思想家。代表作有《失乐园》《论出版自由》。——译者注
② 曼彻斯特,当时重要的毛织品和亚麻制品的生产和贸易中心。——译者注
③ 17世纪前,伯明翰不过是华威克郡排名第三的小城,到1700年,由于手工业的发展,伯明翰人口增加了十五倍,成为英格兰的第五大城市。——译者注

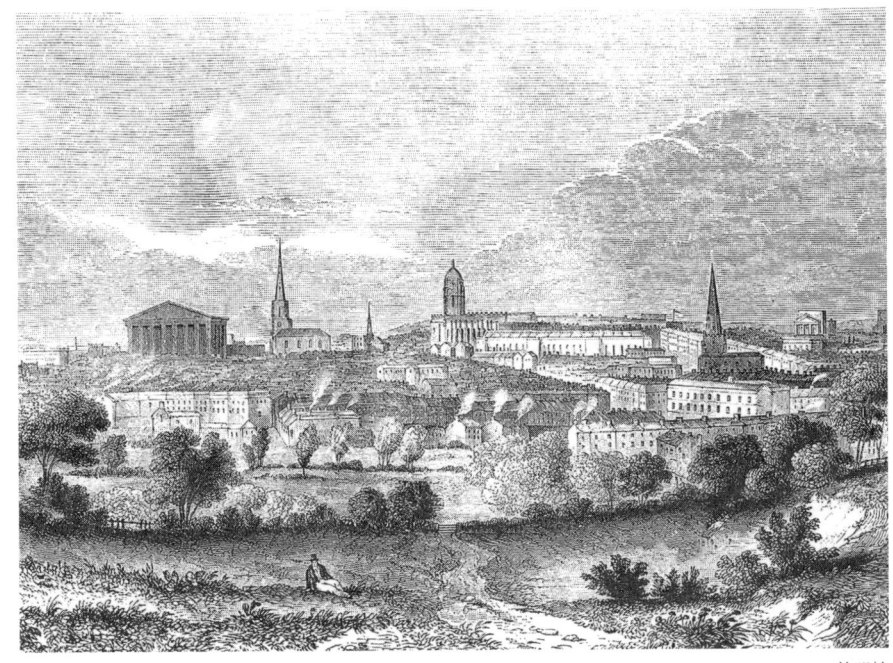

伯明翰

实实的反对让这个城市与英格兰其他地方一样闻名遐迩"。约克郡西里丁①的制衣城镇,以及萨默塞特郡和格洛斯特郡②的制造业地区也对查理一世怀有敌意。关于萨默塞特郡和格洛斯特郡,爱德华·海德说:

> 世家大族的绅士大部分拥戴查理一世。地位稍低的一些人,他们通过畜牧、制衣和其他致富手艺,积累了大量财富,逐渐跻身绅士阶层,却发现没有获得与其他同等阶层绅士同样的尊重和名誉。他们对此极其愤怒、不满,因而钻研各种能让自己声名显赫的办法。他们从一开始就迅速倒向议会一边。

---

① 1086年,约克郡因占地过大,被划分成三个独立自治区,分别为东里丁、西里丁和北里丁。——译者注
② 萨默塞特郡东北与格洛斯特郡相邻,位于英格兰西南部,是国防设备和技术的重要供应商生产地。——译者注

在纯农业区，大地主的影响通常是决定性的，但也有许多明显的例外。在东部各郡，许多著名乡绅选择为查理一世拿起武器，但"自由民和自耕农一般都拥护议会"。

然而，尽管大部分上层阶级的立场一致，但这场战争从来不是一场阶级斗争，而是一场思想和意识形态的斗争。自始至终，希望保留教会的人支持查理一世，而希望改革教会管理形式和追求宗教信仰自由的人则支持议会。起初，政治问题似乎比宗教问题更重要，即使对清教徒来说也是如此。约翰·哈钦森上校[①]读了敌对两派的宣言，"充分了解了双方的主张，从良心[②]上确认了议会在维护公民权利上的正义性"。但"他认为虽然恢复罗马教皇制和颠覆真正的新教足以引发战争，但为保卫英格兰自由而战是更充分的战争动机"。

对于奥利弗·克伦威尔拿起武器的确切动机，同期记录没有任何交代，因此我们只能从他早期的行为和后来的言论中推断。1644年，奥利弗·克伦威尔写道："我认为议会有权维护自己的权利。这是证明这场战争的正义性的唯一理由。"和约翰·哈钦森上校一样，奥利弗·克伦威尔认为查理一世的教会政策是对新教的颠覆，并将这场战争的目的定义为"维护我们作为人的民权自由和作为基督教教徒的宗教自由"。随着战争的开展，宗教自由对奥利弗·克伦威尔越来越重要。原本反对宗教变革的斗争变成了争取良心自由的尝试。1654年，奥利弗·克伦威尔说：

> 虽然最初争论的话题并不是宗教方面的，但经过长期的无谓探索后，上帝最终还是将我们带到这个问题上。最后的结果证明，宗教自由对我们来说是最宝贵的：让所有的新教教徒从主教的暴

---

① 约翰·哈钦森上校，英国政治家，清教徒领袖之一。——译者注
② 宗教上，良心通常被认为与所有人类固有的道德、宇宙的仁慈或神性有关。宗教的各种仪式、神话、教义、法律、制度和物质特征有时候会与良心起冲突，因而带来宗教变革以适应良心。本书后义多次提及。——译者注

约翰·哈钦森上校

政中获得自由并按照自己的意愿和良心服务上帝。还有什么比这更加重要?

在每一场内战中,家族内部成员之间通常会因政治和宗教信仰不同而发生冲突。很少有家族能做到像费尔法克斯家族和谢菲尔德家族①那样。据说这两个家族的所有人都支持议会。保王派方面,拜伦家族、康普顿家族和许多不

---

① 在英格兰内战期间,费尔法克斯家族的斐迪南·费尔法克斯勋爵及儿子托马斯·费尔法克斯爵士同时为议会军作战,谢菲尔德家族的詹姆斯·谢菲尔德男爵及侄子穆尔格雷夫伯爵埃德蒙·谢菲尔德也全力支持议会派。——译者注

那么显赫的家族几乎始终支持查理一世。但多数情况下,最亲的人往往立场不同。在埃奇希尔[①],登比伯爵威廉·费尔丁和多佛伯爵亨利·凯里在国王卫队中冲锋陷阵,而他们各自的儿子巴泽尔·菲尔丁勋爵和罗克福德勋爵约翰·凯里则在埃塞克斯伯爵罗伯特·德弗罗手下作战。在奥利弗·克伦威尔的家族中,

登比伯爵威廉·费尔丁

---

① 1642年10月23日,保王派和议会派在这里发生一次正面冲突。——译者注

巴泽尔·菲尔丁勋爵

他的叔叔奥利弗·克伦威尔爵士和堂兄亨利·克伦威尔都是积极的保王派。在保王派战败后,多亏奥利弗·克伦威尔调解,奥利弗·克伦威尔爵士和亨利·克伦威尔的财产才能得以保留。

虽然与家人和朋友的决裂使战争更折磨人,但也往往使战争以更人性化的方式进行。那些不愿手执武器与亲人刀剑相向的人仍然对友谊和亲情心怀感念。当双方军队即将在战场相会时,威廉·沃勒爵士给老战友拉尔夫·霍普顿爵士写信说:

> 我对你的感情此生不变。虽然两军的敌意不会改变我对你的私人情谊,但我一定要忠诚于我效力的事业。伟大的上帝是我的追求

者。他知道我有多么不愿意参战，也知道我是多么憎恨一场没有敌人的战争。主宰和平的上帝在美好时代赐予我们和平，同时也让我们争取和平。我们现在都站在舞台上。在这场悲剧中我们必须扮演好各自的角色①。让我们心怀荣誉，而不是心怀仇恨地开战吧。

总的来说，这场战争是体面而人道的。德意志三十年战争中的野蛮残暴在同时期的这场英格兰战争中没有出现。除了一些激烈的战斗场合，很少有人流血。双方战斗人员的驻地得到保障，非战斗人员的生命得到尊重。但不可避免的是，战争的延长使双方都变得暴躁不安。就像在苏格兰和爱尔兰那样，当民族仇恨加剧双方的敌对情绪时，一种更暴戾的情绪出现了。

1642年夏天，英格兰战争爆发。其实，查理一世在诺丁汉竖起王旗前，保王派和议会派之间就发生了许多局部冲突。在很多郡，只要一个保王派中尉试图执行查理一世的征兵令，就会有一个议会派中尉试图执行议会的《民兵提案》。每一方都呼吁当地民兵团的支持，并想方设法占据存放全郡武器弹药的军火库。1642年6月，在莱斯特发生了第一次没有流血的冲突。1642年7月15日，在曼彻斯特的一场战斗中发生了流血事件。1642年7月，查理一世试图包围赫尔城时有人在一次突袭中丧生。1642年8月，在萨默塞特郡，赫特福德侯爵威廉·西摩宣布了查理一世的征兵令，而朴次茅斯总督宣布支持查理一世，随后星星之火从北部和中部蔓延到西部各郡。到目前为止，虽然还没有发生激烈的战争，但到处都聚集着武装人员。战争的准备工作开始了。

在战争开始前的较量中，没有人比奥利弗·克伦威尔更积极地支持议会。1642年6月5日，奥利弗·克伦威尔捐款五百英镑资助军队组建。1642年7月，在出资给剑桥的选民们送去了价值一百英镑的武器后，奥利弗·克伦威尔又争取让议会通过一项投票，授权他培训和操练自己的志愿连队。查理一世派人到

---

① 这句话来自威廉·莎士比亚戏剧《皆大欢喜》中的著名台词：世界是一个舞台，所有的男男女女不过是一些演员。——译者注

赫特福德侯爵威廉·西摩

剑桥大学要钱和金银器皿。奥利弗·克伦威尔在两位妹夫瓦伦丁·沃尔顿和约翰·德斯伯勒的帮助下，召集人马包围了往北的通道并进行拦截。1642年8月月初，奥利弗·克伦威尔带兵进入剑桥，夺取了剑桥的弹药库，并获得了大部分的金银器皿供议会使用。据说，获取的金银器皿价值两万英镑。同时，奥利弗·克伦威尔遏制了剑桥郡执行查理一世征兵令的企图，将耶稣学院、皇后学院和圣约翰学院①的院长都送去伦敦监禁起来。下议院投票同意赦免了奥利弗·克伦威尔的行为。在这次行动中，奥利弗·克伦威尔勇于承担责任，迅速抢占先机

---

① 这三所学院都是剑桥大学下属的三个学院。——译者注

的特点极其突出。虽然在剑桥郡和亨廷顿郡有很多地位更高的绅士支持议会，但从一开始，奥利弗·克伦威尔就以旺盛的精力和随时准备作战的姿态成为领袖。1642年8月月末，奥利弗·克伦威尔回到伦敦。不久，奥利弗·克伦威尔率领六十个骑兵加入埃塞克斯伯爵罗伯特·德弗罗领导下的议会军。

从战争准备开始的那一刻起，议会就有两大优势。只要战争持续下去，议会就会一直保持这两大优势。第一个优势是，1642年7月，唐斯舰队[①]接受了议会任命的华威克伯爵罗伯特·里奇为海军上将，宣布支持议会。拥有海军意味着占据了海上优势，可以拦截查理一世与欧洲大陆的通信。查理一世向荷兰及法兰西寻求武器和弹药支持，但议会巡洋舰经常俘获运货船，截断了查理一世的武器供应。所有主要港口都由议会控制。虽然查理一世控制了纽卡斯尔和切斯特，但海军的叛变让朴次茅斯重回议会手中。1643年到1644年，正是由于海军的全力支持，议会能够在约克郡其余地区被征服时保住赫尔城，能在保王派军队在西部大获全胜时保住莱姆[②]和普利茅斯[③]。也是由于海军船舰的支持，即使查理一世能够筹集到资金雇佣法兰西、丹麦或瓦隆[④]的雇佣兵挽回败局，也完全不可能实现。

第二个优势是议会比查理一世有更多可支配的资金。议会影响力最大的地区，也是这个国家最富庶的地区。伦敦和贸易阶层基本效忠议会，因此，在筹集借款方面，议会没有碰上阻力。对伦敦和大多数海港的控制也保证了议会的关税收入。关税是国家财政收入中最庞大的一部分。随着战争推进，自愿借款发展成强迫借款。除了海关收入，议会又征收消费税，每月还向管辖下的所有郡县摊派捐款。没收保王派的土地也是议会新的收入来源。然而，尽管议会财力雄厚，其财政体系却极不完善。因此，没过几个月，议会就经常拖欠士兵们的军饷。

[①] 唐斯舰队，1626年到1834年英国皇家海军的一个主要司令部。——译者注
[②] 莱姆，英格兰西北部柴郡下属的一个小型民用教区。——译者注
[③] 普利茅斯，英格兰德文郡南海岸的一座军事港口。——译者注
[④] 瓦隆，比利时境内的一个法裔社区，在当时由西班牙的哈布斯堡王朝管辖。——译者注

相反，查理一世几乎没有任何固定的收入来源，因此没有什么钱来装备和维持一支军队。为了给部下提供武器和弹药，查理一世被迫典当王室珠宝，抵押王室土地。除此之外，查理一世有限的经费预算只能依靠向企业和富人借钱，出售贵族封号或其他有名无实的头衔，在他控制的少数港口征收关税和在保王派驻军范围内的地区征税。自始至终，查理一世经费的主要来源于追随者的捐献。在伦敦，有效忠王室的商人向查理一世秘密进贡。牛津大学给查理一世寄去了一万英镑，而下属的各学院为支持查理一世，纷纷捐出金银器皿用于造币。富裕的贵族派兵出征，贫穷的绅士自费服役。纽卡斯尔侯爵威廉·卡

纽卡斯尔侯爵威廉·卡文迪许

文迪许在自己的庄园里养了几千士兵。1642年3月至1642年7月,伍斯特伯爵爱德华·萨默塞特及儿子赫伯特勋爵亨利·萨默塞特给查理一世提供了十二万英镑。这些追随者的热情奉献,尤其是大地主对领地的影响,使查理一世很快就与议会势均力敌。1642年8月月末,查理一世在诺丁汉时,查理一世只带了几百名装备尚未齐全的步兵。查理一世的炮兵和几个步兵团留在了约克郡,骑兵则留在英格兰中部由鲁珀特亲王①指挥。这支贴身队伍的将领告诉查理一世,如

伍斯特伯爵爱德华·萨默塞特

---

① 鲁珀特亲王,即坎伯兰公爵,是普法尔茨选侯腓特烈五世的第三子,母亲是英格兰国王詹姆斯一世的女儿,因此他是查理一世的外甥。他妹妹的儿子后来成为英格兰国王乔治一世。——译者注

赫伯特勋爵亨利·萨默塞特

果对手发动猛攻,他不能保证查理一世不被俘虏。1642年9月月初,在诺桑普顿集结的议会军队规模达到一万四千名,而埃塞克斯伯爵罗伯特·德弗罗手下约有两万人。正如研究长期议会的历史学家所说,这是"一支强大的军队。在当时的英格兰,没有任何军队可以与之抗衡"。

埃塞克斯伯爵罗伯特·德弗罗并没有趁查理一世兵力空虚的时候发动攻击，而是留给他养精蓄锐的时间。查理一世从诺丁汉搬到了什鲁斯伯里，一路吸纳兵力，给士兵配备了从民兵团和忠诚贵族的军械库里得来的武器。埃塞克斯伯爵罗伯特·德弗罗移军伍斯特并驻扎下来。他不仅没有追击查理一世，反而在各地城镇留军驻防，缩减军队主力。查理一世聚集了足够兵力后，果断发起进攻，向伦敦进军，希望一举结束战争。埃塞克斯伯爵罗伯特·德弗罗拔营东向保卫伦敦。1642年10月23日，埃塞克斯伯爵罗伯特·德弗罗追至埃奇希尔，查理一世只好调转大军与追兵会战。

在规模上，议会军和保王派的两支军队势均力敌。双方都约有一万四千名士兵，但议会军的武器装备比保王派强得多。爱德华·海德这样描述查理一世军队的装备：

> 在这支军队中，步兵都装备了长矛、火枪和装火药的袋子，但还有三四百人除了棍棒没有任何武器。整支军队里没有一个长枪兵配有护胸，也没有几个火枪手配有剑。在骑兵中，如果前面两三排前卫能够在手枪和卡宾枪之外配备老旧的护背、护胸和头盔，其余士兵能配有剑，军官们就心满意足了。然而，即使是军官，也只能在手枪和剑之外拿一把短柄斧子防身。一些士兵纷纷仿效。

由于议会派手中资金充裕，跟随埃塞克斯伯爵罗伯特·德弗罗的各个兵团还占领了赫尔和伦敦塔的军火库，武器更完备。火枪手都拿着剑，占各步兵团三分之一的长枪兵都有胸衣，骑兵都有手枪和防御护甲。在这两支军队中，保王派军官大多是既没有战争经验也没有受过军事训练的绅士和一些曾经在法兰西、荷兰或瑞典军队服役的富裕士兵。在步兵团中，少校或中校通常是一个老兵。在骑兵团中，少校或中校则是由原来的中尉提拔上来的。一个保王派剧作家说："我们的骑兵大部分都是这样组建的。忠实的乡绅自己负责组建队伍，找一个低地国家^①的中尉带领这支部队作战，然后将自己的儿子从学校叫来当少尉。"

虽然士兵们缺乏训练，但双方的将军们久经沙场。在普法尔茨和荷兰，埃塞克斯伯爵罗伯特·德弗罗曾英勇作战，而威廉·巴尔弗曾经领导骑兵队在荷兰军队服役多年。查理一世的总司令林赛伯爵罗伯特·伯蒂也曾经在荷兰带兵。在奥兰治亲王威廉二世手下时，鲁珀特亲王目睹过一些战斗。在德意志，

威廉·巴尔弗

---

① 低地国家，指欧洲西北部莱茵河、梅斯河和凯思尔特河入海口附近的低洼地带，是原来的尼德兰所在地区。——译者注

鲁珀特亲王还曾亲历一场灾难性的战役。尽管鲁珀特亲王缺乏实战经验，但查理一世还是让他作为一个独立的指挥官掌管所有的骑兵。在战斗指挥上，鲁珀特亲王只听从查理一世本人的建议而不是林赛伯爵罗伯特·伯蒂的派遣。在军备上，议会军优势明显，而查理一世的骑兵在数量上和质量上有着巨大优势，足以与议会军抗衡。在军队规模上，查理一世有四千名骑兵，而埃塞克斯伯爵罗伯特·德弗罗只有三千名骑兵。在士气上，查理一世的骑兵们在伍斯特附近的一场小战斗中轻易获胜，信心倍增。鲁珀特亲王决心充分利用这一

鲁珀特亲王

林赛伯爵罗伯特·伯蒂

优势。鲁珀特亲王指挥集结右翼的大部分骑兵，打散议会军的骑兵，击溃埃塞克斯伯爵罗伯特·德弗罗手下的四个步兵团，占领对手位于凯恩顿的营地，并追击逃亡者几英里。亨利·威尔莫特率领左翼的保王派骑兵进攻，同样大获全胜，连预备队都加入了追击。同时，埃塞克斯伯爵罗伯特·德弗罗带领步兵团立住阵脚，对保王派的步兵进行了正面攻击。威廉·巴尔弗和两个骑兵团组成了议会预备队，向保王派暴露在外的侧翼扑去。

林赛伯爵罗伯特·伯蒂受了致命伤，被议会军活捉。王旗被夺走，后来又被夺了回来。几个兵团被打散，只有两个兵团坚守阵地。当鲁珀特亲王带领增援的兵力赶回时，骑兵一片混乱，无法发动进攻。但增援兵力的到来使查理一世的步兵免遭进一步的进攻。夜幕降临，这场难分胜负的战斗终于结束。天亮

埃奇希尔战役中,查理一世召开军事会议

埃奇希尔战役中,鲁珀特亲王指挥军队作战

之前，约翰·汉普登带着新组建的两个步兵团和十个骑兵小分队加入了埃塞克斯伯爵罗伯特·德弗罗的大军。约翰·汉普登敦促埃塞克斯伯爵罗伯特·德弗罗发动进攻，将查理一世赶出战场。因骑兵作战失误，议会军损失惨重。埃塞克斯伯爵罗伯特·德弗罗灰心丧气，不愿冒任何风险，退到华威克。查理一世取得了胜利，他毫不费力地占领了班伯里城堡①，继续向牛津进军。1642年10月29日，查理一世将牛津作为战争的指挥部。

1642年11月月初，查理一世继续向伦敦挺进。在保王派军队逼近雷丁时，议会军弃城而逃。但此时，埃塞克斯伯爵罗伯特·德弗罗已经将军队安插在保王派军队和伦敦之间。伦敦的民众完全没必要恐慌。在议会内部，议和派暂时占了上风，并派出专员与查理一世进行谈判。查理一世表示愿意协商，但对停止敌对行动的事只字未提，军队继续前进。1642年11月2日，鲁珀特亲王接到查理一世命令，在薄雾掩护下袭击埃塞克斯伯爵罗伯特·德弗罗在布伦特福德的前哨阵地，粉碎了登齐尔·霍利斯和亨利·布鲁克男爵的两个兵团。约翰·汉普登前来营救，掩护幸存者撤退。保王派军队将布伦特福德洗劫一空。眼看伦敦也要落得同样下场。爱德华·海德说："这预示着悲惨命运。当保王派军队将布伦特福德洗劫一空的消息传到伦敦，仿佛军队进了各家大门。"谈判破裂。人们强烈谴责查理一世背信弃义，而民兵团迅速拿起武器。整个晚上，各兵团纷纷从伦敦出发增援埃塞克斯伯爵罗伯特·德弗罗。1642年11月3日，查理一世发现有两万人在特南格林挡住了去路，另有三千人占领了金斯顿②，对撤退路线造成威胁。双方互开了几炮，但保王派军队过于疲弱，而埃塞克斯伯爵罗伯特·德弗罗又过于谨慎，双方都不敢贸然进攻。约翰·汉普登再次敦促埃塞克斯伯爵罗伯特·德弗罗采取行动。一时间，埃塞克斯伯爵罗伯特·德弗罗似乎准备马上发动进攻。埃塞克斯伯爵罗伯特·德弗罗的军队规模是保王派军队的两倍，而由伦敦的民众组成的士兵都渴望大战一场。每当埃塞克斯伯爵罗

---

① 班伯里城堡，是一座中世纪的城堡，位于牛津郡班伯里镇。——译者注
② 金斯顿，位于伦敦的西南角，是位于萨里郡的更大的同名古代教区的一部分。——译者注

伯特·德弗罗出现，他们就欢呼"老罗宾"。然而，埃奇希尔战后的情况重演。"塞克斯伯爵罗伯特·德弗罗十分信赖的富裕老兵"反对战斗，因此埃塞克斯伯爵罗伯特·德弗罗召回约翰·汉普登，疏散了金斯顿的部队，以便查理一世能安心撤退。

至少在这一年，查理一世停止了向伦敦的行军。伦敦民众的店铺得到保全，无论是"上尉还是上校还是骑士"都没有威胁到清教徒诗人的"不设防之门"。查理一世回到牛津。议会军进行冬季休整。此次战役就像埃奇希尔战役一样，毫无结果就结束了。一方面，埃塞克斯伯爵罗伯特·德弗罗拥有一支更强大、装备更好的军队，有更多的财力可供支配。但一直以来都是查理一世处于攻势，埃塞克斯伯爵罗伯特·德弗罗错过了每一次作战机会。另一方面，查理一世的军队一经组建，就制订了始终如一的战略计划，并以极大的气势和胆识去实施。现在查理一世的前哨离伦敦不到三十英里，追随者在全英格兰不断增加，查理一世因此信心倍增。

自1642年9月以来，奥利弗·克伦威尔一直在埃塞克斯伯爵罗伯特·德弗罗手下服役，这次不成功的战役是他接受的唯一一次战争训练。在埃奇希尔，奥利弗·克伦威尔的部队并入了菲利普·斯泰普尔顿爵士指挥的兵团。而这个兵团正是那天表现出色的两个兵团之一。后来的党派时事册子作者断言，奥利弗·克伦威尔压根没有出现在战斗中，而当时一份记录作战军官的名单上特别提到奥利弗·克伦威尔"从不受对方军队干扰，战斗到最后一分钟"。在埃奇希尔，奥利弗·克伦威尔得到了一个教训：至少要保留一个预备军团供机动调遣。这场战斗还给了他另一个教训：除非议会军的骑兵质量与保王派军队不相上下，否则永远不会取得胜利。埃塞克斯伯爵罗伯特·德弗罗的一些步兵团非常优秀，但骑兵队伍中挤满了纯粹为高薪和掠夺而来的人。可以预料，这些人不是士兵，也不会被培养成好的士兵。奥利弗·克伦威尔说："我第一次参加战斗就看到我们的人全面挨打。"因此，奥利弗·克伦威尔向表兄约翰·汉普登进言，劝他设法在埃塞克斯伯爵罗伯特·德弗罗的军队里增加新兵团：

我对他说，我可以帮他招人进来，因为我自认具备做这类工作的素养。我说："你们的部队大多是些年老体弱的仆人、酒保和类似的人。你认为这样卑鄙下流的人，能够抵御那些有荣誉感、有勇气、有决心的绅士吗？你必须找到一批同样具有绅士精神的人，才能和绅士一样走得更远，否则你还是会被打败。"

约翰·汉普登回答说，这个想法很好，但不切实际。然而，奥利弗·克伦威尔的字典里没有"不切实际"这个词。1643年1月，奥利弗·克伦威尔向约翰·汉普登请求带着自己的部队前往东部各郡，"去培养敬畏上帝、秉承良心做事的人"。

第 5 章

东部联盟

（1643）

1643年，在战事开始时，保王派的实力大大增强，而在战事结束前，战争优势已转到查理一世一方。几乎在每个郡和城堡都有保王派军队驻扎。保王派和议会派的军队领导人各自集结军队，相互开战，结果各有胜败。在英格兰北部和西部，保王派迅速占据上风。这些局部的胜利对整个战争的进程产生了决定性的影响。

1643年4月25日，埃塞克斯伯爵罗伯特·德弗罗带着一万六千名步兵和三千名骑兵向牛津挺进，占领雷丁。因为此时的牛津防御薄弱，食物匮乏，约翰·汉普登敦促埃塞克斯伯爵罗伯特·德弗罗一鼓作气，围攻牛津。但埃塞克斯伯爵罗伯特·德弗罗的军队因欠薪发生了暴动。在占领雷丁后，营地爆发了一场严重的疾病，士兵大量死亡。直到1643年6月，埃塞克斯伯爵罗伯特·德弗罗才开始向牛津进发。这时，查理一世得到了强有力的支援。而由于人数减少，埃塞克斯伯爵罗伯特·德弗罗的军队无法包围牛津。在牛津周围发生的小冲突中，议会军大多被击败了。1643年6月18日，在查格罗夫荒原战役中，约翰·汉普登受了致命伤。1643年6月24日，由于伤重，约翰·汉普登去世。对人民党的打击，约翰·汉普登的离世相当于一场战斗的失败。一个军官写道："所有忠诚于议会的人都感到损失巨大，悲痛难抑。约翰·汉普登勇敢诚实，能力超群。就

查格罗夫荒原战场上的保王派军队

查格罗夫荒原战役中,约翰·汉普登受致命伤

我所知，当今无人能望其项背。"在短暂的军旅生涯中，约翰·汉普登表现出的活力、决断和战略直觉已经超越了时代，可与后来的将军媲美。

约翰·汉普登死后，埃塞克斯伯爵罗伯特·德弗罗从牛津退了回来，消极应战。因此查理一世可以与北部和西部的保王派军队连成一片。在北部，纽卡斯尔侯爵威廉·卡文迪许攻占了约克郡的大部分地区，将斐迪南多·费尔法克斯勋爵及儿子托马斯·费尔法克斯爵士逼到了西里丁。1643年6月30日，阿德瓦

斐迪南多·费尔法克斯勋爵

托马斯·费尔法克斯爵士

尔顿荒原战役打响。纽卡斯尔侯爵威廉·卡文迪许在布拉德福德附近击溃了费尔法克斯父子。费尔法克斯父子被迫逃到赫尔，那是议会派在约克郡剩下的唯一堡垒了。早在1643年2月，王后亨利埃塔·玛丽亚就已经在布里德灵顿登陆。这次胜利使王后亨利埃塔·玛丽亚可以携带武器、弹药和增援部队向南进军，与牛津的查理一世会合。

同时，在西部，拉尔夫·霍普顿爵士领导下的一小队康沃尔人接连打败了议会军。1643年1月19日，拉尔夫·霍普顿爵士在布拉多克顿击败了帕特里

阿德瓦尔顿荒原战役中的骑兵对决

阿德瓦尔顿荒原战役,费尔法克斯父子被击溃

克·鲁斯温将军。1643年5月16日,在斯特拉顿,拉尔夫·霍普顿爵士又击败了斯坦福德勋爵亨利·格雷。随后,拉尔夫·霍普顿爵士与莫里斯王子①和赫特福德侯爵威廉·西摩会合,进入萨默塞特郡。1643年7月5日,在巴斯附近的兰斯顿,拉尔夫·霍普顿爵士与威廉·沃勒爵士难分胜负。拉尔夫·霍普顿爵士继续向牛津进发,威廉·沃勒爵士则紧追其后。在迪韦齐斯,威廉·沃勒爵士挡住了拉尔夫·霍普顿爵士带领的步兵团的去路。但埃塞克斯伯爵罗伯特·德弗罗的撤退使查理一世可以自由行动,也使威廉·沃勒爵士失去了支持。1643年7月13

斯坦福德勋爵亨利·格雷

---

① 莫里斯王子,即鲁珀特亲王的同胞弟弟,腓特烈五世的第四子。——译者注

莫里斯王子

日，王后亨利埃塔·玛丽亚抵达牛津。在兰德威顿，亨利·威尔莫特和牛津派来的骑兵击溃了威廉·沃勒爵士的军队，将拉尔夫·霍普顿爵士救出困境。

因此，到1643年7月月末，保王派军队成为战场的主宰，查理一世可以发起进攻。查理一世最初的计划是由自己率军拖住埃塞克斯伯爵罗伯特·德弗罗，纽卡斯尔侯爵威廉·卡文迪许从北部挺进埃塞克斯，拉尔夫·霍普顿爵士则穿过南部的几个郡向肯特进发。保王派军队随后将包围伦敦，在叛军总部镇压所有叛乱。但此时北部的纽卡斯尔侯爵威廉·卡文迪许的军队在赫尔城未被占领的情况下拒绝向南进军，而在普利茅斯未被占领的情况下，西部的军队犹豫着

兰德威顿战场上的骑兵对决

兰德威顿战役

不肯继续前进。地方军团抵触情绪强烈,不容忽视。查理一世不得不向西完成征服,而不是向伦敦挺进。

1643年7月26日,英格兰第二大港口布里斯托尔驻军向鲁珀特亲王投降。1643年8月10日,保王派军队将格洛斯特团团围住,爱德华·梅西上校奋力抵抗,但因为议会没有军队可以派去解围,眼看着回天无力。保王派军队欢欣鼓舞:"威廉·沃勒爵士覆灭了。埃塞克斯伯爵罗伯特·德弗罗无法脱身。"约翰·皮姆和议会又一次向伦敦求助。任何灾难都无法浇灭伦敦的热情,这个城市迅速做出回应。伦敦民众关闭了商店。六个民兵团加入了埃塞克斯伯爵罗伯特·德弗罗支离破碎的队伍。埃塞克斯伯爵罗伯特·德弗罗带着一万五千名士

爱德华·梅西上校

围困格洛斯特的保王派军队

兵向格洛斯特进军。鲁珀特亲王和查理一世的骑兵试图拖延他的行军,但没有成功。埃塞克斯伯爵罗伯特·德弗罗逼近时,围攻者不战而退。格洛斯特得救了。

1643年9月2日,议会军返回伦敦时,保王派军队在纽伯里的通道上进行阻拦。议会军要么冲过去,要么覆灭。这一次,议会的骑兵虽然打得不错,但不得不依靠民兵团奋力抵抗,才可以保住军队。即使民兵团被骑兵们百般嘲笑,但它"如堡垒般地坚持阵地,如城墙般地保卫其余部队"。民兵团用长矛一次次抵御住了鲁珀特亲王的骑兵的进攻,似乎它是在阅兵场进行操练。长期的军事训练使民兵团在使用武器时"不慌不忙",弥补了实战经验的不足。议会军逐渐站稳脚跟,保王派军队的弹药耗尽,被迫撤退。通道终于畅通无阻了。埃塞克斯伯爵罗伯特·德弗罗凯旋回到伦敦。格洛斯特安全了,军队也安全了,但他这一年仅有的战利品雷丁又一次被抛弃,落入了保王派军队手里。

1643年年末,议会派前景黯淡。除了格洛斯特、普利茅斯和多塞特郡的几个港口,整个西部都归查理一世所有。除了赫尔和兰开夏郡整个北部都被查理一世占领。甚至在中部,议会派控制的地盘也岌岌可危。只有在东部地区,议会派才可以保存实力和领土,而这仅存的硕果主要归功于奥利弗·克伦威尔。1642年12月10日,议会通过了一项法令,将诺福克郡、萨福克郡、埃塞克斯郡、剑桥郡和赫特福德郡联合起来共同防御。这就是东部联盟。1643年5月26

内战期间的奥利弗·克伦威尔

阿瑟·卡佩尔勋爵

日，亨廷顿郡加入进来。1643年9月20日，林肯郡也加入进来。剑桥是东部联盟的总部。从一开始，奥利弗·克伦威尔就是东部联盟的精神领袖。1643年1月14日，奥利弗·克伦威尔从伦敦出发，在圣奥尔本斯市场上恰逢赫特福德郡的保王派治安官在宣布查理一世的征兵令。奥利弗·克伦威尔立即逮捕了这位治安官并将他送往伦敦。1643年2月，奥利弗·克伦威尔在剑桥忙于加固安防，召集士兵预防来自阿瑟·卡佩尔勋爵的袭击威胁。1643年3月，奥利弗·克伦威尔镇压了洛斯托夫特保王派的起义，俘虏了许多绅士，夺取了"大量手枪和其他武器"。几天后，奥利弗·克伦威尔解除了林恩的保王派武装。1643年4月，亨廷顿郡的保王派也遭遇了同样的命运。1643年4月28日，奥利弗·克伦威尔夺回了保王派卫队驻防的克洛兰。每当保王派突袭东部联盟，或心怀不满的贵族企图

第5章 东部联盟（1643） | 147

起义时，奥利弗·克伦威尔和部下就会迅速镇压。奥利弗·克伦威尔写道："我很高兴能及时扼杀反抗的苗头。"在这点上，奥利弗·克伦威尔从未失手。

同时，当初约翰·汉普登认为不切实际的想法正迅速成为现实。奥利弗·克伦威尔的每个兵团都有一支骑兵连作为核心，每支骑兵连由八十个骑兵组成。1643年3月，奥利弗·克伦威尔有五支这样的骑兵连。1643年9月，骑兵连数目上升为十支。当新模范军①成立时，奥利弗·克伦威尔已经组建了两个兵

新模范军

① 新模范军，1645年，英格兰内战期间，议会派组建的正规军。不同于当时的地方驻军，新模范军可以在英格兰任何地方服役。士兵也不是兼职民兵，而是全职军事人员。1660年，查理二世复辟后，新模范军解散。——译者注

理查德·巴克斯特

团,由十四支骑兵连组成,大约有一千一百名骑兵。最重要的是,这些骑兵和他们的上校奥利弗·克伦威尔①有着同样的精神。最初的骑兵连是奥利弗·克伦威尔经过精心挑选的。理查德·巴克斯特②写道:"他挑选宗教人士充实队伍,因为这些人比普通士兵更通情达理……他们不为赚钱,而是将公众的幸福作为自己的终极目标,因此作战更英勇。"新组建的骑兵连质量也同样高。在诺威奇,奥利弗·克伦威尔承诺说:"请培养诚实、虔诚的人。我会让他们加入我的兵团。"几周后,奥利弗·克伦威尔对一个朋友说道:"我的骑兵连增加

---

① 此时奥利弗·克伦威尔的军衔为上校。——译者注
② 理查德·巴克斯特,英格兰清教主义领袖、诗人、赞美诗作者和神学家。——译者注

了。我有一支可爱的骑兵。如果你认识他们,你会尊重他们。他们不是重浸派[①]教徒,而是诚实、冷静的基督教教徒。"

军官也是依据同样的原则挑选出来的。奥利弗·克伦威尔给萨福克委员会写信说:"如果你们挑选敬虔、诚实的人作骑兵上尉,诚实的人必随之而来。他们也会认真组建连队。"如果能有绅士加入,奥利弗·克伦威尔当然欢迎,但虔诚和对事业的热情是必备条件。奥利弗·克伦威尔说:

> 我宁愿要一个穿粗布衣袍的上尉——他知道为什么而战,并热爱这个事业——而不是你们说的除了"绅士"头衔一无所有的人。我尊敬真正的绅士……看到普普通通的人当上了骑兵上尉,也许会令一些人不安。让热爱荣誉又出身高贵的人出任这样的职位本来是件好事,但为什么没有这样的人出现呢?既然工作必须要开展下去,普通的人来干总比没人干好。

给旁观者留下深刻印象的首先是奥利弗·克伦威尔的纪律严明。奥利弗·克伦威尔不仅在自己的兵团里严格执行纪律,而且将之推行到自己手下的所有将士身上。一家报纸报道说,奥利弗·克伦威尔严厉禁止自己的兵团抢劫,"任何人说脏话都会被处以十二便士的罚款。如果喝醉了,就会被开除出军队,甚至受到更严重的惩罚。如果所有的军队都这样严守纪律,那该有多好啊"。还有一点值得注意,奥利弗·克伦威尔的兵团不但纪律严明,武器装备也比其他兵团更灵活。除了剑,每个骑兵都有一对手枪,但没有卡宾枪或其他武器。至于防御性的装备,骑兵们只有一个轻质头盔和一副铁质的"护胸背的褡衫"。因此,在受到充分保护的情况下,相比装备齐全的铁甲骑兵,这些骑兵更能轻

[①] 重浸派,一个激进的基督教教派,是新教的一个分支。重浸派认为只有当一个人承认自己对基督的信仰并希望受洗时,洗礼才有效。——译者注

奥利弗·克伦威尔的兵团里的骑兵

装上阵，主动出击。在武装充分的情况下，他们没有采取骑马步兵或龙骑兵①的战术。此外，奥利弗·克伦威尔的部下从一开始就被教导要强势冲锋，并充分利用冲锋的冲击力和手中的利剑。他们马术精湛，许多人都骑着自己的马。就像布尔斯特罗德·怀特洛克所说的："他们是自由民子弟，是出于良心参与了这场战争。"其他人的坐骑都来自保王派的马厩。奥利弗·克伦威尔曾经写了一封

---

① 骑马步兵，指借助马匹行军的步兵，后来发展成现代的机动步兵。最初的龙骑兵类似于骑马步兵，他们靠马行军，但下马作战，18世纪初才发展成骑兵。——译者注

信为一个军官辩护。这个军官为了装备自己的骑兵而夺取了"恶意分子"[①]的马匹。奥利弗·克伦威尔本人酷爱马和武器,也让部下好好爱护自己的坐骑和装备。一位保王派作家说:"奥利弗·克伦威尔让士兵每天看护马、喂马装鞍,必要时还会和马一起躺在地上睡觉。此外,他们还被教导要擦拭武器,保持武器的光亮,以备随时作战。"具备这样精神的士兵武器齐备,马匹精良,训练有素,纪律严明。

很快就证实,这些士兵比查理一世的军队及埃塞克斯伯爵罗伯特·德弗罗和威廉·沃勒爵士的军队更优秀。和查理一世的军队及埃塞克斯伯爵罗伯特·德弗罗和威廉·沃勒爵士的军队相比,这支军队的优越性很快就得到了证实。爱德华·海德说:

> 这巨大的差异从战争一开始就体现出来了:虽然查理一世军队占据进攻优势,而且每次进攻都能击溃对方,但进攻后他们不能有序集结,同一天不能再发起第二次进攻。而一旦奥利弗·克伦威尔的军队占据进攻优势,有时即使被对方攻打甚至击溃,也能迅速集结,排好队形,等待新的命令。

1643年5月,埃塞克斯伯爵罗伯特·德弗罗命令东部和中东部诸郡的军队联合起来,从而缓解林肯郡的压力,并在可能的情况下渗透到约克郡,协助费尔法克斯父子。奥利弗·克伦威尔急于执行命令,但地方指挥官不愿让各自的领地缺乏军队保护。奥利弗·克伦威尔说:"宁可莱斯特缺乏保护,也必须立即执行军队的命令占领阵地,达成共同的目标。"奥利弗·克伦威尔独自率军前往林肯郡。1643年5月3日,在格兰瑟姆,奥利弗·克伦威尔击败了一股兵力相当于自己两倍的保王派势力。导致保王派失败的主要原因是其战术低级。保王派

[①] "恶意分子",原是议会用来指代斯特拉福德伯爵托马斯·温特沃斯和威廉·劳德的称呼,后来被广泛用于指代所有的保王派。——译者注

指挥官有二十一支骑兵连和一些龙骑兵，而奥利弗·克伦威尔只有十二支骑兵连，但保王派从未发起冲锋。两方的骑兵队隔着火枪射程的距离站着，而龙骑兵互相射击了大约半个小时。奥利弗·克伦威尔在战报中写道：

> 既然他们不发动进攻，我们就发起冲锋……我们带着骑兵队快马奔驰，而他们原地站定迎接我们的冲锋。我们向他们猛扑过去。在上帝的眷顾下，他们立刻被击垮，四处溃散。我们追了两三英里，一路将他们击毙。

十天后，奥利弗·克伦威尔抵达诺丁汉，加入林肯郡和德比郡的军队。奥利弗·克伦威尔虽然心情迫切，却无法采取进一步行动。三名指挥官争吵不休，其中一名上尉约翰·霍瑟姆正秘密与保王派通信。雪上加霜的是，尽管奥利弗·克伦威尔接连写信催要军饷，但并没有及时收到军饷，手下的一些士兵开始叛变。在整个战役过程中，军饷一直是奥利弗·克伦威尔在信中反复提到的一个问题，因为东部联盟里的部分地区总是拖欠名下士兵的军饷。奥利弗·克伦威尔给一名拖欠军饷者写信恳求道：

> 别再给一个可怜的绅士增加负担，他只希望不受干扰地将生命和鲜血奉献给您和伟大的事业。我向您要的钱不是给我自己。如果我的目的和祈求全是为了自己，我就不会在这个时候开口。我愿意不要报酬，但别人不愿意。

直到1643年6月月末，奥利弗·克伦威尔一直待在诺丁汉。在几次小规模战斗中，奥利弗·克伦威尔击败纽瓦克的驻军，希望可以堵截王后亨利埃塔·玛丽亚向南挺进。但同僚们离开了奥利弗·克伦威尔。奥利弗·克伦威尔被迫回到东部联盟，留下费尔法克斯父子在阿德瓦顿荒原面临毁灭性打击。

现在轮到东部联盟面临危险了。在纽卡斯尔侯爵威廉·卡文迪许的军队支持下,邻近各郡的保王派军队开始向东部联盟施压。其中一队人马驻守在斯坦福德附近的伯利庄园,对彼得伯勒造成威胁。另一队人马在盖恩斯伯勒包围了林肯郡议会派的指挥官弗朗西斯·威洛比勋爵。和往常一样,奥利弗·克伦威尔迅速前来营救。1643年7月24日,奥利弗·克伦威尔占领了伯利庄园,俘获了庄园驻防部队,并从诺丁汉郡和林肯郡集结兵力,匆忙赶往盖恩斯伯勒救援。当奥利弗·克伦威尔赶到时,查尔斯·卡文迪许带着一群保王派人马在城外一个沙地高原的边缘布兵。双方打了个照面。奥利弗·克伦威尔的手下不得不在对方发动进攻之前跨上战马。他们还没集结完毕,保王派的人马就发动进攻了。但奥利弗·克伦威尔不愿意坐以待毙。奥利弗·克伦威尔在战报中写道:

弗朗西斯·威洛比勋爵

查尔斯·卡文迪许

按照一贯的顺序，我们向他们发起冲锋。我们并排冲到他们面前，用剑和手枪打乱了他们的阵脚。我们所有的人都紧密地待在一起，因此不会被冲散。最后我们觉察到他们稍稍向后退缩，便向他们压了过去，立刻将他们击溃了。

部分议会军追赶了五六英里，但奥利弗·克伦威尔非常明智，很快发现并阻止了名下兵团的三个骑兵连。与此同时，查尔斯·卡文迪许带领后备部队打败了由林肯郡的军队组成的议会军第二战线并迅猛追击。奥利弗·克伦威尔和自己的三支骑兵连调转回来，在保王派兵团后方一路追赶。保王派兵团被赶下

盖恩斯伯勒战役中的议会军骑兵

山,掉进了泥沼。奥利弗·克伦威尔的中尉杀死了查尔斯·卡文迪许。保王派兵团被击溃。援军将火药和食物投进了被包围的城镇。在盖恩斯伯勒另一边发现了一群保王派分子,议会军的先锋部队正积极与之交锋。这时纽卡斯尔侯爵威廉·卡文迪许的军队赶到了。纽卡斯尔侯爵威廉·卡文迪许带着五十个连的步兵,"还有大量骑兵"。继续战斗毫无胜算。议会军别无选择,只能寻机撤退。步兵慌忙退到城里,骑兵则在奥利弗·克伦威尔的指挥下,有序地撤退。爱德华·威利少校率领着奥利弗·克伦威尔兵团的四支骑兵连,而爱德华·艾斯卡夫上尉率领着林肯郡的四支骑兵连。两队人马用交替撤退法完成了撤退。

　　他们面对棘手的敌人,毫不畏惧。至少在八九个地方,敌人紧随其后。骑兵们虽然筋疲力尽,却整齐有序地后退。敌人就在卡宾枪射程范围内一路紧追,不时向他们开火。奥利弗·克伦威尔率领着主力部队,跟在两支较弱的连队后对抗敌人。

就这样，奥利弗·克伦威尔毫发无伤地退回到林肯郡。

没有更强大的军队，就完全不可能击退纽卡斯尔侯爵威廉·卡文迪许的大部队。奥利弗·克伦威尔宣布胜利的同时呼吁增援。

> 上帝的鼓励眷顾着我们……这鼓励来得正是时候。上帝似乎在说："行动起来吧！我会支持你们，帮助你们。"除了我们自己的罪恶和懒惰，没有什么可害怕的……如果我的话让你们感到刺痛，让你们明白我们的感受和处境，我会继续说。

想要救援盖恩斯伯勒，就必须立刻召集两千步兵。"如果做不到的话，你们会看到纽卡斯尔侯爵威廉·卡文迪许的军队向你们的腹地挺进，就像现在的特伦特一样。我知道很难在这么短的时间内召集这么多人，但我保证这十分必要，必须做到。"

议会派意识到危险的迫近。奥利弗·克伦威尔在盖恩斯伯勒获胜的当天，议会任命他为伊利岛[①]的总督。一周后，下议院因他"对上帝和国家忠贞不渝的奉献"向他表示了特别感谢，并给他的兵团拨款三千英镑。1643年8月10日，议会通过一项法令授权东部联盟各郡召集步兵一万人和骑兵五千人，由曼彻斯特伯爵爱德华·蒙塔古指挥。然而，在新军队组建之前，东部各郡眼看着就要被占领了。盖恩斯伯勒沦陷，林肯郡被抛弃，除了波士顿，整个林肯郡都落入保王派手中。诺福克郡的林恩升起王旗。此时，纽卡斯尔侯爵威廉·卡文迪许调整军队主力，围攻赫尔城。曼彻斯特伯爵爱德华·蒙塔古调集所有步兵包围了林恩，奥利弗·克伦威尔则带着骑兵挺进林肯郡。费尔法克斯父子被困在赫尔城。费尔法克斯父子有二十一支骑兵连。虽然对护城来说，二十一支骑兵连的兵力不足，但如果联合奥利弗·克伦威尔的部队，就能改变战役的结局。托马

---

① 剑桥郡，伊利市的一个自治区，这是一个沼泽环绕的内陆岛，在英格兰历史上具有重要的战略地位。——译者注

斯·费尔法克斯爵士将骑兵都送下船，沿着亨伯河^①到达林肯郡的索尔特弗利特，从而避开了纽卡斯尔侯爵威廉·卡文迪许骑兵的拦截，与奥利弗·克伦威尔的军队胜利会合。随后，这两支军队又联合刚刚占领林恩的曼彻斯特伯爵爱德华·蒙塔古的大军。1643年10月，联合军队开始重新征服林肯郡。

1643年10月11日，林肯郡的骑兵和纽卡斯尔侯爵威廉·卡文迪许的部分骑兵在托马斯·威德灵顿勋爵和约翰·亨德森爵士的率领下，与联合军队会战温斯比。奥利弗·克伦威尔率先发起冲锋，托马斯·费尔法克斯爵士紧随其后。一份议会军的记录写道：

托马斯·威德灵顿勋爵

---

① 亨伯河，英格兰北部东海岸的一个大型潮汐河口，由潮汐河流乌斯河和特伦特河汇合而成，流入北海。亨伯河北岸是约克郡的东里丁，南岸是林肯郡的北里丁。——译者注

在对方的龙骑兵第一次扫射后，奥利弗·克伦威尔勇敢地向敌人发起猛攻。然而，对方十分敏捷，在奥利弗·克伦威尔进入手枪半个射程范围后，朝他开了一枪。第一次冲锋时，奥利弗·克伦威尔身下的马被击毙了，压在他身上。当奥利弗·克伦威尔站起来时，又被一个攻过来的绅士撞倒了。但后来，奥利弗·克伦威尔从一个士兵的手中接过一匹瘦弱的马，勇敢地重新上马。的确，第一次的进攻非常艰难。我们的部队以令人钦佩的勇气和决心完成了任务。敌人再也没有挺住，被赶回后面的援军队伍中。最后，我们将他们冲成一盘散沙。在不到半个小时的战斗中，敌人就溃不成军。

议会军夺取了三十五面旗帜，俘虏了近一千名士兵。几个星期后，议会军重新夺回了林肯郡和盖恩斯伯勒。同时，就在温斯比获胜的那一天，斐迪南多·费尔法克斯勋爵从赫尔城突围，对战壕中的纽卡斯尔侯爵威廉·卡文迪许的军队发起猛攻，迫使敌军在混乱中发起围攻。议会军重新占领了林肯郡，恢复对约克郡的控制。

奥利弗·克伦威尔参与的第二次战役就此结束。奥利弗·克伦威尔展现出的驾驭骑兵的娴熟技巧，即使经常骑马出征的骑士和乡绅也很难做到。奥利弗·克伦威尔信守了对约翰·汉普登的承诺，培养了一批面对敌人毫不畏惧的士兵。无论是在营地还是在战场上，他们都是所有议会军的榜样。有两个事实足以证明人们对奥利弗·克伦威尔伟大贡献的广泛认可。第一个事实发生在1644年2月16日。当时议会任命了一个新的战争管理委员会，即两国委员会①，苏格兰代表也在其中。在战争开始时，奥利弗·克伦威尔并不是安全委员会②

---

① 两国委员会，英格兰内战期间，英格兰议会派与苏格兰盟约派共同签署《神圣盟约》，议会派邀请苏格兰派军进入英格兰共同对抗保王派，双方派代表联合成立了一个委员会，即两国委员会。——译者注
② 安全委员会，1642年7月，议会派为监督英格兰军队对抗查理一世而设立的若干委员会中的一个。——译者注

的成员,但从两国委员会成立起他就是这个新委员会的成员。第二个事实是,奥利弗·克伦威尔被任命为东部联盟军队的中将①。自军队成立以来,奥利弗·克伦威尔就已经是曼彻斯特伯爵爱德华·蒙塔古事实上的副手。1644年1月22日,奥利弗·克伦威尔接受了这一任命。这一任命在政治和军事上都产生了重大影响。长老派成员罗伯特·拜利说,曼彻斯特伯爵爱德华·蒙塔古"是一个和蔼、谦逊的人。他允许奥利弗·克伦威尔中将随心所欲地指挥所有军队"。关于奥利弗·克伦威尔,罗伯特·拜利补充道:"他是一个头脑灵活、非常聪明的人。他笃信宗教,身体健壮,广受爱戴。他是一个著名的独立派分子,大多数喜欢新事物的士兵都听从他的指挥。"奥利弗·克伦威尔的影响就这样扩大到整个东部联盟的军队。军官和士兵被他名下兵团的精神所感染。据报道,截至1644年3月,曼彻斯特伯爵爱德华·蒙塔古的军队人数已达到一万五千人。一家报纸写道:

> 他的军队在数量上并不像在纪律上那么令人生畏。官兵们可以有同一种宗教信仰,在战场上也是万众一心。他密切监督所有军官的举止,一旦发现任何人有任何不端行为或不忠于议会事业的想法,立即予以开除。

---

① 中将,欧洲许多国家的陆军中的三星级军衔,从中世纪起,中将在战场上通常是第二指挥官,仅次于上将。——译者注

第 6 章

马斯顿荒原战役

（1644）

到目前为止，尽管形势似乎不利于议会，但保王派和议会派都没有明显占据上风。查理一世和议会一方渴望获取全面的胜利，另一方则试图夺回失去的阵地。因此他们都将目光投向了英格兰以外的盟友。查理一世求助于爱尔兰及其军队。在几乎没有得到任何议会支持的情况下，爱尔兰军队正在努力镇压叛乱。1643年9月15日，爱尔兰总督奥蒙德伯爵詹姆斯·巴特勒终于镇压了叛军。在接下来的几个月，奥蒙德伯爵詹姆斯·巴特勒可以派出几支经验丰富的兵团协助查理一世。英格兰清教徒则求助于苏格兰同胞。1643年9月，英格兰和苏格兰通过签订《神圣盟约》宣誓：两国将团结一致，按照上帝的指示和归正教会的榜样进行宗教改革。1643年11月，苏格兰议会同意派遣两万一千人协助英格兰议会。1644年1月，已经被封为利文伯爵的亚历山大·莱斯利带着向英格兰议会许诺的军队跨过了特维德河。

1644年的战役开局对查理一世很不利。1644年1月，托马斯·费尔法克斯爵士在南特威奇击败了约翰·拜伦勋爵和查理一世的爱尔兰军队。1644年3月，威廉·沃勒爵士在汉普郡的切里顿击败了拉尔夫·霍普顿爵士，挫败了他进军萨塞克斯郡的计划。1644年4月，纽卡斯尔侯爵威廉·卡文迪许试图阻止利文伯爵亚历山大·莱斯利向杜伦进军，失败后被迫奔向约克郡。在约克郡，利文伯爵亚历山大·莱斯利和托马斯·费尔法克斯爵士率军包围了纽卡斯尔侯爵威

切里顿战役,议会军对保王派军队展开攻击

切里顿战役，议会军击败保王派军队

廉·卡文迪许的军队。1644年5月，威廉·沃勒爵士和埃塞克斯伯爵罗伯特·德弗罗的军队向牛津挺进，而保王派撤出了雷丁和阿宾顿。查理一世担心牛津被封锁，带着约六千人逃到了伍斯特，留下牛津由驻防部队驻守。埃塞克斯伯爵罗伯特·德弗罗本应继续追击查理一世疲弱的队伍，却将这个任务委派给威廉·沃勒爵士，自己带兵去收复西南各郡，以缓解莱姆的压力。

1644年4月，当威廉·沃勒爵士和埃塞克斯伯爵罗伯特·德弗罗准备进军牛津时，曼彻斯特伯爵爱德华·蒙塔古领导的东部联盟军队已经占领了阵地。

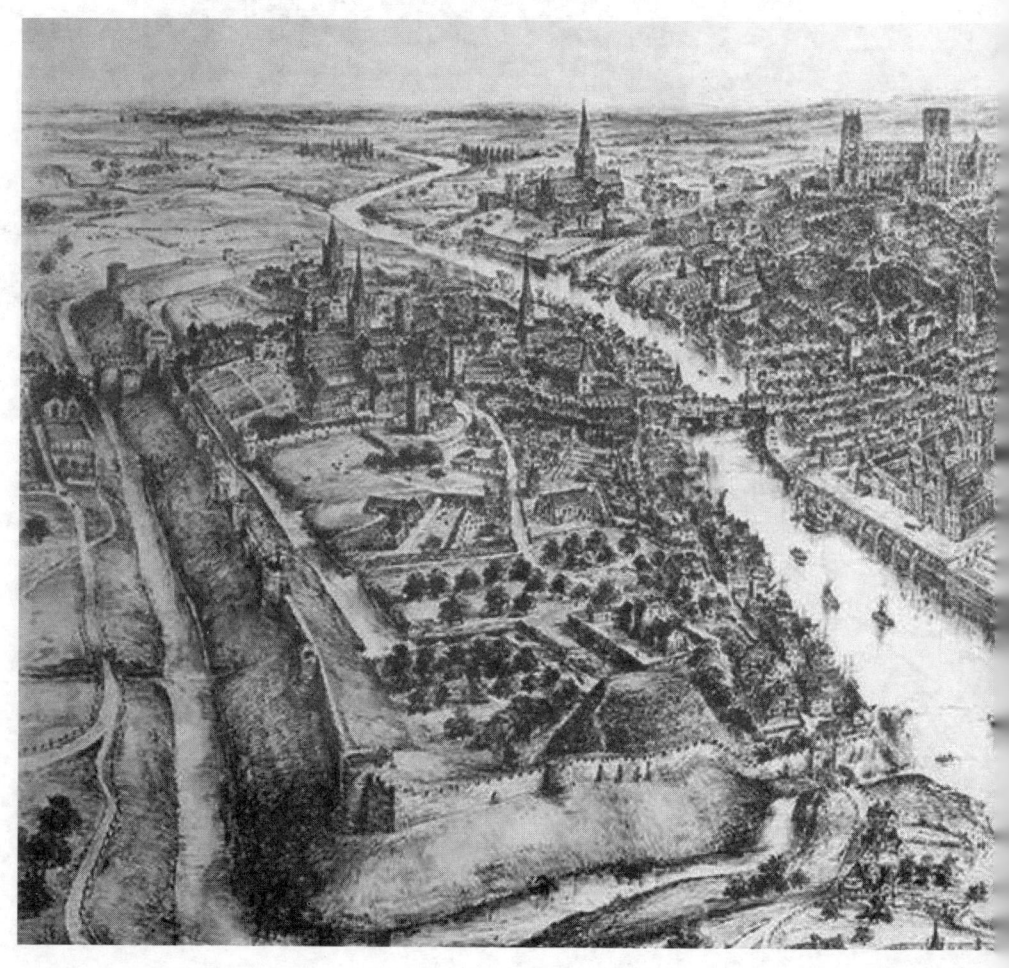

1644年3月，鲁珀特亲王击败了围攻纽瓦克的议会军，将林肯郡再次夺回。林肯郡是东部和北部之间的兵家要塞。因此，曼彻斯特伯爵爱德华·蒙塔古的首要任务是重新占领林肯郡。1644年5月6日，曼彻斯特伯爵爱德华·蒙塔古的军队重新夺回了林肯郡。1644年6月月初，曼彻斯特伯爵爱德华·蒙塔古将两支军队约九千人合兵一处，围攻约克郡。在这九千人中，有三千人是奥利弗·克伦威尔指挥下的骑兵。约克郡守军顽强抵抗。尽管一些分散的堡垒被攻陷，郊区被烧毁，但议会军仍然浴血奋战，击退了对方的一次袭击。1644年6月月底，有消息

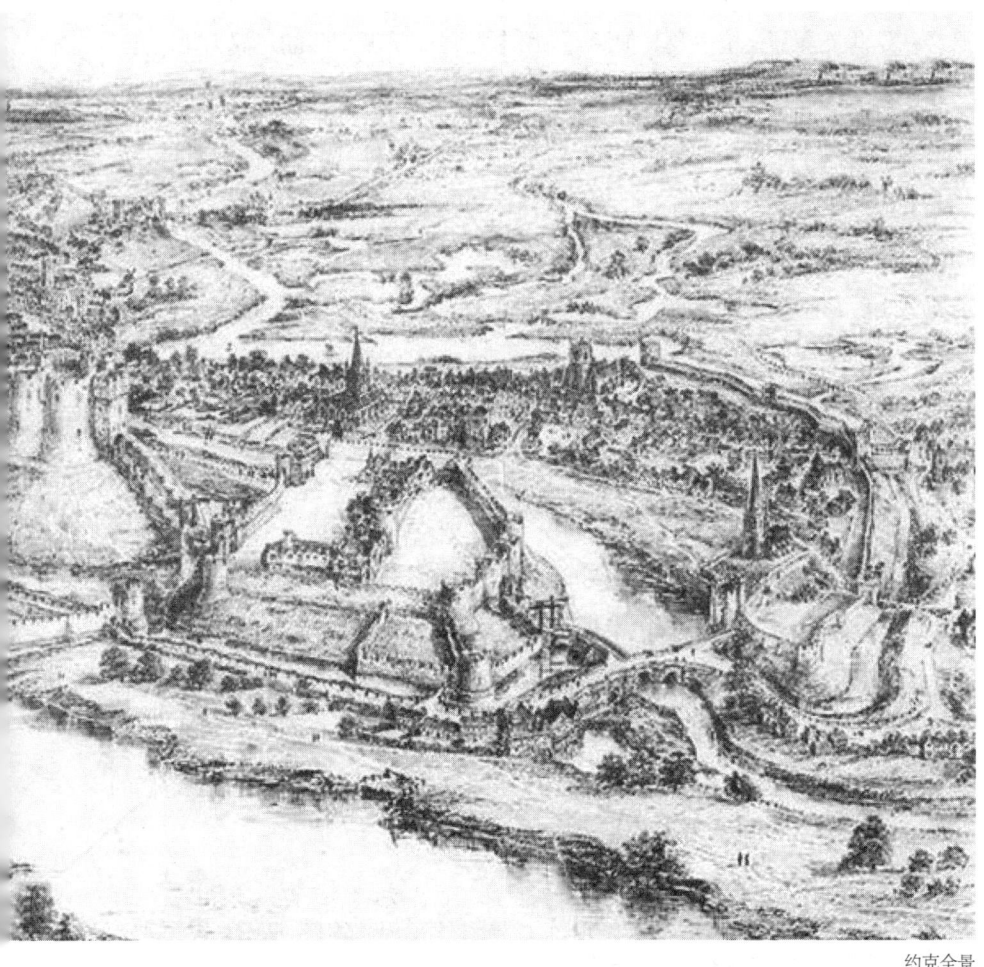

约克全景

第 6 章 马斯顿荒原战役（1644）

称鲁珀特亲王带着一万五千人从兰开夏郡越过群山,准备救援约克郡。利文伯爵亚历山大·莱斯利、托马斯·费尔法克斯爵士和曼彻斯特伯爵爱德华·蒙塔古三位将军撤回包围约克郡的部队,转而迎战鲁珀特亲王。然而,当他们还在乌斯河南岸集结兵力时,鲁珀特亲王已经越过乌斯河北岸,一枪未发,抵达约克郡。1644年7月2日上午,议会军的将军们发现战略失败,而重新发动围攻已经不可能,于是向南全面撤退。鲁珀特亲王从后方袭击,迫使他们停止撤退,投入战斗。议会军在托克维斯和马斯顿之间的高地上集结兵力,俯瞰着保王派占领的旷野。在两军之间的荒原的南边,有一道树篱和一条沟渠,鲁珀特亲王已经在这里布置了火枪手及其他障碍,用来加强保王派军队的左翼力量。纽卡斯尔侯爵威廉·卡文迪许在约克郡的部队已经赶来增援。此时鲁珀特亲王的军队大约有一万八千人,而议会军大约有二万七千人。但保王派军队拥有一个强大的防御阵地和开阔的地面,骑兵可以行动自如。

两军列好战队,面对面僵持了三个小时。双方互相开了几炮,但都没有向前推进。后来圆颅党①开始唱赞美诗。保王派的将军们因此觉得这天不会有战斗。1644年7月2日大约17时,整个议会军战线开始向前推进。奥利弗·克伦威尔率领骑兵组成左翼,攻打约翰·拜伦勋爵的部队和保王派军队的右翼。奥利弗·克伦威尔指挥着东部联盟的所有骑兵和龙骑兵、部分苏格兰兵团的龙骑兵和三支较弱的苏格兰骑兵。这支部队不少于四千人,其中有一千名是龙骑兵。龙骑兵迅速将保王派军队的火枪手赶出沟渠,使骑兵可以通过。奥利弗·克伦威尔一马当先,率领第一批骑兵向最近的保王派军队发起进攻。用当时目击者的话说,奥利弗·克伦威尔带领的小分队"吸引了大量的兵力,因为他们的正面和侧翼都遭受了鲁珀特亲王部下的全力攻击"。千钧一发之际,奥利弗·克伦威尔手下冲在一线的其他骑兵连迅速摆好阵形,发动攻击接应他们的

---

① 圆颅党人,即议会派。在英格兰内战中,很多支持议会的清教徒将头发剪短,紧贴头颅,总体看去脑袋是圆的,因此被保王派蔑称为圆颅党,后来议会军也以此自称。相应地,保王党因头戴中世纪骑士的长卷假发而被称为骑士党。——译者注

约翰·拜伦勋爵

首领。保王派军队的一线兵团很快被打破。奥利弗·克伦威尔手下的士兵一鼓作气,攻打保王派军队的第二战线。

在这场肉搏战中,奥利弗·克伦威尔被手枪射中。子弹挨着他的眼睛射了过来,几乎将他打瞎。由于受伤,奥利弗·克伦威尔虽然短时间内行动不便,但没有离开战场。与此同时,当奥利弗·克伦威尔的进攻开始时,鲁珀特亲王正在后方吃晚饭。鲁珀特亲王闻讯带领新军团飞奔而来,重新集结人马,击退了奥利弗·克伦威尔的骑兵。这次反击是暂时的。由于大卫·莱斯利率领着奥利

马斯顿荒原战役,奥利弗·克伦威尔率军作战

马斯顿荒原战役,议会军与保王派军队交战

弗·克伦威尔手下的士兵在第二战线攻打鲁珀特亲王的侧翼，保王派的骑兵被彻底击溃了。奥利弗·克伦威尔和利文伯爵亚历山大·莱斯利派出苏格兰轻装预备军团追击溃散的保王派骑兵。奥利弗·克伦威尔和利文伯爵亚历山大·莱斯利则停下来重整疲惫不堪的骑兵中队，查看战场其他方队的战斗情况。不利的消息很快传来。显然，议会军在这场战斗中损失过半。托马斯·费尔法克斯爵士受了伤，而他指挥下的右翼骑兵被击溃后逃跑，使他几乎落得孤身一人。托马斯·费尔法克斯爵士兵团的进攻取得了胜利，冲散了敌军。原计划呼应他的部队到达荒原会经过一段崎岖不平的路，结果他们被崎岖的路面和荆棘绊住。保王派军队就势发起进攻，将这支队伍打得支离破碎。议会军中线的步兵情况也很不妙。起初战线的推进很成功，队伍沿路缴获了几门大炮，并跨过了沟渠。左边由劳伦斯·克劳福德少将[①]率领的曼彻斯特伯爵爱德华·蒙塔古的步兵已经绕过了前方敌军的步兵，正在逐渐占领阵地。中间斐迪南多·费尔法克斯勋爵的步兵和呼应他的苏格兰兵团先被纽卡斯尔侯爵威廉·卡文迪许身穿白袍的北方农民军击退，接着又被议会军溃逃的骑兵冲散，逃得更快了。右边的苏格兰步兵团的主力被压得喘不过气来。有些兵团随着中路的苏格兰人一起屈服了，其他兵团则英勇地坚守阵地。然而，随着议会军的中线被突破，右翼的骑兵被赶出战场。这些孤立的兵团暴露在前方和侧面的攻击之下，似乎毫无希望。年迈的利文伯爵亚历山大·莱斯利[②]就是这样想的。利文伯爵亚历山大·莱斯利试图将逃跑的人召集起来，但没有成功，于是自己纵马奔驰到利兹市。斐迪南多·费尔法克斯勋爵的步兵溃败了，被赶出战场，但后来他又返回战场。

乔治·戈林勋爵得胜的骑兵有的忙着追赶逃兵，有的停下来抢劫物品。查尔斯·卢卡斯爵士和乔治·戈林勋爵指挥的另一个师则忙于攻打苏格兰步兵

---

① 劳伦斯·克劳福德少将，英格兰内战期间的议会派将领。——译者注
② 此时亚历山大·莱斯利已经六十二岁了。——译者注

约翰·梅特兰

团。约翰·梅特兰和卢多维克·林赛①的军团紧紧守在苏格兰步兵团的最右边,像岩石一样屹立不动,用长矛击退了对手的三次进攻,就像他们在弗洛登②的前辈一样。不过,这次他们运气更好:

  顽强的长矛兵们仍然领先群豪

  手握暗黑的、坚不可摧的长矛,

---

① 卢多维克·林赛,苏格兰议会军的将领。1644年,马斯顿荒原战役后,其堂弟的克拉福德伯爵爵位被废除,转而由他继承。——译者注
② 指弗洛登战役。弗洛登战役是1513年发生在苏格兰和英格兰之间的一场战役。当时苏格兰军在苏格兰国王詹姆斯四世的带领下虽顽强抵抗,但最终失败,詹姆斯四世也阵亡了。——译者注

每走一步，同胞们都立定站牢

直至倒下的前一秒。

现在有了帮手。奥利弗·克伦威尔和利文伯爵亚历山大·莱斯利横扫整个保王派军队后方。他们带着手下全部人马解救苏格兰人。劳伦斯·克劳福德少将和曼彻斯特伯爵爱德华·蒙塔古的三个步兵旅也跟着他们一起前进。当他们向前推进的时候，查尔斯·卢卡斯爵士的骑兵停止了对苏格兰人的进攻，而乔治·戈林勋爵的人马也纷纷从追击和掠夺中赶回来迎战新对手。

查尔斯·卢卡斯爵士

马斯顿荒原战场上阵亡的保王派军官

战役开始时,乔治·戈林勋爵的部队所在阵地现在由奥利弗·克伦威尔的骑兵占据。乔治·戈林勋爵曾经在这里击溃托马斯·费尔法克斯爵士,而如今奥利弗·克伦威尔在"同一个不利的地方"与乔治·戈林勋爵相遇。这场战斗虽然短暂,但具有决定性。当保王派的最后一个骑兵中队被击溃时,奥利弗·克伦威尔转而与劳伦斯·克劳福德少将和苏格兰人联合起来,攻击保王派的步兵团。鲁珀特亲王的一些老兵团顺利撤退到约克郡,而纽卡斯尔侯爵威廉·卡文迪许的白袍农民军进入了一片被围起来的空地,做垂死挣扎。其余的人在夜色的掩护下四散而逃。在这次战役中,约有三千个保王派士兵阵亡。议会军缴获了十六门大炮、一百面旗帜和六千支步枪,还俘获了一千六百个士兵。鲁珀特亲王留下约克郡听天由命,带着六千多人返回兰开夏郡。只用了两个星期,约克郡守军投降。

在发给两国委员会的战报中,利文伯爵亚历山大·莱斯利、托马斯·费尔法克斯爵士和曼彻斯特伯爵爱德华·蒙塔古三位将军既没有提及战斗的细节，也没有提到奥利弗·克伦威尔的表现。而私人信函就说得很直接。有人形容奥利弗·克伦威尔是"取得胜利的关键人物"，另一些人则称他为"三国救星"——尽管奥利弗·克伦威尔愤然拒绝这个称号。亲苏格兰的人贬低了他的贡献，认为他名下骑兵的胜利应归功于大卫·莱斯利。他们散播传言称，奥利弗·克伦威尔在第一次冲锋后就没有再参加战斗。

保王派领袖鲁珀特亲王在战斗前后的讲话都表明他意识到奥利弗·克伦威尔的重要性。战斗之前，鲁珀特亲王问一个刚捉到的囚犯："奥利弗·克伦威尔在吗？"战斗结束后，鲁珀特亲王给奥利弗·克伦威尔起了个绰号——"铁人"。同时代的一个传记作家写道，这个绰号实至名归，"他那铜墙铁壁般的骑兵连，绝不可能被攻破或冲散"。不久，这个绰号就从保王派领袖耳中传到士兵的耳中。

在奥利弗·克伦威尔写给妹夫瓦伦丁·沃尔顿上校简短的书信里记录着他对这场战役仅有的描述。奥利弗·克伦威尔写道：

> 上帝格外眷顾英格兰和上帝的教会，使我们获得了自战争开始以来从未有过的伟大胜利。这一次是绝对的胜利，是主对敬虔的人的祝福。虽然我们没有发起冲锋，但我们击溃了对手。我指挥的左翼是我们自己的骑兵，他们救了我们后面的一些苏格兰人并击败鲁珀特亲王所有的骑兵。我们的骑兵攻打了对手的步兵团，所到之处，无人能敌。我虽然现在无法一一叙述详情，但相信鲁珀特亲王的两万兵马只剩下不到四千。让一切荣耀归主。

虽然奥利弗·克伦威尔的这封信被认为隐瞒了大卫·莱斯利和苏格兰人在战役中的贡献，但他叙述中的每一句话都是真实的。奥利弗·克伦威尔没有细说战役的详情，因为他是在写一封慰问信，而不是一封战报。瓦伦丁·沃尔顿上校的儿子是奥利弗·克伦威尔兵团里的一个上尉，在这次战役中阵亡。

马斯顿荒原战役获胜后的议会军,前面骑马者是奥利弗·克伦威尔

奥利弗·克伦威尔写信向这位父亲讲述他儿子的死因。奥利弗·克伦威尔先从取得伟大胜利的消息写起，这样瓦伦丁·沃尔顿上校就会认为自己的儿子没有白白战死。然后，奥利弗·克伦威尔突然转向这封信的真正主题："先生，上帝用炮弹将您的长子带走了。炮弹打中了他的腿。我们不得不将他的腿截掉，但这并没能挽救他。"接下来奥利弗·克伦威尔称赞他是"勇敢的年轻人"，说他"异乎寻常的英勇"，"军队中所有认识他的人都喜爱他"。奥利弗·克伦威尔在信中说他战死时"极其欣慰"，感叹除了不能再继续为上帝攻打敌人，此生无憾。在生命的最后时刻，他万分欢喜，"亲眼看着敌人作鸟兽散"。1644年春天，奥利弗·克伦威尔刚失去自己的儿子奥利弗上尉。这个年轻人不是死于战争，而是死于纽波特营地的天花。有一份记录此事的报纸写道："奥利弗上尉是一个文质彬彬的年轻绅士，是他父亲的爱子。"在安慰瓦伦丁·沃尔顿上校时，奥利弗·克伦威尔提到了这件事："您知道我自己刚经受这样的艰难时期。但主用这句话支撑着我：主已经带他走向幸福安宁。这正是我们所有人奋斗努力的目标。"奥利弗·克伦威尔希望同样的信念能支持瓦伦丁·沃尔顿上校，让"上帝教会对大众的仁慈"帮助他忘记"个人的悲伤"。在信的末尾，奥利弗·克伦威尔流露出关切和同情，流露出他对事业的热情和奉献精神，流露出他天性的深沉和对战友的强大号召力的秘诀。

在攻克约克郡后，三支议会军分头行动。利文伯爵亚历山大·莱斯利和苏格兰人再次北上围攻纽卡斯尔侯爵威廉·卡文迪许，费尔法克斯父子继续攻占保王派在约克郡的据点，而曼彻斯特伯爵爱德华·蒙塔古则返回林肯，沿途攻下谢菲尔德城堡①和几支规模较小的驻军。1644年8月，整整一个月，曼彻斯特伯爵爱德华·蒙塔古都无所事事地待在林肯，甚至拒绝围攻纽瓦克。曼彻斯特伯爵爱德华·蒙塔古厌倦了战争，渴望与查理一世和解，并对非教会教义和民主观点在军队和王国的传播感到震惊。劳伦斯·克劳福德少将试图镇压非教会

---

① 谢菲尔德城堡，位于英格兰谢菲尔德的一座城堡，建于谢菲尔德河和唐河的交汇处，苏格兰女王玛丽曾经被关在这里。——译者注

谢菲尔德城堡

派分子。而作为非教会派的保护者,奥利弗·克伦威尔与劳伦斯·克劳福德少将时有摩擦。劳伦斯·克劳福德少将开除了一个军官,理由是这个军官是重浸派教徒。奥利弗·克伦威尔和手下的几名上校威胁说,必须撤掉劳伦斯·克劳福德少将的职务,否则他们就集体辞职。虽然双方达成了某种妥协,但奥利弗·克伦威尔对曼彻斯特伯爵爱德华·蒙塔古的影响就此结束。

与此同时,在英格兰南部,一场战役在希望中打响,但以失败告终。1644年6月29日,查理一世调转部队攻打在后方追赶的威廉·沃勒爵士的部队,最终在牛津的克罗普迪桥战役中击败了威廉·沃勒爵士的兵团。威廉·沃勒爵士的兵团被打得七零八落:士兵叛变,军力大减,不能构成任何威胁。接着,查理一世跟随埃塞克斯伯爵罗伯特·德弗罗进入西部,与西部保王派的军队联合,试图制服埃塞克斯伯爵罗伯特·德弗罗的部队。1644年8月月底,两国委员会命

向克罗普迪桥前进的保王派军队

议会军被保王派军队击败

令东部联盟的军队前往救援埃塞克斯伯爵罗伯特·德弗罗。奥利弗·克伦威尔迫切盼望前去救援。奥利弗·克伦威尔在给瓦伦丁·沃尔顿的信中写道:"这是我们心之所向。如果有翅膀的话,我们会飞过去的。"曼彻斯特伯爵爱德华·蒙塔古的军队虽然缺少必需品的供应,同时为党派斗争的恶意诽谤所伤,但随时随地准备战斗。"一有任务委派,我们的士兵就比什么时候都高兴。"但曼彻斯特伯爵爱德华·蒙塔古接着又暗示,在高层有些阻碍——他们参战意愿不如士兵强烈。"我们当中有些人行动迟缓。如果我们都能放弃个人利益和生活的安逸,我们的事业就会加速前进。"

当曼彻斯特伯爵爱德华·蒙塔古还在林肯犹豫不决时,预料中的灾难来了。1644年9月2日,在洛斯特威西尔,菲利普·斯基彭和埃塞克斯伯爵罗伯特·德弗罗的步兵团被迫投降。骑兵连夜行军穿过保王派防线上的一个缺口逃跑,而埃塞克斯伯爵罗伯特·德弗罗本人和一些军官则通过海路逃走。查理

洛斯特威西尔战役

菲利普·斯基彭

一世取得胜利后,缓慢回兵牛津。曼彻斯特伯爵爱德华·蒙塔古极不情愿地移军西南迎战查理一世的部队,并公开说:"我的军队是东部联盟为保卫联盟而组建的。没有取得东部联盟的同意,议会无权指挥。"回兵牛津前,查理一世在西部留下了部分兵力。而现在兵力大大削弱,因此在查理一世到达牛津总部前发动战斗十分必要。但曼彻斯特伯爵爱德华·蒙塔古拒绝向前推进,直到保王派军队抵达纽伯里时,他才攻击查理一世。1644年10月27日,在威廉·沃勒爵士部队和埃塞克斯伯爵罗伯特·德弗罗残余部队的支援下,曼彻斯特伯爵爱德华·蒙塔古的部队在纽伯里对查理一世发起攻击。查理一世的兵力只有一万

唐宁顿城堡

人，而议会军的兵力有一万九千人。查理一世选择了一个位于两条河之间的非常有利的阵地，一边有唐宁顿城堡做后盾，在城堡受到攻击的时候，还有另一边的堑壕做掩护。最重要的是，查理一世的军队都由他一人指挥，而议会军则由一个委员会指挥。由于埃塞克斯伯爵罗伯特·德弗罗生病缺席，为了避免争端，两国委员会将指挥权交给一个委员会。

议会军计划用菲利普·斯基彭的步兵联合奥利弗·克伦威尔和威廉·沃勒爵士的骑兵攻击保王派的西侧，而曼彻斯特伯爵爱德华·蒙塔古则攻击其东北部的位置。由于配合不到位，这个计划失败了。虽然菲利普·斯基彭的步兵们跨过保王派的堑壕，夺回了他们在康沃尔丢失的几门大炮，但骑兵们在崎岖的地面行动受阻，战果甚微。曼彻斯特伯爵爱德华·蒙塔古的部队推迟了进攻，来不及策应西侧部队，被保王派军队击退，损失惨重。尽管如此，经过一天的战斗，查理一世的阵地严重受损，只有撤退才能保全部队。晚上，保王派军队悄悄越过曼彻斯特伯爵爱德华·蒙塔古的前哨阵地。到了早晨，他们已经在去往华林福德的路上。虽然威廉·沃勒爵士和奥利弗·克伦威尔带着骑兵主力前去追赶，但由于曼彻斯特伯爵爱德华·蒙塔古和两国委员会的大多数委员拒绝提供支援，查理一世得以顺利撤回牛津。1644年10月9日，鲁珀特亲王率领五千人增援查理一世，回到唐宁顿城堡，将查理一世留在那里的大炮运走。鲁珀特亲王提出与议会军开战。虽然奥利弗·克伦威尔很想应战，但曼彻斯特伯爵爱德华·蒙塔古和两国委员会的大多数人都反对继续战斗。此前的战役大大减少了骑兵和步兵的数量，而骑兵"在这种罕见的极端天气下，由于繁重的任务已经疲惫不堪"。除了军事原因，曼彻斯特伯爵爱德华·蒙塔古还敦促展开政治辩论，告诫奥利弗·克伦威尔不要冒险开战：

> "即使我们打败查理一世九十九次，他仍然是国王，他的子孙后代也仍然是国王。而如果查理一世打败我们一次，我们就会被吊死，我们的后人将成为奴隶。"奥利弗·克伦威尔反驳道："大人，如果是这样，我们当初为什么还要拿起武器？您这是反对以后所有的战斗。既然如此，就讲和吧，无论以多么卑微的方式。"

无论奥利弗·克伦威尔多么鄙视曼彻斯特伯爵爱德华·蒙塔古的逻辑，他不得不向这个逻辑背后的事实低头，并接受了两国委员会的集体意见。

1644年的战役就这样结束了。保王派赢了。如果议会军的领导能得力一些，查理一世在伯克郡的失利原本可以与埃塞克斯伯爵罗伯特·德弗罗在康沃尔的失利相抵。奥利弗·克伦威尔回顾了过去几个月发生的事，认为议会军之所以与胜利失之交臂，曼彻斯特伯爵爱德华·蒙塔古难辞其咎。很明显，曼彻斯特伯爵爱德华·蒙塔古的失败不是由于意外事故或缺乏远见，而是由于他所有的行动都非常滞后。奥利弗·克伦威尔总结说，这种滞后囿于"某种不愿意让战争取得全面胜利的原则，而是希望通过妥协来结束战争，而如果将查理

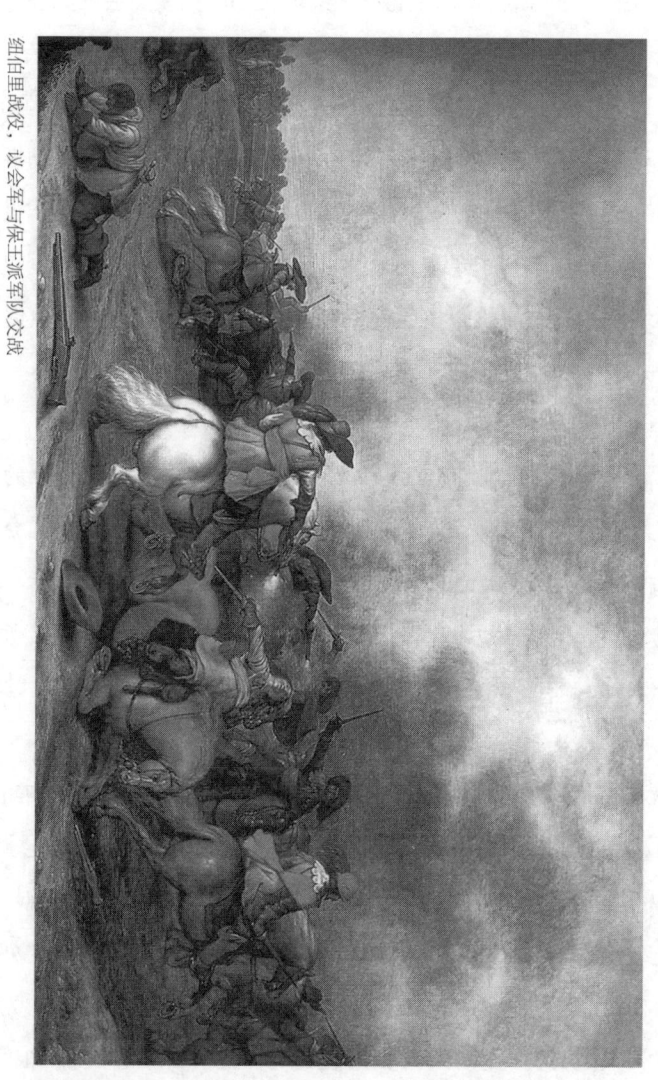

纽伯里战役,议会军与保王派军队交战

纽伯里战役,保王派军队被击败

一世打得太狠,这种妥协可能会带来不利结果"。1644年11月25日,奥利弗·克伦威尔在下议院讲述了纽伯里战役的过程,并指控曼彻斯特伯爵爱德华·蒙塔古。曼彻斯特伯爵爱德华·蒙塔古则在上议院为自己的声誉辩护,声称他一直按照战争委员会的建议行事,而奥利弗·克伦威尔是一个分裂党派、违逆领导的下属。随后,撇开军事问题不谈,曼彻斯特伯爵爱德华·蒙塔古又猛烈抨击了奥利弗·克伦威尔的政治家身份。曼彻斯特伯爵爱德华·蒙塔古表示他曾经非常信任奥利弗·克伦威尔,后来由于对他的计划产生怀疑而不得不收回信任。首先,奥利弗·克伦威尔曾经说过反对贵族的言论,他说希望在有生之年永远不要在英格兰见到贵族。此外,他曾经对宗教大会①表示轻蔑,并对苏格兰企图在英格兰建立长老会制度存有敌意。最后,他曾经公开表示,希望东部联盟的军队只保留独立派官兵。曼彻斯特伯爵爱德华·蒙塔古总结说:"未来或许有和平倡议。和平结束现状是每一个忠诚之人的共同目标,但奥利弗·克伦威尔类似的言论有背这一目标。军队应阻止此类不良言论再次发生。"

奥利弗·克伦威尔没有否认这些言论。这些言论的揭露产生了曼彻斯特伯爵爱德华·蒙塔古预期的效果。对战争中错误行为的质询发展成一场政治争论。上议院采信了曼彻斯特伯爵爱德华·蒙塔古的主张。苏格兰人密谋推翻奥利弗·克伦威尔,认为他与他们的信条相悖。罗伯特·拜利写道:"为了我们国家的利益,我们要给那个非教会派分子的宠儿制造点儿麻烦。"谈到如何破坏这个强大的派系,罗伯特·拜利说:"将他逐出军队,那本是他过于鲁莽会导致的结果。"苏格兰的一些领袖考虑是否可以指控奥利弗·克伦威尔是曾经试图引起英格兰和苏格兰两国之间冲突的"煽动者",但他们咨询的英格兰律师不建议这么做。约翰·梅纳德②说:

---

① 宗教大会,1643年至1653年由长期议会任命的神职人员(神学家)和英格兰议会议员组成的一个委员会,主要任务是重组英格兰教会。苏格兰也派代表参加了会议。——译者注
② 约翰·梅纳德,英格兰律师和长老派政治家。第一次英格兰内战期间,他参与了反对奥利弗·克伦威尔的诉讼。1655年,他再次协助城市商人康尼反对奥利弗·克伦威尔的征税计划,被关进伦敦塔。——译者注

约翰·梅纳德

即使在一些贵族当中,奥利弗·克伦威尔也是下议院极为青睐和关注的人。因此,要说服议会多数判他为煽动者,就必须要有证据,并且是最确凿的证据。

随着争论的继续,下议院宣布支持奥利弗·克伦威尔。对曼彻斯特伯爵爱德华·蒙塔古无能的定罪在下议院议员当中渐渐得到认可。然而,奥利弗·克伦威尔并没有借机击垮曼彻斯特伯爵爱德华·蒙塔古,他退缩了。如果他个人的胜利需要以上下两院的破裂为代价,甚至以英格兰和苏格兰两国之间的破裂为代价,就不值得争取。奥利弗·克伦威尔需要的是军事上的高效推进和战场上的有力行动。他决定先利用由曼彻斯特伯爵爱德华·蒙塔古的懈怠引起的不满,再通过放弃针对曼彻斯特伯爵爱德华·蒙塔古个人的指控来达成自己的目的。这个时机非常有利。1644年11月23日,下议院命令两国委员会对整个军队进行重组。1644年12月9日,针对曼彻斯特伯爵爱德华·蒙塔古的指控报告提交给下议院。奥利弗·克伦威尔将辩论转向了更严重的问题。他说,现在最重要的事情是将国家从流血牺牲的状态中拯救出来,而这种状态是战争的长期持续造成的。

> 如果不更快、更有力、更有效地推进战争,整个王国都会厌弃我们,进而憎恨"议会"这个称呼。
>
> 敌人会说什么呢?不,那些在议会初期还是朋友的人会说什么呢?他们甚至会说:"上下两院的议员都位高权重,手执利器。他们在议会有权,在军队有力。他们将永远拥有高贵的地位,不会允许战争迅速结束,以免手中权力随之消失。"……如果军队不改变方式从而更有力地推进战争,人民就无法再忍受战争了,而这将迫使你们以极其不光彩的方式取得和平。

随后,奥利弗·克伦威尔放弃了对曼彻斯特伯爵爱德华·蒙塔古的指控,并建议下议院不要对任何指挥官提出起诉。在军事事务中,疏忽是在所难免的。奥利弗·克伦威尔承认自己也犯过这种错误。问题的关键不在于调查这些失败的原因,而在于研究如何对失败进行补救。奥利弗·克伦威尔已经提出了补救办法:改组军队,更换指挥官。奥利弗·克伦威尔最后说:"我希望我们对祖国的福祉抱着一颗真正的英格兰人之心,当需要上下两院的议员为公众利益而放弃个人利益时,我们能心无旁骛。"

奥利弗·克伦威尔的建议立即被采纳。在辩论结束前,议会通过了一项决议：在战争期间，任何议会议员都不应该担任军事指挥或民事职务。十天后，也就是1644年12月19日，这项自抑法令在下议院获得通过，提交给了上议院。上议院先是提出异议，随后推迟讨论，最后否决了该法令，理由是他们不知道新决议下的军队会是什么样的。下议院立即制订了计划，任命托马斯·费尔法克斯爵士为上将，并将新组建的军队定编为两万两千人。1645年2月15日，上议院违心地接受了这一法令。1645年4月3日，他们以更勉强的态度接受了第二条自抑法令。与第一条法令相比，第二条法令温和得多，仅仅简单要求两院所有担任其他职位的议员都应在第一条法令通过后的四十天内辞去这些职位，而没有任何禁止未来对他们进行重新任命的规定。也就是说，只要两院认为有必要，这些议员依然可以重新获得任命。贵族们的抵制还是起了作用。

奥利弗·克伦威尔是这场斗争早期的领导者。议会发起投票，托马斯·费尔法克斯爵士以多数票当选上将，取代埃塞克斯伯爵罗伯特·德弗罗，奥利弗·克伦威尔是计票员之一，并敦促托马斯·费尔法克斯爵士在挑选军官时享有充分的自由。奥利弗·克伦威尔的军旅生涯似乎要结束了，因为在其他所有议员都失去指挥权时，他也不能例外。如果奥利弗·克伦威尔曾经想要保住指挥职位，应该继续起诉曼彻斯特伯爵爱德华·蒙塔古，而不是为自己的军旅生涯设置法律障碍。但这轮斗争还没结束。第二项自抑法令通过之前，甚至在讨论这条法令之前，奥利弗·克伦威尔又回到了战场上。在英格兰西部，乔治·戈林勋爵领导的保王派军队威胁韦茅斯和陶顿。威廉·沃勒爵士奉命前去解救，但由于没有增援，他的兵力不足以完成任务。下议院命令奥利弗·克伦威尔的兵团加入威廉·沃勒爵士的大军。私下里，奥利弗·克伦威尔的兵团怨声载道。士兵起了叛变之心，拒绝服从命令。1645年3月3日，下议院命令奥利弗·克伦威尔领兵同去，抱怨停止，军队表示服从命令。奥利弗·克伦威尔并不反对听从威廉·沃勒爵士的指挥，威廉·沃勒爵士也认为他是一个值得欣赏的下属。威廉·沃勒爵士写道，从奥利弗·克伦威尔的举止风度丝毫看不出他意识到自己身上非凡的才能，"他虽然有些鲁莽，但从不居功自傲。作为一个军官，他很服从，对我的命令不仅从不反对，而且毫无异议"。威廉·沃勒爵士最感兴趣的是，奥利弗·克伦威尔虽然自己沉默寡言，但总有办法让别人开口说话。奥利弗·克伦威尔极具洞察力，能迅速判断别人的性格并发现他们的秘密。

  威廉·沃勒爵士的远征完成了既定目标：俘虏一个保王派的骑兵团，将深陷险境的议会军步兵团解救出来。1645年4月月底，奥利弗·克伦威尔回到司令部，交出职务。接下来议会将决定是否免除他的职务。最重要的是，在此次战争中产生的领导人里，奥利弗·克伦威尔是最受士兵信服的。失去一个这样的领导人，军队是不会善罢甘休的。

第 7 章

纳斯比战役和兰波特战役

（1645—1646）

　　托马斯·费尔法克斯爵士指挥的新模范军比埃塞克斯伯爵罗伯特·德弗罗军队的胜算更大。在导致埃塞克斯伯爵罗伯特·德弗罗失败的原因中，有领导的无能，有招募和维护制度的不完善。议会经常拖欠军饷，而军事物资供给既不规律也不充足。埃塞克斯伯爵罗伯特·德弗罗的兵团没有打过几次仗就解散了。现在，议会已经弥补了金融体系中最严重的缺陷。议会每月对管辖下的所有郡县征收税款，从而保证士兵在战争期间的军饷能够定期发放。托马斯·费尔法克斯爵士指挥的新模范军由十一支骑兵团和十二个步兵团组成，其中每个骑兵团有六百人，每个步兵团有一千二百人，外加一千龙骑兵和一小队炮兵。这支军队的步兵有大约一半曾经在埃塞克斯伯爵罗伯特·德弗罗、曼彻斯特伯爵爱德华·蒙塔古和威廉·沃勒爵士手下服役，其余的则由各郡通过兵役征集入营。在骑兵中，有一半以上来自东部联盟之前的军队。奥利弗·克伦威尔从前的兵团被一分为二。一团由他的妹夫爱德华·威利少校指挥，另一团由托马斯·费尔法克斯爵士亲自指挥。

　　托马斯·费尔法克斯爵士之所以被任命为新模范军总司令，部分是因为他在军事上的名声，部分是因为他没有遭到政治上的反对。托马斯·费尔法克斯爵士是虔诚的教徒，但他究竟属于长老会还是独立派仍然是一个未解之谜。托马斯·费尔法克斯爵士曾经在荷兰参加过一次战役，但军事方面的磨炼和成长是通过与纽卡斯尔侯爵威廉·卡文迪许和北方保王派的长期斗争获得的。托马斯·费尔法克斯爵士行军迅速、进攻猛烈。在面对困难时，他足智多谋；在面对失败时，他懂得坚持不懈。自己军旅生涯中的优异表现使托马斯·费尔法克斯爵士声名远扬。士兵将他视为偶像，并给他起名"黑汤姆"[①]。朋友们抱怨他太过鲁莽，不知道掩护自己。对手则说他"行事冲动，逞一时之勇"，缺乏更高素质。很多人认为他是骑兵领袖，因此他的支持者都对他被提拔为上将而不是中将感到非常惊讶。除了对他的名声有所耳闻，军队里的大多数军官对他别无所知。当托马斯·费尔法克斯爵士走马上任时，军官们发现他身材高大，皮肤黝黑，三十多岁，脸上有旧疤痕。托马斯·费尔法克斯爵士沉静矜持，然而，军官们很快发现，他尽管在会议上很少发言，却坚持己见，并能迅速付诸行动。在战斗中，托马斯·费尔法克斯爵士似乎变了一个人，矜持和结巴不见了，变得浑身是火、精力充沛、行事果断。

为了弥补总司令托马斯·费尔法克斯爵士科学知识和长期战斗经验的不足，菲利普·斯基彭被任命为军队少将，但军队二把手仍然空缺。到目前为止，议会还没有任命哪位中将作为骑兵的指挥官。毫无疑问，这个空缺职位是为奥利弗·克伦威尔特意保留的。

1645年3月以来，奥利弗·克伦威尔一直在西部征讨保王派军队。1645年4月13日，他回到温莎司令部，送别托马斯·费尔法克斯爵士，并按照自抑法令的规定卸下了职务。第二天早上，两国委员会给他送来了一封新的任命书。查理一世就要重启战事了，而新模范军还没有做好迎战准备。从1645年4月月初起，托马斯·费尔法克斯爵士就一直努力重组军队，但新兵招收速度太慢。上议院的阻挠使一切准备工作严重滞后。奥利弗·克伦威尔从西部带回来的骑兵旅是军队中效率最高并能立即行动的一支。为了阻止查理一世与鲁珀特亲王会合，这支骑兵旅现在被派往牛津。查理一世带着部分皇家军队，包括炮兵部队一

[①] 托马斯·费尔法克斯爵士的头发、眼睛和肤色天生黝黑，因此得名"黑汤姆"。——译者注

内战时期的查理一世

起驻扎在牛津,而鲁珀特亲王带着其余皇家军队和大部分骑兵驻扎在赫里福德和伍斯特附近。奥利弗·克伦威尔立即出发。1645年4月24日黎明时分,奥利弗·克伦威尔的军队在伊斯利普击败查理一世的三个骑兵团,杀死两百人,俘虏两百人。得知一部分保王派军队逃兵躲进布莱辛顿庄园,奥利弗·克伦威尔立即对布莱辛顿庄园发动攻击。迫于压力,逃兵只好投降。根据投降协定,布莱辛顿庄园驻军可以退到牛津,但必须放弃马匹和武器。后来奥利弗·克伦威尔解释道:"我对攻城持怀疑态度,因为布莱辛顿庄园城墙牢固,士兵充足,而我只有很少的龙骑兵。何况这也不是我此行的目的。"两天后,在班普顿,奥利弗·克伦威尔拦截了一支从法灵顿前往牛津的步兵团,俘虏了几百人,其余的人或死或散。1645年4月29日,奥利弗·克伦威尔在法灵顿庄园前试图攻城,但被击退,损失了一些人马。尽管如此,奥利弗·克伦威尔还是完成了这次任务。查理一世停止了行军。保王派骑兵队被打得七零八落。奥利弗·克伦威尔将乡下周围的所有拉车的马扫荡一空,因此保王派炮兵队寸步难移。查理一世不得不从西边召集乔治·戈林勋爵的骑兵来做掩护,以确保与鲁珀特亲王的会师。1645年5月7日,托马斯·费尔法克斯爵士已经整军出发。1645年5月1日,托马斯·费尔法克斯爵士让奥利弗·克伦威尔密切关注查理一世的动向,而自己率军去营救陶顿。这次营救行动不是他自己的决定,而是来自两国委员会的命令。途中托马斯·费尔法克斯爵士又接到新命令,让他派一个旅继续营救陶顿,他则带着其余部队折返围攻牛津。托马斯·费尔法克斯爵士在牛津待了两个星期,却只能对牛津进行封锁。围城部队还没赶过来,没有重炮和挖壕沟工具,托马斯·费尔法克斯爵士什么也做不了。在托马斯·费尔法克斯爵士无所事事的几个星期里,鲁珀特亲王和查理一世带着九千到一万个士兵在中部地区行进,没有遇到任何抵抗。1645年5月5日,查理一世占领伍斯特郡的霍克斯利庄园,然后北移去营救切斯特。途中查理一世听到牛津被围攻的消息。一些顾问敦促查理一世继续向北挺进,攻打利文伯爵亚历山大·莱斯利和苏格兰军,从而缓解庞蒂弗拉克特的压力,其他人则提议对东部联盟进行突袭。但随着牛津危急的消息传来,查理一世决定留在南部。为了分散议会的注意力,查理一世决定进攻莱斯特。1645年5月3日,莱斯特沦陷,查理一世的军队将莱斯特洗劫一空。

  查理一世的行动彻底打乱了两国委员会的计划。莱斯特沦陷的消息一传来,托马斯·费尔法克斯爵士就被调离牛津,向查理一世进军。经过上次教训,两国委员会的业余战略家们默许托马斯·费尔法克斯爵士随心所欲地调整自己的行动,解除了之前对他的所有限制。保王派军队的节节胜利引起了公众恐慌。公众舆论迫切要求重新启用奥利弗·克伦威尔。大家觉得奥利弗·克伦威尔至关重要，不能弃之不用。1645年5月10日，议会将奥利弗·克伦威尔的任期延长了四十天。1645年5月28日，保王派军队对东部各郡构成了威胁。为了保护东部各郡，奥利弗·克伦威尔被火速派往伊利。1645年6月4日，伦敦市民向议会递交请愿书，要求他们授权奥利弗·克伦威尔召集和指挥东部联盟的所有军队。1645年6月10日，托马斯·费尔法克斯爵士和战争委员会向议会请愿，要求任命奥利弗·克伦威尔为中将。这时托马斯·费尔法克斯爵士的部队离保王派军队的阵地只有几英里了。议会军虽然有大量骑兵，却缺少一个将军来指挥和应对即将到来的战斗。除了奥利弗·克伦威尔，没有人能够胜任这个角色。托马斯·费尔法克斯爵士敦促道：

> 在全军将士中，奥利弗·克伦威尔受到广泛的尊敬和爱戴。他的个人价值和作战能力，在其任职期间体现出来的谨慎、勤奋、勇敢和忠诚，在无处不在的上帝祝福下一直伴随着他。因此，为了报效议会和大众，我们认为有责任提出这一请求。

上议院没有对这一不受欢迎的请求做出回应，但下议院同意任命奥利弗·克伦威尔。只要军队需要，任期不受限制。于是，1645年6月13日，奥利弗·克伦威尔带领六百名东部联盟的骑兵，策马飞奔到托马斯·费尔法克斯爵士的营地，受到士兵们的热烈欢迎。士兵们叫道："铁甲军来领导我们了！"他们用鲁珀特亲王在马斯顿荒原战役后给奥利弗·克伦威尔起的绰号来称呼他。

查理一世的阵营产生了巨大的意见分歧。总司令鲁珀特亲王提出一条策略，而查理一世的文职顾问们提出另一条策略。查理一世犹豫不决，原地不动。直到发现托马斯·费尔法克斯爵士已经跟了上来，查理一世才被迫与托马斯·费尔法克斯爵士展开战斗。1645年6月14日，议会军和保王派军队相遇。鲁珀特亲王原本计划在哈伯勒选定一个位置展开防御战，但侦察兵诱导他相信托马斯·费尔法克斯爵士的军队正在撤退。于是，当鲁珀特亲王指挥大军前进时，却发现托马斯·费尔法克斯爵士的部队已经在纳斯比的一个小村庄前的高地上拉开了战线。查理一世的军队只有五千个骑兵和四五千个步兵。托马斯·费尔法克斯爵士的军队有一万三千人，其中有六千个骑兵。尽管兵力相差悬殊，保王派军队还是希望能轻松取胜。许多议会军步兵都是新兵，而保王派军队都是老兵。查理一世自信地说，他要打败"叛军中这个野蛮的新将军"，就像当初打败经验丰富的埃塞克斯伯爵罗伯特·德弗罗一样。甚至连议会的支持者也对托马斯·费尔法克斯爵士率领的这支未经考验的军队信心不足。有人写道："在出征时，从来没有哪支军队能让亲人如此不安，让敌人如此蔑视。"但奥利弗·克伦威尔毫不怀疑会赢得这场战争。1645年7月，他写道：

> 关于纳斯比战役，托马斯·费尔法克斯爵士已经命令我指挥所有骑兵。当我看到对手拉开战线、英勇地向我们挺进，而我们可怜的、毫无经验的士兵向我询问如何战斗时，我只能牢记使命，微笑着赞美上帝，确信我们必将胜利。因为上帝会让无变有，让已有化为乌有[①]。这一点我确信无疑，而上帝确实是这么做的。

保王派军队继续向前推进战线。托马斯·费尔法克斯爵士的炮兵部队虽然开了几炮，但射得太高，没有造成伤亡。查理一世的大炮远远落在后面，派不上任何用场。双方的步兵各自向对方一阵齐射，接着用长矛和棍棒互相攻击。保王派军队步兵的进攻非常猛烈。在托马斯·费尔法克斯爵士前线的五个兵团中，有四个由于无法抵敌，被对方冲破防线。菲利普·斯基彭的兵团被击溃，中校阵亡，菲利普·斯基彭本人也受了重伤。托马斯·费尔法克斯爵士的

---

① 这句话选自《圣经·哥林多前书》。"神却选择了世上愚拙的，让有智慧的蒙羞。他又选择了世上软弱的，叫强壮的蒙羞。神还以他的智慧，选择了世上卑贱的，被人鄙视的，以及无有的，让已有的化为乌有。在神面前无人能自夸。"——译者注

亨利·艾尔顿上校

兵团仍然坚守阵地。第二战线的兵团扑上前线，逼退保王派军队，给议会军溃散的兵团赢得了集合的时间。亨利·艾尔顿上校和议会军骑兵的左翼状况更糟糕。

亨利·艾尔顿上校的五个兵团去前线迎战鲁珀特亲王，但无法顺利展开进攻，而后援部队也没有跟上。亨利·艾尔顿上校虽然起初取得了短暂的胜利，但由于过早地转向攻击一个步兵团，从马上跌落受伤，被对方抓获。鲁珀特亲王凭借一贯的充沛精力占据战场优势。鲁珀特亲王不满足于仅仅将亨利·艾尔顿上校的骑兵赶出战场，而是继续攻击纳斯比战场后面的议会军辎重和补给卫队。补给卫队顽强抵抗,坚守阵地。鲁珀特亲王只好放弃攻击,回到战场查看高地上的战斗情况。

在这场战役中,奥利弗·克伦威尔领导下的议会军右翼骑兵决定了这天的战局。奥利弗·克伦威尔并没有坐等马默杜克·兰代尔爵士发起进攻,而是在对方骑兵前进过程中主动迎战。经过一场激烈的战斗,对方阵脚大乱,向后溃散,躲到预备军后方。据一个目击者称,奥利弗·克伦威尔的军队就像一股洪流,冲垮了他们前面的一切障碍物。查理一世率领卫兵和其余的预备队准备与前来的圆颅党决一死战。一位贵族勒住缰绳说道:"你们想找死吗?"于是卫兵们停下来调转马头,向后退了四分之一英里。奥利弗·克伦威尔留下四个兵团牵制他们,自己则带着其余骑兵,还有重新召集起来的亨利·艾尔顿上校的部分骑兵,向保王派的中路压过来。保王派的步兵尽管顽强抵抗,但在议会军

纳斯比战役前的查理一世和鲁珀特亲王

马默杜克·兰代尔爵士

步兵和骑兵双重力量的攻击下,很快被击垮。保王派兵团一个接一个地放下武器。一支保王派蓝衣军团"以难以置信的勇气和决心"坚守阵地,用长矛一次次击退了议会军的进攻。最后,奥利弗·克伦威尔带领托马斯·费尔法克斯爵士的步兵团向这个旅的一侧发起攻击,托马斯·费尔法克斯爵士则光着脑袋,率领卫队攻击另一侧。终于,这支蓝衣旅倒下了。托马斯·费尔法克斯爵士亲手抢过蓝衣旅的旗帜。查理一世的步兵团全部被俘。

托马斯·费尔法克斯爵士命令骑兵停止乘胜追击,等待主力部队前来会合,重新组成新的战斗队伍,一起向前推进。国王卫队和马默杜克·兰代尔爵士溃败的骑兵则加入鲁珀特亲王得胜的骑兵部队,准备发起第二次冲锋。然

保王派军队与议会军在纳斯比战场摆开阵势

保王派军队与议会军在纳斯比交战

而，保王派军队已经毫无斗志，更何况没有大炮和步兵的支援，形势极其不利。没过多久，保王派军队阵地就岌岌可危，全线溃败。骑兵们纷纷调转马头，一路向莱斯特飞奔。

议会军大约追击了十三英里。在这次战役中，议会军俘虏了近五千名士兵，夺取了一百多面旗帜。查理一世的全部辎重、大炮还有私人文件也都落入了议会军手里。1645年6月18日，莱斯特投降，查理一世逃到威尔士避难。托马斯·费尔法克斯爵士没有追击查理一世，而是匆忙出发与乔治·戈林勋爵的西部军队交战。听到托马斯·费尔法克斯爵士的到来，乔治·戈林勋爵加固了对陶顿的封锁，占据了距布里奇沃特大约十英里的位置，前方有约河和帕雷特河作掩护。1645年7月10日，两军在兰波特附近发生冲突。在一座小山上，乔治·戈林勋爵已经驻守了一队士兵。营地前面有一圈围栏，围栏外是一个湿地

纳斯比战役获胜后的奥利弗·克伦威尔

山谷，谷底有一处小溪汇成的浅滩，还有一条小路通向山顶的空地。乔治·戈林勋爵的骑兵就守在那里，而小路两边的篱笆和围栏外都布置有火枪手。乔治·戈林勋爵打算撤到布里奇沃特，因此已经将所有辎重和大炮都提前送到那里，只留下两门大炮。

兰波特战役是英国内战中比较特殊的一次战役。在这场战役中，野战炮发挥了重要作用。托马斯·费尔法克斯爵士一开始就命令议会军炮火全开，压住乔治·戈林勋爵的两门大炮，迫使对方骑兵后撤，只留下乔治·戈林勋爵的

兰波特战役

火枪手孤军作战。然后托马斯·费尔法克斯爵士命令一千五百名火枪手向前推进。他们从一个山坡冲下来，又冲上另一个山坡，将乔治·戈林勋爵的散兵从围栏的一边赶到另一边，将围栏空地上的保王派军队驱除干净。最后，在奥利弗·克伦威尔的指挥下，六支来自他原兵团的骑兵连越过山谷下的浅滩，顺着上山的小路直奔乔治·戈林勋爵的骑兵队。奥利弗·克伦威尔后来写道，休·贝瑟尔少校引领冲锋，表现出了"能想象得到的最大勇气"。约翰·德斯伯勒少校

约翰·德斯伯勒少校

紧随其后，同样英勇。休·贝瑟尔少校的部队击退了乔治·戈林勋爵的两支骑兵队的进攻，双方"短兵相接"。但对方士兵人数占了优势，休·贝瑟尔少校的三支骑兵连被压了回来。这时，约翰·德斯伯勒少校带着另外三支骑兵连赶来救援。议会军再次发起冲锋，合力击溃乔治·戈林勋爵的另一支骑兵队。与此同时，托马斯·费尔法克斯爵士的火枪手逼近骑兵，进行全面射击，乔治·戈林勋爵的人马开始逃跑。奥利弗·克伦威尔阻止了约翰·德斯伯勒少校和休·贝瑟尔上校的乘胜追击，直到其余的骑兵会合起来才策马紧追。在后面两英里的战场上，被托马斯·费尔法克斯爵士逼退的保王派骑兵重新稳住阵脚，但经不住议会军的又一次冲锋，迅速逃往布里奇沃特。奥利弗·克伦威尔在兰波特港战火连天的街道上一路追击，缴获两门大炮，俘虏了一千四百名士兵。

在取得兰波特战役的胜利后，托马斯·费尔法克斯爵士立即对布里奇沃特展开围攻。和古斯塔夫二世·阿道夫一样，只要有成功的可能，托马斯·费尔法克斯爵士宁可冒着被攻击的风险，也不愿花时间精心设计攻城计划。1645年7月21日，托马斯·费尔法克斯爵士的部队爬上云梯，占领帕雷特河东岸的半边城池。在短暂的轰炸后，另一半城池也被占领了。占领布里奇沃特后，加上陶顿、兰波特和莱姆，托马斯·费尔法克斯爵士筑成一道贯通的驻军防线，将乔治·戈林勋爵的残军困在康沃尔郡和德文郡，与英格兰其他地区隔绝开。随后，托马斯·费尔法克斯爵士向西取道，意在征服西部，收回后方留下的要塞。1645年7月29日，托马斯·费尔法克斯爵士占领巴斯，继续围攻坚固的舍伯恩城堡。两周后的1645年8月15日，舍伯恩城堡沦陷。一周后，托马斯·费尔法克斯爵士开始攻打布里斯托尔。虽然鲁珀特亲王带着三千五百人据守在布里斯托尔市区，但由于市区防御工事太长，有多处防守漏洞。1645年9月10日1时左右，托马斯·费尔法克斯爵士向全市防线发起总攻。破晓时分，托马斯·费尔法克斯爵士已经占领最重要的堡垒并攻破一英里的防线。鲁珀特亲王别无选择，只好立即有条件地投降。

奥利弗·克伦威尔现在指挥着四个步兵团和三个骑兵团。他们被派去清

舍伯恩城堡遗址

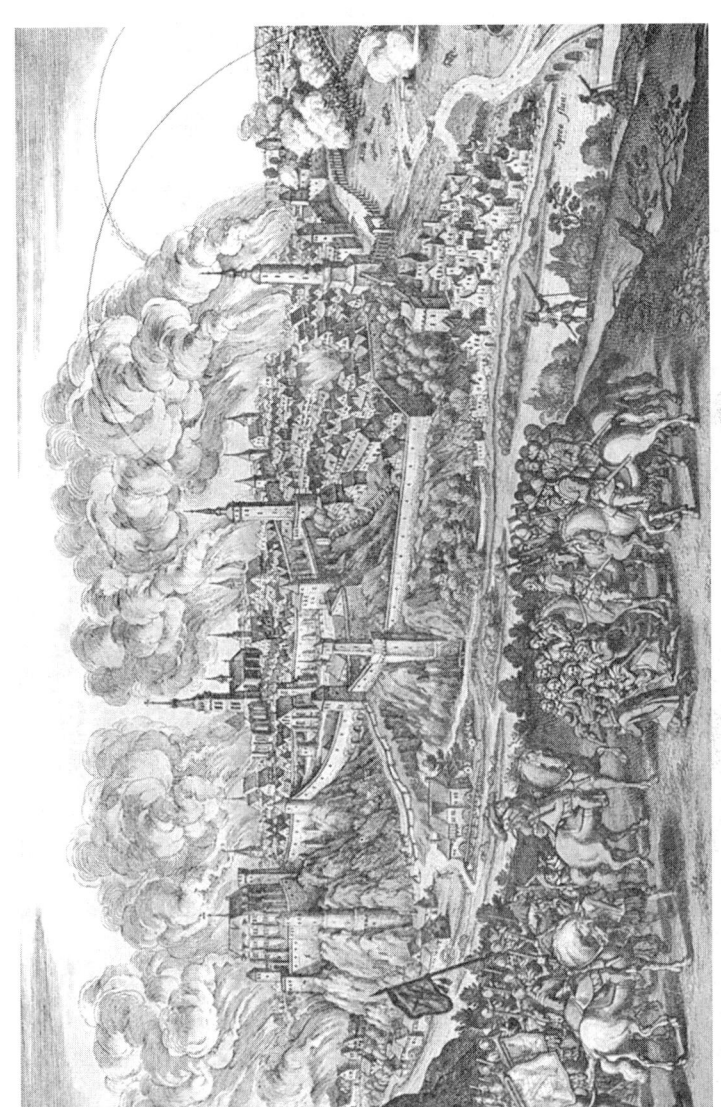

攻打布里斯托尔

除在威尔特郡和汉普郡的敌方守军。1645年9月23日,迪韦齐斯和莱科克庄园投降。在一周的围攻后,温彻斯特终于被攻破一个缺口并投降。奥利弗·克伦威尔对议长说:"你们看,上帝永远眷顾着你们。上帝对你们的恩宠一目了然。上帝用自己的力量直击敌人的心脏,却赋予你们的士兵迎战困难的勇气,将敌人的优势转移到你们身上。"下一个攻击目标贝辛宫的防御工事非常坚固,曾经经历多次围城而不破,此时由一支非常顽强的队伍驻守。贝辛宫的主人温彻斯特侯爵约翰·波利特是天主教教徒,因此许多守卫官兵都信奉天主教。奥利弗·克伦威尔调来大炮对城墙一阵炮轰并下令发动总攻。战前的晚上,奥

温彻斯特侯爵约翰·波利特

利弗·克伦威尔祈祷了很长时间。奥利弗·克伦威尔的随军牧师说："每次打仗前，他都要从经文中寻求支持。"这一次，他的目光落在了《诗篇》中对偶像和偶像崇拜者末日的一段预言上："造偶像者，与偶像同。信偶像者，与偶像同。"对一个清教徒而言，这似乎是对胜利的保证，因此奥利弗·克伦威尔怀着必胜的信心下令进攻。奥利弗·克伦威尔手下的士兵们"以极大的决心和愉快的心情投入战斗"，沿着云梯爬上城墙，将防守的敌人打落墙头，占领了贝辛宫。在这场战役中，约有三百名驻军被杀，三百人被俘。1645年10月14日，在遭到士兵洗劫后，贝辛宫被一把火烧掉。奥利弗·克伦威尔在给议长的信中写道："感谢上帝，我能给您汇报关于贝辛宫的好消息。"

　　1645年10月月末，奥利弗·克伦威尔完成了任务，在埃克塞特城下与托马斯·费尔法克斯爵士会师。除了德文郡和康沃尔郡，现在整个西部地区的保王派都被清除干净了。在威尔士边界上，虽然查理一世占据着伍斯特、赫里福德和一些小地方，但议会军包围了切斯特。在北部，查理一世只剩纽瓦克这一个要塞。自从在纳斯比战败后，查理一世就带着两三千骑兵在这几个不同的地方和牛津总部间漫无目的地游走。起初，查理一世想和西部的乔治·戈林勋爵与威尔士亲王查理联手，但兰波特战役的失败让这个计划泡汤了。1645年8月，查理一世突袭东部联盟，攻取亨廷顿并将之洗劫一空。1645年9月，查理一世逼近的传言让利文伯爵亚历山大·莱斯利和苏格兰人十分不安。利文伯爵亚历山大·莱斯利对赫里福德发起围攻。查理一世多次想和苏格兰的蒙特罗斯侯爵詹姆斯·格雷汉姆联手。从1644年9月开始，蒙特罗斯侯爵詹姆斯·格雷汉姆逐渐取得了一系列惊人的胜利。这些胜利迫使利文伯爵亚历山大·莱斯利率领的苏格兰盟约军撤出英格兰。蒙特罗斯侯爵詹姆斯·格雷汉姆在蒂珀缪尔、阿伯丁、因弗洛奇、欧尔迪尔内和阿尔福德击败了盟约军。蒙特罗斯侯爵詹姆斯·格雷汉姆梦想协助查理一世征服整个苏格兰。1645年8月15日，在基尔西斯，蒙特罗斯侯爵詹姆斯·格雷汉姆赢得了一场前所未有的决定性胜利，占领了格拉斯哥。爱丁堡和苏格兰南部投降，盟约派领导人前往伯威克避难。蒙特

奥利弗·克伦威尔谕来大炮轰击贝辛官城墙

议会军攻占贝辛宫

罗斯侯爵詹姆斯·格雷汉姆写信给查理一世,得意扬扬地说他很快就会带着两万人越过边界。然而,蒙特罗斯侯爵詹姆斯·格雷汉姆手下的苏格兰高地士兵带着劫掠的财物回家了,苏格兰低地人拒绝投靠到他的旗下,他只剩下不到两千兵力。1645年9月13日,大卫·莱斯利带着四千骑兵从英格兰回撤,在菲利普豪赫突袭蒙特罗斯侯爵詹姆斯·格雷汉姆,将这支小部队打得七零八落。查理一世对这次惨败尚不知情,带着三千骑兵从拉格兰城堡出发,准备和蒙特罗斯侯爵詹姆斯·格雷汉姆联手。1645年9月24日,在罗顿荒原,查理一世试图救援切斯特,却被锡德南·波因茨少将击败,损失了九百人。为此查理一世被迫

锡德南·波囚茨少将

布里斯托尔伯爵乔治·迪格比

放弃向北穿越兰开夏郡的计划,转道纽瓦克。1645年11月,查理一世从纽瓦克返回牛津。布里斯托尔伯爵乔治·迪格比孤注一掷,想从纽瓦克抵达苏格兰,结果带走的一千五百名骑兵全军覆没。

从军事上看,查理一世现在已经完全没有胜算。在纳斯比战役后,如果查理一世能将分散在各地的小队驻军集合起来,或许能集结足够的兵力,在战场上与新模范军抗衡。但查理一世错过了这一宝贵时机。各地驻军一个接一个地被消灭,而新征集的军队还没来得及合并就被打散了。将军们看不到胜利的希望。乔治·戈林勋爵和理查德·格伦维尔爵士的争吵使查理一世的西部军队陷入瘫痪。鲁珀特亲王敦促舅舅查理一世与议会派和谈，但查理一世固执地拒绝了这一条建议，也拒绝任何其他讲和派的建议。查理一世写道：

> 如果除了维护我的宗教、王位和亲友，我还别有所求的话，我的确应该听从你们的建议。作为一个普通的军人和政治家，我必须承认除了毁灭，我别无选择。但作为一个基督教教徒，我必须告诉你们，上帝不会让叛贼得逞，也不会任人违反天命。无论上帝给我什么惩罚，我都不会后悔，更不会放弃诉求。

全国人民普遍厌倦了战争，渴望和平。在英格兰的西部和南部，乡村民众开始成立联盟，将双方的武装人员都赶出该区域，并禁止在当地驻扎和掠夺牲畜。在西南部，这些被称为"棍棒帮"的人受到保王派的影响，但总体而言是保持中立的。在进军多塞特郡时，托马斯·费尔法克斯爵士派奥利弗·克伦威尔前去驱散一群群拿着棍棒和毛瑟枪的乡民。奥利弗·克伦威尔写信给托马斯·费尔法克斯爵士说：

> 我向他们保证您已经特别关照过，保证不会掠夺他们分毫。此外，他们理应反抗暴力，抓住那些犯下错事的人，交给您的军队，而您会严厉惩处这类暴徒。他们听了之后非常满意，心平气和地回家了。

另一群棍棒帮向奥利弗·克伦威尔的士兵开火。奥利弗·克伦威尔不得不派骑兵驱赶他们，杀死了十几人，抓了大约三百人。在对他们进行一番训诫后，奥利弗·克伦威尔将"这群可怜的傻家伙"全放了。奥利弗·克伦威尔和托马斯·费尔法克斯爵士的温和公正及士兵的良好纪律迅速使乡民恢复了对他们的信心。乡民们开始认识到，和平的最大希望在于议会的胜利。当议会军包围布里斯托尔时，附近的棍棒帮赶来协助围城。在布里斯托尔投降后，鲁珀特亲王不得不小心提防棍棒帮因他曾经批准士兵的掠夺行为而对他实施报复。

随后有消息表明，查理一世与外界势力谈判，企图引入外国军队。为此人民对议会的支持热情进一步高涨。1645年6月在纳斯比缴获的信显示，查理一世正在和洛林公爵查理四世谈判，请求他派遣一万名士兵进入英格兰。在布里斯托尔伯爵乔治·迪格比移军苏格兰时，议会军粉碎了查理一世的企图并抓获一批士兵。这些士兵证实查理一世试图从丹麦借兵。1645年10月，更多缴获

洛林公爵查理四世

的信显示，查理一世曾经在1644年8月与爱尔兰叛军签订一项条约。根据该条约，爱尔兰叛军将向查理一世提供一万兵力，而交换的筹码是天主教在爱尔兰的合法地位。1646年1月，托马斯·费尔法克斯爵士截获在法兰西活动的保王派密使的信，信中提到有五千名法兰西士兵将登陆西部。这些秘密的接连泄露使那些曾经为查理一世而战的人开始疏远他，也驱使中立派变成议会的支持者。

1646年，为预防外国军队在英格兰登陆，托马斯·费尔法克斯爵士早早抢占有利地势。1645年11月和12月，托马斯·费尔法克斯爵士一直在封锁埃克塞特。1646年1月月初，尽管地面积雪尚未融化，又起了严霜，托马斯·费尔法克斯爵士还是下令全面向前推进。在康沃尔郡和德文郡，除驻军外，保王派的军队还有一万两千多人。但正如爱德华·海德承认的那样，这是一支"漫无纪律、溃败沉沦的队伍"。这样的军队对敌人没有破坏力，却会给自己内部带来伤害。乔治·戈林勋爵的指挥不当造成了军队的混乱局面。1645年年末，乔治·戈林勋爵辞去了指挥权。虽然接替他的拉尔夫·霍普顿爵士英勇果敢，无可挑剔，但面对这样的军队他也无力回天。1646年2月，西部的抵抗瓦解了。1646年1月9日，奥利弗·克伦威尔在博维特蕾西向托马斯·温特沃斯勋爵率领的旅发起突袭，开启了这场战役。虽然托马斯·温特沃斯勋爵带着大部分人马在黑暗中逃走，但仍然有四百名骑兵被俘获，整个旅因此溃散。1646年1月18日，托马斯·费尔法克斯爵士对达特茅斯的坚固堡垒展开猛攻，缴获一百门大炮，俘虏一千多人。1646年2月6日，在北德文郡的托灵顿，两军前哨发生偶然碰撞，进而演变成一场全面的战斗。在这场战斗中，拉尔夫·霍普顿爵士被赶出城外，损失了六百人。拉尔夫·霍普顿爵士的步兵溃不成军，而骑兵还剩下约五千人。因此，尽管托马斯·费尔法克斯爵士部队的士兵因行军的艰难和天气的严寒而痛苦不堪，托马斯·费尔法克斯爵士还是决定紧追拉尔夫·霍普顿爵士到康沃尔郡，因为"在那里粉碎这支骑兵是预防或阻止外国军队登陆康沃尔郡的最佳方案"。在进入康沃尔时，托马斯·费尔法克斯爵士没有遭到当地人的抵

博维岑雷西战役后,保王派军队败逃

抗。托马斯·费尔法克斯爵士善待俘虏的态度和士兵们的良好行为赢得了当地人的好感。拉尔夫·霍普顿爵士的骑兵每天都有人逃离部队,而留在军营的士兵已经没有斗志。威尔士亲王查理和顾问团逃到海峡群岛。1646年3月14日,拉尔夫·霍普顿爵士的军队宣布有条件投降。托马斯·费尔法克斯爵士明智地开出了慷慨条件:只要放弃马匹和武器并保证不再拿起武器反对议会,每一个普通士兵都能领到二十先令返乡。

托马斯·费尔法克斯爵士带着大军从康沃尔返回埃克塞特。1646年4月9日,埃克塞特投降。1646年5月月初,托马斯·费尔法克斯爵士继续包围牛津。

威尔士亲王查理

奥利弗·克伦威尔一直与托马斯·费尔法克斯爵士待在一起。在埃克塞特沦陷后，奥利弗·克伦威尔受托马斯·费尔法克斯爵士之托前往伦敦，向议会汇报西部战区的战况。1646年4月23日，下议院为他的"伟大而忠诚的服务"向他表示感谢。在这之前议会已经授予他另一种性质的褒奖。1645年12月1日，下议院起草了和平建议，其中要求查理一世将一处每年盈利两千五百英镑的地产赐予奥利弗·克伦威尔中将，并授予他爵位。虽然和平谈判没有实现，但在1646年1月23日，下议院下令将伍斯特侯爵亨利·萨默塞特及其儿子在汉普郡的地产转给奥利弗·克伦威尔。为此，两院最终通过了一项法令。由于这些土地的租金低于之前承诺的数额，随后又将伍斯特侯爵亨利·萨默塞特在格拉摩甘郡、格洛斯特郡和蒙茅斯郡的其他地产一起转到奥利弗·克伦威尔名下，从而补足两千五百英镑。

奥利弗·克伦威尔及时赶到牛津与托马斯·费尔法克斯爵士会合，参加牛津的投降谈判。当时有传言说，埃克塞特和牛津驻军之所以能得到宽大处理，主要是由于托马斯·费尔法克斯爵士和战争委员会受到奥利弗·克伦威尔的影响。牛津有坚固的防御工事，强攻会让议会军伤亡惨重。但除此之外，奥利弗·克伦威尔还有一个重要的政治考量。就在托马斯·费尔法克斯爵士包围牛津前，查理一世乔装改扮从城里逃了出来，在纽瓦克的苏格兰军营里避难。几个月来，查理一世一直通过法兰西大使与苏格兰人谈判，希望能够说服苏格兰人接受他反对英格兰议会的主张。有传言说，苏格兰人打算以查理一世的名义调动苏格兰大军，而查理一世逃往苏格兰恰好证明了这一点。两国间的公开决裂似乎已近在咫尺。罗伯特·拜利写道："奥利弗·克伦威尔对牛津的恶意分子提出的条款让人不满。比起他之前给埃克塞特提的投降条件，这些条款冒犯了更多人。所有的人都看到这些人的良苦用心。为了能尽快脱身开展北方战争，议会军领导人给最坏的人开出最好的条件。"

即使政治局势的走向与现在有所不同，对军队和领导人来说，为了医治战争创伤而赋予战败方自由极其必要。这是不变的公理。政客总是不如士兵慷慨。议会极不情愿地批准了这些条款。此外，不断有人投诉这些条款侵犯了他们的权益。奥利弗·克伦威尔和其他军官坚持主张，出于荣誉和政策，大家必须遵守所签条款。1648年2月，一则保王派的新闻写道："最近关于牛津的条款一直存在争议。有一位先生对庞大的数字感到不满，他对奥利弗·克伦威尔中将说，如果保留这些人，议会将损失二十万英镑。而奥利弗·克伦威尔中将回答说，即使损失两倍的钱，议会也不能违背条款。"

1646年6月24日，随着牛津有条件投降，战争结束。伍斯特城堡一直坚持到1646年7月。虽然威尔士的一些孤立的城堡，如拉格伦城堡、登比城堡和哈莱克城堡，还能多坚持几个月，但攻克它们只是时间问题。

登比城堡

约翰·克莱波尔

奥利弗·克伦威尔让别人来指挥这些小规模的围城，自己则回到议会的岗位。奥利弗·克伦威尔将家从伊利搬到伦敦，在德鲁里街租了一幢房子。大约一年后，奥利弗·克伦威尔又搬到威斯敏斯特的国王街。他的两个大女儿已经结婚。1646年6月15日，长女布丽奇特·克伦威尔嫁给了父亲奥利弗·克伦威尔最信任的部下亨利·艾尔顿准将。1646年1月13日，奥利弗·克伦威尔最宠爱的女儿伊丽莎白·克伦威尔嫁给了北安普敦郡的乡绅约翰·克莱波尔。只有最小的两个女儿弗朗西丝·克伦威尔和玛丽·克伦威尔还待字闺中。奥利弗·克伦威尔的四个儿子中有两个已经死了。1639年5月，罗伯特·克伦威尔死于战争开始前。1644年，奥利弗·克伦威尔上尉死于奥利弗·克伦威尔所在的兵团。理查德·克伦威尔是两个幸存的儿子中的老大，现在在托马斯·费尔法克斯爵士的警卫队中。亨利·克伦威尔此时大约十九岁，是某个骑兵团的少尉或中尉。奥利弗·克伦威尔为这个事业奉献了他的儿子们，一如奉献了自己。

第 8 章

长老会和独立派

（1642—1647）

比起击败保王派军队，战后王国的组建是一项更艰巨的任务。要解决这个问题，就不能若无其事地将查理一世重新推上王位。为了确保日后永远不会出现执政失误或再次引发战争，必须制定有效的措施。此外，要实现这个目的，查理一世和议会之间就必须达成协议，而宪法的制定有赖于查理一世和议会的合作及两派势力的和解。同样地，如果不考虑在四年内战中出现的新思想和新势力，就不可能找到解决问题的持久方案。

自从内战开启，英格兰就发生了教会革命。当敌对双方阵营建立后，彻底派在议会中占据优势。在与查理一世的第一次谈判中，彻底派就提出要求彻底废除主教制度。1643年7月，议会在威斯敏斯特召集宗教大会，着手进行教会改革。随后，议会接受了《神圣盟约》。这预示议会将模仿苏格兰教会组建英格兰教会，并将苏格兰神职人员的代表纳入宗教大会。

英格兰教会逐步发生变革。1645年1月，议会两院通过了一系列决议，要求教会在长老会的基础上进行重组。随后议会又通过了一系列法令，将教会体系的各个组成部分一一确立。1646年年末，《祈祷书》已经被禁止使用，取而代之的是宗教大会起草的《公众礼拜指南》。与此同时，新的信仰条例、信仰申明和教义问答正在起草当中。1646年10月，主教及所有附带的教会等级制度都被废除，教会的土地则被授予信托人用来偿还国家债务。教会改革工作还没有结束,但在貌似一致的表面下,英格兰和苏格兰的长老教会有本质区别。在苏格兰,教会不依赖任何人,而在英格兰,教会从属于议会。不管威斯敏斯特的宗教大会做出什么决定,都需要经过议会授权才能生效。只要议会认为有必要,就可以修改宗教大会的结论,批评宗教大会的行事方式,并限制宗教大会的职能。传统长老教会的神圣权利来自教会组织自身,相比之下,英格兰教会就像一位苏格兰神学家抱怨的那样,"不过是一个蹩脚的伊拉斯特式长老会"。然而,英格兰教会的神职人员在权力上要求与英格兰主教一样大,而在教义上与苏格兰的牧师一样偏执。英格兰教会方方面面的表现印证了约翰·弥尔顿的格言:"新长老不过是夸大的旧牧师而已。"

在英格兰长老会发展壮大的过程中,一个对立的教会组织也在英格兰生根发芽,这就是独立派。独立派的理念并非来自苏格兰,而是来自荷兰的清教流亡者和新英格兰的清教殖民者。他们反对将国家教会建立在地方基础和权威等级上,提出真正的教会应该由信徒自愿组成,而每个教会都是自成一体、高度自治、至高无上的。他们中的大多数人接受约翰·加尔文的神学思想,纵然他们否定加尔文的教会组织形式。独立派声称,他们有权摆脱传统和权威的指导自行解读《圣经》。这个诉求遵循约翰·鲁滨孙给清教徒前辈的忠告中所提出的原则——时刻准备从上帝的书面语言中得知应该得知的任何真理。因此,独立派对新的启示充满了热切的信念,而这必然导致教派的繁多种类和对教义的多样解读。因此,长老派和圣公会派开始恐慌。他们担心这种教会体系注定要导致信徒对长老教会和国家理念的否定,最终造成对信仰基础的攻击。

长老派和独立派在国家组织形式上的分歧与在教会组织形式上的分歧是一致的。无论哪一派,都既是一个政党,也是一个宗教派别。长老派的宗旨是让查理一世和教会对议会负责,独立派也认同这一点。然而,一方主张主权在议会手里,并以历史先例为他们的主张辩护,而另一方则主张主权在人民手里,并援引人的自然权利为他们的主张辩护。理查德·巴克斯特要求被称为"独立派"的教会民主,而这引发了对国家民主的主张。独立派将他们的教会理论应用在政治上,发展成民主政府的基本原则。他们认为教会是由共同的圣约联系在一起的信徒自愿组成的团体,以此类推,国家就是由一群基于共同契约的自由个体组成的团体。如果一个宗教团体的成员有权选举自己的牧师,那么,公民社会的成员就有权选举自己的行政长官。在议会与查理一世的长期文件论战中曾经有观点称,国王只是长官,而他的权力来自人民的信托。虽然类似的观点不止一次出现,但缺乏对观点本身的明确表述。在实际应用中,这个观点蕴含的基本原则也大大缩水。因此,在英格兰的政治生活中,首次明确提出人民主权是在反对长期议会的时候。1646年,约翰·利尔伯恩因诽谤曼彻斯特伯爵爱德华·蒙塔古而被上议院监禁。在向下议院申诉时,约翰·利尔伯恩称下议院为"国家的最高权威",否认上议院贵族的权威,理由是贵族不是由人民选举产生。虽然下议院驳回了约翰·利尔伯恩的申诉,但他继续向"广大人民"呼吁。约翰·利尔伯恩认为既然代表的权力来自"至高无上的主人",权力的使用就必然由主人决定。

然而,约翰·利尔伯恩的主张在议会中没有得到认可,下议院也无意针对抽象权力的问题与上议院争辩。在下议院,独立派在政治和教会问题上都是少数派。即使是在1645年和1646年新选举出来的议员中,情况也没有变化。在一个纯粹的宗教问题上,独立派可以获得五六十票的支持,而其中来自民主派的可能不到一半。党派内的忠诚纽带并不牢固。独立派领袖虽然能力超群,但支持者不多。在诸如发动和开展战争、控制威斯敏斯特宗教大会的过分主张、禁止苏格兰脱离英格兰国王的统治等问题上,下议院的大多数议员采纳独立派的政策。然而,一旦战争结束,与苏格兰人的争端得到解决,长老派的领袖就会取得上风,并一直占据优势。

然而,从一开始,军队就是独立派的坚固堡垒,追随者与日俱增。1645年夏天,作为骑兵连的随军牧师,理查德·巴克斯特发现兵团里到处都是急躁的非教会派分子。每个教派和异端邪说都各有代表。"独立派和重浸派最普遍,而反律法主义和阿民念主义平均分布。"一天,理查德·巴克斯特不得不驳斥反对婴儿洗礼的人。另一天，他又不得不为教会秩序和教会管理辩护。但在官兵中最普遍、他最经常反驳的信念是：民事治安官在宗教方面没有约束权和强制权，每个人都有权依照自己的喜好选择信仰和祈祷方式。

在军队中，独立派的政治原则得到最充分、最自由的发展。理查德·巴克斯特发现官兵们"强烈反对查理一世及除人民政权外的一切政府"。理查德·巴克斯特写道：

> 据我观察，他们将查理一世当成暴君和敌人，确实打算完全控制甚至消灭查理一世。他们认为一旦与查理一世作战，他们可能会杀死或打败他。而如果他们真的打败了查理一世，他们再也不会像他在位时那样信任他。他们还认为用战争或议会的矛盾激怒查理一世极其愚蠢。如果是这样的话，他们就必须将查理一世当作真正的国王对待。而这相当于违逆圣意后又向他托付生命。

军队官兵们认为这些原则应该是解决任何问题的基础，也希望自己的意见能得到重视。理查德·巴克斯特继续写道："他们清楚地告诉我，他们认为天意会让他们成功，将宗教和王国都托付给他们。"

身处和平时期的军队甚至比战争时期更希望由奥利弗·克伦威尔来领导。除了卓越的军事才能，奥利弗·克伦威尔还具备能赢得士兵爱戴的一切品质。奥利弗·克伦威尔不像托马斯·费尔法克斯爵士那样拘谨少言。他的行为和言辞中表现出一种胸怀宽广、精力充沛的天性。理查德·巴克斯特说："他面色红润，天性活泼好动，欢快乐观，就像一个人喝了太多酒一样。"在其他地方，理查德·巴克斯特提到奥利弗·克伦威尔"在作战时与士兵相处随意"。奥利弗·克伦威尔的一位军官告诉我们"奥利弗·克伦威尔喜欢开无伤大雅的玩笑"。除了这种亲切，奥利弗·克伦威尔也有火爆的性情：有时会爆发出激烈的言辞，有时则突然迸发出强烈的激情，但这并不影响他的受欢迎程度。可能出于这个原因，人们普遍认为他非常民主，然而，事实是他并没有人们想象的那么民主。在与曼彻斯特伯爵爱德华·蒙塔古的争论中，奥利弗·克伦威尔对上议院的强硬言论让人印象深刻。一个讲究实干的人对漫不经心、软弱无能的领导的愤怒，被人们误以为是对一个机构根深蒂固的敌意。奥利弗·克伦威尔对约翰·利尔伯恩的保护也似乎证明他有极端观点。1640年，奥利弗·克伦威尔促成了约翰·利尔伯恩的释放。1643年，他为约翰·利尔伯恩争取了曼彻斯特伯爵爱德华·蒙塔古军队的一个职位。1645年，他代表约翰·利尔伯恩在下议院申诉。人们将奥利弗·克伦威尔的侠义之举看作是先进的民主思想。事实上，奥利弗·克伦威尔的这些作为是出于他对压迫和非正义的天然仇恨。约翰·利尔伯恩对他的赞扬助长了民众的这种错觉。约翰·利尔伯恩说，奥利弗·克伦威尔不只在战场上表现出色，在议会中作用更大。

"哦！为了顺应自抑法令，奥利弗·克伦威尔再次解甲归田……因为他的良心健在，没有受到一丝腐蚀。他憎恨唯利是图和特权思想，敢于说出内心想法。"1647年，约翰·利尔伯恩在给奥利弗·克伦威尔的信中写道："我和其他同样信仰的人都认为您是英格兰最纯粹无私的伟人：没有污点，毫不藏私。"

比起政治方面，奥利弗·克伦威尔在宗教方面更能代表军队。正如罗伯特·拜利的精确描述，奥利弗·克伦威尔是"一个大独立派"。奥利弗·克伦威尔就是独立派本身，不代表任何特定派别的独立教派，而是整个独立派。奥利弗·克伦威尔自称不属于任何教派，"不加入任何党派""也不宣称任何信仰"。奥利弗·克伦威尔有时会"用优美、流利的语言赞颂自由的恩典"，但拒绝就教义问题进行争论。奥利弗·克伦威尔的一些言论表明他对那些自称"探索者"的人非常感兴趣，因为他们信仰的不是任何可见的形式和特定的信条，而是不断追求真理和完美。在这一时期，奥利弗·克伦威尔在一封信中写道："探索者将是继发现者之后最好的教派，因为一个虔诚、谦卑的探索者最终会成为一个发现者。"然而，尽管奥利弗·克伦威尔与每个教派都保持距离，但他似乎具有每个教派的抱负和热情。"重浸派教徒、反犹太教徒、探索者、分离主义者",他同情所有人,欢迎所有人加入军队,"通过良心自由将所有人联系在一起,而这是能让他们团结一致的共同利益"。

在追求良心自由方面,奥利弗·克伦威尔一直身先士卒。战争一开始,奥利弗·克伦威尔和手下的军官就提议将兵团变成"一个集中的教会"。在担任伊利岛总督时,奥利弗·克伦威尔和副总督亨利·艾尔顿一起在岛上汇集许多独立派。人们抱怨说,就宗教的多样性而言,这里就是"一个纯粹的阿姆斯特丹"。当他成为曼彻斯特伯爵爱德华·蒙塔古军队的中将时,独立派的思想已经从他的兵团渗透到他指挥的其他连队了。一个反对者说:

> 如果你仔细观察他兵团里的骑兵,就会发现那里有一大群自称虔诚的人,其中有人声称看见了异象并得到启示。再看看乔治·弗利特伍德上校和托马斯·哈里森少校的兵团,那里还有一群传道官兵。实际上,我们的骑兵几乎都是由那个派系组成的。

奥利弗·克伦威尔保护独立派免受曼彻斯特伯爵爱德华·蒙塔古的长老派随军牧师和官员的敌视。1644年3月,劳伦斯·克劳福德少将以重浸派的名义开除了奥利弗·克伦威尔名下兵团的一名中校。奥利弗·克伦威尔立即提出抗议:如果这名中校有任何违反军令的行为,应该交由军事法庭审判。如果没有,劳伦斯·克劳福德少将就必须恢复这名中校的指挥权。"就算他是重浸派教徒,难道因此就不能为公众服务了吗?先生,国家在选择效忠人员时并不在乎他们信仰什么,只要他们愿意竭诚服务就够了。"1644年9月,奥利弗·克伦威尔与劳伦斯·克劳福德少将针对同一问题再次争吵。随后,1644年9月13日,奥利弗·克伦威尔从议会处获得了著名的"调节令",即任命一个委员会"以考虑宗教大会在教会管理方面的意见分歧并尽可能达成一致。如果不能,努力找到某种容许良心自由的方式。对那些不能依既定的公共规则行事的人,只要不违背上帝圣谕,就让他们与公众和平共处,保持信仰"。

每当新模范军取得胜利后，奥利弗·克伦威尔都提醒议会，必须在法律上确保"调节令"承诺的宗教宽容。他从纳斯比战场上写信回来说："在这次行动中，这些诚实的士兵忠实地为你们服务，极其可靠。我恳求你们看在上帝的分上不要让他们灰心丧气。他们为国家自由抛头颅洒热血，而我希望他们能为了良心的自由而相信上帝，为了他们为之奋斗的自由而相信你们。"然而，下议院无法体会这种感情，在公开的副本中删去了奥利弗·克伦威尔请求宗教宽容的部分。于是，在布里斯托尔战役结束后，奥利弗·克伦威尔用更简单明了的语言重复了一遍：

> 长老派和独立派有同样的精神信仰和祈祷文……在这方面他们意见一致，毫无分别。遗憾的是，在其他方面他们却被区别对待。所有心怀信仰的人都是真正团结一致的。这是最光荣的团结，因为这出自内心，发自灵魂……为了形式上的一致，通常意义上的统一宗教，每个基督教教徒都为了不生是非而委曲求全。而我们寄望于同胞的不是思想上的被迫顺从，而是对光和理性的追求。

然而，议会一如既往地置若罔闻，删减信函，无视他的请求。现在不需要独立派在战场效力，却需要满足他们的政治和宗教要求，而除了光和理性，没有什么能强迫他们违背良心。这会带来什么结果？在宗教上，如果议会任由长老派牧师自由行事，等待独立派的只有迫害。一位长老会的神学家写道："让人们凭良心侍奉上帝，无异于赶一个魔鬼出去，放七个恶鬼进来。"另一位牧师写道，宽容是"魔鬼的杰作"。"如果让魔鬼做一个选择：选择在王国里建立等级制度、宗教礼仪及礼拜仪式，或者选择宗教宽容政策，魔鬼可能会选择宗教宽容政策。"伦敦的宗教大会宣称："我们对这种过分的宽容极其厌恶。"伦敦支持这个决定，提交了一份请愿书，要求取缔一切异端邪说。在议会内部，反宽容主义者明显占了上风。1646年4月，下议院原本已经承诺，只要不是根本性的宗教分歧，应该充分尊重各人的良心。然而，1646年9月，下议院通过了一项提案的二读。该提案将对否认三位一体和基督转世教义的人处以死刑，对反对婴儿洗礼和其他非至关重要的教义的人处以终身监禁。1646年12月，一项禁止普通信徒在教堂或其他地方布道的法案出台。奥利弗·克伦威尔认为普通信徒至少能讲解《圣经》，但只征集到五十七名议员的支持。而议会的宪法草案中也没有任何迹象表明会宽容独立派。

从查理一世那里也看不到希望。自1646年5月以来，查理一世一直被囚禁在苏格兰军营中，先是在纽瓦克，后来转到纽卡斯尔。查理一世在纽卡斯尔收到各项提议。这些提议的中心要求是国王应该在三个王国全面推行《神圣盟约》，并接受由议会设立的长老会。与此同时，在接下来的二十年里，国王应该将海军和陆军的控制权交给议会。二十年后，上下两院再决定未来的解决方案。在教会的支持下，再加上手中的军权和财政权，议会的各项权力将稳步确立。

查理一世尽量避免做出直接答复。他认为一个真正的教会需要延续主教制度和使徒继承制度。而一旦查理一世同意废除主教制度，"教会也就不存在了"。对查理一世来说，违背良心的屈服将是"莫大的罪过"。政治动机加剧了查理一世良心的不安，而接受和实行《神圣盟约》将是"对叛乱的永久授权"。至于通过立法建立长老会，查理一世说：

> 借着英格兰进行彻底改革的借口，议会打算从国王手中夺走所有的教会管理权，交到议会两院安排的人手里。更有甚者，议会会引入反动教义，教导民众说叛乱合法，还说国家最高权力来自人民。议会还说国王应该对人民负责，有错应该及时纠正……最睿智的所罗门曾经说过："没有主教就没有君王。"

经过几个月的谈判，查理一世最终做出让步，同意成立长老会，并让其存在三年，而议会可以控制陆军和海军十年。查理一世规定十年后陆军和海军的控制权应该回归王室，同时坚持三年后一定要重新建立主教制度。

八个月的谈判毫无结果，查理一世对长老会的顽固拒绝激怒了苏格兰人。他们决定抛弃查理一世，将他交给他的英格兰臣民。1647年1月30日，苏格兰人化解了与英格兰议会针对军费余款拖欠的分歧并收到二十万英镑的欠款。他们撤离纽卡斯尔，将查理一世交给英格兰议会专员。1647年2月，查理一世被带到北安普敦郡的霍尔姆比城堡，由专员和骑兵卫队看管。

然而，查理一世跌至谷底的那一刻却标志着他的政策的成功。查理一世拒绝接受《纽卡斯尔提议》，主要是因为他坚信自己不可或缺。查理一世在一封信中写道："人们开始意识到，如果我不在位就不会有和平。"此外，查理一世的敌人也必须意识到这一点："我在此预言，他们如果不接受我的条件，必将毁灭。"查理一世预感到，总有一天反对者中的某些派别会为了一己之私接受他的条件，与他达成和解。现在他的预想就要成真了。在查理一世抵达霍尔姆比城堡前，一些长老派贵族已经同意将接受查理一世的让步作为协议的基础。一旦协议达成，查理一世将重新行使权力。这是保王派和长老派联盟的开始，同时也导致了第二次内战和查理二世最终的复辟。1647年5月2日，关于查理一世让步具体内容的新消息传到威斯敏斯特。毫无疑问，两院的大多数人都会满意地接受这些让步。

在这种基础上达成的协议是停战协议而不是和平协议。这个协议不但没有解决引发这次战争的问题，反而扔掉了所有胜利果实。

议会和查理一世曾经为争夺主权而战，而现在查理一世以暂时让步为代价重新掌握主权。只要查理一世保持对议案的否决权，就可以阻止他的暂时让步演变为永久性的屈服。查理一世也确实打算这么做。独立派感到这样一边倒的妥协十分危险，但他们在议会两院都是势单力薄的少数派。一旦军队解散，独立派将完全失去影响力。军队解散原本应该在1646年10月进行，但由于议会与苏格兰关系紧张，直到1647年2月解散计划才获得通过。议会提议从英格兰现有的四万名武装人员中组建出一支新的军队,保留六千四百名骑兵和一万名左右的步兵,组成卫戍部队。借此机会,议会将清除新模范军的所有独立派军官。托马斯·费尔法克斯爵士将继续担任上将,但其他将军级军官都将被解职。任何议会议员都不得在新组建的军队中任职,也不得任命任何不符合长老会教规的军官。至于新模范军的士兵,其中的四千骑兵将留在英格兰服役,而其余的骑兵和步兵将被派去重新征服爱尔兰。

在爱尔兰,自1643年停战以来,查理一世的总督奥蒙德伯爵詹姆斯·巴特勒一直在都柏林维持局面,希望将停战推进成和平,并向英格兰查理一世提供援助。但天主教教士坚持要在爱尔兰建立天主教,谈判失败。1646年,都柏林再次被包围。由于部队人马不足,又无力支付军饷,奥蒙德伯爵詹姆斯·巴特勒陷入两难——要么屈从于爱尔兰叛军,要么屈从于英格兰叛军。为了让爱尔兰继续从属于英格兰,奥蒙德伯爵詹姆斯·巴特勒向英格兰叛军屈服。1647年2月,奥蒙德伯爵詹姆斯·巴特勒向议会提出辞职。这一提议与长老派的计划不谋而合。1647年3月6日,议会投票决定立即派遣来自新模范军的一万两千六百名士兵前往爱尔兰,并派专员到新模范军总部动员更多士兵去爱尔兰服役。

如果这些士兵受到公正对待,那么无论是说服他们自愿去爱尔兰还是和平解散应该都没有什么困难。但长老派领导人的愚蠢行为引发了一场军事叛乱,改变了英格兰的政治局面。在部队解散或他们重新入伍前,士兵们希望拿到过去服役的酬劳。步兵的军饷被拖欠了十八周,而骑兵的军饷则被拖欠了四十三周。士兵们请求托马斯·费尔法克斯爵士代表他们向议会请愿,特别要求免除他们在战争后期的行为可能招致的法律诉讼,并保证付清欠薪。下议院下令镇压请愿者,并宣称持续请愿的人是国家的敌人和公共和平的破坏者。至于拖欠士兵的酬劳,议会只同意支付六周的数额。而即使是这六周军饷,也直到1647年4月月底才迟迟给出答复。最终,在新模范军的两万两千名士兵中,只有两千三百人自愿去爱尔兰。军队的不满情绪发展成可怕的骚动。1647年4月,骑兵团选举协调联合行动的代表,这些代表被称作鼓动者或代理人。1647

奥蒙德伯爵詹姆斯·巴特勒

年5月，步兵也成立了代表团。1647年4月月底，八个团的鼓动者联名上书菲利普·斯基彭和奥利弗·克伦威尔，请求他们代表军队向议会澄清军队遭受的冤屈并寻求补救措施。奥利弗·克伦威尔和菲利普·斯基彭将军队的信函提交给下议院，下议院命令亨利·艾尔顿和乔治·弗利特伍德陪同两位将军下到军队，平息士兵们的骚动。下议院向士兵们保证，在解散部队时会支付相当大的一部分拖欠款项，而后续欠款也会保证支付。在这之前，议会提议支付的六周欠款增加到八周。

　　截至目前，奥利弗·克伦威尔没有参与议会与士兵的谈判，更没有参与士兵反对解散的运动。1647年2月，在议会第一次投票通过解散军队时，奥利弗·克伦威尔身患重病，一段时间内都没有在下议院和两国委员会露面。所有人都知道他对长老派领袖们奉行的政策相当不满，因此有些人将他的缺席归结于这一原因。1646年8月，在评论当时的议会现状时，奥利弗·克伦威尔说：

乔治·弗利特伍德

"议会派系林立,情况越发糟糕。"伦敦保王派情绪滋长,市民对军队和独立派人士的敌意也与日俱增,因此他感到极其焦虑。1646年12月21日,奥利弗·克伦威尔在给托马斯·费尔法克斯爵士的信中写道:

> 我们收到一封来自伦敦的长长的请愿书。在这封请愿书中,请愿者大肆攻击军队,暗藏险恶用心。现在流行的风气透过请愿书可见一斑,而我们能对人们抱何种期待也毋庸赘言。能让我们聊以自慰的是,上帝在上,上帝凭自己的喜好行事。无论请愿者有何阴谋,有何怨恨,唯有上帝能决定一切。

1647年3月,伦敦的整体局势对军队越发不利。奥利弗·克伦威尔在给托马斯·费尔法克斯爵士的信中写道:

> 此类情况比比皆是。人们对军队怀有如此大的敌意,已经到了糊涂的程度……人们的精神从未像现在这样痛苦……祈祷日那天,为了预防我们的士兵割掉长老派的喉咙,伦敦在科文特花园布置了近两百名士兵,有骑兵也有步兵。这不过是嘲弄上帝的把戏。

人们对他的猜疑让奥利弗·克伦威尔十分愤慨,而那些不明真相的人对待他的方式更是让他恼火。他对埃德蒙·勒德洛说:

> 为这样一届议会服务是件可悲的事,我劝各位永远都不要对议会如此忠诚。如果一个人被议会中的见风使舵者诽谤中伤,他将永远也抹不掉这些伤害。如果他是为一个将军服务,就可以尽管放心效力,不会遭受任何苛责和嫉妒。

奥利弗·克伦威尔甚至想带着愿意跟随他的部下离开英格兰，为普法尔茨选帝侯查理·路易麾下的德意志加尔文主义者效力。1647年3月或4月，奥利弗·克伦威尔与普法尔茨选帝侯查理·路易针对这个问题进行了长时间的交谈。

尽管奥利弗·克伦威尔极其不满，但他的言行没有任何迹象表明他打算抵制议会的政策或挑起军事革命。一些最热心的崇拜者对他一再阻止士兵们请愿的行为痛心疾首。1647年3月25日，约翰·利尔伯恩写信给奥利弗·克伦威尔说：

> 今天军队的一名军官告诉我，您和您的代理人将要浇灭我们的希望，阻止士兵们向下议院提交请愿书。您还希望士兵们在放下武器前不要继续请愿，因为您已经与下议院约定，只要议会下令，士兵们就应该放下武器。

约翰·利尔伯恩继续说道，在过去的几个月里，奥利弗·克伦威尔的行为让他极其惊讶和难过。是不是那些见风使舵的政客——如亨利·韦恩爵士和奥利弗·圣约翰这样的"贪婪的蚯蚓"——迫使他妥协了？又或是议会已用财产收买了他，导致他无所作为？愿他痛下决心，"继续像个男人一样为上帝服务吧"！愿他能置自身安危于不顾，救部属于毁灭之险境，让国家免遭侵略和奴役。

奥利弗·克伦威尔对这些呼吁充耳不闻。他不想鼓励士兵干预政治，更担心议会和军队的决裂可能会导致无政府状态。1647年5月，他和三名同事一起抵达萨弗隆瓦尔登的陆军总部，仔细审查请愿者蒙受的冤屈，传达议会的投票决议，并尽力说服官兵服从议会。他对军官们说道：

> 真的！先生们！慎重考虑、充分利用投票决议和兵团提供给大

家的利益，充分尊重他们和我们大家共同遵循的权威，这对大家再好不过。如果权威归于乌有，接下来将是一片混乱。

调查专员报告说，他们发现整个军队都"感到非常痛苦"，而普通士兵"躁动不安"。1647年5月21日，下议院向奥利弗·克伦威尔表示感谢。奥利弗·克伦威尔告诉下议院，虽然士兵们坚决不肯去爱尔兰，但他认为依然可以和平解散士兵。在他的影响下，下议院似乎突然倾向于采取和解政策，并通过了几条法令解决士兵们的一些小冤屈，但仍然没有采取任何措施来确保兑现支付欠饷的承诺。1647年5月27日，下议院投票表决通过了一项立即解散军队的计划。这项计划将在1647年6月1日从托马斯·费尔法克斯爵士的兵团开始执行。为了防止可能发生的协同抵制行动，各兵团将在相隔很远的几处地方分别解散。

长老派领袖已经下定决心要用武力保证解散计划的贯彻执行。他们秘密与法兰西大使和苏格兰议会的委员们商讨，打算将苏格兰军队引入英格兰。威尔士亲王查理将被派往苏格兰领导入侵行动，并尽快将查理一世从霍尔姆比城堡带到伦敦，而伦敦的民兵完全处于长老派的控制之下。与此同时，为了应对军队的抵抗，还从牛津调来一队炮兵驻守伦敦塔。这样，在苏格兰军队和伦敦的支持下，议会将强迫士兵服从解散条款并惩罚那些参与反抗的军官。这意味着一场新的内战即将打响。

与此同时，一场大规模的兵变开始了。在士兵的不满情绪尚未平息时，议会就通过了解散军队的投票表决。相形之下，议会微弱而迟钝的让步毫无意义。在军队中，长老派领袖不可告人的阴谋早在谋划之初就传得人尽皆知。在鼓动者的命令下，军队拒绝解散。这不再是简单的薪金拖欠问题。一个鼓动者写道："行动起来！情况危急！英格兰王国的利益和存亡都掌握在你们手中。"大多数军官持同样想法，坚决站在士兵一边。托马斯·费尔法克斯爵士的战争委员会也是这样想的。在士兵们的请求下，战争委员会下令全军于1647

年6月3日集合。托马斯·费尔法克斯爵士后来解释说:"为了不让军队陷入混乱或更糟的境地,我不得不放弃一些东西。"在没有得到托马斯·费尔法克斯爵士命令的情况下,一群骑兵控制了牛津的炮兵队。1647年6月3日,在霍尔姆比城堡,士兵们抓获了查理一世。同一天,奥利弗·克伦威尔离开伦敦,决定与军队共存亡。

第 9 章

军队与议会

（1647—1648）

奥利弗·克伦威尔加入军队一方。他希望这样能防止出现无政府状态和爆发内战。如果长老派领袖允许苏格兰军队进入英格兰镇压独立派军队，战争将不可避免。除非独立派军队受到强有力的控制，否则无政府状态同样不可避免。如果奥利弗·克伦威尔保持被动，叛乱就会变成军事革命，届时独立派和长老会之间会爆发血腥冲突。要阻止情况恶化，奥利弗·克伦威尔只能立即采取行动。现在尝试调解已经太迟，因为不管奥利弗·克伦威尔是否支持，鼓动者们都决心采取行动。他们告诉奥利弗·克伦威尔："如果您不立即来领导军队，军队将自行采取行动。"

一下定决心，奥利弗·克伦威尔就迅速果断地行动起来。查理一世是局势的关键，对双方来说，谁控制住查理一世，谁就稳操胜券。长老派的计划想要成功，查理一世的配合必不可少。在长老派与查理一世达成协议之前，苏格兰人不会越过边界，英格兰保王派不会支持他，伦敦市民也不会参战。在霍尔姆比城堡，查理一世由格拉夫斯上校率领的兵团守卫。格拉夫斯上校是虔诚的长老会教徒，听从议会任命的四位长老派委员的指挥。危险的是，格拉夫斯上校可能会自行决定或是奉长老派委员之命，将查理一世转移到苏格兰或者伦敦。

1647年5月31日，奥利弗·克伦威尔命令托马斯·费尔法克斯爵士的卫队军官科内特·乔伊斯带领一队骑兵前往霍尔姆比城堡阻止查理一世离开。1647年

科内特·乔伊斯

6月2日，科内特·乔伊斯于午夜时分抵达霍尔姆比城堡，在城堡周围布置人马。第二天早晨，国王卫队的骑兵打开大门，迎接科内特·乔伊斯的士兵。格拉夫斯上校只身潜逃，而查理一世和委员们落入科内特·乔伊斯手中。奥利弗·克伦威尔没有下令转移查理一世，但第二天有传言说格拉夫斯上校将带着大队兵力回来夺取查理一世。于是，科内特·乔伊斯敦促部下将查理一世转移到军队中某个安全的地方。他们让查理一世选择地点，查理一世选择了纽马克特。1647年6月4日星期五，他们离开霍尔姆比城堡，当天晚上，科内特·乔伊斯和查理一世抵达欣钦布鲁克。1647年6月5日星期六，科内特·乔伊斯在行军途中遇到了爱德华·威利少校。爱德华·威利少校是托马斯·费尔法克斯爵士派去指挥国王卫队的,奉命亲自护送查理一世回到霍尔姆比城堡。但查理一世视霍尔姆比城堡为监狱,拒绝回去,坚持要去纽马克特。纽马克特这时是军队总部所在。

同一周的星期五和星期六,奥利弗·克伦威尔从伦敦赶到纽马克特附近的肯特福德荒原,参加在这里举行的陆军大会。在大会上,士兵们递交了一份声明,详细陈述了他们的不满情绪。所有官兵都庄严宣誓,在权利得到保障之前,拒绝解散和分裂。他们成立了军事议会。除了将军军官,每个兵团另外各选出两名军官和两名士兵作为议会成员。军事议会将代表士兵与议会谈判并代表军队处理政治事务。这个尝试十分危险。但如果要控制鼓动者,唯一的办法就是限制军事议会代表的职能,诱导他们与所在部队军官合作。然而,在军事事务上,上将和战争委员会仍然拥有至高无上的权威。在军事议会中,奥利弗·克伦威尔是精神领袖。对手们称奥利弗·克伦威尔中将为"移动的原动力"和驱动整个机器的"核心"。在奥利弗·克伦威尔的影响下,官兵服从指挥,纪律迅速恢复。几周后,军队的真正领导权就回到战争委员会手中,而军事议会则沦为一个辩论协会。毫无疑问,这是奥利弗·克伦威尔的杰作。1647年7月,约翰·利尔伯恩控诉道:"您用您的精明狡猾和多变的伎俩让诚实而勇敢的鼓动者们将他们所有的权力和威信拱手相让,交到了一个叫作战争委员会的机构手里。"

军队从纽马克特向伦敦挺进。议会答应支付所有欠饷并取消在这之前的攻击性声明。但士兵们现在需要的不仅是满足过去的要求,还需要对未来的保障。他们坚持要求将长老派领袖排除在外,并要求在国家组建方案上发表意见。他们给伦敦写了一封信,解释了他们态度的转变。虽然这封信上有所有高级官员的签名,但很可能出自奥利弗·克伦威尔之手。

> 我们作为士兵的利益不能被剥夺,虽然这是满怀恶意的敌人希望看到的。作为英格兰的一分子,我们希望议会通过投票表决和公开宣言的方式和平组建王国,解放所有臣民。在我们拿起武器前,议

被囚在霍尔姆比城堡期间的查理一世

查理一世和委员们被科内特·乔伊斯包围

会正是用这种方式说服我们的亲密战友参战,而他们其中一些人已经在这场战争中丧生。在上帝的庇佑下,战争已经结束。我们认为我们有权要求看到一个满意的解决方案,也有权要求得到欠饷,维护我们的共同利益。这是我们一直以来的诉求。

奥利弗·克伦威尔声称,军队既不希望发动政治革命,也不希望进行教会革命。但他重申了对宽容的诉求:

> 我们以前说过,现在再次表态:我们不希望改变民事政府。我们不愿意中断,至少不愿意干涉长老会组织的建立。我们也不想将慰藉良心当作借口,为放纵的自由大开方便之门。我们一如既往地表示,一旦国家制定了解决方案,除了服从接受,我们绝无二话。我们只是希望每一个善良的公民,每一个言行合法并有益于国家的人,都能获得自由和鼓励。这符合所有国家的良性政策,甚至进一步说,符合正义。

对奥利弗·克伦威尔来说,获得良心自由显然比改革教会或改革宪法更重要。制定军队政治纲领的任务落在了他的女婿亨利·艾尔顿身上。在宪法改革的问题上,亨利·艾尔顿的看法比奥利弗·克伦威尔的更明确。1647年6月14日,亨利·艾尔顿在军队宣言中宣称,专断权力是万恶之源。对待议会的绝对权力与对待国王的绝对权力一样,都应该时刻保持警惕,杜绝独裁的发生,议会特权可能会像王室特权一样对民众自由造成危害。确保人民权利的方法是使议会具有真正的代表性。接着,亨利·艾尔顿要求迅速终结现有议会,平等对待各选区,定期召开短期议会,确保请愿权的合法性。

长期议会不愿意接受这样的民主变革,但又不得不妥协。有消息称锡德南·波因茨上将率领的北方军有一万人即将叛变,加入托马斯·费尔法克斯爵士的部队。十一名被军队弹劾的长老派领袖主动请辞，保住了下议院的尊严。1647年7月1日，双方在威康比展开谈判。经过两个星期的斡旋，鼓动者们对拖延表示不满，强烈要求立即向伦敦进军，实现他们的要求。奥利弗·克伦威尔和高级军官提出反对。奥利弗·克伦威尔说："只有从协约中得到的东西才是固定而持久的，而成果也将流传后世。"在下议院，军队的支持者的地位日益牢固。

> 我们双方以自由的方式获得的将是以武力方式获得的两倍，而这收益也将切切实实地属于我们和我们的子孙后代……在我眼中，你们用武力夺得的东西毫无意义。我认为无须使用武力，除非我们别无他法来争取国家利益。

奥利弗·克伦威尔认为，为确保条约严肃有效，有必要做出某些让步，通过谈判确定政治解决方案的具体条款。最重要的是，军队必须团结起来。"可能你是对的，我是错的。但如果我们分裂，我们都是错的。"

奥利弗·克伦威尔的意见被采纳了。长期议会做出让步，军队也取消了所有武装抵抗的准备工作。议会任命托马斯·费尔法克斯爵士为英格兰所有军队的总司令，统治包括锡德南·波因茨上将手下的军队，解散了所有为对抗托马斯·费尔法克斯爵士而被征召入伍的士兵，并将伦敦民兵的控制权交还原来军队信任的委员会，取代1647年春天刚任命的委员会。1647年委员会的成员都是长老会成员。然而，尽管议会认为有必要让步，但伦敦方面不这么认为。1647年7月21日，伦敦民众签署了一份协议，要求继续维持《神圣盟约》并按照查理一世的条件恢复王位，但两院联合通告废除了这一协议。1647年7月26日，成群的学徒和退伍士兵包围了议会，以暴力威胁议员，要求将伦敦的武装指挥权交还给长老派。上议院首先屈服。下议院抵抗了几个小时，最后也服从了暴徒的命令，撤销了之前的废除通告。暴徒们还强迫他们通过了一项投票，邀请查理一世前往伦敦。随后，两院一直休会到1647年7月30日。但在议会重新开会之前，两院的议长带领八名上议院议员和五十七名下议院议员前往军队避难，宣布议会已经被胁迫。军队即刻向伦敦挺进，立誓要恢复议会自由。长老派开始备战，将伦敦的军队交给爱德华·梅西上校指挥。十一名被弹劾的长老派领袖重回议会任职，联合指导此次行动，并组建了一个安全委员会。然而，要与纳斯比老兵对抗，伦敦民兵和没有经过训练的志愿者必将毫无胜算。对此，就连伦敦的狂热暴民也心知肚明。当托马斯·费尔法克斯爵士带着两万人马来到豪恩斯洛时，他们的勇气已经荡然无存。

当人群聚集在市政厅外时，伦敦长老们正在考虑是开战还是投降。"一有哨兵进来报告军队暂停前进或者其他消息时，他们就喜极而泣道：'决一死战！'但如果哨兵说军队正在逼近，他们哭叫着说：'谈判，谈判，谈判！'"1647年8月4日，伦敦无条件投降。1647年8月6日，军队护送逃亡的议员回到威斯敏斯特，穿过伦敦。鼓动者们强烈要求清洗下议院，驱逐议长缺席时仍然出席议会的所有议员，但奥利弗·克伦威尔和军官们只要求议会宣布过去十天的议程无效。而就连这一点也是凭借奥利弗·克伦威尔威胁要使用武力，并在海德公园集结了一个骑兵团以增加威慑力才得以实现的。因为虽然长老派领袖已经逃往欧洲大陆，但长老派在议会中仍然占多数。

军队现在寄希望于查理一世而不是议会。在向伦敦进军期间，军队发表了《大倡议书》，提议"明确保障查理一世的权利，实现公正持久的和平"。和《纽卡斯尔倡议》一样，《大倡议书》也要求在今后十年里应该由议会控制民兵和任命国家官员，但这次倡议对查理一世的政党更宽容。在一段时间内，保王派将不能在政府任职，但对他们的罚款也将减少，而赦免范围扩大，大赦机会增加。除了这些临时的安全措施，军队还将对宪法做三次永久性的修正。宗教的解决方案将以宽容为基本原则，而不再强制推行长老会教义，不仅不会强迫人们接受《神圣盟约》，而且将剥夺主教和教会官员的所有强制权，废除强制做礼拜和使用《祈祷书》的条款。未来将设立国务委员会，限制王权。国务委员会将与查理一世共同控制军队和外交事务。议会每两年举行一次会议，每次会议有固定的会期，议员也将由更平等的选区选举产生，而现有的议会将在一年内终止。

亨利·艾尔顿是这些建议的主要起草者，但奥利弗·克伦威尔同样渴望军队和查理一世达成协议。奥利弗·克伦威尔对查理一世的一名特使说：

> 无论世人如何评价军队，他们都不是探索者教派。他们只希望能够保持良心，自由地尽臣民的本分。他们认为只有查理一世重回王位，他们才能安居乐业。

查理一世对《大倡议书》初稿提出反对。奥利弗·克伦威尔和亨利·艾尔顿说服军事议会降低要求，并对最终公布的计划进行了重大修改。如果查理一世接受了这个倡议，军队领导人保证不会要求任何更多的让步。他们还保证，如果在查理一世接受倡议后议会仍然拒绝批准，他们就会将反对者清除出议会，"直到议会学会以恰当的脾气对待陛下的事务"。

这是军官之间的谈话，但他们并没有将主要对象考虑进去。查理一世很快就证实了这一点。查理一世无意满足军队的要求，也不愿意对王权进行永久的限制。查理一世认为可以利用军队和议会之间的争端，强迫双方接受自己的主张。查理一世坦率地承认了这一点。《大倡议书》首次提交给他时，他对军官们说："你们不能没有我。如果我不支持你们，你们会一败涂地。"亨利·艾尔顿回答道："先生，您打算在议会和我们之间当仲裁者，而我们也打算在陛下和议会之间当仲裁者。"还有一次，面对亨利·艾尔顿的规劝，查理一世挑衅说："这个游戏我想怎么玩就怎么玩。"亨利·艾尔顿回答说："如果陛下有游戏要玩，您就必须允许我们玩我们的游戏。"

双方无法达成协议。查理一世坚持自己的策略，在议会和军方之间挑拨离间。查理一世相信自己的外交手腕将确保自己取得最终胜利。1647年9月，议会再次向查理一世提出《纽卡斯尔倡议》。查理一世回答说,军队的《大倡议书》为持久和平提供了更好的基础,并要求签订个人条约。由亨利·马滕和托马斯·雷恩巴勒上校领导的独立派的先进党,敦促议会不必征求查理一世意见,即刻着手解决王国问题。他们将查理一世比作亚哈。上帝让亚哈冷酷无情。他们还将查理一世比作约拿。如果国家的船要安全入港,就必须将查理一世扔进海里。在亨利·艾尔顿和亨利·韦恩爵士的支持下,奥利弗·克伦威尔赞成向查理一世提出新的提议。下议院以八十四票对三十四票决定起草新的提案。奥利弗·克伦威尔认为,恢复君主制是避免无政府状态的唯一途径。在这之前,一个军官公然宣称如今英格兰除了刀剑没有其他的权威。这个军官因此被开除出军事议会。奥利弗·克伦威尔警告议会,士兵中认为刀剑应该统治一切的

托马斯·雷恩巴勒上校

奥利弗·克伦威尔与查理一世的会面

思想正在蔓延。奥利弗·克伦威尔认为与查理一世达成协议已经迫在眉睫。显然，说服议会缩减诉求是奥利弗·克伦威尔力所不及的事。在重新起草的新条款中，议会无意做出任何让步。和以前的条款一样，议会将所有的保王派领导人排除在赦免范围之外，并仍然坚持无限期建立长老会教会。议会不仅拒绝宽容天主教教徒，也拒绝宽容所有使用礼拜仪式者。奥利弗·克伦威尔试图将长老教会的时间限制在三到七年，但以失败告终。议会像查理一世一样不切实际，毫无结果地讨论着无法达成一致的提议。而这时，军队中的民主运动蓬勃发展，一场新的革命正威胁着英格兰。

与查理一世谈判、发表赞成君主制的演讲、修改军队提交给查理一世的法案、试图中和议会提出的法案，如此种种让奥利弗·克伦威尔备受质疑。查理一世并不信任奥利弗·克伦威尔和亨利·艾尔顿，因为他们没有出于个人利益向查理一世提过任何要求。如今他们却被千夫所指，被指责为了个人晋升私

嘉德骑士的印章

下与查理一世达成交易。有传言说奥利弗·克伦威尔将被任命为埃塞克斯伯爵，这正是他那著名亲戚的头衔。传言还说他将成为国王卫队队长和嘉德骑士，而亨利·艾尔顿将被任命为爱尔兰总督。保王派散布这些传言是为了在奥利弗·克伦威尔和军队之间制造分裂。士兵们的责难果然扑面而来，因为他们害怕君主制的复辟。"平等派"——极端激进分子的通俗称谓——四处散发宣传小册子，影射军队领导人是背信弃义的两面派。他们有时将奥利弗·克伦威尔描述成老实人，只是被野心勃勃的亨利·艾尔顿引入了歧路，有时他们二人被认为是沆瀣一气的同盟，而他们偶尔的意见分歧只不过是向世人扔的烟雾弹。平等派对奥利弗·克伦威尔的呼吁带着一丝惊诧和悲伤。约翰·威德曼写道:"啊!我曾经非常尊敬的奥利弗·克伦威尔,您的胸膛——曾经是自由的港湾——竟能容下国王条款这样一个恶魔吗?"虽然约翰·威德曼希望"唤醒奥利弗·克伦威尔的良知",约翰·利尔伯恩也承认他还没完全放弃对奥利弗·克伦威尔的良好印象,却威胁说要再观察三个月。如果没有改善,就不再对他抱有任何不切实际的幻想。

这些攻击动摇了士兵们对军队首领的信任,不满的星星之火被扇成烈焰之势。鼓动者们一度热切希望与查理一世达成协议,现在却要求立即终止与查理一世的谈判。他们说,军队应该将建立国家的权力掌握在自己手中,因为

约翰·威德曼

第9章 军队与议会(1647—1648) | 251

他们的将军和议会都无法完成这个任务。1647年10月，由于认为原代表过于中庸，五个骑兵团开除原代表，选出新代表，向托马斯·费尔法克斯爵士提出了新要求。

新要求提出，现有的议会将在一年内解散，今后将每两年选举一届议会，各选区选举权平等，男子都有选举权。虽然他们对查理一世或上议院只字未提，但这两者被废除是必然的。宪法草案附带了一项宣言，主张良心自由、免于压迫、法律面前人人平等，并提出这是每一个英格兰人的固有权利，议会和政府都无权削弱或剥夺。军官们在这之前提出建立更有限的君主制——对旧宪法进行调整以适应内战开创的新局面。士兵们则要求建立一个以书面宪法为基础的民主共和国，而宪法的制定要适应英格兰政治局面中新涌现的抽象原则。

士兵们将这个计划称为《人民公约》。为了得到认同，他们认为应当立即提交给国民。由于直接向国民发出呼吁，国民将成为所有政治权力的唯一合法来源，从而将议会搁置一边。奥利弗·克伦威尔和亨利·艾尔顿提出反对。他们说，在最近向全国发表的宣言中，已经与军队有了某些约定，现在必须兑现承诺。他们宣称，除非这些公开的承诺得到履行，否则他们将卸下职务，不再与军队一起行动。他们同样强烈反对《人民公约》包含的一些原则和将这些原则强加给国民的做法。奥利弗·克伦威尔说："这个协定对建国以来一直持续的政府形式做出巨大的改变。这样的改变会有什么后果？即使不考虑其他，明智而虔诚的人也应该仔细掂量这一点。"士兵们提议的宪法包含了许多华而不实、似是而非的内容，还有许多内容值得商榷。当这边辩论不休的时候，其他党派也可能会提出其他同样合理的方案。

> "这不是一个两个问题，而是许许多多类似的问题。如果是这样，你们认为后果会如何？难道不会造成困惑吗？这难道不是彻底的混乱吗？这不会让英格兰像瑞士一样，一个瑞士州对抗另一个州，一个英格兰郡对抗另一个郡吗？除了制造一片废墟，还会给国家带来

什么?"他最后说:"你们好好回答。每个诚实的人是否都应该认真考虑这一点?"

此外,不仅要考虑后果,还要考虑达成结果的方法和手段。即使这可能是英格兰人民能拥有的最好的宪法,但实现过程中的重重困难也是障碍所在。奥利弗·克伦威尔说:

"我知道人可以用信念来解决所有的难题,但只有真正的信念才能应对所有困难。我们很容易将或许只是世俗的想象和推理的部分误以为是信仰。"信仰可以移山,"但请允许我提醒你们,在这条路上会有高耸的山脉"。

托马斯·恩巴伯勒上校是民主党军官中的领袖。奥利弗·克伦威尔提到的困难引起了他的注意。托马斯·恩巴伯勒上校叫道:

如果我们曾经惧怕过困难,我不知道当我们面对敌人的时候应该惧怕什么!让困难包围着您吧!即使您前面是死亡,三面环海,只要您确信这是正义的,我认为您就会勇往直前。我相信直到生命的最后一天,您会在上帝面前问心无愧地回答,您做到了。身受上帝和王国的恩惠,却拒绝为之效劳,可不是一名虔诚的子民。

奥利弗·克伦威尔平静而不失尊严地回答道:

或许我们所有人都尽了自己的本分,不惧任何困难。我希望从现在起,我们仍然会这样做。我认为这里的任何人都无须额外的勇气。一个诚实的人,一个真正的英格兰人都会这么做。但我们需要的是敬畏上帝,而不是仅凭肉体的力量解决问题的人。我们将执行上帝的旨意作为一切行动的基础。

当讨论《人民公约》的细节时,男子选举权的问题引发了最激烈的辩论。托马斯·恩巴伯勒上校说,"每个在英格兰出生的人,王国里每一个贫民,每一个最卑微的人",都应该有权选择让谁为他的生死制定法律。这是一项自然权利,是每个英格兰人与生俱来的权利,也是士兵们不惜流血牺牲去争取的自由的一部分。一个士兵说:"既然我们为它拿起武器,就毋庸置疑要将之保卫到底。"

亨利·艾尔顿回应说,将投票权赋予那些在这个国家里一无所有的人会给自由和财产造成威胁。他认为,从逻辑上讲,自然权利的理论不仅意味着对政治权力的主张,也意味着对财产的主张。奥利弗·克伦威尔虽然认为普选"确实倾向于无政府状态",但也完全摒弃了抽象原则,表示可以考虑合理扩大公民权。

接下来是关于查理一世和贵族问题的争论。奥利弗·克伦威尔否认在这之前对他的一切指控,声称没有与查理一世和上议院达成任何私人协议,并表示如果查理一世和上议院的存在与国家的安全不相容,他也不会刻意争取保留任何一方。军事议会中的民主党认为,必须废除君主制和上议院,无论以任何形式保留它们都很危险。奥利弗·克伦威尔认为,考虑到军队之前的公开承诺,现在军队无论是废除还是摒弃国王和上议院,既不公正也不诚实。因此,在不损害公众利益的前提下,他希望能保留国王和上议院。一些人大胆宣称,国王和贵族的权力是上帝要摧毁的巴比伦的一部分。这些人主张用个人信念作为上天的启示。奥利弗·克伦威尔对这种"想象的启示"提出警告。奥利弗·克伦威尔说,和他们一样,他相信《圣经》中的预言必将实现。"和其他人一样,我在等待主的启示。根据主的许诺,伟大的事业将在未来完成。我相信,主的许诺已经开始应验了。"同时,对于那些认为上帝会推翻国王和贵族的人,他也愿意表示赞同。然而,在上帝的心意还不明确时,他们不能将"上帝的旨意"作为行事法则。他们不能说:"这是上帝的旨意,我们必须遵行。"如果上帝的旨意就是要摧毁国王和贵族的权力,那么上帝完全可以做到不让军队因为失信而蒙羞。他们暂且各司其职,静心等待上帝的指示。"当然,上帝要我们做的事,他也不希望我们拒绝。"

当人们争论这些问题时,托马斯·费尔法克斯爵士要么缺席,要么沉默。亨利·艾尔顿擅长辩论,深谙宪法和政治理论,这使他成为高级军官的代言人。虽然亨利·艾尔顿熟知相关原则,逻辑思维能力强,说话清晰有力,但他太教条主义,不懂折中,因而无法说服对手。奥利弗·克伦威尔的辩论技巧和表达能力远逊于亨利·艾尔顿,但他的演讲更有效。奥利弗·克伦威尔的演讲与众不同之处在于他一贯的中庸和明智。即使是与他针锋相对的空想者和煽动者也不得不承认这一点。宗教和政治法则都不能让奥利弗·克伦威尔对事实视而不见。奥利弗·克伦威尔坦率承认,为人民谋福利应该是政府的最终目的,也承认一切政治权力都应该得到人民的合理授权,但他否认民主党人的结论,即共和国应该是英格兰唯一的合法政府。辩论伊始,奥利弗·克伦威尔就规定:在提出任何重要的政治变革时,首先需要考虑"这是否符合国民的精神和气质"。出于这个原因,奥利弗·克伦威尔宣布对君主制的偏爱。"对任何国家的政府来说,人民的感情才是需要关心的。我发现目前这个形式正好能不违背我的良心。"在奥利弗·克伦威尔看来,与人民的接受度相比,具体是什么样的政府组织形式已经无关紧要了。奥利弗·克伦威尔呼吁道,想想犹太人的例子吧。他们先后由族长、法官和国王统治,而无论在何种形势下,他们都感到幸福和满足。此外,还有比国家的世俗政府更重要的东西。即使你将政府变成尽可能最好的政府,"这不过是道德层面的事"。奥利弗·克伦威尔的意思是,宗教自由更重要。"正如保罗所说,与基督相比,政府的组织形式不过是渣滓和粪土。"那么他们为什么还要为了暂时的形式而大打出手呢?如果王国里的每个人都各持己见,为实现各自认为的政府的最佳组织形式而争斗不休,"我认为国家将会变成一片废墟"。

奥利弗·克伦威尔观点的背后是对避免一场新的内战的渴望和对无政府状态的担忧。现在，奥利弗·克伦威尔下定决心要制止士兵的目无法纪并最大限度地限制军队的政治行动。奥利弗·克伦威尔宣称，如果不服从军官号令，军队将不复存在。任何个人——如那些军队随意选出的代理人——竟自告奋勇发号施令，召集一个连队甚至一个兵团集合，这是绝对不被容忍的。"这样必然会摧毁军队和所有军人。我曾经听保王派说，如果给我们足够的绳子，我们会将自己吊死。"士兵们必须服从军官，而军官必须服从议会的决定。军队应该让议会决定什么样的政府最适合这个国家，而他们自己只负责要求议会公平选举、按时召开、适时解散即可。既然军队需要民事当局的支持，就必须保证议会的权威。奥利弗·克伦威尔补充说，就他自己而言，他会抓住任何东西，"只要它是权威"，总好过什么都没有。

军事议会的斗争持续了近两个星期，最终，奥利弗·克伦威尔获胜。《人民公约》转化为一系列交给议会的提案，而不是作为必须接受的宪法强加给人民和议会。对普选的诉求变成对扩展选举权的诉求。君主制和上议院不会被完全推翻，但从今以后，他们的权力将受到限制，隶属于下议院。旧宪法得到保留和修改，不会被全新的宪法取代。

然而，这个时候，即使是那些急于保留君主制的军官也开始怀疑是否有必要保留国王。在过去的几个星期里，同查理一世的谈判完全中断，因此他们普遍怀疑查理一世的诚意。众所周知，查理一世正和苏格兰议会最近派来的专员密谋。英格兰议会准备向查理一世提出的建议不会有什么结果。现在被称为平等派的民主党不仅要求查理一世下台，而且要求惩罚查理一世。1647年11月11日，托马斯·哈里森上校在军事议会的一个委员会中谴责国王身负血债，应该对他进行审判。奥利弗·克伦威尔回应说，在某些情况下，出于谨慎的考虑，流血事件的制造者可以免于惩罚。例如，约押杀了押尼珥，大卫王却免除了他应有的刑罚，"免得造成更多的流血事件，因为洗鲁雅的儿子们太过强大了"。奥利弗·克伦威尔总结道，即使查理一世确实应该遭受惩罚，司法公正的实现也

托马斯·哈里森上校

是议会的责任，而不是军队的责任。总之，奥利弗·克伦威尔下定决心要保护查理一世的生命安全不受平等派的威胁。他写信给爱德华·威利少校说："我希望你能加强卫队。一旦这样的事情发生，那将是最可怕的事件。"

就在当天晚上，查理一世从爱德华·威利少校手中逃出汉普顿宫。1647年11月15日，有消息称查理一世已抵达怀特岛的卡里斯布鲁克城堡。当时的时事评论者和回忆录作者经常提到这样一种观点，说奥利弗·克伦威尔将查理一世吓得从汉普顿宫逃走是为了推行自己野心勃勃的计划。下面是安德鲁·马维尔表达类似观点的著名诗篇：

轻微的恐惧缠绕着希望

汉普顿宫

查理一世已抵达怀特岛的卡里斯布鲁克城堡

> 他编织了这样一张网,
> 似乎查理一世自己要逃到
> 卡里斯布鲁克的小岛,
> 从此诞生了王室的演员
> 将悲惨的断头台装点。

然而,没有证据能支撑这个观点。从长远来看,查理一世的出逃是他被废黜和处死的原因之一,也是奥利弗·克伦威尔登上权力顶峰的原因之一。但这时查理一世的逃亡给奥利弗·克伦威尔又增添了一大难题,也给政府带来了更多风险。在汉普顿宫,查理一世在爱德华·威利少校的手中更保险。爱德华·威利少校是奥利弗·克伦威尔的妹夫,肯定会服从他的命令。在卡里斯布鲁克,查理一世在罗伯特·哈蒙德上校手中。虽然罗伯特·哈蒙德上校娶了约翰·汉普登的女儿,与奥利弗·克伦威尔确实有点儿亲戚关系,但在查理一世呼吁他效忠时,面对这个"巨大诱惑"他会如何表现,奥利弗·克伦威尔难以确定。奥利弗·克伦威尔写给罗伯特·哈蒙德上校的信证明了这一点。在接下来的六个星期,罗伯特·哈蒙德上校究竟是会服从托马斯·费尔法克斯爵士和议会,还是会允许查理一世自由行动,局势一直不明朗。

查理一世出逃的真正原因是他与苏格兰议会间达成了秘密协议。1647年10月,苏格兰议会向查理一世承诺,如果他在宗教问题上做出令人满意的让步,苏格兰将协助他夺回王位。但要完成这桩交易,有一点至关重要,那就是查理一世应该从军队手中逃脱,从而以自由身份拟定计划。1647年11月月初,他们就拟定了查理一世的出逃计划。苏格兰人敦促查理一世到伯威克避难。他曾经考虑过泽西岛,但最终还是选择留在英格兰。最后,因为一个随从说罗伯特·哈蒙德上校内心深处是支持查理一世的,查理一世决定前往怀特岛。查理一世认为,一旦在怀特岛上安全了,就可以与议会、苏格兰人及军官们谈判,并接受出价最高者提出的条件。而即使谈判失败,逃往法兰西也不难。

六个月以来，查理一世成功地利用议会对抗军队，又利用军队对抗议会，结果是双方都对他完全不信任。查理一世逃离汉普顿宫的行为反而使双方联合起来反对他。查理一世对军队的分裂寄望过高。在查理一世到达卡里斯布鲁克时，奥利弗·克伦威尔和托马斯·费尔法克斯爵士使军队重新恢复秩序。1647年11月8日，奥利弗·克伦威尔发起一项投票，决定暂时中止军事议会，将鼓动者和军官们送回各自的兵团。一周后，托马斯·费尔法克斯爵士在军队举行大阅兵，将军队分为三个旅，分驻在三个不同的地方。在对三个旅的分别检阅中，他向士兵庄严承诺，会站在他们的立场上确保军队的不满得到补偿并进行议会改革。而作为回报，士兵签署承诺书，保证服从上将和军事议会的命令。1647年11月15日，在韦尔附近举行的第一次军事检阅中，出现了一些反对意见。平等派试图将阅兵变成一场支持《人民公约》的大规模示威。有两个兵团未经召集，头戴"人民公约"的帽子赶来，口号是"英格兰的自由，士兵的权利"。他们赶走了自己的军官，呼吁其他兵团紧随其后，并计划抓捕奥利弗·克伦威尔，宣布他为人民事业的叛徒。然而，当奥利弗·克伦威尔骑马走向反叛分子时，没有人敢出手。"奥利弗·克伦威尔中将手中只拿着剑。他的到来吓退了戴着口号帽子的士兵。士兵们将口号标语摘了下来，俯首听命。"一名士兵受到审判，并被当场射杀。而其他一些人，包括几名军官，则留待未来军事法庭的审判。1647年11月19日，奥利弗·克伦威尔向议会报告说军队已恢复平静，随时待命。下议院向他表示了感谢。

与此同时，查理一世从怀特岛向议会传达信息，提出各项让步，并要求在伦敦签署个人条约。查理一世一并向军队领导人提出申请，敦促他们支持他的要求。对此，军队领导人冷冷地回答说，他们是议会的军队，必须将这些问题提交给议会。议会同样不信任查理一世，起草了一份最后通牒回应他的提议。最后，通牒由四项法案组成，查理一世必须同意这四项法案才能启动任何条约的谈判。议会的主要要求是在以后的二十年中由议会直接控制民兵，而二十年后议会依然有权控制民兵。其他宪法问题可以留待讨论，但他们必须确保国王绝不使用武力将自己的意志强加给国民。在这样的要求下，查理一世走投无路，再次向苏格兰议会专员求助。他们现在已经抵达卡里斯布鲁克。查理一世发现苏格兰议会专员已经准备牺牲英格兰人的自由。1647年12月27日，苏格兰议会专员答应帮查理一世恢复所有的国王权力，而作为回报，查理一世需要在英格兰建立三年的长老会教会，严厉镇压独立派人士和其他异教徒，从而保障苏格兰王国和苏格兰贵族的某些特权。如果英格兰议会拒绝解散军队，拒绝与查理一世在伦敦签订条约，苏格兰军队将越过边界，帮助查理一世重登王位。这个名叫《协约》的秘密条约被用铅包裹着埋在城堡花园里，等待着可以安全偷运出怀特岛的时机。1647年12月28日，查理一世断然拒绝英格兰议会的最后通牒，准备逃往欧洲大陆。

然而，已经太迟了。查理一世一做出回复，卫队就加倍警戒，将他紧密监视起来。上下两院都非常清楚，查理一世之所以拒绝他们开出的条件，必然是由于与苏格兰人达成了某种协议，尽管他们还不清楚这份协议的确切内容。奥利弗·克伦威尔在给罗伯特·哈蒙德上校的信中写道：

> 上议院对最近查理一世和邻国兄弟们的行为非常敏感。如果您发现有什么欺瞒，应该尽力查清并告知我们。在这非常时刻，澄清查理一世与邻国的密谋将对局势发展起到至关重要的作用。我希望我们在处理与他们相关的事务时能避开危险。

1648年1月3日，下议院投票决定不再向查理一世发表任何讲话，也不再接收查理一世传话。1647年9月，亨利·马滕曾经提出这个决议，但遭到奥利弗·克伦威尔和亨利·艾尔顿反对。但现在这两人衷心地表示支持。奥利弗·克伦威尔说："如今由议会管理和保卫王国已经是众望所归。对一个上帝已使其冥顽不化的人，我们不能再教导民众指望他来保障我们的安全和管理我们的政府。"奥利弗·克伦威尔补充道，在这样一个政策下，军方将与议会一起共同面对所有反对者。但如果议会忽视了自身和国家的安全，军方将被迫寻求其他方式保护自己。

一系列的事件终于迫使奥利弗·克伦威尔提议彻底抛弃查理一世，而这恰恰是他长期以来坚决反对的。然而，尽管已确信查理一世不可信，但他也并不准备放弃君主制。1648年年初，在一个关于政府组织形式的会议上，"共和派"，即共和党人，要求立即建立一个自由的共和国并审判查理一世。埃德蒙·勒德洛非常不满地指出，奥利弗·克伦威尔和他的朋友们"一直态度含糊，不愿意宣布是支持君主政体、贵族政体还是民主政体。他们坚持认为任何一种政体都有各自的优势，都对我们有利，只需要等着天意指示就行"。而当他私下要求奥利弗·克伦威尔提出反对共和制的理由时，奥利弗·克伦威尔回答说，虽然他相信共和制的建议有其可取之处，但并不可行。有证据表明，1648年春天，独立派领袖们曾经讨论推翻查理一世的计划，准备将威尔士亲王查理或约克公爵詹姆斯推上王位。但威尔士亲王查理推辞不就，约克公爵詹姆斯也逃到了法兰西，这个计划就落空了。

奥利弗·克伦威尔一方面寻求避免新战争的折中办法，一方面努力团结议会中的所有党派，从而应对可能的新战争。军队已经开始重新集结。1647年12月，在伦敦举行的一系列军事会议上，赦免了一批因反抗军队而被逮捕的军官，而奥利弗·克伦威尔和托马斯·雷恩巴勒上校也达成了个人和解。1648年2月和3月，奥利弗·克伦威尔向伦敦长老派提出和解建议，但长老派要求必须恢复国王权威。协商以失败告终。奥利弗·克伦威尔也无法克服独立派的先进党对他的不信任和敌对情绪。1648年1月19日，约翰·利尔伯恩在上议院公开指控奥利弗·克伦威尔犯有叛国罪。然而，奥利弗·克伦威尔之所以饱受质疑，不只是因为他与查理一世的谈判。1647年，奥利弗·克伦威尔的政治态度不断变化。1647年4月，他曾经敦促军队和平解散。1647年6月，他领导了军队起义。1647年11月，他迫使军队再次服从议会。除了表面上的不一致，他对平等派和共和党人的所有重要原则都抱着无所谓的态度。对平等派和共和党人来说，共和制意味着自由，君主制意味着束缚。而对奥利弗·克伦威尔来说，两者之间的选择只是取决于环境的权宜之计。在公开会议上，奥利弗·克伦威尔宣称自己"不拘泥于任何形式的政府"。而私下里，据说他曾经坦率承认，无论通过哪种形式的政府来达到自己的目的都合法。因此，有人不能理解奥利弗·克伦威尔的机会主义，将他的行为归结为天然的自私自利、野心勃勃，并指控他虚伪和叛教，也就不足为奇了。

在这片诽谤的阴云迷雾中，奥利弗·克伦威尔坚定不移地坚持自己的道路。有时他会以直率的蔑视来回应指控者："如果有人说我们这么做是为了我们自己，他这么想也不过是为了他自己。这不会阻碍我的方向。"有时他提到这些诽谤时，带着必胜的信心，认为最终正义会为他正名。1647年9月，奥利弗·克伦威尔写道："虽然对不了解真实原因的人来说，目前我们的行为可能不会被他们理解，但我们相信上帝会证明我们的忠诚。除了主的荣耀和公众利益，我们别无所图。"无论是声望受损还是遭受误解和无端质疑，都不会削弱奥利弗·克伦威尔对事业的热烈追求。1648年春，奥利弗·克伦威尔在大病初愈后写道："我知道的唯一的善事，就是热爱上帝和他可怜的臣民，为他们效力，并时刻准备与他们一起承受痛苦。发现这一切都是值得的，就是上帝给我的最大恩惠。"

奥利弗·克伦威尔的言论和行为都证明了他诚实、正直的动机。1648年3月，为了奖励他的军事贡献，议会赠予他一处地产。作为回应，奥利弗·克伦威尔提出每年从这个地产带来的一千七百英镑中捐出一千英镑，用于重新征服爱尔兰。奥利弗·克伦威尔从来没有梦想过自己会成为英格兰的统治者。然而，在这非常时刻，当命运为其野心大开方便之门时，他却开始考虑为长子迎娶一个影响力不大、地位也平平的普通乡绅的女儿。

第 10 章

第二次内战

（1648）

在威尔士，第二次内战爆发了。军官和士兵率先发动了起义。第一次内战期间，他们为议会积极战斗。1648年2月，彭布罗克城堡的约翰·波耶上校拒绝将岗位交给托马斯·费尔法克斯爵士指定接替的军官。1648年3月，约翰·波

彭布罗克城堡

耶上校公开宣布支持查理一世。随后，罗兰·拉法恩上校的部队也加入了约翰·波耶上校的部队。1648年4月，苏格兰人开始集结军队入侵英格兰的消息传到伦敦。1648年4月月末，在苏格兰的帮助下，英格兰保王派占领了伯威克和卡莱尔。为了应付来自威尔士和苏格兰的危险，托马斯·费尔法克斯爵士派奥利弗·克伦威尔镇压威尔士的叛乱分子，而自己则准备亲自北上攻打苏格兰。

　　1648年5月月初，奥利弗·克伦威尔带着两个骑兵团和三个步兵团离开伦敦。约翰·波耶上校赢得了几次小规模的胜利，信心倍增。约翰·波耶上校告诉手下说将与奥利弗·克伦威尔在战场上一决雌雄，而他必将成为第一个战胜铁

罗兰·拉法恩上校

甲军的人。他还说，即使奥利弗·克伦威尔"有钢铸的背脊、铁铸的胸膛，自己也敢发出挑战"。然而，1648年5月8日，在奥利弗·克伦威尔到达威尔士前，托马斯·霍顿上校就在圣帕甘击败自夸的约翰·波耶上校。奥利弗·克伦威尔抵达威尔士后，战争转为围城战。1648年5月25日，契普斯托遭到了艾萨克·尤尔上校的袭击。1648年5月月末，坦比向托马斯·霍顿上校投降。但彭布罗克城堡不仅城墙十分坚固，而且守军拼死抵抗，坚持了六个多星期。奥利弗·克伦威尔没有携带重炮。虽然"拼凑了"少量火炮，打开了一个缺口，进攻还是被挫败了。威尔士乡民的敌意和粮食的短缺增加了攻城的难度。奥利弗·克伦威尔在给托马斯·费尔法克斯爵士的信中写道："在这样的情况下，我们能让士兵团结在一起，真是上帝的仁慈。大部分情况下，步兵仅有面包和水。"然而，围城里面的士兵状况更糟。1648年7月11日，约翰·波耶上校和罗兰·拉法恩上校因饥饿向"仁慈的议会投降"，交出彭布罗克市镇和城堡。

1648年7月8日，在彭布罗克沦陷前三天，詹姆斯·汉密尔顿公爵率领苏格兰军队越过了边境，但托马斯·费尔法克斯爵士没有在边境迎战。为此伦敦方面十分不满，伦敦和东部各郡发生骚乱。来自埃塞克斯郡、肯特郡和萨里郡的大规模请愿团要求议会与查理一世达成协议，解散军队。1648年5月月末，保王派在肯特郡发动起义，唐斯舰队也宣布支持查理一世。

托马斯·费尔法克斯爵士召集了八九千人向肯特郡出发。1648年6月1日，托马斯·费尔法克斯爵士强行进入梅德斯通，而此地已经由肯特郡的保王派的主力驻守。在街垒重重的街道上苦战一场后，托马斯·费尔法克斯爵士控制了梅德斯通。部分溃败的军队在年迈的诺威奇伯爵乔治·戈林的带领下向伦敦进发，却发现城门紧闭，只好四散而去。诺威奇伯爵乔治·戈林自己则带着五六百名骑兵，跨过泰晤士河，召集埃塞克斯郡的保王派武装起来。没过多久，诺威奇伯爵乔治·戈林自己就召集了四千人。托马斯·费尔法克斯爵士留下几个小分队去征服肯特郡，而自己急忙赶到埃塞克斯郡去镇压这支新召集的军队。诺威奇伯爵乔治·戈林奔赴科尔切斯特，在郊区同托马斯·费尔法克斯爵士的军队进行了一场血战。保王派的新兵浴血奋战,以巨大的代价击退了托马斯·费尔法克斯爵士的老兵。托马斯·费尔法克斯爵士发现不能通过突袭夺取城镇,只好展开常规的攻城战。最终,攻城演变成全面的封锁。议会军在科尔切斯特周围建起堡垒,用壕沟作为连接,同时切断城内所有补给,防止保王派军队逃跑。萨福克郡和埃塞克斯郡的民兵团赶来支援,从而使托马斯·费尔法克斯爵士小规模的正规军顺利完成围城。虽然保王派军队的反围攻打得很顽强,并发动了多次猛烈的进攻,但在没有外援的情况下,失败在所难免。在围城开始阶段,本来可以指望外援。英格兰各地不断掀起小规模地方起义,除非立即镇压,否则很可能发展成大规模的战乱。1648年6月,北威尔士郡、北安普敦郡和诺丁汉郡都发生了起义。1648年7月月初,霍兰德伯爵亨利·里奇和年轻的第二代白金汉公爵乔治·维利尔斯在金斯顿召集了大约六百名保王派军队,

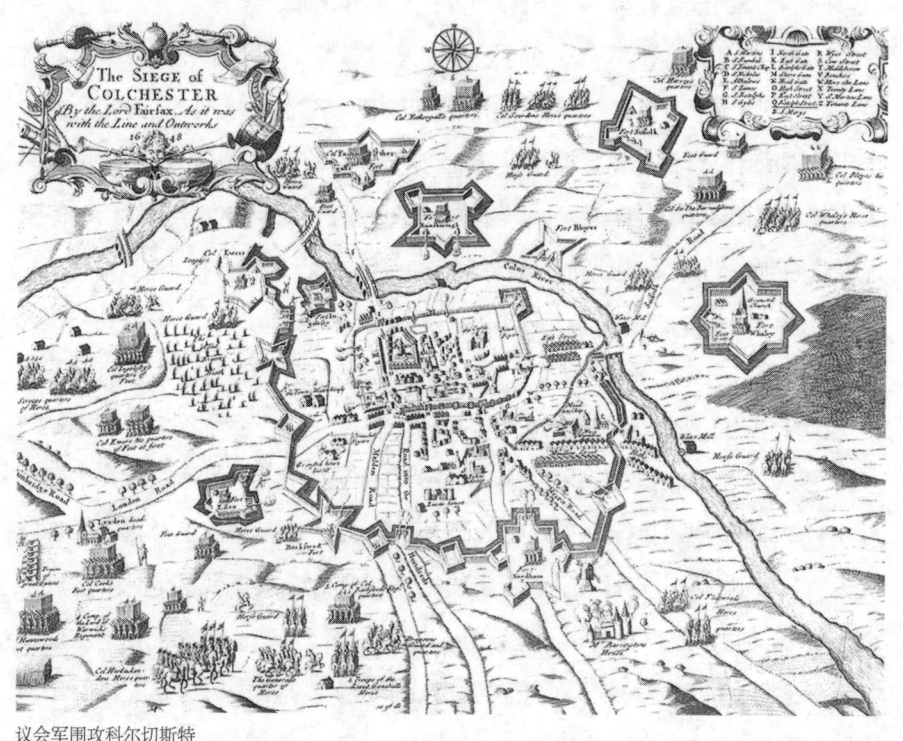

议会军围攻科尔切斯特

第二代白金汉公爵乔治·维利尔斯

希望能减轻科尔切斯特的压力。但他们被托马斯·费尔法克斯爵士的骑兵一路追杀，四处躲藏，根本没办法在任何地方停留足够长的时间来召集游击队。1648年7月10日，在亨廷顿郡的圣尼茨，已经召集起来的几支游击队被抓。1648年7月月末，威尔士亲王查理和保王派军队的舰队封锁泰晤士河，希望通过切断伦敦贸易迫使伦敦支持查理一世。但区区一支舰队并不能为科尔切斯特解围。托马斯·费尔法克斯爵士已经占领了默西岛，阻断科尔切斯特与大海的联系。此外，伦敦方面仍然拒绝表态。虽然城里的长老派占据了上风，但也不希望看到查理一世无条件地恢复王权。因此，科尔切斯特困军的唯一希望在于詹姆斯·汉密尔顿公爵和苏格兰军队的推进。

在英格兰北部,议会派没有足够阻止苏格兰军南下的强大兵力。约翰·兰伯特少将是北方各郡的总司令,率领着三四个兵团的正规骑兵及约克郡和兰开夏郡的地方兵。他以少胜多击败了马默杜克·兰代尔爵士和菲利普·马斯格雷夫爵士领导下的英格兰保王派军队,使卡莱尔的守军陷入绝境。由于詹姆斯·汉密尔顿公爵前去解救盟军,约翰·兰伯特少将只能后撤,一路顽强地进行小规模战斗,退到北约克郡,让苏格兰人占领了坎伯兰郡和北部地区。他的撤退还受到了后方叛乱的干扰。1648年6月月初,保王派突袭了庞蒂弗拉克特城堡。1648年6月月末,斯卡伯勒宣布支持查理一世。1648年7月8日,虽然詹姆

约翰·兰伯特少将

庞蒂弗拉克特城堡

斯·汉密尔顿公爵进入英格兰时只带了一万一千人左右,但随后不断有队伍加入,其中包括马默杜克·兰代尔和菲利普·马斯格雷夫领导下的英格兰保王派军队。到了1648年8月,詹姆斯·汉密尔顿公爵的军队大约有两万四千人。詹姆斯·汉密尔顿公爵行军缓慢,一方面是为了让增援部队赶上来,另一方面围攻阿普尔比和其他北方城堡也花了一些时间。因此,直到1648年8月中旬,詹姆斯·汉密尔顿公爵才重新开始向前推进。他决定穿过兰开夏郡直奔南部。

与此同时,奥利弗·克伦威尔正赶往北方协助约翰·兰伯特少将。在彭布罗克陷落之前,奥利弗·克伦威尔就已经派部分骑兵前往北方。彭布罗克一投降,奥利弗·克伦威尔立刻带着其余的骑兵和步兵出发。他手下的士兵已经几个月没有领到军饷了,但纪律严明,禁止抢劫。大部分步兵都没穿鞋,衣衫褴褛，但莱斯特郡为他们准备了靴子。奥利弗·克伦威尔取道葛洛斯特，穿过中部地区，于1648年8月1日到达莱斯特，接着在1648年8月5日到达诺丁汉，最终于1648年8月12日星期六在西里丁的克纳斯伯勒附近与约翰·兰伯特少将会合。在这之前，奥利弗·克伦威尔不得不留下几个团围攻庞蒂弗拉克特和斯卡伯勒，因此这时他们的联合部队只有八千五百人，其中包括大约三千名骑兵。但这支军队中老兵占了四分之三。正如奥利弗·克伦威尔的一位军官写道，这是一支"训练有素、灵活机动、骁勇善战的军队"。

奥利弗·克伦威尔一直以为苏格兰军会穿过约克郡，在途中救援庞蒂弗拉克特，然后径直向伦敦进军。现在他才发现詹姆斯·汉密尔顿公爵走的是兰开夏郡的路线，而且已经在路上了。因此，1648年8月13日星期日，奥利弗·克伦威尔出发穿过兰开夏郡和约克郡边界山脉去攻打保王派军队。1648年8月14日晚，奥利弗·克伦威尔在斯基普顿扎营。1648年8月15日晚，奥利弗·克伦威尔驻扎在吉斯本。1648年8月16日，奥利弗·克伦威尔沿着里布尔河河谷进军兰开夏郡。现在奥利弗·克伦威尔面前有两条进军路线。他可以通过霍德桥到里布尔河的南岸，安扎在南下路线的某个地方，从而阻止詹姆斯·汉密尔顿公爵向南挺进。同时，他也可以沿着河的北岸和詹姆斯·汉密尔顿公爵在普雷斯顿附近的某个地方交战。奥利弗·克伦威尔选择了第二条路线。他知道这个选择的重要性。奥利弗·克伦威尔写道，"我们的任务是将敌人卷入战斗"。首先，直接向普雷斯顿挺进更有可能引发一场战斗，因为詹姆斯·汉密尔顿公爵很可能会坚守普雷斯顿阵地。其次，如果他驻扎在詹姆斯·汉密尔顿公爵的南部，一旦詹姆斯·汉密尔顿公爵被击败，会掉头回到威斯特摩兰寻求支援，也有可能回到苏格兰。而如果在普雷斯顿击败詹姆斯·汉密尔顿公爵，奥利弗·克伦威尔可能会将詹姆斯·汉密尔顿公爵赶到南部，将他与援军隔开，切断他的退路。这样的话，一次胜利就足以毁灭苏格兰军，而不仅仅是迫使军队退回苏格兰。正是由于这些原因，奥利弗·克伦威尔采用了第二条线路，而这并非偶然。几年后他解释说："经过多方建议，我们选择安插在保王派军队和苏格兰之间。"

因此，1648年8月16日，他继续沿里布尔河北岸行军，当晚在离普雷斯顿九英里的斯托尼赫斯特扎营。

然而，这时詹姆斯·汉密尔顿公爵的军队毫无戒备，正不紧不慢地穿过兰开夏郡，仿佛奥利弗·克伦威尔还远在五十英里开外。詹姆斯·汉密尔顿公爵本人带着一万名步兵和大约一千五百名骑兵待在普雷斯顿。卡伦德伯爵詹姆斯·利文斯顿和约翰·米德尔顿将军带着大部分苏格兰骑兵待在维冈，而步兵待在他们后方十五英里外的地方。再向后三十英里，在位于威斯特摩兰的柯比朗斯代尔则驻扎着乔治·蒙罗少将率领的三千名苏格兰骑兵和步兵。这些经验

卡伦德伯爵詹姆斯·利文斯顿

丰富的士兵是从阿尔斯特抽调过来的。菲利普·马斯格雷夫爵士率领的两三千英格兰保王派军队也驻扎在柯比朗斯代尔。在奥利弗·克伦威尔和普雷斯顿之间,由马默杜克·兰代尔爵士率领的英格兰保王派军队奉命掩护詹姆斯·汉密尔顿公爵侧翼。这支军队包括三千名步兵和六百名骑兵。马默杜克·兰代尔爵士曾经警告过詹姆斯·汉密尔顿公爵,说奥利弗·克伦威尔的军队已经逼近,但詹姆斯·汉密尔顿公爵不相信这个情报,认为那不过是一些兰开夏郡的民兵部队。

1648年8月17日星期四凌晨,奥利弗·克伦威尔对马默杜克·兰代尔率领的部队发起猛攻,将马默杜克·兰代尔率领的步兵一路赶到普雷斯顿。马默杜克·兰代尔爵士向詹姆斯·汉密尔顿公爵紧急求援,但詹姆斯·汉密尔顿公爵非但没有给予充分支援,反倒抛下马默杜克·兰代尔爵士,将苏格兰的步兵从普雷斯顿拉到里布尔河南部跟维冈的骑兵会合。詹姆斯·汉密尔顿公爵只留下几个旅的步兵和约一千五百名至一千六百名卫队骑兵防守普雷斯顿。面对分散的兵力,奥利弗·克伦威尔的进攻势如破竹。1648年8月17日傍晚,奥利弗·克伦威尔攻克普雷斯顿,占领了城镇、里布尔河桥和一英里外的达尔温河桥。他的整个军队牢牢地安插在詹姆斯·汉密尔顿公爵和苏格兰之间。马默杜克·兰代尔爵士的部队已经被消灭,詹姆斯·汉密尔顿公爵的两个步兵旅也几乎无人幸免于难。士兵中有一千名阵亡,四千名被俘虏。詹姆斯·汉密尔顿公爵的骑兵逃往兰开斯特,而奥利弗·克伦威尔的骑兵在后面追赶了十英里。

苏格兰军的营地里一片混乱,士气低迷。詹姆斯·汉密尔顿公爵的军队在士兵数量上仍然超过奥利弗·克伦威尔。除了约翰·米德尔顿将军和维冈的骑兵先头部队,在里布尔河南岸他还有六七千名苏格兰步兵。詹姆斯·汉密尔顿公爵虽然极具个人勇气,但在军事议会中毫无主见,优柔寡断。威廉·拜利少将指挥着詹姆斯·汉密尔顿公爵的步兵,请求他在约翰·米德尔顿将军和骑兵回来加入大军前都待在原地。卡伦德伯爵詹姆斯·利文斯顿是詹姆斯·汉密尔顿公爵的副手,提议天一黑步兵就出发加入约翰·米德尔顿将军的部队。詹姆

约翰·米德尔顿将军

斯·汉密尔顿公爵接受了卡伦德伯爵詹姆斯·利文斯顿的提议,这意味着让詹姆斯·汉密尔顿公爵放弃补给车队,因为他们已经没有马来拉车了。除了士兵随身携带的弹药,其余弹药都落入了奥利弗·克伦威尔手中。苏格兰步兵团连夜行军。一个士兵说:"我们的行军十分痛苦,道路非常陡峭,士兵们浑身湿透了,又饿又累,所有人都认为这次任务已经失败了一半。"当他们到达维冈时,许多人掉队了。1648年8月18日星期五早晨,奥利弗·克伦威尔让兰开夏郡的民兵守着普雷斯顿和俘虏,自己则带着三千名步兵和两千五百名骑兵出发追赶詹姆斯·汉密尔顿公爵。星期五的战斗主要是两军骑兵之间的战斗。当苏格兰步兵团前往维冈加入约翰·米德尔顿将军的部队时,约翰·米德尔顿将军正前往普雷斯顿与苏格兰步兵团会合。由于他们走了不同的路线，两军没有相遇。当约翰·米德尔顿将军到达步兵营地时，只发现一些丢弃的火把和掉队的士兵，于是他掉头沿着詹姆斯·汉密尔顿公爵的路线回到维冈。奥利弗·克伦威尔的骑兵一路紧追不舍，"杀伤无数"，而奥利弗·克伦威尔的先锋弗朗西斯·索恩豪上校也被一名苏格兰长矛兵杀死。

当约翰·米德尔顿将军的骑兵赶到维冈时，詹姆斯·汉密尔顿公爵的军队正在维冈以北的荒原集结，似乎准备战斗。但考虑到战场不利，在奥利弗·克伦威尔抵达前，詹姆斯·汉密尔顿公爵又撤回城里。奥利弗·克伦威尔说："那天晚上，我们躺在地上，离敌人很近，又脏又累，走了十二英里路。我从来没有在这样的路面骑马行军过。这路面在白天都是潮湿的。"维冈的苏格兰人却没有休息。他们的指挥官决定再次连夜行军至沃灵顿然后拆桥，让默西横亘在他们和追军之间。1648年8月19日星期六，奥利弗·克伦威尔的骑兵发现苏格兰步兵团的安扎之处在距沃灵顿约三英里的温威克，地势对己方非常有利。奥利弗·克伦威尔写道：

> 在我们的军队出现前，他们一直疲于奔命。他们以极大的决心占据了通道好几个小时。双方军队用长矛进行近距离搏斗，我们被迫退了下来。但在上帝的保佑下，我们的人马稳住阵脚，发动猛攻，打得他们溃不成军。我们杀了对方约一千人，俘虏了约两千人。

这是苏格兰步兵团南下后的最后一战。1648年8月19日晚，当奥利弗·克伦威尔到达沃灵顿时，威廉·拜利少将和其他苏格兰步兵团作为战俘投降了。詹姆斯·汉密尔顿公爵和卡伦德伯爵詹姆斯·利文斯顿带着两三千名骑兵逃到柴郡，打算投靠效忠查理一世的拜伦男爵约翰·拜伦，但失败不可避免。奥利弗·克伦威尔派约翰·兰伯特少将率领四个团的骑兵一路追击，并号召邻近郡县召集所有骑兵追捕苏格兰步兵团。

骑在马上的詹姆斯·汉密尔顿公爵

他们筋疲力尽，而且混乱不堪，只要我方骑兵跟在他们后面跑一阵，就能将他们全都抓获。但我们也太累了，除了跟着他们走，几乎什么也做不了。我们的骑兵已经筋疲力尽，而且我们手中有一万俘虏。

詹姆斯·汉密尔顿公爵一路逃到斯塔福德郡，与乡下武装和当地民兵的小冲突沿途不断。途中詹姆斯·汉密尔顿公爵的追随者一群群地脱离了大部队，有的投降，有的乔装改扮逃跑了。1648年8月25日星期五，詹姆斯·汉密尔顿公爵带着余部在尤托克塞特向约翰·兰伯特少将有条件投降。1648年8月28日星期一，科尔切斯特向托马斯·费尔法克斯爵士投降。第二次内战实际上已经结束。

在沃灵顿有条件投降后，奥利弗·克伦威尔的士兵短暂休整，随后又一次向北行军。由于还没有解决乔治·蒙罗少将和他的六千士兵，奥利弗·克伦威尔担心他们会袭击普雷斯顿的部队。拉尔夫·阿什顿上校是普雷斯顿的指挥官，他手下的囚犯人数比士兵还多，奥利弗·克伦威尔仿效亨利五世在阿金库尔战役中的做法，留下命令让拉尔夫·阿什顿上校在遭到攻击时处死囚犯。但乔治·蒙罗少将一心只想向前挺进。普雷斯顿战败的消息一传来，乔治·蒙罗少将立即撤退，穿过杜伦回到苏格兰，留下士兵驻守伯威克和卡莱尔。奥利弗·克伦威尔一赶到伯威克和卡莱尔就召见这些驻军，但他们拒绝投降。奥利弗·克伦威尔向苏格兰阶层委员会提交正式申请，要求收复伯威克和卡莱尔。为了增加这一要求的威慑力，奥利弗·克伦威尔率军穿过特维德河，声称他进入苏格兰领土不是针对苏格兰人民，而是为了推翻策划这次入侵的党派：

> 我们目前无意伤害饱受苦难的苏格兰人民。我们一如既往地在上帝面前宣称，我们将采取一切手段惩罚那些策划此次入侵的阴谋家和决策者，而不是针对可怜的无辜群众。我们可怜的俘虏已经供诉，你们是被迫执行这次行动的。

苏格兰的革命推动了奥利弗·克伦威尔策略的实施。在苏格兰西部，刻板的长老会教徒不希望圣公会教徒与保王派有任何联系。他们对苏格兰教会的关心多于对查理一世的关心，于是发动武装起义占领了爱丁堡。阿盖尔侯爵阿奇博德·坎贝尔和他所属的苏格兰高地人支持长老会的起义。1648年9月26日，詹姆斯·汉密尔顿公爵领导的党派，也是苏格兰阶层委员会的委员，同意将乔治·蒙罗少将的军队遣返爱尔兰,解散手中的军队,并将权力移交给阿盖尔侯爵阿奇博德·坎贝尔一派。阿盖尔侯爵阿奇博德·坎贝尔一派非常乐意与奥利弗·克伦威尔达成协议,从而获得奥利弗·克伦威尔军队的支持,以对抗詹姆斯·汉密尔顿公爵,直到自己能够组织起一支强大的军队。他们下令立即交出卡莱尔和伯威克。奥利弗·克伦威尔来到爱丁堡与阿盖尔侯爵阿奇博德·坎贝尔签署协议。奥利弗·克伦威尔要求说:"请保证您不会容许任何人积极参加或资助针对英格兰的活动,而任何公共部门和信托机构也拒绝雇用此类人员。这是我要求的最低安全保障。"对方很爽快地接受了这一要求。苏格兰议会通过了一项法案,将詹姆斯·汉密尔顿公爵的支持者称为"协约者",并永久地将之排除在政治权力之内。

为确保新政府的安全,奥利弗·克伦威尔带着大部分军队返回英格兰,留下三个团在苏格兰继续驻守三个星期。斯卡伯勒和庞蒂弗拉克特还没有攻下来,但第二次内战已经结束。独立派领袖中的一些支持者指责奥利弗·克伦威尔与阿盖尔侯爵阿奇博德·坎贝尔,认为新通过的法案让一个顽固的长老会派系在爱丁堡占主导地位,这对英格兰的安全毫无益处。他们认为奥利弗·克伦威尔要么为英格兰获取更多实质性的和平保障,要么在苏格兰两党之间平分权力。这样两党就能彼此制衡,不会对英格兰造成伤害。奥利弗·克伦威尔回答说,两国间未来和平的唯一希望在于让英格兰独立派和苏格兰长老会建立良好的沟通。而他选择的正是这样一条唯一能带来和平的道路。

> 我衷心地希望虔诚的人民之间——苏格兰人、英格兰人、犹太人、外邦人、长老派、重浸派、所有人能团结起来,互相理解。我为此祈祷,我等待着这一天的降临。我们的苏格兰弟兄——真诚的长老会教徒曾经是我们最大的敌人。主已经向他们证明了我们的正义,让我们以德报怨,让他们从国家到个人都承认我们的正义。上天作证,这是确定无疑的……待之以礼,示之以爱,以理服人,消除

偏见，令其思过自省，彼此坦诚相对，这难道不是最令人满意的相处方式吗？我们已经仁至义尽，但在我们眼前还有一项更光荣的工作，远甚于劫掠坚固的爱丁堡，从特维德河征服到奥凯德。我们可以说，通过上帝，我们给他们留下了慈悲。如果不能立竿见影，那是因为这些可怜的人与教会和政府捆绑得太紧，而他们的信念无疑会适时结出果实。

奥利弗·克伦威尔满怀信心地回到英格兰，希望从此以后与苏格兰不会再起硝烟。

第 11 章

处决查理一世

（1648—1649）

当托马斯·费尔法克斯爵士和奥利弗·克伦威尔在前方与以查理一世名义召集起来的军队作战时，议会又一次与查理一世展开谈判。尽管议会于1648年1月17日通过了"不发表任何讲话"的投票，但1648年4月还没结束，两院就计划重启谈判。伦敦一次次传来请愿书，要求与查理一世签订私人条约。上议院响应了这一要求。当詹姆斯·汉密尔顿公爵和苏格兰人入侵英格兰时，上议院强烈要求讲和，拒绝与下议院联合宣布入侵者为敌人。下议院则谨慎许多，他们坚持认为查理一世应该在签约谈判前接受某些初步条款，并拒绝让查理一世来伦敦签约。最后两院做出让步，达成一致。1648年8月1日，双方同意在怀特岛与查理一世签订私人条约。1648年9月8日，在奥利弗·克伦威尔进入苏格兰前的几天，议会专员在纽波特与查理一世会面。查理一世同意废除之前针对议会的声明，并承认议会发动战争是"公正合法的防御"，承诺在三年内建立长老会制度，随后再建立有限的主教制度。他甚至提出要交出民兵团二十年的控制权，并以议会认为最好的方式解决爱尔兰问题。虽然对于这些让步是否足以成为持久和平的基础，现代历史学家与当时的政治家看法各异，但可以肯定的是，查理一世的这些让步并非出自真心。查理一世在给一个朋友的信中写道："为了自由地与您在一起，我今天做出的巨大让步——教会、民兵和爱尔兰——仅仅是为了脱身……我唯一的希望是，现在他们相信我不敢再拒绝他们了，这样就不会对我严加看管了。"长老派领袖们争论不休，希望长老会获得永久地位，但他们忽略了一个问题，即查理一世是否会受任何条约的束缚。

与此同时，一种危险的躁动正在军队中蔓延。长老派和保王派达成的协议让独立派军队惶恐不安。条约带来的结果首先将是全面解散军队。士兵们都在做最坏的猜测：几个先令就将他们解散了，后续欠饷得不到保障，战争期间的行为也得不到豁免。如果为议会而战的非教会派曾经期望议会允许信仰自由，那么1648年5月通过的反异教和亵渎神明法案就彻底打破了他们的幻想。在主教制度和长老会制度中，无论谁占上风，只要他们一放下武器，宗教宽容就到此结束。此外，士兵们坚信正在讨论的条约没有保障国家的政治自由。一旦国王的权威恢复，查理一世就会通过武力或阴谋的方式摆脱条约强加的限制，重新建立专制主义制度，而这一制度是经过六年的浴血奋战才推翻的。战争的重新爆发加深了士兵们对查理一世的不信任和敌意。如果第一次内战归咎于查理一世的邪恶谋士，第二次内战的责任则落在了查理一世自己身上。军官们说，正是在查理一世的鼓动下，失败的敌人重新拿起武器，老战友背叛原则，外国军队入侵英格兰。在各自奔赴战场前，士兵们在温莎举行了一次大型祷告会，发誓要向查理一世追究一切责任。其中有人写道："我们已经达成明确的决议，如果耶和华使我们平安归来，我们有责任让那个叫查理·斯图亚特的刽子手血债血偿，为他造成的巨大伤害付出代价。他背叛了主，背叛了处在水深火热中的人民。"他们同样下定决心要惩罚查理一世的帮凶。第一次内战结束时，军队表现出比议会更仁慈的一面，但第二次内战使军队变得凶猛无情，睚眦必报。托马斯·费尔法克斯爵士处决了在科尔切斯特抓获的保王派领袖查尔斯·卢卡斯爵士和乔治·莱尔爵士，"部分是为了报复他们造成的无辜流血事件"。这表明军队的性情发生了变化。

奥利弗·克伦威尔对第二次内战的始作俑者怀有同样的报复心。在接手彭布罗克时，他将某些人排除在投降条款之外，留待将来惩罚。奥利弗·克伦威尔在给议会的信中写道：

> 这些被排除在外的人，他们曾经为议会正义的事业服务，如今却背叛了信仰。我宁可豁免那些一直效忠查理一世的人，也不愿意豁免他们。因为他们犯了双重的罪恶：他们沐浴圣光却内心邪恶，辜负了上帝的启示，也辜负了他们曾经参与的光辉事业。

奥利弗·克伦威尔对煽动苏格兰入侵的英格兰人同样感到愤怒。他说：

> 这种背叛比以往的任何背叛都更令人震惊。此前的争端是让部分英格兰人凌驾于其他英格兰人之上，而这次背叛是让我们做别国的奴隶。他们在今年夏天所犯下的罪行是第一次内战中所犯罪行的两倍，是上帝见证下的同样罪孽的重复。

奥利弗·克伦威尔从普雷斯顿的胜利中得到的教训是，议会应该保护各个派别中热爱和平的基督教教徒，不管他们持什么信仰，同时惩罚各阶层扰乱和平的人。他告诉议会：

> 鼓起勇气，执行上帝交给你们的任务，完成你们的行政目标，为这片土地寻求和平和福祉。宽容那些热爱和平的人，消灭那些给国家制造麻烦的人。你们如果勇往直前，主必赐福于你们，好人必支持你。你们虽树立了敌人，上帝必赐你们荣耀，国家也因你们得福。

从苏格兰回来后，奥利弗·克伦威尔发现议会正准备扶持查理一世重回王位，只准备驱逐十几个保王派领导人。托马斯·费尔法克斯爵士军队中的兵

处决查尔斯·卢卡斯爵士

处决乔治·米尔爵士

团向各自的将军提交了反对条约的请愿书,要求惩罚战争的始作俑者。奥利弗·克伦威尔名下的部队也纷纷效仿,向托马斯·费尔法克斯爵士递交请愿书,奥利弗·克伦威尔表示完全赞同手下士兵的行为。他写道:

> 我在军官们身上发现了一种非常伟大的观念……对这个多灾多难的国家所遭受的痛苦,他们都抱有极大的热情,要秉公行事,惩治一切罪人。我发自内心地支持他们。我真诚地相信,这是上帝的意旨。

1648年11月20日,南方军队向议会提交《抗议宣言》,要求放弃谈判,惩罚查理一世,并称他是"我们所有麻烦的最大制造者"。奥利弗·克伦威尔赞同这一宣言,他告诉托马斯·费尔法克斯爵士:"宣言里一片忠心,倡议者都是正直之士。"奥利弗·克伦威尔认为,最好等到条约缔结后再提出抗议,但既然现在已经提出抗议,他就准备全力支持。在奥利弗·克伦威尔看来,《纽波特条约》是对查理一世的彻底屈服。奥利弗·克伦威尔后来说:"议会就要将我们所争取的一切都交还给查理一世,而我们所有的保障将因此成为一张废纸。"没有人比奥利弗·克伦威尔更清楚,仅靠抗议是阻止不了议会的,因此他准备在必要时使用武力。在给朋友罗伯特·哈蒙德的信中,奥利弗·克伦威尔充分阐述了使用武力的正当理由,试图说服罗伯特·哈蒙德摆脱顾虑。

> 人民的安全不是最高法律吗?这个条约会毁掉战争让我们获得的一切,甚至会让生活变得比战前的情况更糟,这不是确定无疑的吗?如果反抗权威合法,那么反对议会不是和反对查理一世一样合法吗?

奥利弗·克伦威尔敦促道:

你想一想，这支军队是否是上帝基于上述理由召唤来对抗查理一世的合法力量？正是为了实现这些目标，军队才具备力量，才能支持任何追求这些共同目标的权威。因为军队抗议的合法性并非来自外在权威机构的召集，而是因为它本身就合法。

这些只是"世俗的推理"，除此之外还有更高尚的论点。"让我们看看天意，必然会有什么启示。一系列天意紧密相连，反复预示，清晰可见。"

上帝赐予的胜利不能以这样一个"虚伪的毁灭性协议"而告终，因为这牺牲了上帝的事业和子民。"用心想想，天意会是这样的结局吗？"军队阻止条约的决心也是上帝的旨意。"你想想，天意怎么会如此弃上帝子民的心意于不顾吗？我们相信，上帝让我们如此思考，如此行动，必然也会与我们同在。"他们面临的困难很多，敌人也不少，并且"有着统一的名字、头衔和权力"，然而，他们毫不畏惧："我们只愿意敬畏上帝。我们没有违背上帝的旨意。"

简单来说，奥利弗·克伦威尔的观点是，军队的胜利和虔诚信徒的信仰完全证明了上帝意志的存在，理所当然应该被当作一种义务去遵守。这个推理非常危险，而世俗和政治动机与宗教热情的高度吻合也同样危险。类似的观点不仅可以证明军队的临时干预是正当的，还可以证明军队对英格兰政府的长期掌控是正当的。务实的理性和保守的性格阻止了奥利弗·克伦威尔将这个理论推向极端。然而，对大多数人来说，一旦狂热主义的逻辑成立，就不会有所顾忌。

议会无视军队的抗议，继续进行谈判。军队决定使用武力。1648年12月1日，托马斯·费尔法克斯爵士派来的军官在纽波特抓获查理一世，并将他转移到汉普郡的赫斯特城堡。1648年12月2日，托马斯·费尔法克斯爵士率领部队占领了伦敦。下议院没有被吓倒，以一百二十九票对八十三票通过表决，认为查理一世的答复是解决王国问题的基础。当天晚上，军队指挥官和议会少数派领导人举行会议，讨论下一步行动。在向伦敦挺进的路上，军官们已经宣布

托马斯·普赖德上校驱赶议员

要解散长期议会的意向,并且计划在新议会开会之前由忠实的少数派组成临时政府。但现在,为了满足议会中同盟的意愿,他们决定将长老会多数派驱逐出下议院,而让独立派少数党拥有议会的名义和权力。为此,1648年12月6日,托马斯·普赖德上校和一群火枪手包围下议院的大门,抓捕了试图闯入的议员,并用武力将其他议员赶了回去。这样的行动持续到1648年12月7日,最终有四十五名议员被捕,另有九十六名议员被驱逐。

"荣誉大清洗"开始后的当晚,奥利弗·克伦威尔抵达伦敦。1648年12月8日,奥利弗·克伦威尔与其他五六十名留任的议员一起出席了议会。和其他军官一样,奥利弗·克伦威尔也曾经考虑过强行解散议会,召集新议会。当看到朋友们采取了一个不同的计划,奥利弗·克伦威尔毫不犹豫地接受了。据奥利弗·克伦威尔说,他事先并不知道这个计划,但既然计划实施了,他也很满意,并会极力支持这一行动。

在处理查理一世的问题上,奥利弗·克伦威尔和大部分军官之间的意见很快就出现了分歧。奥利弗·克伦威尔赞成他们将查理一世抓起来,认为将查理一世送上法庭是正义的。但如果有更令人满意的权宜之计来保障国民权利的话,他对审判并惩治查理一世的政策表示怀疑。也许废黜查理一世就足够了,也许查理一世最终会改变心意做出让步。在之后的三个星期,外界对军官会议上进行的讨论内容知之甚少。谣传他们之间出现了很大的分歧,一方坚决要求惩罚查理一世,另一方觉得废黜查理一世或者对他实施监禁就够了。从奥利弗·克伦威尔与律师和法官就国家组建问题进行协商的只言片语中,我们发现他最后曾经尝试与查理一世达成协议。奥利弗·克伦威尔认为,如果查理一世接受现在的条件,放他一条生路也是可以的。但所有的折中办法都失败了。查理一世宁愿舍弃性命,也不愿意放弃王权。然而,除非查理一世妥协,否则宪法问题无法得到解决。因此,军事革命在发展过程中虽然一度受阻,但仍然不可避免地向前推进,而奥利弗·克伦威尔也随着潮流前进。

1648年12月23日,查理一世被带到温莎。奥利弗·克伦威尔在给温莎总督的信中写道:"愿上帝与你同在,为这伟大的任务赐福于你。"随信寄去一份详细的看守查理一世的注意事项。同一天,下议院任命了一个委员会"来考虑如何对查理一世进行正义的审判"。据说奥利弗·克伦威尔说:"如果有人故意设计这样的审判,他将是世上最可怕的叛徒。然而,'上帝的旨意'将这个任务交给了他们。"

五天后,下议院颁布了一项法令,设立了审判查理一世的法庭。法庭陪审团由三名法官和一百五十名委员组成。1649年1月2日,一项决议与这条法令被同时提交到上议院。决议宣布:"根据英格兰基本法,查理一世向议会和英格兰王国发动战争是叛国行为。"这条法令遭到了上议院的一致反对,而下议院还发现法官可能会拒绝接受审判任务,但他们没有退缩。他们又通过了一项法令,设立了一个由一百三十五名委员组成的法庭,这些委员既是法官又是陪审团,因此省去了三名法官。新的决议宣布人民是一切正义权力的源头,而下议院是国家的最高权力机关。下议院通过的法律即使没有经过国王或上议院同意也一样具有约束力。1649年1月6日,这项法案获得通过,因此现在改称为法令。这个法令指出查理一世的三项罪名。首先,查理一世的邪恶意图完全颠覆了这个国家古老的基本法,取而代之的是专制残暴的政府。其次,查理一世发起并主导了与议会和王国的残酷战争。最后,第二次内战是由于议会疏于对他

1649年的奥利弗·克伦威尔

绘厅

的起诉而造成的。因此,为了在将来"不再有任何最高将领和行政长官胆敢策划任何奴役或摧毁英格兰的阴谋,或是幻想阴谋败落后会免于惩罚",谨任命法令所列人员对查理一世进行审判。1649年1月19日,查理一世被从温莎转移到圣詹姆斯宫,由骑兵连看守。

从1648年1月8日开始,审判查理一世的委员们就一直在绘厅开会,讨论审判程序。但近一半的被提名人员拒绝接受委任。一些人担心自身安全,另一些人持

阿尔杰农·西德尼

政治异议,其他人则反对审判法庭的构成和权威。阿尔杰农·西德尼告诉同僚,有两个原因导致他不能参加这个诉讼。首先,查理一世不能由这个法庭审判;其次,这个法庭也不能审判任何人。奥利弗·克伦威尔带着他特有的对宪法准则的蔑视回答道:"我告诉你,我们要将查理一世的脑袋连同王冠一起砍下来。"

然而,法庭是否权威取决于这个法庭遵循什么原则。如果后来流传的这帮弑君者受审时说法正确的话,那么在1649年1月20日上午,当审判开始时,委员们仍然对审判准则一无所知。他们在绘厅就座后,有消息传来称查理一世正从河边的台阶上岸。

奥利弗·克伦威尔跑到窗前,看着查理一世从花园里走过来。

奥利弗·克伦威尔的脸变得像墙一样白……然后转向委员们说:"先生们,他来了,他来了。现在我们正在进行一项全国瞩目的伟大工作。在查理一世到来之前,我们要做出决定,我们应当如何回答他的问题,因为他问我们的第一个问题将是我们以什么样的权力和名义审判他。"一时间,无人回答。过了一会儿,亨利·马滕站起来说:"以下议院和英格兰所有善良人民的名义。"

1649年1月20日13时左右,法庭休会,转到威斯敏斯特大厅。在大厅靠南的地方,用一个新建的木制平台覆盖了原来由大法官法庭和国王法庭占据的所有空间。一个高出平台地面约三英尺的木隔板将法庭分隔开来。平台隔板的那一边有一个用木栅栏围起来的宽阔的过道。穿过整个大厅,还有一条同样的过道沿着大厅一直通向大门。在过道两旁,一排火枪手和长矛兵背对栅栏站着,军官在过道中间来回巡视。观众都站在大厅两侧及过道之间的栅栏围起来的地方。在大厅两边的上方有两层小游廊,留给特殊观众。法庭后端靠近大窗户的地方有四五层铺着朱红色毯子的板凳,七十名审判官就坐在那里。他们穿着常服。奥利弗·克伦威尔和亨利·马滕坐在后排,座位的标牌两边刻着共和国徽章。法庭审判长萨金特·约翰·布拉德肖坐在前排中间的一张垫高的桌子前,他的助手约翰·莱尔和威廉·赛伊坐在两侧,他们都身穿黑色律师服。在法庭的中间有一张桌子,两名办事员坐在那里,桌子上放着国家权杖和剑。在法庭的前面,平台的边缘有三个隔间,有点像靠背长椅,背面是由分隔法庭和大厅的隔板做的。中间的那个隔间里放着一张淡红色天鹅绒的圈椅,还有一张铺着土耳其毯子的小桌子,桌上放着一瓶墨水和一张纸,查理一世就坐在这里。查理一世右边的隔板边上坐着三名律师,他们是共和国的法律顾问。查理一世的脸转向了审判长,背对着大厅里的人群。由于法庭的地板比大厅的地板高,观众们好像是站在剧院的下沉观众席里。隔墙多少挡住了他们看向法庭内部的视线,但他们可以看到露出隔板外的查理一世的头和肩膀。

查理一世一直戴着帽子，对法庭不屑一顾。官方记录中写道：

> 在宣读对他的指控时，他坐在椅子上，有时看向法官，有时望向走廊，有时站起来，转身看向卫队和观众。坐下之后，他看上去很严厉，面容不为所动，直到听到宣判书中"查理·斯图亚特是一个暴君"、叛徒及诸如此类的话，他坐在法庭前面大笑起来。

正如法官们所预料的那样，在整个审判过程中，查理一世拒绝承认法庭的审判权。他出现在法庭的三天里，即1649年1月20日、22日和23日，每次都抱着拒绝申辩的态度。1629年，查理一世曾经发表一份声明说："君主不必对上帝以外的任何人交代自己的行为。"现在查理一世一再重申："世上再高的权力也不能审判国王。"然而，更容易激起同情的是，他将臣民的权利与自己的权利联系在一起，并声称要捍卫这两种权利，从而对抗军队的专断。查理一世说：

> 这不是我一个人的问题，而是英格兰人民的自由和解放问题。你们尽管假装代表人民，但我更支持他们的自由。如果未经法律许可的权力机关可以制定法律和随意改变王国的基本法，我不知道英格兰臣民中还有谁能确定拥有生命安全及其他任何东西。

1649年1月23日星期二，查理一世第三次拒绝申辩。法庭休会，转到绘厅。态度坚决的一些人决定宣布查理一世蔑视法庭，进而继续宣判他有罪，而另一些人则反对这一做法。接下来的两天中，他们在绘厅的私人会议上听取证据，也是为扭转法庭反对派的态度争取时间。许多证人一个接一个地作证说，他们看见查理一世拿起武器反对议会。一个人说他看到诺丁汉竖起了皇家旗帜；另一个人说他在纽伯里见过查理一世，查理一世全副武装并拔出剑，告诫一个骑兵团最好支持查理一世，因为他的王冠统治着军队；第三个人发誓他听说查理

审判查理一世

一世在攻陷莱斯特城后，鼓励士兵剥光囚犯的衣服殴打他们。接着，证明查理一世邀请外国军队入侵英格兰的文件也呈了上来。最后，1649年1月25日星期四的晚上，法庭投票通过了对查理一世的死刑判决。1649年1月26日早上，六十二名委员批准了委员会制定的判决条款。不过，他们还是决定将查理一世带到法庭去听候判决，而不是让他缺席审判。这无疑是为了给他一个申辩的机会，以防他后悔蔑视法庭。

1649年1月27日星期六下午，在萨金特·约翰·布拉德肖的带领下，六十七名委员在威斯敏斯特大厅就座。为宣布判决，萨金特·约翰·布拉德肖这次穿上了红色的法官服。查理一世又一次拒绝申辩并提出请求：在宣判之前，他希

萨金特·约翰·布拉德肖

法庭对查理一世进行宣判

望召集上下议院来绘厅听他讲话。他宣称自己有话要说,"这对王国的福祉和臣民的自由至关重要……我相信,这非常值得一听"。后来有谣传说,他打算提出退位,并以双方都同意的条件让他的儿子继承王位。简短的审议后,法庭拒绝了这一请求。萨金特·约翰·布拉德肖先是陈述了犯人的罪行并劝他悔改,接着命令书记员宣读判决。查理一世仍然想争取发言,但萨金特·约翰·布拉德肖回应说,"您的时代已经过去了",并命令书记员继续宣读。判决宣读完毕后,所有的委员都起立表示同意。查理一世又一次竭力争取发言。"先生,判决之后,您就没机会讲话了。"他仍然挣扎着要说话。审判长命令道:"卫兵,将囚犯带走!"查理一世叫道:"连我都不被允许说话!还能期待别人会得到什么公正!"

查理一世被带出法庭

当查理一世被带出法庭时，士兵们高呼："处死！处死！"据说当查理一世走过时，有人辱骂他并将烟草的烟雾喷到他脸上。但当查理一世从威斯敏斯特走向白厅的时候，街道上"商店的小摊和窗户上挤满了人，许多人流下了眼泪，为查理一世祈祷的声音传到外面"。很明显，人民是偏向查理一世的。即使不考虑其他，就这一点也很可能会促使军队领导人在最后时刻退缩。但即使他们这么想，军队也不会允许他们这么做。此外，在整个审判过程中，奥利弗·克伦威尔从来没有过丝毫的动摇和犹豫。在他的影响下，弑君者们团结一致。后来，轮到审判查理一世的法官受审时，一些人竭力将自己的行为描绘成被迫行事。有人说奥利弗·克伦威尔和亨利·艾尔顿控制了他并强迫他坐在法庭上；其他人则称奥利弗·克伦威尔强迫不听话的法官签署死刑令，并压制那些希望宣判后让查理一世讲话的少数派。理查德·印戈尔兹比上校直接宣称奥利弗·克伦威尔抓住他的手指诱使他签字，尽管事实上理查德·印戈尔兹比上校的签名没有显示出任何强制的迹象。当时的文学作品中流传着许多这样的传说，虽然这些传说本身是虚构的，但都证明了一种有根据的普遍现象。奥利弗·克伦威尔下定决心，查理一世必须死。而他一旦下定决心，绝不会改变。在如此坚定的意志下，所有拯救查理一世的努力都是徒劳的。威尔士亲王查理向托马斯·费尔法克斯爵士提交了申请，尽管托马斯·费尔法克斯爵士本人坚决拒绝参加审判，但在其他方面，他仍然是军官委员会手中被动的工具。荷兰大使向议会上诉，但这时留在议会的人不是爱莫能助就是异常顽固。

苏格兰议会的委员们公开表示抗议，并私下向军队领导人发出呼吁。他们向奥利弗·克伦威尔抗辩说，《神圣盟约》要求两国保护查理一世的人身安全，而对查理一世采取极端手段就是破坏英格兰和苏格兰的联盟。作为答复，奥利弗·克伦威尔发表了一篇关于王权本质的谈话，声称查理一世的背信弃义理应受到比其他任何罪行更严厉的惩罚。而《神圣盟约》的目的是捍卫真正的宗教，如果查理一世是建立真正宗教的最大障碍，他们就没有义务保护他。他还说："《神圣盟约》保证要将所有煽动者和敌人都绳之以法，难道窃钩者诛，窃国者却要被释放吗？"

与此同时，1649年1月28日和29日，查理一世准备赴死。他花了很长时间和威廉·朱克森主教一起祈祷，烧毁文件，安排存留不多的个人财产并与孩子们道别。查理一世担心军队会让格洛斯特公爵亨利·斯图亚特当国王，用简单的语言命令他不要"夺走兄长的王位"。查理一世将孩子抱到膝上，说道：

"我的宝贝，现在他们要砍掉你父亲的脑袋了。"听到这话，孩子盯着他。"听着，孩子，我说的是：他们会砍掉我的头，也许还会让你当国王。但记住我所说的话，只要你的哥哥查理和詹姆斯还活着，你就不能当国王。因为如果他们抓住了你的两个哥哥，就会将他们的脑袋砍下来，最后会将你的脑袋也砍下来。所以我要叮嘱你，不要让他们立你为国王。"

孩子们被带来见查理一世

查理一世抱起格洛斯特公爵亨利·斯图亚特放在膝盖上

听了这些话,那孩子叹了一口气说:"我会首先被撕成碎片。"查理一世跟女儿伊丽莎白·斯图亚特说的话,后来伊丽莎白·斯图亚特自己写道:

> 他希望我不要为他难过,不要因他折磨自己,因为他的死是光荣的,是为了这个国家的法律和自由,为了维护真正的新教。他告诉我他已经原谅了所有的敌人,希望上帝也能原谅他们,并命令我和其他兄弟姐妹原谅他们。他叫我告诉母亲,他的心一刻也没有离开过她,他的爱始终如一。

伊丽莎白·斯图亚特

托马斯·赫伯特

为了安慰伊丽莎白·斯图亚特,查理一世叫她,不要为他悲伤。他为道义献身,毫不怀疑主会将王位传给他的儿子。而我们都应该幸福地活着,比他在世时还要快乐。

1649年1月29日晚,查理一世在圣詹姆斯宫安歇。1649年1月30日,距天亮还有两个小时他就起床了。查理一世招呼仆人托马斯·赫伯特,让他仔细地给他穿衣。查理一世说:"让我比平常多穿一件衬衫吧。这个季节太冷,我可能会发抖,观刑的人可能会误以为我是由于害怕而发抖。我不接受这样的污名,我不怕死。死对我来说并不可怕。感谢上帝,我准备好了。"

1649年1月30日10时左右，丹尼尔·哈克上校过来将查理一世带往白厅。托马斯·赫伯特和威廉·朱克森主教陪着他穿过圣詹姆斯公园。一队戟兵围住了他，一队步兵位列在他两侧。"鼓声震天，都听不到彼此说话的声音。"这是一个寒冷的早晨，查理一世像往常一样走得很快，并"以轻快的语气"叫卫兵加快步伐。到达白厅后，查理一世在卧室里等了两三个小时，可能是为了给议会时间通过一项禁止承认任何新国王的法令。在这段时间，查理一世和威廉·朱克森主教一起祈祷。在主教的敦促下，他吃了一口面包，喝了一杯红葡萄酒。1649年1月30日13时30分，丹尼尔·哈克上校来通知查理一世上断头台。查理一世跟

威廉·朱克森主教

查理一世被押赴刑场的路上

随他穿过陈列室和宴会厅，男男女女都站在那里看着查理一世走过。查理一世经过他们的时候，"听到围观的人为查理一世祈祷，士兵们没有责备他们。士兵们默不作声，一脸沮丧，显然认为这个工作十分痛苦而不是解气"。

从宴会厅中间的落地窗，查理一世走上刑台。他从头到脚都穿着黑衣服，但不是丧服。他还戴着乔治勋章和嘉德骑士绶带。断头台用黑布罩着，周围的栏杆有半人高，黑色的帘子垂了下来。在断头台的中央，放着一个台子，"一小块木台，底部是平的，大约有一英尺半长，约六英寸高"。在木台旁边放着"一把明亮的斧子，是用来处决罪大恶极的囚犯的"。这把斧子是从伦敦塔带来的，很可能就是那把砍过斯特拉福德伯爵托马斯·温特沃斯脑袋的斧子。木台边站着两个蒙面人，他们都穿着紧身的连身衣。一个观众说他们像水手，而另一个则说他们像屠夫。两个蒙面人中有一个戴着灰色的假发，胡子花白，看起来是个老人。就在断头台脚下，站着成排的士兵、骑兵和步兵，而他们后面是一大群男男女女。其他观刑的人挤在窗户边和周围房子的屋顶上。

查理一世被押上断头台

　　发现声音无法传到人们耳中，查理一世对断头台上的十四五人发表了讲话。查理一世说，作为一个人、一个国王和一个基督教教徒，他必须证明自己是清白的。他从来没有想过要侵犯人民的自由。这场令人不悦的战争是由议会而不是由他发动的。查理一世想起斯特拉福德伯爵托马斯·温特沃斯，继续说道："但尽管如此，上帝的判断是公正的。我曾经实施的不公正判决现在通过另一个不公正判决惩罚到我头上来了。"

　　然后，查理一世原谅了那些导致他获判死刑的人，用几句话解释了他的死因。

　　　　至于人民，我和任何人一样渴望人民的自由和解放。但我必须告诉你们，人民的自由和解放在于政府，在于确保他们生命和财产安全的法律。这不是说要让他们成为政府的一分子,那对他们来说无关紧要……如果我曾经容许让剑来改变一切,我就不会站到这里。我祈求上帝不要让你们承担这个责任,所以我告诉你们,我是人民的殉道者。

说完,在威廉·朱克森主教和那个戴面具的花白胡子男人的帮助下,查理一世将长发挽在帽子下面,和威廉·朱克森主教说了几句话。查理一世脱下斗

查理一世与威廉·朱克森主教对话

篷和紧身上衣,将乔治勋章交给威廉·朱尔森主教,并吩咐刽子手将木台固定住。然后,查理一世站在那里,举起双手,抬起双眼,对自己说了两三句话。接着,他弯下腰,将脖子放在木台上。他趴着祈祷了一会儿,双眼闪闪发光。一个

查理一世被处决

观刑的人说,他从来没有见过这样的生机和活力。突然,查理一世伸出双手,那个花白胡子男人一下就将他的头砍了下来。另一个观刑的人注意到,这时正好是14时4分。

另一个蒙面人拿着查理一世的头，一言不发地举到人们面前。断头台周围成千上万的人发出了呻吟。菲利普·亨利写道："这样的呻吟是我从来没有听到过的。我希望再也不会听到了。"接着，菲利普·亨利看见两队骑兵连，一队朝威斯敏斯特方向，一队朝查令十字街方向，粗鲁地驱散着人群。他很高兴能平安无事地回到了家。

　　查理一世的遗体被安放在一个普通的木头棺材里，棺材上盖着一块黑天鹅绒的布。经过防腐处理后，遗体被装在一个铅制的外棺里，运到了圣詹姆斯

菲利普·亨利

里士满公爵詹姆斯·斯图亚特

宫。托马斯·赫伯特想将查理一世葬在威斯敏斯特亨利七世的礼拜堂里,和他的祖先葬在一起,但遭到了拒绝,因为"这会吸引无数各色人等到那里去,既不安全,又不方便"。温莎城堡似乎比较安全。议会批准托马斯·赫伯特将查理一世葬在那里,并给他拨了五百英镑的丧葬费。里士满公爵詹姆斯·斯图亚

南安普敦伯爵托马斯·赖奥斯利

特、南安普敦伯爵托马斯·赖奥斯利和另外两名贵族获准参加葬礼。他们在圣乔治小礼拜堂亨利八世和简·西摩陵园旁边选了一个墓穴。1649年2月1日星期五，他们为查理一世送葬。没有念任何祈祷文，因为温莎总督不允许威廉·朱克森主教使用《祈祷书》中的仪式，说《指南》中的仪式是唯一获得议会授权的。然而，对悼念者来说，上天似乎给了死去的君主一个无罪的象征。托马斯·赫伯特写道：

> 当时的情景令人难以忘怀。当查理一世的遗体被从圣乔治大厅抬出来的时候，还是碧空万里，但不久就下起了雪，而且下得很大。

等送葬队伍抵达皇家礼拜堂的西端时,黑色的天鹅绒棺罩被厚厚的雪覆盖着,变成白色,纯洁无瑕。

英格兰在哀悼,但军队和他们的党派却欢欣鼓舞。最后,内战中流的血终于因为始作俑者之死而得到补偿。埃德蒙·勒德洛说:"血玷污了这片土地。除非让造成流血的人流血,否则这片土地上的血无法被清除干净。"对大多数人来说,对查理一世形式化的公开审理似乎是对正义的侮辱和嘲弄。而对弑君者来说,这本身就是狂喜的源泉。托马斯·斯科特说,"我们既没有暗杀,也没有私下处死。我们是在上帝和众人面前行刑的。"查理一世的遗体被从断头台抬到白厅。坊间传言当天晚上奥利弗·克伦威尔去白厅看了看查理一世的遗

奥利弗·克伦威尔查看查理一世的遗体

第 11 章 处决查理一世(1648—1649) | 313

体，他掀开棺盖，盯着那张脸看了一会儿，喃喃地说："太残忍了，但不得不如此。"这件事有当时的故事佐证。一位保王派诗人将奥利弗·克伦威尔临死前的情形描述成被殉道君主的"苍白形象"所困扰的样子。文学作品需要这样，但历史对奥利弗·克伦威尔是否忏悔毫无记载。他一直是党内最不愿意承认查理一世非死不可的人之一，但同时又说服自己这是一种必要的正义行为，并不需要悔恨。在他看来，英格兰已经从暴君手中解放出来，而"这必将让未来的基督教教徒崇敬景仰，让世上所有的暴君颤抖恐惧"。

第 12 章

共和国及其敌人

（1649）

　　处死查理一世后，紧接着是废除君主制。1649年2月6日，下议院投票认为上议院既无用又危险，应该予以废除。1649年2月8日，下议院通过决议认为国王这个职位对这个国家的自由、安全和公共利益来说是不必要的负担和潜在的危险。随后，废除这两者的法案相继出台。1649年5月19日，第三项法案出台，宣布建立英格兰共和国。该法案宣布："从今以后，英格兰将成为一个共和国，一个自由国家。作为这个国家的最高权力机构，议会中的人民代表将管理国家。议会将任命下属的政府官员，为了人民的利益管理国家。"从此以后，所有的文书都要以"英格兰自由卫士"的名义下发，而大印章要刻上议会的铭文，"上帝赐福恢复自由元年"。

　　共和国的缔造者没有解释所谓的"自由国家"的确切含义。托马斯·霍布斯和詹姆斯·哈林顿一致将新政府定义为寡头政府。时事评论家认为这是贵族政府，但新政府表面依据的原则是民主政治。在1649年1月4日的决议中，下议院宣布人民是上帝之下所有正义力量的源头，并以此为依据推翻上议院。在一份关于建立共和国的理由的声明中，他们声称国王只是行政长官，是经由国王统治下的人民同意设立的，如果国王管理不善，人民就有权罢免国王。约翰·弥尔顿后来成为国务委员会的秘书之一，也发表了类似的观点。约翰·弥尔顿写了《国王和行政官的任期》。在文中，他断言"所有的人都是生而自由

让-雅克·卢梭

的,是上帝自身形象的再现"。受约翰·弥尔顿启示,让-雅克·卢梭认为政府起源于社会契约。然而,尽管英格兰共和国号称是民主政府,在这个新名字下,共和国只是长期议会统治的一个对象。残余议会将曾经属于国王和王国三个阶层的所有的权力都归为己有。因国王和上议院的存在而形成的制衡,以及教会在立法方面曾经产生的影响力,现在都已经被清除干净。这个新建立的机构只不过是进一步发展了内战时由委员会组成的政府制度。国务委员会既不是参议院也不是内阁,没有权力制衡议会,只是一个每年选举一次的委员会,同时受议会委托承担行政和管理职责。组成国务委员会的四十一人中,除十人外,其余都是议会的议员。

因此,长期议会拥有无上权威。这在英格兰的所有政治集会中,可谓前无古人后无来者。长期议会的立法权力不受限制,通过国务委员会间接行使行政权,通过议会决议直接实施行政权,通过干涉私人诉讼和任命具有准司法职能的委员会行使司法权。长期议会拥有不可分割、不受控制的主权。奥利弗·克伦威尔在八年后说:

> 当时的英格兰人民就是这样的处境。议会将之前三个阶层的权威都揽在手中。它是如此自以为是。如果有人来问:"你根据什么法则来判断?"它可能会说:"怎么了?我无须法则。我在立法和司法上是至高无上的。"

这一权威机构带来的更大麻烦是,议会压根没有结束的那一天。议会不像现在这样一年只有七个月办公,而是全年都办公,假期从来没有超过三四天。此外,根据1641年5月11日的法案,议会不得休会、闭会或解散,除非经议会自己同意。虽然通过该法案的国王已经驾崩,但该法案仍然生效。所以,用奥利弗·克伦威尔的话来说,这个国家是由"永恒的议会统治"。

虽然长期议会的权力达到了巅峰,但它没有理论依据可以证明它的权力是合法的。1649年1月4日,下议院通过的一项决议宣称:"英格兰议会的下议院由人民代表并代表人民,在这个国家拥有至高无上的权力。"但通过这个决议时,下议院此时最没有资格称自己代表人民。内战期间,保王派议员被驱逐。1648年,长老派成员被驱逐。这时的议会,正如奥利弗·克伦威尔所说,经过了"筛选,只剩下小部分人"。1640年11月,长期议会召开时,约有四百九十名议员。1649年1月,还留在下议院的,或自愿留下来的,不超过九十人。很多地区都没有代表。当时的一本小册子里记录了议员名单,没有一个代表来自赫里福德郡、赫特福德郡、坎伯兰郡和兰开夏郡,也没有一个代表来自议会管辖范围内的自治市。威尔士有三个代表,而伦敦只有一个代表。虽然在后来的几年,几次补充扩容和重新选举使在任议员的总数增加到一百二十五人左右,但在1649年到1653年,长期议会没有资格说自己代表人民。因为长期议会的权力不是建立在人民的意愿上，而是建立在军队的支持上，建立在英格兰人对议会迷信式的尊敬上。即使长期议会只是一个影子议会。

在政治上，最重要的问题是军队将继续支持这个残余议会多久。军队与议会表面的一致掩盖了它们在政治观点上的根本分歧。军队认为维持现有议会只是权宜之计，议会则认为自己是一个合法的最高统治者，拥有不可剥夺的统治权。军队理解的自由国家指的是民主政权，不接受没有共和制度的共和国。最重要的是，军队要求新成立的国家应该将成文宪法作为基础明确规定被统治者的权利和政府的权力。在1649年1月起草的《人民公约》中，军队勾勒出了心目中共和国的轮廓。长期议会将于1649年4月结束。所有为救济穷人而纳税的公民，以及除家奴和乞丐外的任何一名男子，都有投票权。选区将变得更平等。议会每两年选举一次，一年的会期不超过六个月。在议会休会期间，由国务委员会行使权力。如果国家认为必要，可以由国家出资维持一个国家教会，但教皇制教会和主教制教会除外。所有形式的基督教都将获得宽容对待。最后，为确保对专制权力的限制，《人民公约》列举了几项任何政府都不能干涉的基本权利：不受压迫的自由、法律面前人人平等和信仰自由。

军队的宪法计划于1649年1月20日提交给议会。它要求的不是通过法律形式将宪法计划强加给国家，而是要求将其提交给国家接受。宪法计划将通过类似请愿书的形式在人民中散发，请人民签名。如果大多数支持者都表示赞成，就采取措施使计划生效。议会接过了《人民公约》并表示感谢，但从此将它束之高阁。

1649年4月过去了，议会没有任何解散的迹象。1650年，亨利·马滕明确表达了军队希望成立新议会的愿望。亨利·马滕将共和国比作婴儿摩西。他说，有人在芦苇中发现了摩西，将他带到法老的女儿面前。法老的女儿认真仔细地找出孩子的母亲。孩子的母亲将摩西托付给法老的女儿照顾。共和国就像一个婴儿，成长缓慢，宪法现在还很脆弱。没有人能像养育它的母亲那样照顾它。在它长大成年、实力增强之前，不应将它托付给别人。

法老的女儿与婴儿西摩

1649年，要让这一观点得到支持任重道远。年轻的共和国面临着国内外的敌人。在英格兰，共和国面临来自保王派、长老会和平等派的威胁；在欧洲，英格兰共和国没有朋友。查理一世的处决引起了国外普遍的恐慌。当时的欧洲统治者不会联合起来惩治弑君者，虽然保王派也希望如此，但各国政府和人民都对英格兰怀有敌意。在俄罗斯，沙皇囚禁英格兰商人，没收他们的货物。在德意志、瑞典和丹麦，牧师们严厉谴责英格兰教派，力图撇清新教与弑君之间的联系。共和党人本来期待得到尼德兰联合省的同情，但公众对他们同样愤怒。荷兰议会将查理二世称为国王，对他父王查理一世的崩逝表示慰问，并允许鲁珀特亲王在荷兰港口装备舰队。荷兰议会拒绝接见英格兰派往荷兰的使者瓦尔特·思特里克兰德，也拒绝承认这个新国家。1649年5月，一个来自英格

瓦尔特·思特里克兰德

埃萨克·多利斯劳斯博士在海牙被苏格兰保王派谋杀

兰的特别大使埃萨克·多利斯劳斯博士在海牙被苏格兰保王派谋杀。尽管荷兰政府答应会追查到底，但民众情绪使凶手得以逃脱。这种敌意在很大程度上是受尼德兰联合省总督威廉二世的影响。他与查理一世的女儿玛丽·斯图亚特的婚姻使奥兰治王朝成为斯图亚特王朝的坚定盟友。威廉二世给查理二世提供了金钱和建议。如果条件允许，他还可以做得更多。但七个省中最强大富裕的荷兰反对联合省总督的战争计划，希望与英格兰和平共处。

因查理一世被处决，每个英格兰人在法兰西都不受欢迎。枢机主教朱尔斯·马扎林正忙于与西班牙开战，法兰西的内部事务也让他焦头烂额，无法给查理二世提供帮助。但他拒绝承认英格兰共和国。英法关系迅速恶化。法兰西政府禁止进口英格兰布料，作为报复，英格兰禁止进口法兰西葡萄酒、毛织品和丝绸。法兰西的私掠船蓄意破坏英格兰的贸易，甚至官方船也加入进来。

尼德兰联合省总督威廉二世

玛丽·斯图亚特

枢机主教朱尔斯·马扎林

1649年到1650年，法兰西掠夺了英格兰总量达五千吨的海运货物，货物价值达五十万英镑。理所当然，英格兰商人对法兰西也进行了报复性掠夺。两国外交关系中断，一名法兰西使者被驱逐，一名使者一上岸就被遣返，还有一名使者刚抵达英格兰就被勒令离开。

与法兰西的敌意相比，西班牙的态度友好得多。虽然西班牙不承认英格兰共和国，但西班牙大使与英格兰国务委员会保持着非官方往来，而西班牙政府在英格兰各党派之间保持中立。西班牙要等到新政府的永久存在得到保证时才采取行动，同时拒绝帮助一个复位机会看起来不大的王位继承人。弗兰西斯·卡廷顿和爱德华·海德是查理二世派往西班牙的特使。西班牙对他们态

弗兰西斯·卡廷顿

安东尼·阿斯克姆

度十分冷淡,拒绝了他们的援助请求。与此同时,1650年5月27日,英格兰共和国的使者安东尼·阿斯克姆一抵达马德里就被英格兰保王派谋杀,只有一名凶手受到了惩罚。西班牙首相说:"我羡慕那些先生,他们做了如此高尚的事。"虽然政治需要可能会迫使西班牙与英格兰共和国保持友好关系,但无论是臣民还是统治者,都和法兰西人一样对英格兰共和国怀有敌意。

在英格兰,国王被俘引发的反对情绪随着国王被处死而越发强烈。行刑十天后,《国王圣像》印刷出版,书中将查理一世描绘成孤独而痛苦的殉道者。虽然这本书确实是约翰·高登博士写的,但英格兰保王派确信书中包含了查理一世亲手写下的思想和感情。这本书提高了保王派的忠诚度,转变了动摇派,甚至感动了冷漠派。他们开始相信查理一世是最好的君主,也是最温顺的殉道者。查理一世不再是被政客们讨伐的背信弃义的暴君,而是戏剧家赞美的有着温和的声音和悲伤的眼神的人。约翰·弥尔顿抱怨说,人们"精神卑劣,愚蠢堕落。除了少数一些人还保留着古英格兰的坚韧和对自由的热爱,大多数人时刻准备跪倒在地,向这个人的肖像和回忆录表示崇敬。而正是此人,比以往任何大不列颠国王都更擅长玩弄阴谋诡计。他破坏了自由,将暴政演变成一门艺术"。在《偶像破坏者》一书中,约翰·弥尔顿竭力粉碎"反复无常、感性荒谬、偶像崇拜的乌合之众"的偶像,但完全失败了。

就目前而言,保王派势单力薄,不足以构成严重威胁。在荷兰和法兰西,一群因战争而一无所有的贵族和士兵焦急地等待着反攻征服者的机会。蒙特罗斯侯爵詹姆斯·格雷汉姆已经在北欧开始征募兵丁,准备重新登陆苏格兰。在写给已故查理一世的诗句中,蒙特罗斯侯爵詹姆斯·格雷汉姆承诺要为查理一世报仇:

> 我要在您的葬礼上吹响小号,
> 以血肉书写您的墓志铭。

其他流亡者,或为谋利或为复仇,开始私掠船舰。从爱尔兰港口、曼岛、泽西岛和锡利群岛出发,成群结队的私掠船舰在英吉利海峡出没,掠夺英格兰商船。更遥远的海域也不安全。几个月后,在大西洋上,鲁珀特亲王带着残存的皇家舰队掠夺了许多战利品。鲁珀特亲王突袭进入地中海,在亚速尔群岛附近拦截返航的英格兰船舰,甚至还在西印度洋海域大肆破坏。他的一个军官写道:"我们靠在海上劳作为生,贫穷和绝望是我们的伙伴,而复仇是我们的向导。"

然而,在国内,保王派被镇压制服了。一些保王派领导人被关进监狱,其他领导人则受到共和国高等法院的审判。通常来说,对战败一方的惩罚仅限于

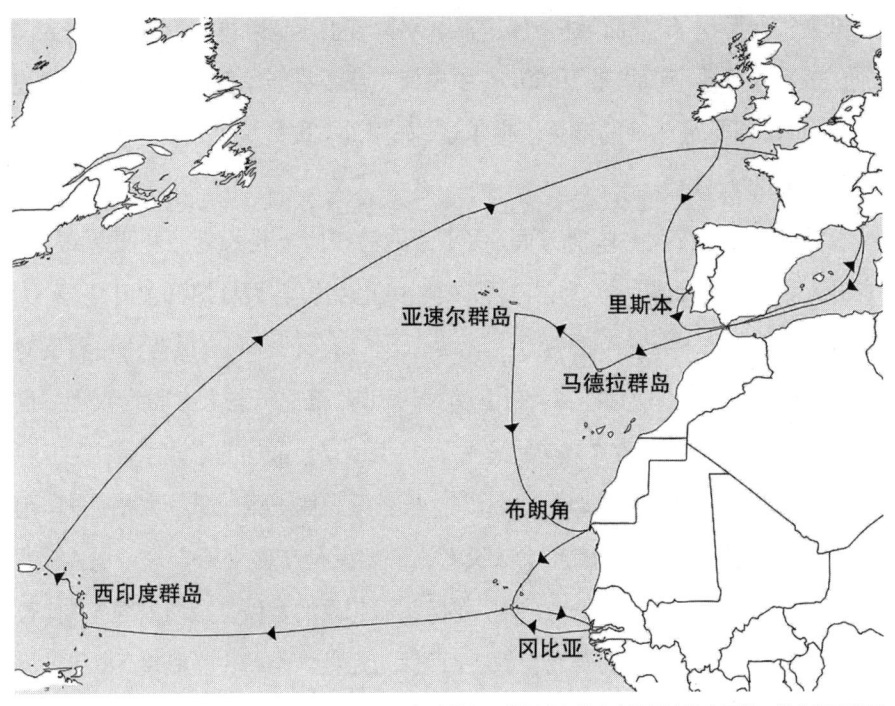

鲁珀特亲王带领残存的皇家海军出没大西洋、地中海示意图

罚款。早在战争初期,议会就通过决议没收了反对议会的武装分子的所有财产。后来,议会采用了违法者复利计划,也就是说,保王派分子可以以一定比例的价值赎回财产。赎金的数额从财产资本价值的二分之一到十分之一不等,根据财产所有者的地位和犯罪程度来具体确定。在这种制度下,议会筹集了大量资金用来支付战争费用。这种手段在惩罚保王派方面效果明显,但在增加收入方面的效果不尽如人意。举个例子,假如一个乡绅为支持查理一世,熔化了金银器皿,砍倒了橡树,结果战败后不得不筹集罚金。而这时他资金短缺,土地价值大幅降低。确定罚金数额的过程漫长而复杂。在确定过程中,他的财产已经被扣押。如果他没能在规定的时间内分期支付罚金,或者被发现瞒报了财产,议会就会重新评估罚款,或者重新扣押财产。他可能会像以往一样迫切希望看到国王重回王位的那一天,但他已经被解除了武装,而且穷困潦倒,再没

有机会实现愿望了。然而，许多保王派甘愿冒着生命危险再次尝试。这些人与流亡王室保持着密切联系。1650年，中央保王派委员会建立，每个郡都有代表参加。但即使是最乐观的策划者也承认，如果没有国外援助，保王派"极度恐惧"，不敢拿起武器。

在英格兰，在反对政府方面，保王派的潜在盟友是长老派和平等派。长老派人数众多，有钱有势。他们的势力集中在伦敦、各大城镇和兰开夏郡，大多数中产阶级和神职人员都属于这个党派。长老会的神职人员曾经强烈反对审判查理一世。他们中有许多人布道反对共和国，还有一些人大胆为查理二世祈祷。他们谴责共和国是"异端的民主"，并拒绝议会强加的忠诚承诺书。但除了消极抵抗，他们很少采取进一步行动。长老派和保王派的愿景大相径庭，因此他们之间不可能有真诚的合作。长老派想要的是在提交给查理一世《纽波特条约》的基础上建立君主立宪制，而保王派想要的是恢复战前的君主制。长老派要求建立某种形式的长老会教会，而保王派要求维持主教制度。1648年，长老派的不信任和冷漠阻碍了保王派的成功，也阻碍了他们和保王派的联盟。保王派同样不信任长老派。对爱德华·海德这样的人来说，长老派无异于叛徒，他们的悔悟是空洞的，他们的原则对君主制和宗教的摧残不亚于独立派的原则。长老派剥夺了查理一世的国王权力，给了独立派剥夺查理一世生命的机会。一位保王派分子总结了长老派和独立派两党在处决查理一世这件事上的作用，他认为虽然独立派砍下了查理一世的头颅，却是长老派将查理一世送上了断头台。虽然逆境可能会让长老派和保王派走到一起，但除非对军事统治的仇恨和对无政府状态的恐惧能抹去他们对战争的记忆，否则他们不可能采取联合行动。

平等派与保王派联盟的概率同样微乎其微。在平等派的名义下，有两个截然不同的政党。尽管这两个政党对现政府持敌对态度，但都不赞成君主制。一小部分人自称是真正的平等派，要求彻底的社会变革。他们说，没有彻底的社会变革，共和国就是个笑话。"除非我们穷人和绅士一样，也有可自由支配的土地，否则这就不可能是一个自由的共和国。"目前，他们要求分给他们公地和荒地，梦想建立一个社会主义共和国。在这个共和国里，没有土地私有制，没有买卖，没有贫富。

大多数平等派只要求进行政治改革，他们声称没有打算"平分土地，破坏财产，或将一切变成共有"。他们想要的是限制政府的权力，扩大个人的权利。他们政治纲领的三个主张是男子选举权、年度议会和完全的宗教自由。他们抱怨说，1648年的革命结束得太快，共和国不是一个绝对的民主国家。

社会主义者是无害的空想家，他们的学说没有什么建树，但民主党人的学说却硕果累累。民主党的代表人物约翰·利尔伯恩是一位卓有成效的时事册子撰写人，精力充沛的演说家，一位具有非凡毅力和勇气的党派领导人。在与政府的斗争中，他不仅表达了自己政党的愿望，还表达了共和国所有反对者的心声。政府没收了他的小册子，将他投入监狱，并以叛国罪对他进行审判。然而，这只会增加他的声望。"诚实的约翰·利尔伯恩"否定了当局用剑发号施令的权力，要求享有每个英格兰人与生俱来的自由权利。这时，没有哪个伦敦陪审团愿意给他定罪。他一次次地被囚禁，但他从不屈服。1651年12月，议会通过了驱逐他的法案。

由于树敌太多，共和国的缔造者面临的任务异常艰巨。然而，他们掌握着所有的政府机构，尽管支持者不多，但他们的精力和热情弥补了支持者人数不足的缺陷。国务委员会由具有军事或政治经验的乡绅组成，除了三四个职业军人，还有几个律师和商人。其中一些人相当能干，出现了好几个政治家，正如约翰·弥尔顿谈到亨利·韦恩爵士时所说的，当罗马长老院击退皮拉斯和汉尼拔·巴卡时，他们是最适合掌管罗马的长老。通过委员会和理事会进行管理的制度，一个部门下设的每一个机构都有可能增加一些具有专业知识和技能的外来者。因此，共和国的行政管理远比长期议会或君主制时期要好得多。保王派的时事小册子作者将当权者描绘成腐败分子和自私自利者。但实际上，除少数几个例外，大部分管理者都品格高尚、大公无私。即使在一个持敌对态度的外国观察者看来,如今的管理者确实配得上自己手中的权力,虽然他们的行政权来得不是那么正大光明。朱尔斯·马扎林的一位使者写道:

> 他们不仅在海上和陆上非常强大,在生活中也不卖弄浮夸,不相互攻击。他们在生活上精打细算,在公共事务上却慷慨无私,每个人都将公共事务当成个人事务一样辛苦奔忙。他们经手大量的金钱,却严守纪律,诚实管理。他们奖罚分明。

共和国的财力远超斯图亚特王朝的任何时期。1633年,查理一世的国库收入估计为六十一万八千英镑。1649年,共和国每月的税赋、海关税、消费税、违法者罚款和没收土地的出售收入约达两百万英镑。然而,共和国的花费很大。海上安全及可能发生的对外战争使海军的重组成为当务之急。因此,华威克伯爵罗伯特·里奇的最高海军将领职位被撤销,舰队的指挥权授予了三位海军上将:罗伯特·布莱克、罗伯特·迪恩和爱德华·波普汉姆。国务委员会下属的海事委员会取代华威克伯爵罗伯特·里奇行使海军事务的普通监督权,但船舰的建造、船员的管理及其他具体的海军事务交由海军委员董事会管理,这些董事会委员根据海上行动需要决定海上战斗舰队需要什么。在接下来的三年,海军增加了四十一艘战舰,还增加了一些雇佣商船。水手们比在查理一世手下时吃得更好,报酬更高,其他待遇也更优厚,而且他们可以从战利品中抽成三分之一,这大大激发了他们的作战热情。外国入侵的隐患很快消除,占领海洋已经成为现实,而不是一句空话。

共和国军队虽然规模相较当前任务来说太小,但用于镇压叛乱或防止侵略则绰绰有余。新模范军的两万一千名士兵已经增加了一倍。1649年,常备军人数为四万四千人,其中一万两千人已经被派去重新征服爱尔兰。在性质和组成上,常备军与新模范军没有什么不同。军队穿上了统一的制服,从此"红外套"和士兵成了同义词。由于部队的薪金较高,而且退役相对比较规律,因

罗伯特·布莱克

此无须强制征召新兵。至于军官,从军已经成为一种职业,很少有人退休,除非残疾或被革职。各个级别的官员都受到某种集体情感的鼓舞,习惯在政治中一起行动。但在军官和士兵之间,开始出现严重的意见分歧。平等派的煽动在下级军士中迅速得到响应。许多士兵像约翰·利尔伯恩一样要求立即实现民主共和国。另一些人则希望重新建立鼓动者委员会,废除戒严法。与1647年一样,士兵拒绝去爱尔兰服役,再加上饷银拖欠问题,军队的不满情绪加剧。约

煽动者约翰·利尔伯恩

翰·利尔伯恩抓住机会攻击军官委员会和作为精神领袖的奥利弗·克伦威尔。约翰·利尔伯恩和追随者谴责奥利弗·克伦威尔是一个暴君,一个叛教者和伪君子。在他们的一本时事小册子中有这样的描述:"你不能和奥利弗·克伦威尔谈任何事情,他只会将手放在胸前,两眼望向天空,呼唤上帝作证。他会号啕痛哭,悔恨不已,同时会一拳击向你的心脏。"

奥利弗·克伦威尔对这些人身攻击毫不在意,但他感受到了这种躁动情绪对共和国的威胁。他坚定不移地坚持现有社会秩序,认为平等派的教唆是为了推翻权威,掠夺财产。在后来的一次讲话中,奥利弗·克伦威尔总结了他对平等运动的看法。阶层明确是社会的基石。"贵族、绅士、自耕农,这样的构成是国家稳定的基础。"但"平等原则"倾向于消灭所有的等级和阶层,实现人人平等。有意无意地,平等派的目标被他描述成这样:"他们的目的不是要使佃户像地主一样自由获得财富吗？"宣扬这种理论对国家是危险的，"因为这种理论取悦了所有的穷人，在所有坏人当中也大受欢迎"。

平等派在军队中宣传平起平坐的观点，煽动士兵反抗军官。奥利弗·克伦威尔处理这些头目的方法十分迅速果决。1649年3月，约翰·利尔伯恩和其他三名煽动者被带到国务委员会。奥利弗·克伦威尔拍着会议桌说：

> 我告诉你们，要对付这些人，没有别的办法，只有将他们打倒，否则他们就会打倒你们。没错，他们会将王国中的流血事件和财产损失都归罪到你们头上，让你们多年的辛苦劳作化为乌有。所以我再次告诉你们，你们必须打倒他们。

约翰·利尔伯恩和朋友们被关进了伦敦塔，但士兵们的躁动仍然不减。1649年5月，在索尔兹伯里，被指定前往爱尔兰的三个军团爆发了公开叛变，宣称在英格兰获得自由前拒绝前往爱尔兰。他们的口号是"英格兰的自由，士兵的权利"，并希望其他军团也加入他们。但奥利弗·克伦威尔和托马斯·费尔法克斯爵士没有给他们积蓄力量的时间。

这两位将军火速带领军队从伦敦赶到牛津，在伯福德整治了叛乱分子，俘虏了四百人，驱散了其余的人。几乎没有流血打斗。两位将军击毙了三名叛乱士官，并扬言要消灭其余的叛变者，但最终让他们重新回到军队并将他们送往爱尔兰。

奥利弗·克伦威尔不只在军队中打击反对共和国事业的敌人，他还投入极大的热情努力安抚游移不定的支持者，重新赢得失去的朋友。许多独立派人士愿意接受共和国，即便他们不赞成共和国建立的方式，但共和国的成立已经是既成事实。这些人被纳入国务委员会，与宪法革命的发起人共事。这个折中处理很有可能是奥利弗·克伦威尔的主意。他在上议院问题上的态度同样温和。奥利弗·克伦威尔反对废除上议院，希望将它作为一个纯粹的咨询机构被保留。在像埃德蒙·勒德洛这样狂热的共和党人看来，这就是缺乏原则。事实上，他天生的保守主义使他不愿意做出超出必要范围的宪法改革。同时，他也希望保留那些迄今为止仍然支持这项事业的几个贵族的支持。1649年4月，奥利弗·克伦威尔甚至向长老派示好。正如他在1647年曾经提出的那样，如果长老派能宽容对待那些信仰其他信条的"和平守法者"，他就同意建立长老会制度。他也表示，只要那些因"荣誉大清洗"而被驱逐的下议院议员承诺对共和国忠诚，他就同意重新接纳他们。但长老派拒绝了他的提议。

这些妥协的尝试在历史上几乎没有留下任何痕迹，但奥利弗·克伦威尔的信表明他曾经努力试图改变其他人的看法。罗伯特·哈蒙德和菲利普·沃顿勋爵曾经是他的朋友，但正如奥利弗·克伦威尔所说，现在理性推理让他们脱离了为上帝服务的轨道，而为了将他们重新拉回轨道，奥利弗·克伦威尔诉诸信仰而不是理性，因为这是他消除顾虑的方法。他对菲利普·沃顿说：

> 打消您的疑虑或者回应您的异议都不重要。这些我都有所听闻，也曾为此心绪不宁，但现在我已经归于平静。为此我万分感谢。我不是在谴责您的推理，我是怀疑这些推理。

菲利普·沃顿无法接受"荣誉大清洗"和处死查理一世的做法。他谴责共和国的建立非法，并质疑有关人员的品性。奥利弗·克伦威尔回答说：

> "如果我们过于看重形式，就会轻易反对上帝的光荣行动。不要纠结于方式方法，因为或许他们已经没有别的办法。如果上帝接受了他们的热情，就像接受了菲尼亚斯的一样呢？如果出于理性推理，菲尼亚斯原本应该被带到陪审团面前。"但最重要的是，"如果上帝已经表现出对这一行为的认可和接受呢？不仅是通过外在的表征，而且是发自内心的认可呢"？

菲利普·沃顿

对奥利弗·克伦威尔来说，这种外在标志与内在信念的结合无须争辩。事件的逻辑是唯一令人信服的逻辑。这是他在1648年针对罗伯特·哈蒙德的怀疑给出的回应。"世俗的理性会蒙蔽我们"，让我们看看上帝的目的是什么，而这是通过事件显现出来的。事情之所以发生，是因为上帝要让它发生。因此人们所说的事件，对于基督教教徒来说，就是"天命""神启""天意"。没有所谓的命运,"那是一个过于异教的词"。没有所谓的偶然,每一场战争都是"对上帝的呼吁"。奥利弗·克伦威尔经常用这个词作为战斗的同义词。胜负不是偶然,这是"上帝的旨意,却被错误地称为战争的机会"。因此,他事业上一次次接连的胜利都又一次证明了这个事业的正义性。他在爱尔兰的胜利成了共和国的合法证明。他告诉议长:"这是上帝对您的政府大变革的认可。"

不可否认,这种信仰包含了一种宿命论。奥利弗·克伦威尔自己也曾承认他倾向于过度使用"外在天意"。这一信条给他带来的对事业的巨大信心是他吸引众多追随者的力量源泉。其中一个追随者说:

> 在战场的高处,就像在邓巴、伍斯特和其他地方一样,当奥利弗·克伦威尔手里掌握着自己的命运时,他的信仰不是起着异乎寻常的作用吗?因此,当别人——包括一些善良的人——被恐惧和沮丧压迫时,他的眼中却闪耀着成功和胜利。

无论他自己会遭遇什么,这个事业都不能失败。"这是上帝的事业,必须兴旺发达。"他对朋友的劝告不是为了事业,而是为了那些内心犹疑的朋友。他告诉一个朋友:"耶和华不需要你。"他又劝说另一个朋友:"这个事业不需要你,但你需要它。"他心里只有这样的担忧:"如果我的朋友由于虚假错误的推理,从主的事业中抽身而出,那该怎么办?"在任何岗位为这样的事业服务是"这个世界给予的最大荣耀"。他呼吁说:"作为主的仆人而奔波是何等的伟大!"那么,一个人是被称为叛教者还是暴君,无论这样的服务会带来什么样的谴责和疏远或彻夜不休和辛苦劳作,都无关紧要了。"我们都不要在意人们会如何看待这些行为。不管他们愿意与否,上帝的美好愿望终将实现。我们要为我们的后代服务。我们可以指望在其他地方安息:这次休息将是永久的。"

因此,当其他人踟蹰不前时,用安德鲁·马维尔的话说,奥利弗·克伦威尔"不屈不挠地向前挺进"。共和国是幸运的,在需要的时候有这样一个仆人。

奥利弗·克伦威尔和他的将军们

更幸运的是，共和国的统治者意识到奥利弗·克伦威尔所效忠的事业不是某种政府形式，而是能与任何政府形式相容的理想目标。他曾经试图在君主制中寻求宗教和公民自由；现在要在一个共和制里寻求；今后，他要在一个既不属于君主制也不属于共和制的政府里寻求。在他看来，目前宗教和公民自由似乎与共和国密不可分。

第13章

爱尔兰

（1649—1650）

第二次内战蔓延到爱尔兰。1648年5月，因奇奎恩男爵穆罗·奥布莱恩和明斯特的新教教徒反叛议会，升起了皇家旗帜。1648年9月，奥蒙德伯爵詹姆斯·巴特勒再次回到爱尔兰。1649年1月，奥蒙德伯爵詹姆斯·巴特勒将盎格

因奇奎恩男爵穆罗·奥布莱恩

鲁-爱尔兰保王派和天主教同盟联合起来，对抗议会的支持者。教廷大使乔万尼·里努西尼抵制联盟失败。奥蒙德伯爵詹姆斯·巴特勒建立的联盟承诺给予天主教自由和平等，同时给予爱尔兰议会独立。这吸引了许多人，神职人员也表示支持。他们号召爱尔兰士兵在他的旗帜下为上帝和恺撒而战，并号召人们为他旗下的两万军队提供支持。1649年2月，乔万尼·里努西尼离开爱尔兰。

对查理一世的处决进一步增强了保王派的势力。阿尔斯特长老会的一部分人公开宣布支持奥蒙德伯爵詹姆斯·巴特勒，承认查理二世，其余的人也都宣布不再服从议会。只有欧文·罗伊和爱尔兰的阿尔斯特人对条约的一些条款不满，因此不愿意加入联盟。他们先是与奥蒙德伯爵詹姆斯·巴特勒谈判，后来又与议会官员谈判，在一段时间内保持中立。在伦敦德里，查尔斯·库特爵

查尔斯·库特爵士

乔治·蒙克上校

士仍然支持议会，乔治·蒙克上校则坚守邓多克，而迈克尔·琼斯上校始终保持警惕和实力，据守都柏林。1647年6月，当奥蒙德伯爵詹姆斯·巴特勒将都柏林转交给议会接管时，迈克尔·琼斯上校曾经被议会任命为都柏林总督。1647年8月，他在邓根山取得了一场大胜，可以肯定他会战斗到最后。除非英格兰及时援助，否则这些最后的据点也只能持续几个月。

保王派手中的爱尔兰肯定会被当作攻击英格兰的基地，因此当前的问题不仅仅是爱尔兰是否应该与英格兰分离。年轻的查理二世传来消息说他将迅速前往爱尔兰，万事俱备，只缺资金。鲁珀特亲王已经在明斯特港集结了一支由八艘战船组成的中队。1649年3月15日，在这关键时刻，国务委员会提名奥利弗·克伦威尔率军前往爱尔兰。1649年3月22日,奥利弗·克伦威尔发表演讲,表达他对危机的理解。他说:"你们的旧仇敌又联合起来攻击你们了。"苏格兰已经宣布承认查理二世。英格兰的一个大党派时刻准备与苏格兰人合作;爱尔兰各党派已经联合起来"铲除英格兰利益,拥立威尔士亲王"。"如果我们不及时维护自身利益,不仅会使我们在爱尔兰的利益遭受损失,而且爱尔兰人会在短时间内入侵英格兰,给我们制造麻烦。"一想到苏格兰或爱尔兰的干涉,英格兰人的民族自豪感就油然而生。奥利弗·克伦威尔继续说:

> 我承认我经常有一些世俗和愚蠢的想法。如果非要做选择,我宁可让保王派得势,其次是苏格兰,然后才是爱尔兰。因为我认为爱尔兰得势是最危险的……一旦他们得逞,这里的人将成为世上最悲惨的人,因为爱尔兰人的野蛮举世共知……这次争端已经到达事态的临界点。对于我们是坚决拒绝回到之前的暴政之下,还是迎回国王,臣服于苏格兰王国和爱尔兰王国治下,所有的英格兰人该有所觉醒。

实际上,正如奥利弗·克伦威尔所说,这场争端是一场事关民族命运的斗争。问题的关键在于,英格兰的自由发展是否应该受爱尔兰人和苏格兰人的遏制。这二者为了自己的利益,意图扶持失势的斯图亚特王朝重新掌权。然而,只要军队团结一致,王朝复辟的概率就不大。"比起外敌入侵,内部不和造成的风险更大……我深信只要我们恪尽职守,静候耶和华,主必将我们护于铜墙铁壁之中,直至我们完成主交予我们的使命。"尽管奥利弗·克伦威尔对主的帮助充满信心,但他没有低估重新征服爱尔兰的困难程度,并着手进行胜利所需的一切准备工作。

1649年3月3日,在确保得到政府的足够支持后,奥利弗·克伦威尔才接受了议会命令,并等到军队领到饷银后才率军渡海。议会授予他爱尔兰总督和总司令的双重职务,为期三年。两个职务的年薪总和是一万三千镑左右。议会还交给他一支一万两千人的军队。这支军队配备精良,军备完善。军队的纪律松散、运送军队的船集合不起来,更重要的是筹集维持军队的资金困难,使他的起航时间推迟了四个多月。直到1649年8月3日,奥利弗·克伦威尔才在都柏林登陆。

如果奥蒙德伯爵詹姆斯·巴特勒的指挥才能更卓越,或者欧文·罗伊在1649年3月而不是1649年8月放弃中立,那么在奥利弗·克伦威尔到来之前,英格兰驻防可能早就被全部攻克了。1649年7月,奥蒙德伯爵詹姆斯·巴特勒的副将因奇奎恩男爵穆罗·奥布莱恩占领了邓多克和德罗赫达,而奥蒙德伯爵詹姆斯·巴特勒在都柏林封锁了迈克尔·琼斯上校。奥利弗·克伦威尔带来的三个英格兰兵团增援都柏林。1649年8月2日,都柏林的守军突袭了奥蒙德伯爵詹姆

欧文·罗伊

第 13 章 爱尔兰(1649—1650)

拉斯敏斯战役中的议会军

斯·巴特勒在拉斯敏斯的营地，致使奥蒙德伯爵詹姆斯·巴特勒溃败，损失了五千人。奥利弗·克伦威尔写道："上帝的仁慈伟大而及时，对他们而言，我们就像从天而降。"奥蒙德伯爵詹姆斯·巴特勒已经无法召集一支足以在战场上与奥利弗·克伦威尔相抗衡的军队，只好依靠堡垒阻止奥利弗·克伦威尔的军队，等待新的兵力集结。德罗赫达首先受到威胁，奥蒙德伯爵詹姆斯·巴特勒抛下军队落荒而逃。1649年9月10日，奥利弗·克伦威尔对德罗赫达发动进攻，将保卫德罗赫达的两千八百名士兵打得七零八落。他写道："据我推测，全军逃跑的人不超过三十个。"然后，他派遣一支小分队驰援伦敦德里，自己则带领大军向南进发。1649年10月11日，奥利弗·克伦威尔突袭并占领韦克斯福德。大约有一千五百个当地驻军和居民陈尸街头和市场。和在德罗赫达一样，每一个落入胜利者手中的教士都被立即处死。

第一次进攻德罗赫达被击退后，奥利弗·克伦威尔特意下达命令，要求不放过任何武装人员。而韦克斯福德的屠杀则是突发状况，并不是出自奥利弗·克伦威尔事先的命令。奥利弗·克伦威尔对这次流血事件毫不后悔。他憎恶当时许多英格兰指挥官在爱尔兰所犯下的无差别暴力，但同时他也比任何一个将军都更谨慎地保护平民和非战斗人员免受掠夺和暴力。他向天主教神父挑衅说："自我到爱尔兰以来，你们找不出一个手无寸铁的平民被屠杀或放逐的例子。他们遭到屠杀或放逐是因为他们在这之前的行为没有受到正义的审判，这是他们应得的。"但当城镇被突袭并占领时，战争法允许保留城镇驻军的性命。基于这一点，奥利弗·克伦威尔从军事和政治两方面为他在德罗赫达和韦克斯福德的行为辩护。他不仅以征服者的身份来到爱尔兰，而且以法官的身份"要求对1641年叛乱中的无辜流血事件做出解释"，"惩罚太阳底下最野蛮的屠杀"。关于德罗赫达的屠杀，奥利弗·克伦威尔写道：

> 我相信这是上帝对那些野蛮人的正义审判，将防止未来发生更多的流血事件，因为他们的双手沾满了许多无辜平民的鲜血。这为我们的行动提供了令人满意的解释，否则只能使人感到懊悔和遗憾。

关于韦克斯福德的屠杀，奥利弗·克伦威尔说：

> 上帝以难以预料的天意和公平的正义对他们进行了审判，使那些曾经毁灭了许多家庭的人落入我们的士兵手里，用他们的鲜血偿还那些可怜的新教教徒曾经遭受的迫害。

简而言之，用托马斯·卡莱尔的话说，奥利弗·克伦威尔认为自己是"上帝正义的使者，对上帝的敌人执行上帝的审判"。只有狂热分子才能认同这个观点。他的正义是凡间的正义，不分青红皂白，更谈不上完美，掺杂着太多的复仇成分。正如圣詹姆斯所说，愤怒不能作为上帝的正义。在政治上，这些屠杀是

议会军与保王派军队在德罗赫达交战

德罗赫达大屠杀

一个错误。关于屠杀造成的仇恨现在仍然横亘在奥利弗·克伦威尔希望实现团结的两个民族之间。然而，在军事上，这些屠杀迅速产生了奥利弗·克伦威尔希望的效果，也避免了更多的流血事件。奥蒙德伯爵詹姆斯·巴特勒写道：

> 简直难以想象，叛军的胜利给这个国家的人民造成了多么大的威慑！人们都麻木了，我很难说服他们像真正的男子汉一样保护自己。

特里奇和邓多克的驻军弃城而逃，罗斯的城墙刚被攻破一个缺口驻军就打开城门，奥蒙德伯爵詹姆斯·巴特勒的英格兰保王派军队大量逃亡。然而，1649年11月，奥利弗·克伦威尔在攻打沃特福德时，胜利魔咒被打破了。守军顽强抵抗，再加上冬天的暴风酷寒天气，迫使奥利弗·克伦威尔开展围城战。艰苦的爱尔兰战事使参战士兵数量减少，大部分士兵应该"待在医院而不是奔赴战场"。奥利弗·克伦威尔的副统帅迈克尔·琼斯死于高烧，而奥利弗·克伦威尔自己也病倒了。

与此同时，奥蒙德伯爵詹姆斯·巴特勒建立的联合政府也暴露出其内在弱点。1648年，因奇奎恩男爵穆罗·奥布莱恩曾经诱使明斯特的新教教徒宣布支持国王查理二世，但如今这些新教教徒和爱尔兰天主教之间产生了巨大分歧，而这是任何暂时的政治协议都无法解决的。在离开英格兰前，奥利弗·克伦威尔曾经与明斯特的一些指挥官进行秘密谈判。现在计谋起效了。1649年10月，科克驱逐了奥蒙德伯爵詹姆斯·巴特勒的驻军。1649年11月，在尤格尔、金赛尔、班登和几个更小的地方升起了英格兰国旗。因此，到1649年年末，从伦敦德里到克利尔角的整个爱尔兰海沿线地区，除了沃特福德，都掌握在奥利弗·克伦威尔手中。奥利弗·克伦威尔写道："现在整条海岸线都在我们手中，但我们无法深入腹地。"

因此，战争的下一个任务是将英格兰的控制深入到内地。在明斯特港口过冬后，奥利弗·克伦威尔率领军队攻打明斯特内陆的堡垒。1650年2月，卡西尔、卡希尔和许多城堡陷落。1650年3月月末,爱尔兰天主教联盟所在地基尔肯尼有条件投降。

这场战争逐渐演变成凯尔特人和英格兰人之间纯粹的民族战争。因奇奎恩男爵穆罗·奥布莱恩手下的最后一批新教教徒军官与奥利弗·克伦威尔达成协议。然而,欧文·罗伊的阿尔斯特军队不再中立。尽管欧文·罗伊于1649年11月去世,但他手下的凯尔特士兵依然以无与伦比的勇气和献身精神为自己的民族自由而战。欧文·罗伊的外甥休·奥尼尔在克伦梅尔击退了奥利弗·克伦威尔的进攻,而自己也损失惨重。尽管连铁甲军自己都承认,克伦梅尔的守军是他们"在爱尔兰遇到过的最顽强的敌人",但克伦梅尔守军还是在一个精心策划的夜间撤离。1650年5月10日,克伦梅尔被迫投降。

这时,英格兰和苏格兰之间的战争迫在眉睫。1650年1月,议会投票召回奥利弗·克伦威尔。克伦梅尔陷落两周后,奥利弗·克伦威尔乘船前往英格兰,留下几个副将征服爱尔兰。亨利·艾尔顿继续担任明斯特的总督和总司令,在1650年8月10日占领了沃特福德,但对利默里克的进攻失败了。1650年6月21日,

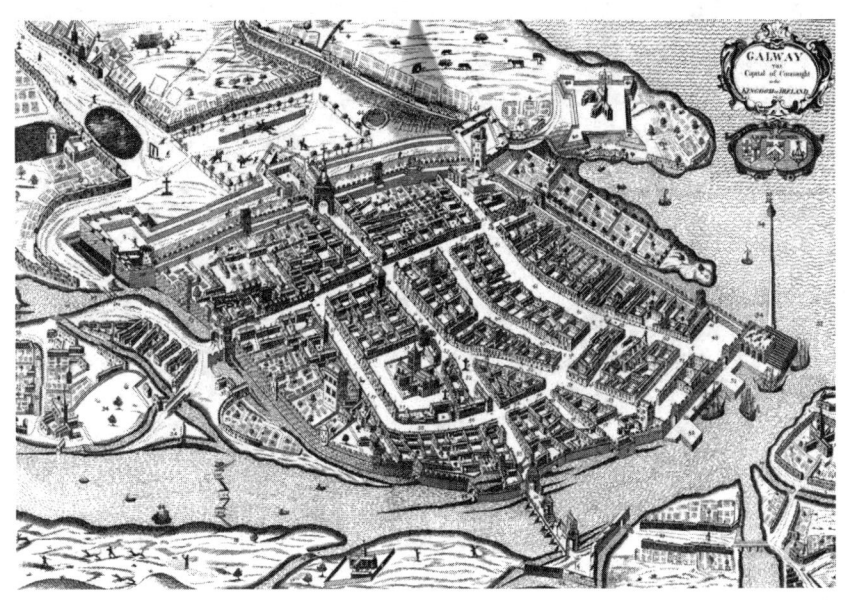

利默里克

北方的查尔斯·库特爵士在斯卡里夫霍利斯击败了欧文·罗伊曾经统率的军队。战场上的爱尔兰军都被消灭干净了，这场战争变成了一场攻城略地的战争。1650年底，奥蒙德伯爵詹姆斯·巴特勒绝望地离开了爱尔兰。继任者克兰卡德侯爵乌利克·伯克和奥蒙德伯爵詹姆斯·巴特勒一样不得人心，毫无威望，既不能团结爱尔兰各派系进行最后一战，也不能整合那些仍然在沼泽和山地坚守的分散兵力。贵族们依然忠于斯图亚特家族，而神职人员向天主教势力寻求帮助。宗教人士提出，如果洛林公爵查理四世愿意带领军队保卫爱尔兰，他们将立他为爱尔兰护国主。1651年6月，亨利·艾尔顿再次率军围攻利默

克兰卡德侯爵乌利克·伯克

里克。经过五个月的围攻，利默里克陷入饥荒和内乱，被迫投降。1651年11月，亨利·艾尔顿死于鼠疫热。他的继任者埃德蒙·勒德洛和乔治·弗利特伍德完成了对爱尔兰的征服。1652年5月，最后一个城市戈尔韦向查尔斯·库特爵士投降。这一年，最后一批爱尔兰指挥官有条件投降了，他们的士兵进入西班牙或法兰西服役。

持续了十二年的战争就这样结束了。虽然这场战争是不对等的，但爱尔兰人之所以没能重新获得独立，不仅是因为英格兰的实力更强，也更富裕，而且还因为爱尔兰的内部分裂。正如当时的一名爱尔兰诗人写的：

> 盖尔人已经被抛弃，伤痕累累，
> 他们被征服、杀戮和毁灭于
> 瘟疫、饥荒、战争、迫害。
> 他们被奴役是上帝的裁决，
> 他们没有团结并肩，同仇敌忾。

爱尔兰被彻底摧毁，有三分之一人在这场战争中丧生。一个英格兰军官说，瘟疫和饥荒席卷全国，在某些地方，"你可以穿行二三十英里而看不到一个生物，无论是人、野兽，还是鸟"。另一个军官说："穷苦的普通百姓是天底下最可怜的人。"

对奥利弗·克伦威尔和英格兰共和国来说，征服这样一个四分五裂的国家并不难，但接下来的任务很难。他们必须制定一个解决方案，确保秩序，恢复繁荣，防止未来的叛乱，消除民族和信仰的纷争。英格兰共和国的最后几年及护国制时期，在爱尔兰总督乔治·弗利特伍德和之后的亨利·克伦威尔的统治下，爱尔兰政府进行了重组。奥利弗·克伦威尔执政时期的爱尔兰解决方案的主要路线是长期议会制定的。从本质上说，议会对爱尔兰的政策不过是回归传统政策。自都铎王朝结束以来，所有的英格兰政府或多或少都在执行这一政策。殖民爱尔兰、转换爱尔兰人的信仰和在爱尔兰实现司法公正是奥利弗·克伦威尔的目标,也曾经是斯特拉福德伯爵托马斯·温特沃斯的目标。

因此,解决方案的基础是没收爱尔兰土地,用英格兰地主取代爱尔兰地主。1642年,议会就宣布了这一政策。在这之前,"冒险家"曾经为重新征服爱尔兰事业预付了战争资金。为偿还这部分债务,当时议会通过投票决定预留出两百五十万英亩的爱尔兰土地。用同样的方法,就可以筹集资金雇佣士兵征讨爱尔兰人,并偿还为军队提供粮草和其他生活必需品的商人。到1653年,议会欠这三类债权人的债务超过三百五十万英镑。因此,1652年8月,议会通过了一项法案,没收所有参与叛乱的天主教地主的财产。叛乱的首领和发起者将失去所有土地,而其他叛乱者则根据罪行程度没收财产的三分之二或三分之一。沃特福德、基尔肯尼和其他大城市富裕的天主教市议员面临同样的命运,但1648年起义的明斯特新教教徒只被判罚两年的收入。1653年,共和国法令规定,即使是理论上应该保有部分财产的人也应该迁到康诺特,在那里分得应有比例的土地。在大多数情况下,他们得到的是劣质土地,甚至在一些情况下什么也得不到。而只要是搬迁势必会带来巨大的痛苦。一段时间内,议会甚至考虑一项全面搬迁所有阶级的爱尔兰本地人的计划,但最终除了土地所有者,几乎没有人真正搬迁。工匠和工人被允许留在原地,部分是因为他们的罪行较轻,部分是因为他们难以迁走,还有部分是因为"他们的服务是土地的新主人所需要的"。最后,共和国对没收的土地进行评估并划分了不同等级,在士兵和政府债权人间进行了抽签分配。

到1656年,分配手续已完成。爱尔兰三分之二的土地被移交给了新主人。

奥利弗·克伦威尔本人完全赞同没收土地和殖民政策。他质问道:"难道不应该没收这些麻烦制造者的财产来支付解决麻烦的费用吗?"在宣布攻克韦克斯福德时,奥利弗·克伦威尔告诉议会,"我希望有诚实的民族迁来这里开垦种植园"。因此,他写信给新英格兰,邀请"虔诚的人民和牧师"离开他们

爱尔兰人

在美洲的家园，定居爱尔兰。但关于护国制期间所实施的土地殖民的具体措施，奥利弗·克伦威尔几乎不予过问，尽管有时他会介入保护那些受到爱尔兰政府粗暴对待的人。他没有让诗人埃德蒙·斯宾塞的孙子佩莱格林·斯宾塞移民爱尔兰，不是因为埃德蒙·斯宾塞的《仙后》，而是因为《关于爱尔兰现状的对话》。更大程度上则是因为奥利弗·克伦威尔本人将全面迁移计划改为更温和的政策。

埃德蒙　斯宾塞

奥利弗·克伦威尔和清教徒的教会政策延续了英格兰的传统政策，即镇压爱尔兰天主教，宣传新教。不同之处在于这一政策现在正积极实施。在斯图亚特王朝，虽然法律禁止天主教礼拜仪式，但政府经常默许这种行为。在与议会的斗争中，查理一世向天主教教徒有时许诺宽容的对待，有时许诺平等的权利。一到爱尔兰，奥利弗·克伦威尔就宣布将严格执行原来的法律。他宣称，天主教在爱尔兰根本没有存在的基础。天主教神父是纯粹的入侵者，他们为了一己之私煽动叛乱，又用"虚假邪恶的反基督教教义与实践"毒害爱尔兰民众。爱尔兰天主教教徒可以享有最狭隘意义的良心自由。虽然不会强迫他们参加新教教会，但除了良心自由他们什么也没有。奥利弗·克伦威尔在给罗斯城总督的信中写道："我不干涉任何人的良心。但如果你所说的良心自由是指对群众宣讲教义的自由，我认为最好的做法是简单干脆地让你尝尝英格兰议会权力的厉害，然后你就会知道这是不被允许的。"他说："至于这里的人民，我无法得知他们心中信仰什么宗教，但如果他们诚实守信、和平共处，我认为我有责任保护他们。"因此，在奥利弗·克伦威尔执政期间，神父要么被逮捕，要么被监禁，要么被流放。一些神父被运到西班牙，另一些则被运到巴巴多斯群岛。此外，在茵尼斯伯菲岛上建有某种形式的刑事犯定居点。

从奥利弗·克伦威尔坚持不懈的镇压措施及对新教的积极宣传来看，奥利弗·克伦威尔希望爱尔兰人信奉新教。他甚至认为在战争期间就看到了这种迹象。他写道："我发现人们非常渴望加入新教，成群结队地参加新教的集会，他们对英格兰人的偏见在很大程度上是因为他们将英格兰人当作陌生人。我提醒你们，这是一个良好的迹象，虽然这还不是我们期待的美好结果。"在护国制时期，英格兰驻爱尔兰总督不遗余力地宣传新教。大部分大城市都成立了独立的教会，并请来牧师。1654年，政府委员们呼吁新英格兰派遣牧师。他们写信说："先生，为了在这个贫穷的国家传达耶稣的福音，开展主的事业，我们急需人手。我们知道是耶和华让您忠诚地胜任这项工作，我们在此希望您过来帮助我们。"

奥利弗·克伦威尔说，"勤布道，施仁政，提高人民生活质量，平等对待持不同意见者"最终会使爱尔兰人信奉新教。政府也对普及教育寄予厚望。1650年，议会将都柏林大主教辖区与圣帕特里克教堂分会和主持牧师的土地授予了三一学院，并对三一学院进行重组，增加了许多独立派神学家。一些教授的任命、公共图书馆的建立和第二所学院的建立也提上了日程。当詹姆斯·厄谢尔大主教去世时，爱尔兰军队的军官买下他的书籍，作为计划建设图书馆的镇馆之宝。

都柏林三一学院

都柏林三一学院纹章

和斯特拉福德伯爵托马斯·温特沃斯一样，奥利弗·克伦威尔相信公正的司法将使爱尔兰人民成为良好的臣民，并服从英格兰的统治。奥利弗·克伦威尔写道：

> 我们面临着一个极佳的机会，为这些可怜人建立一个正义的机制。长久以来，地主、大人物和其他原本应该公正对待他们的人向他们施加暴政和压迫，对此他们早已习惯。这个机制的正义性和便利性想必能很快赢得他们的心，因为我对信奉基督教的人们充满信心……如果在这里广泛公正地实施正义，他们之前所面临的黑暗和腐败会将正义映衬得更光辉绚丽，从而赢得更多民心。

法律改革在英格兰举步维艰，然而，在这个新征服的国家——爱尔兰实施起来却容易得多。奥利弗·克伦威尔说："爱尔兰就像一张干净的白纸，能够接受符合正义的法律的管辖。在爱尔兰实施的公正无私的管理模式，即使对英格兰来说都可能是一个很好的先例。"

　　法律改革确实是一种进步。奥利弗·克伦威尔任命的爱尔兰法官诚实能干，大法官之一约翰·库克是一位热心的法律改革家。然而，在法律管理上的任何改进都不能使爱尔兰人接受英格兰的统治。再说，法律本身也没那么"符合正义"。伴随着财产没收和人权剥夺再加上法律的不平等，法律改革不过是毫无治愈效果的法律乌托邦。

约翰·库克

改变爱尔兰信仰的尝试一样收效甚微。与英格兰的斗争使爱尔兰的民族性与天主教教义合二为一。一种与巧取豪夺和征服相关的信仰无法深入被征服者的内心。奥利弗·克伦威尔的宗教改革热情唯一持久的结果是爱尔兰新教中非国教教徒的增加，这制造了一些名义上脱离了天主教的教徒。一些地主为了逃脱迁徙厄运，获得稍微喘息的机会，自称是新教教徒。为了逃避针对士兵和天主教徒通婚的法律制裁，许多与英格兰士兵通婚的爱尔兰妇女采用了新教教徒的身份。但这些新的信奉者通常会重拾原来的信仰。这两者的结合，受益的通常是天主教而非新教。改变信仰政策的失败也导致了殖民政策的部分失败。在没收土地上建立起来的大地主家庭仍然是英格兰新教教徒。至于成为自耕农的退役士兵和小农场主这样的小地主家庭则在信仰上倾向于天主教，在感情上倾向于爱尔兰。1697年，一个时事评论册子的作家哀叹道："奥利弗·克伦威尔手下有许多士兵留在了爱尔兰，他们的孩子连一个英语单词都不会说。这就是娶了爱尔兰女人而不是英格兰女人的后果。"

总的来说，奥利弗·克伦威尔的爱尔兰政策遵循的路线，正是都铎王朝和斯图亚特王朝的政治家们所制定的。然而，与此同时，他比前任和继任都更有独创性，也更开明。斯特拉福德伯爵托马斯·温特沃斯的经济政策旨在使爱尔兰实现富裕，但同时也使爱尔兰在经济上受制于英格兰，防止爱尔兰的制造业和产品与英格兰竞争。而奥利弗·克伦威尔的政策并不排挤爱尔兰的贸易。他的政策的基本原则是，英格兰殖民不过就是让一部分英格兰人在爱尔兰定居，与定居在英格兰的英格兰人享有同等权利。1657年，一位议会发言人说："我不会让我们自己的人民因为住在爱尔兰而受到压迫。"因此，在对这三个国家征收任何普通税赋时，都特别注意平摊份额，爱尔兰的关税和消费税与英格兰相同，爱尔兰在对外贸易和殖民贸易方面也享有同等权利。然而，由于被排除在商业和制造业中心的工业城镇外，当地的爱尔兰人和天主教教徒几乎无法从这种贸易中获利，反而是英格兰殖民者坐拥绝大部分好处。奥利弗·克伦威尔的目标是确保他所谓的"刚在爱尔兰扎根的英格兰利益"繁荣昌盛。如果税赋过重或者其他压力过大,"英格兰种植园主必然会退出这个国家"。那么,就会像他警告护国制的第二届议会那样,"我们付出了许多鲜血和财富才拿到手的地方会成为什么样子?难道让英格兰人四处行乞,而让爱尔兰人重新掌权吗"?

除了自由贸易,奥利弗·克伦威尔还给爱尔兰的英格兰殖民者在三国议会中留有席位。长期议会制定了英格兰、苏格兰和爱尔兰的立法联盟,并确定了各自的代表人数,而奥利弗·克伦威尔召集了首次联合议会。《政府文书》给爱尔兰分配了三十个议员份额,由奥利弗·克伦威尔决定这些议员的具体选区。爱尔兰的三十名代表分别出席了1654年、1656年和1659年的议会。由于天主教教徒和参与叛乱的人无权投票,爱尔兰的议员完全由代表英格兰殖民地的军官和政府官员组成。1659年,其中一名议员说道:"我在这里不是为爱尔兰说话的,而是为爱尔兰的英格兰人说话的。"

除了新殖民者,很少有人真心支持英格兰和爱尔兰的议会联盟。较早一批英格兰人在爱尔兰的殖民地希望为爱尔兰设立一个独立的议会。1659年,主张这个政策的一位发言人说,如果爱尔兰人要到英格兰去寻求英格兰议会的支持,那就不可能解决他们的问题。"我祈祷他们在自己的国土能有代表倾听他们的不满,因为在英格兰没有。"1659年,理查德·克伦威尔议会中的共和党反对派发现爱尔兰的议员都是顽固的克伦威尔分子,极其震惊,敦促议会将爱尔兰议员赶出下议院。亨利·韦恩爵士认为,爱尔兰只是一个省,因此在宗主国政府中没有发言权。"他们只是一个省的代表,但你不仅授权他们自己制定法律,还授权他们为这个国家制定法律。不,甚至让他们有权为你们所有的法律投票。"1659年,驱逐爱尔兰议员的计划失败。但在复辟时期,首先废除的就是与爱尔兰的立法联盟,而且不需要任何法律支持。因为国王从来没有表示同意,也没有人站出来辩护。英格兰的保守主义和爱尔兰的地方主义都太强了,而奥利弗·克伦威尔的帝国主义计划太具前瞻性,因此被这一代人搁置一旁。

终止立法联盟的后果必然是随之而来的商业平等的丧失。英格兰殖民者不再被视为定居在爱尔兰的英格兰人,而是被视为陌生人和对手。查理二世的

威廉三世

《航海法案》将爱尔兰排除在美洲和其他殖民地贸易之外，随后又有两项法案禁止爱尔兰牲畜和食品出口到英格兰。最终，在威廉三世时期，爱尔兰的羊毛制造业被摧毁，爱尔兰的商业和农业也彻底垮掉了。

当然，被推翻的只是奥利弗·克伦威尔关于英格兰在爱尔兰的殖民政策，而对当地爱尔兰人的政策仍然有效。只要他的政策与英格兰对爱尔兰的传统政策吻合，就会被保留下来，而更明智、更有开创性的政策则被抛弃。托马斯·卡莱尔想象过，如果"曾经受祝福的复辟"没有"彻底摧毁"奥利弗·克伦威尔的制度，爱尔兰将会是怎样一幅图景。托马斯·卡莱尔认为："在这种制度下，爱尔兰人可能会成长为一个理智、勤奋、虔诚的民族，很可能会逐渐信仰某种加尔文主义的新教。"这是一个毫无根据的幻想。即使在奥利弗·克伦威尔的有生之年，他改变爱尔兰人信仰的计划也注定会失败。在他死后，对天主教的限制和试图强迫人民接受新教的无望尝试仍然在继续，直到1829年才被解除。奥利弗·克伦威尔扶持的新地主仍然控制着爱尔兰。复辟时期，在被没收的地产中，只有三分之一甚至更少被还给了原主。因此，奥利弗·克伦威尔的土地政策幸存了下来，成为他最永久的丰碑。但正如威廉·莱基所写，奥利弗·克伦威尔的土地政策也是"土地所有者和佃户之间深刻而持久的分裂的基础，是爱尔兰政治和社会罪恶的罪魁祸首"。

第 14 章

奥利弗·克伦威尔和苏格兰

（1650—1651）

在阿盖尔侯爵阿奇博德·坎贝尔和独立派之间，奥利弗·克伦威尔建立的同盟由于查理一世被处决而遭到破坏。阿盖尔侯爵阿奇博德·坎贝尔很乐意继续与英格兰结盟，但他的权力来自神职人员和中产阶级的支持。这些人对胆敢杀害苏格兰国王的教派深恶痛绝。查理一世被处决的消息传到爱丁堡的第二天，他们就宣布查理二世为国王，并承认查理二世不仅是苏格兰的国王，还是大不列颠和爱尔兰的国王。苏格兰驻英格兰使节对这次革命表示抗议，强烈谴责宗教宽容制度和国家基本法改革，并要求查理二世"应两个王国的政党要求"，继承父亲的王位。作为反击，长期议会驱逐了苏格兰使节，宣称他们的抗议为"一场新的血腥战争奠定了基础"。因此，这场战争有了新的特点：这不再是一场宪法上的对决，而是一场全国的争夺。同爱尔兰一样，苏格兰也试图对英格兰的政府组织发号施令。因此，英格兰争取自治的革命不可避免地扩大为争夺大不列颠诸岛霸权的战争。

苏格兰和英格兰之间开战的唯一障碍就是查理二世和苏格兰人之间很难达成协议。对长老会而言，除非他们的条件得到满足，否则他们不会为查理二世而战。对查理二世而言，除非他没有其他办法夺回王位，不然他也不会接受长老派的条件。

苏格兰议会要求查理二世接受《盟约》和苏格兰长老会制度，同时要求他在英格兰和爱尔兰建立长老会制度。1649年5月，查理二世拒绝不经过爱尔兰和英格兰的议会同意就在两国推行长老会制度，双方谈判破裂。查理二世准备加入爱尔兰的奥蒙德伯爵詹姆斯·巴特勒阵营。蒙特罗斯侯爵詹姆斯·格雷汉姆奉命再次号召苏格兰保王派武装起来。

1649年9月，查理二世前往爱尔兰，中途停靠泽西岛，但他的前进计划被奥利弗·克伦威尔的胜利阻止了。

到1649年年末，前景已经十分明朗。查理二世想要复辟，就只能靠苏格兰人帮忙。1650年2月，查理二世回到荷兰，别无选择。从泽西岛回来的一个苏格

17世纪50年代的查理二世

兰特使写道:"他确实已经穷途末路。他和仆人食不果腹,他们兄弟俩身无分文。"1650年3月,双方在布雷达重新开始谈判。苏格兰人要求查理二世遵守《盟约》,在英格兰和爱尔兰建立长老会制度,并否认奥蒙德伯爵詹姆斯·巴特勒和蒙特罗斯侯爵詹姆斯·格雷汉姆的行为合法。查理二世竭力争取修改这些条件,直到他真正踏上行程时才签署了条约。他希望抵达苏格兰时,他的出现会逼迫盟约派让步,在他周围会簇拥一批保王派。然而,他发现自己被当作一个俘虏,而不是国王。苏格兰人驱逐了从荷兰追随查理二世而来的英格兰保王派,将苏格兰保王派与查理二世的军队和宫廷隔开。当他抵达爱丁堡时,看到蒙特罗斯侯爵詹姆斯·格雷汉姆刚刚被砍下的头颅高悬在托尔斯波特的塔楼上。

查理二世牺牲了他最可贵的支持者。查理二世不但没有在谈判结束前阻止蒙特罗斯侯爵詹姆斯·格雷汉姆的军事行为,反而敦促他立即采取行动。查理二世写道:"你的积极行动将会是一个遏制他们的极佳手段……这将为我们的事业建立一个全国联盟。"在布雷达谈判期间,苏格兰使节曾经要求查理二世放弃蒙特罗斯侯爵詹姆斯·格雷汉姆。查理二世同意命令蒙特罗斯侯爵詹姆斯·格雷汉姆解散军队,同时秘密承诺赦免他。但这个命令下得太迟了。虽然蒙特罗斯侯爵詹姆斯·格雷汉姆得知查理二世在和盟约者签订条约,自己时刻会背上抗命的罪名,但他仍然决定为查理二世献出生命。1650年3月,蒙特罗斯侯爵詹姆斯·格雷汉姆带着一小群丹麦和德意志雇佣兵来到奥克尼斯。1650年4月,他带着大约一千两百名步兵和四十名骑兵,穿过凯斯内斯来到萨瑟兰南部。1650年4月2日,他南行至卡比斯代尔,阿奇博德·斯特拉坎少校带着大卫·莱斯利的二百五十名训练有素的骑士向他扑来,驱散了他的小群骑兵,将他的外国步兵团打得四处溃散。蒙特罗斯侯爵詹姆斯·格雷汉姆从溃败中逃出来,在山间游荡,直到饥饿迫使他寻求庇护。阿森特的尼尔·麦克劳德将他交给了苏格兰政府。1650年5月2日,蒙特罗斯侯爵詹姆斯·格雷汉姆在爱丁堡高街的墨卡特十字座被绞死。

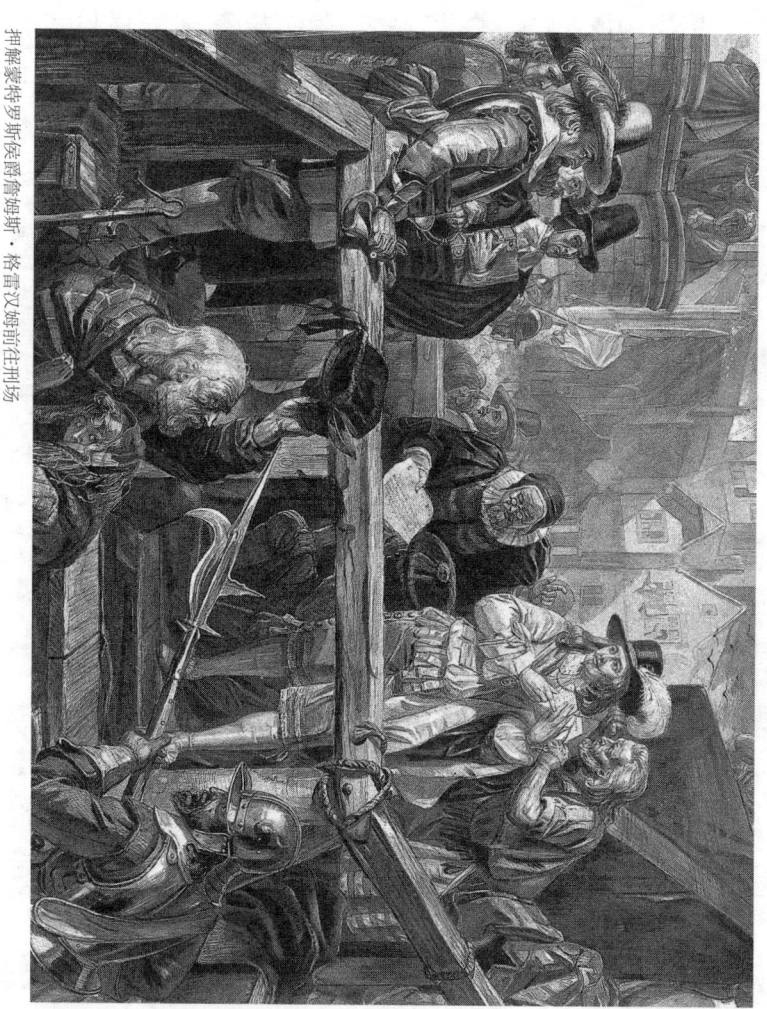
押解爱特罗斯侯爵詹姆斯·格雷汉姆前往刑场

蒙特罗斯侯爵詹姆斯·格雷汉姆被执行绞刑

几乎就在蒙特罗斯侯爵詹姆斯·格雷汉姆被绞死的同时，奥利弗·克伦威尔回到英格兰。在这之前，议会已经投票通过了一项决议，派遣托马斯·费尔法克斯爵士和奥利弗·克伦威尔共同指挥军队对抗苏格兰人，托马斯·费尔法克斯爵士任上将，奥利弗·克伦威尔继续担任中将。得知国务委员会打算入侵苏格兰，托马斯·费尔法克斯爵士拒绝接受任命。有说法称，为了取代托马斯·费尔法克斯爵士的地位，奥利弗·克伦威尔试图削弱他的势力。实际上，他努力说服托马斯·费尔法克斯爵士接受任命。奥利弗·克伦威尔说，从道义上苏格兰人肯定会入侵英格兰，战争在所难免。"阁下，您很快就必须决定是在别国国土还是在自己国土上开战。"但托马斯·费尔法克斯爵士十分抵制进攻性战争，不会轻易被说服。托马斯·费尔法克斯爵士重申，对人性的猜测不足以成为向苏格兰开战的理由。事实上，长期以来，革命道路上发生的各种事件让托马斯·费尔法克斯爵士的地位越发重要，而他一直对革命的结果不甚满意。因此，托马斯·费尔法克斯爵士一直为退隐寻找各种合理的借口。由于托马斯·费尔法克斯爵士一再坚持，议会接受了他的辞呈。1650年6月26日，议会通过了一项法案，授予奥利弗·克伦威尔上将军衔，任命他为英格兰共和国军队总司令。奥利弗·克伦威尔在给一位朋友的信中写道："这不是我的追求。主将这些荣誉赋予了我，或许主是想让可怜软弱的仆人能更好地执行他的旨意。"

1650年7月月末，奥利弗·克伦威尔率领大军进入苏格兰，共有步兵一万零五百名，骑兵五千五百名。他曾经的老战友大卫·莱斯利由苏格兰任命为总司令，率领着一万八千名步兵和八千名骑兵前来迎战。由于苏格兰士兵的素质较差，大卫·莱斯利决定采取守势。奥利弗·克伦威尔沿着海岸进军，主要从英格兰舰队获得补给。他发现苏格兰军队在利斯和卡尔顿山之间盘踞。一个月过去了，奥利弗·克伦威尔在爱丁堡周围游荡，与苏格兰军发生了一些小规模冲突，但局势几乎没有进展。他试图将苏格兰军队引出坚固的堡垒，对方却不为所动。大卫·莱斯利从不贸然出击，巧妙地化解了对方每一次军事行动。1650年8月月末，英格兰军营里食物短缺，疾病蔓延。奥利弗·克伦威尔只好带着这

大卫·莱斯利

支"支离破碎、饥饿、气馁的疲弱军队"退回到邓巴,打算将这个城镇作为存储武器和军事行动的基地,同时等待伯威克的增援。大卫·莱斯利在后方紧追不舍,占据了杜恩山,俯瞰着邓巴,扼住了邓巴和伯威克之间的通道。大卫·莱斯利十分熟悉当地地形,又占据了优势,因此苏格兰人吹嘘说,比起当年在康沃尔败在查理一世手下的埃塞克斯伯爵罗伯特·德弗罗,如今奥利弗·克伦威尔陷入的困境更糟糕。

奥利弗·克伦威尔意识到了巨大的危险。他写道:

我们处境不妙。敌人在科珀斯帕斯的关口挡住了我们的去路。

第14章 奥利弗·克伦威尔和苏格兰(1650—1651) | 369

除非奇迹发生,我们根本无法突围。敌人占据了山头,我们不知道他们是怎么不费力气就翻上去的。而我们困在这里,士兵病得厉害,每天都有人死去。

奥利弗·克伦威尔的一万六千名士兵现在只剩下一万一千名。一些军官建议用舰队将步兵运出去,而让骑兵设法冲出一条血路。然而,他们的上将仍然如他自己所言"镇定自若,对上帝充满希望"。

起初,大卫·莱斯利计划在奥利弗·克伦威尔突围前往伯威克时攻击他的后翼,但苏格兰军营的议会委员命令他下山,阻断奥利弗·克伦威尔的路线。大卫·莱斯利发现奥利弗·克伦威尔没有继续行进,以为奥利弗·克伦威尔是在运送枪支,或者是为了逃跑而运送部分步兵。因此,1650年9月2日,大卫·莱斯利将军队从杜恩山转移到山脚下的缓坡,打算第二天发动进攻。他的左侧和部分前侧是一段陡峭的峡谷,峡谷下的布罗克河从山上顺流而下,流向大海,将两军的阵地分割开来。他将步兵部署在中部,背对着山坡。右边的地面更平坦开阔,他将三分之二的骑士连集结在这里。大卫·莱斯利的军队有两万两千人,而奥利弗·克伦威尔只有一万一千人,他激励士兵说,到第二天早上,英格兰军队要么战死,要么被活捉。

当奥利弗·克伦威尔审视苏格兰人的新阵地时,发现自己的机会终于来了。大卫·莱斯利的左翼被卡在小山和峡谷之间,几乎没有什么用处,而中路被后面的小山压迫着,几乎没有回旋的余地。奥利弗·克伦威尔和约翰·兰伯特少将都认为,如果苏格兰右翼被击败,他们的整支军队就会受到威胁。

1650年9月2日晚,为了回应大卫·莱斯利的军事变动,奥利弗·克伦威尔在峡谷沿线和布罗克斯茅斯庄园附近集结兵力,好像他的唯一目的就是防守。夜里一阵狂风暴雨。一两声警报过后,苏格兰人确信奥利弗·克伦威尔无意进攻。黎明之前,奥利弗·克伦威尔下令大队骑兵和步兵穿过峡谷,假装进攻敌方左路。在此掩护下,他集结了所有的兵力攻击敌方的右路和中路。约翰·兰

邓巴战场上的奥利弗·克伦威尔的军队

伯特少将和乔治·弗利特伍德带着六个兵团的骑兵向苏格兰右翼发起进攻,乔治·蒙克带着大约三四千步兵进攻敌方中路,奥利弗·克伦威尔则从峡谷的另一边用炮火掩护,支援乔治·蒙克。苏格兰人措手不及,但他们一投入战斗便秩序井然。苏格兰长矛兵借着山势向下冲锋,冲垮了约翰·兰伯特少将的一个兵团。乔治·蒙克分队被击退,退出战场。在这个关键时刻,奥利弗·克伦威尔带着由三个兵团的步兵和骑兵组成的后备部队冲了上来。奥利弗·克伦威尔的骑兵团攻击苏格兰骑兵连的侧翼,约翰·兰伯特少将的骑兵则再次冲锋。经过一场短暂而激烈的战斗,苏格兰军队的右翼节节败退。与此同时,奥利弗·克

奥利弗·克伦威尔在邓巴战场指挥议会军作战

伦威尔和托马斯·普赖德上校的步兵团猛烈攻击前进中的苏格兰步兵,"用长矛击退了敌人最强大的军团"。整个英格兰步兵团的战线继续向前推进,逼得苏格兰军连连败退。大卫·莱斯利的一些步兵仍然顽强地坚守战场,英格兰骑兵部队攻击他们暴露在外的侧翼,苏格兰步兵彻底溃败。在奥利弗·克伦威尔的指挥下,侧翼攻击越来越猛烈,英格兰军将苏格兰军的中路赶到左边,挤成一团。苏格兰的步兵团被困在小山和峡谷之间的三角地带,插翅难飞,一片混乱,无法投入战斗。奥利弗·克伦威尔的一个军官写道:

> 我们的骑兵和步兵在山上左右冲杀,苏格兰人却一片混乱。太阳从海上升起了,我听到诺尔说:"现在让上帝显灵吧,主的敌人将一败涂地。"我们缓慢前进,我听见他说:"我敢说他们会逃跑。"然后苏格兰军队秩序大乱,左翼、右翼和中路全面失守,四下逃散。我们击溃苏格兰军队右翼后,他们就接连溃败了。

在战斗中,苏格兰军有三千人阵亡,一万人被俘。大卫·莱斯利在斯特灵收拾残军时,奥利弗·克伦威尔占领了苏格兰低地的所有东部地区及爱丁堡和利斯。爱丁堡城堡挺住了,低地的西南部仍然武装抵抗。

邓巴之战后,奥利弗·克伦威尔的首要愿望不是征服苏格兰,而是就恢复两国之间的和平达成协议。他在给苏格兰阶层委员会的信中写道:

> 满足英格兰的愿望,给予英格兰安全,让英格兰与你们和平共处,这是我们的正当要求。我们的敌人对我们充满敌意,你们却强迫我们接受敌人的主张。

战役开始时,奥利弗·克伦威尔发表过几次宣言,抗议英格兰对苏格兰的偏爱,指责苏格兰人支持斯图亚特王朝的立场错误。独立派领袖认为这是一

爱丁堡

爱丁堡城堡

场自相残杀的战争，敦促奥利弗·克伦威尔修正这些言论。亨利·艾尔顿表示非常担心奥利弗·克伦威尔不够宽容，急于求成。老练的奥利弗·圣约翰将苏格兰人和爱尔兰人区分开。他提醒奥利弗·克伦威尔，爱尔兰人是无神论者和教皇主义者，需要用棍棒镇压，而苏格兰人仍然是上帝的孩子，需要对他们施予春风般的温暖。奥利弗·克伦威尔仍然对"苏格兰的敬虔"心存希望。如今他开始了一套新的规劝方式，尤其是针对那些极具影响力的牧师。正是这些牧师使他的和平呼吁无法向苏格兰人民传达。奥利弗·克伦威尔指责他们假宗教改革之名，扩大自己的实力，谋求世俗权力；又指责他们违背《盟约》，获取世俗利益；还指责他们宣称自己的教义是绝对正确的，而这与教皇没有什么区别。奥利弗·克伦威尔只用一句话就否定了牧师宣称的控制民事政府的权力："我们将牧师看作是上帝子民的帮手，而不是主人。"对于苏格兰教会为防止异端邪说而压制不信奉国教者的行为，奥利弗·克伦威尔同样予以激烈的反驳：

> 你们声称担心人们会犯错而禁止人们不信奉国教，就像害怕喝醉而全国禁酒一样。如果因为担心一个人会滥用自由，就剥夺他的全部自由，这是狭隘愚蠢的行为。如果发现有人滥用自由，就交给法律裁决。

最后，奥利弗·克伦威尔指责苏格兰教会虚伪而盲目。"假装反对一切恶意分子，却又接受并扶持恶意分子的头目，用他的名义治理基督教王国。"这难道不是虚伪吗？对这次战役的失败视而不见，难道不是盲目吗？在邓巴，上帝已经对他们的争议做出了裁决，他们却拒绝接受。"你们不是庄严地请求祈祷吗？我们不也同样如此吗？面对这次神的异象显示出的巨大威力，我们难道不应该一起战战兢兢，对上帝之手充满敬畏吗？"

战事的变化和奥利弗·克伦威尔的呼吁在苏格兰阵营产生了积极影响。虔诚的长老会教徒中有人开始自省，而军队中也出现了巨大分歧。严格的盟约者否定了世俗联盟，拒绝顺从一个邪恶的君主。吉尔伯特·克尔上校说："我希望忠实地为国王服务，但条件是国王必须服从万王之王。"在与奥利弗·克伦威尔谈判了几轮后，阿奇博尔德·斯特拉坎上校辞去了职位。吉尔伯特·克尔上校带着三四千人加入了西部的辉格党，拒绝服从苏格兰阶层委员会，试图独立作战。1650年12月1日，在拉纳克郡的汉密尔顿，吉尔伯特·克尔上校突袭约翰·兰伯特少将失败后被俘。吉尔伯特·克尔上校军队溃散，整个苏格兰西南部地区都落入了奥利弗·克伦威尔手中。

教会人士之间的分裂更持久。以帕特里克·吉莱斯皮和詹姆斯·古斯里为首的一个政党发表了一份抗议书，表示除非查理二世能证明自己适合做一个盟约国国王，否则就不该为他而战。他们还谴责那些对查理二世的虚情假意视而不见的人。这个党派被称为抗议者，他们宣称既不会与恶意分子结盟，也不会与协约者结盟。另一个党派的要求更宽松。比起宗教感情，他们受民族情感的影响更多，愿意接受国家做必要的妥协。苏格兰议会通过了一项决议：即使是主要的恶意分子和协约者，只要在入伍前进行一个简单的忏悔仪式，也可以被允许加入国家军队。在1650年到1660年，决议者和抗议者的纷争构成了苏格兰教会的历史。

奥利弗·克伦威尔曾经预想过邓巴之战的政治后果。他预测道："可以确定，教会可能已经做出了决定。我想他们的国王现在要自食其果了。"这个预言现在应验了。自抵达苏格兰以来，查理二世遭受了极大的屈辱。他答应了所有的条件，发了各种各样的誓言，甚至被迫为父亲查理一世对宗教改革的敌意和母亲对偶像崇拜的热爱而公开道歉。查理二世眼睁睁地看着苏格兰军队清洗保王派，却不被允许接近用他的名义参战的军队。最后，随着事态的发展，苏格兰议会同意了他的政策。1651年1月1日，查理二世在斯昆加冕。从此，他成了苏格兰真正意义上的国王。阿盖尔侯爵阿奇博德·坎贝尔之所以同意查理二世的政策，一方面是出于需要，因为教会的分裂使他失去了最强大的支持者；另一方面则是出于希望，因为查理二世提出娶他的女儿。随着事态的发展，阿盖尔侯爵阿奇博德·坎贝尔的影响力逐步削弱。起初，他必须与詹姆斯·汉密尔顿公爵及其党羽分享权力。随后，《阶级法案》的废除彻底使他丧失了权力，甚至连蒙特罗斯侯爵詹姆斯·格雷汉姆的追随者都可以掌握政权。

查理二世登陆苏格兰后的一年内，成功将保王派和长老派联合起来支持他的事业。复辟的希望空前高涨，长老派和保王派之间的联盟似乎可以在英格兰国土上复制。1651年3月，英格兰政府发现了兰开夏郡起义的阴谋，而苏格兰军队将呼应这一起义。诺福克郡和卡迪根郡分别在1650年12月和1651年6月爆发独立起义，这证实了合谋的真实性。一旦苏格兰军队进入英格兰，1648年保王派全面起义的历史就会重演，甚至还会带来其他问题。

1651年的战役开始得很晚。1650年冬天，英格兰军已经占领黑暗城堡和坦特伦城堡。1651年2月，斯特灵此前的军事行动一直因暴风雨而无法推进，而这

黑暗城堡

坦特伦城堡

时有了新进展。1651年春天,奥利弗·克伦威尔因病推迟了军事行动。爱尔兰的艰苦战役让他的健康状况大不如前。邓巴之战后的第二天,奥利弗·克伦威尔在给妻子的信中写道:"我年事已高,身体日渐衰弱。"但他从来没有放弃自己。1651年2月,奥利弗·克伦威尔总是间歇性高烧。病情接连三次的复发将他推到了死亡的边缘。议会惊慌失措,派来两名当时最好的医生。医生建议他回到英格兰换换空气。1651年6月,奥利弗·克伦威尔完全恢复了元气,重新回到战场。他发现大卫·莱斯利的军队驻扎在斯特灵南部的山上。奥利弗·克伦威尔写道:"除非大卫·莱斯利愿意,或者我们历经艰险找到他,否则我们无法主动与他作战。他的驻守位置太好了,占据了极佳优势。"

奥利弗·克伦威尔既无法攻击大卫·莱斯利,也无法引诱他下山应战,于是决定绕过他。英格兰舰队控制着大海,轻易就将约翰·兰伯特少将带领的四千人通过弗斯河运到法夫。大卫·莱斯利派约翰·布朗爵士带领同等兵力对抗约翰·兰伯特少将。1651年7月2日，约翰·兰伯特少将在因弗凯辛消灭了约翰·布朗爵士的部队。奥利弗·克伦威尔派遣更多的军队越过这片水域，最终共有一万四千名士兵抵达法夫。随后，他亲自指挥这支部队向珀斯进军。1651年8月2日，在经过二十四小时的围攻后，奥利弗·克伦威尔的部队占领珀斯。

虽然珀斯的沦陷切断了大卫·莱斯利的补给，也切断了他与苏格兰北部的联系，但通往英格兰的道路是开放的。查理二世相信英格兰保王派会拥护他，于是带领整个军队向边境进发。奥利弗·克伦威尔预见了他们的行动计划，很清楚这可能会惊动英格兰政府。他清醒而自信地解释自己的行动计划：

> 我们是经过周密判断后做出这个决定的。我们知道，如果不这样做，战事势必还要延续一个寒冬。这会折损我们的士兵，而即便是苏格兰人也很难忍受这个艰苦的冬天。漫长的战事还会掏空英格兰的财力。也许我们可以安插在大卫·莱斯利的军队和英格兰之间从而阻止敌人。虽然我相信我们能做得到，但我们不知道如何将大卫·莱斯利的军队从他们据守的山上引下来，除非我们在弗斯河两岸都有一支军队可供调遣。此外，我也不知道如何避免上述提到的不便。

奥利弗·克伦威尔请求英格兰政府鼓起士气，集合一切力量阻止苏格兰人前进。

> 由于耶和华的眷顾，我们已经有类似经验，主已经让我们的敌人丧失信心。我们相信，我们每一次面对敌人时，耶和华必将挫败他们愚妄的图谋。在英格兰动荡不安的时候，敌人有一支更庞大的军队曾经长驱直入，而我们在普雷斯顿只有一股孱弱的兵力进行抵抗。经过慎重考虑，我们决定安插在敌军和苏格兰之间。我们不能忘记上帝是如何护佑我们的。

因弗凯辛战役

查理二世经由卡莱尔进入英格兰，穿过兰开夏郡，沿着威尔士边境行军。他希望在行经地区招募新兵。奥利弗·克伦威尔安排乔治·蒙克留守苏格兰，派约翰·兰伯特少将和托马斯·哈里森少将率领骑兵追击查理二世，自己则亲自带领步兵团跟在后面穿过约克郡。一路上经过的各郡军队都加入了奥利弗·克伦威尔的队伍。整个英格兰新组建的民兵团都涌过来加入军队。因为无论多么痛恨共和国，英格兰人都不愿意帮助苏格兰侵略者。

在兰开夏郡，虽然长老派不信任恶意分子，不愿意支持他们，但德比伯爵詹姆斯·斯坦利还是在保王派中征集了一小支军队。1651年8月22日，查理二世

德比伯爵詹姆斯·斯坦利

维冈战役

带着不到一万六千名士兵来到伍斯特。长途行军让他们疲惫不堪。他们于是停下来休整,从而集合更多追随者。一些忠心耿耿的绅士向查理二世进发,但普通大众无动于衷。1651年8月25日,德比伯爵詹姆斯·斯坦利的军队在维冈被罗伯特·利尔伯恩上校击溃。这时,查理二世已经被合围了。奥利弗·克伦威尔与约翰·兰伯特少将和托马斯·哈里森少将成功会师,他们共有三万人。他们在伊夫舍姆建立了新的据点,封锁了通往伦敦的道路。奥利弗·克伦威尔在人数上的优势使他能够分散兵力,两面夹击伍斯特。约翰·兰伯特少将和乔治·弗利特伍德中将带着一万一千名士兵,越过塞文河西岸,阻止保王派撤退到威尔士。而奥利弗·克伦威尔带领大部分军队留在东岸,向伍斯特城逼近。1651年9月3日,邓巴之战胜利一周年的日子,乔治·弗利特伍德中将的军队从西南向伍斯特挺进。乔治·弗利特伍德中将的军队和伍斯特之间隔着蒂姆河。蒂姆河是塞文河的一个支流,由保王派军队的一个分队控制,河上的桥已经被摧毁。奥利弗·克伦威尔将船连在一起，在蒂姆河口的塞文河上架起了一座桥，带领四支最卓越的兵团扑向苏格兰军的侧翼。"奥利弗·克伦威尔上将亲自打头阵，第一个踏上敌军阵地。"在奥利弗·克伦威尔的进攻掩护下，乔治·弗利特伍德中将在蒂姆河上也架起了一座类似的桥。步兵涌过来与奥利弗·克伦威尔并肩作战。苏格兰军人数处于劣势，但顽强抵抗，然而，最终还是投降了。奥利弗·克伦威尔写道："我们一直追在敌人后面攻击，直到将他们打进伍斯特城。"

查理二世在教堂塔顶观察了这场战斗。他看到奥利弗·克伦威尔的大部分军队都在西岸作战，于是召集一切士兵向东岸发起进攻。战斗持续了三个小时。起初，苏格兰军占据了优势。但奥利弗·克伦威尔亲自担当前锋，从河对岸杀了回来，将苏格兰军冲得七零八落。混乱中，苏格兰军回到了城里。奥利弗·克伦威尔的士兵紧随其后，冲进了苏格兰军的"皇家要塞"。"奥利弗·克伦威尔上将自己冒着极大的危险，在炮火中策马穿行。他亲自骑马紧追敌方的步

奥利弗·克伦威尔在伍斯特战场

伍斯特战役

兵，一路攻打，敦促对方投降。敌人拒绝了，回枪射击。"最后，苏格兰军残余的步兵放下了武器，骑兵则从北门夺路而逃，往苏格兰方向去了。然而，没有一个步兵团和骑兵连能顺利回到家乡。英格兰民兵团占领了桥梁和公路，抓了几百名逃犯。乡民们残忍地追捕那些掉队的士兵。苏格兰半数贵族都成了阶下囚。

年轻的国王查理二世是少数逃出来的人之一。议会威胁说凡是窝藏包庇查理二世的人将被判叛国罪，同时悬赏一千英镑捉拿查理二世。骑警们在道路上四处搜寻，所有港口的官员也都接到警告，要注意"一个身高在两码以上，深棕色接近黑色头发的人"。然而，尽管英格兰人不愿意为查理二世而战，但也不愿背叛他。除了少数人，查理二世也不相信任何人。他有时躲在橡树上，有时则躲在"神父的藏身洞里"。他有时伪装成一个乡下人，穿着破旧的皮背心和绿马裤；有时又伪装成一个仆人，穿着灰色的土布衣服。查理二世在西南部游荡，寻找合适的船。最后，他在布赖顿找到了一艘船。1651年10月22日，查理二世在法兰西安全登陆。

查理二世在一位夫人的掩护下逃避议会军的追捕

查理二世装扮成仆人

对苏格兰而言，奥利弗·克伦威尔的胜利标志着苏格兰独立的结束。大卫·莱斯利的军队陷在英格兰，而苏格兰本土已经没有任何军队能够抵挡乔治·蒙克的六千名老兵，也没有任何堡垒能抵挡住他的炮火。1651年8月4日，乔治·蒙克攻陷了斯特灵。1651年8月28日，他攻克了位于埃利斯的苏格兰阶层委员会，解散了苏格兰国家防御指挥部，摧毁了苏格兰国家政府的最后一点儿痕迹。1651年9月1日，邓迪在乔治·蒙克的猛烈攻击下迅速沦陷。蒙特罗斯、阿伯丁、因弗内斯和其他城镇未经一战就投降了。1652年2月，奥克尼群岛被占领。1652年5月，最后坚守的堡垒邓诺特城堡投降。阿盖尔侯爵阿奇博德·坎贝尔拒绝跟随查理二世进入英格兰，试图在西部高地保持独立。然而，1652年8月，他也被迫屈服于英格兰政府。对苏格兰的征服就这样完成了。英格兰在利斯、艾尔、因弗内斯和因弗洛奇建立了坚固的堡垒，由一万两千到一万四千名

邓诺特城堡

格伦凯恩伯爵威廉·坎宁安

英格兰士兵驻守,从此牢牢控制住了这个被征服的国家。尽管苏格兰人普遍感到不满,但摆脱英格兰枷锁的任何努力都没有成功的希望。1653年,与荷兰的战争使高地人再次鼓起勇气。他们拿起武器,纷纷起义。起义军首先是由格伦凯恩伯爵威廉·坎宁安领导,然后是约翰·米德尔顿将军。虽然起义军不时突袭低地,但没有发展壮大起来。起义军内部的纷争让他们无法完成大业。1654年5月,乔治·蒙克回到苏格兰,用枪火刀剑扫荡了苏格兰高地峡谷,击败了约翰·米德尔顿将军。1654年年末,平叛结束。

长期议会和奥利弗·克伦威尔对苏格兰的政策与对爱尔兰的政策相似。他们的目标都是使被征服的国家成为大不列颠帝国不可分割的一部分。然而,为了实现这个目标,对两国采取的措施却大相径庭。在苏格兰,既没有全面没收被征服者的土地,社会结构也没有发生重大变化。而对待苏格兰保王派的方式与对待英格兰保王派一样。长期议会没收了1648年和1651年入侵英格兰的人的财产,但奥利弗·克伦威尔采取了更温和的政策,仅没收了二十四名领导人的财产,而对其余从犯只处以罚款。虽然一些英格兰军官获得了被没收的土地,但大部分被没收的财产被用于公共用途。因此,苏格兰的土地没收措施虽然消灭了许多贵族和绅士,却没有影响到这个国家的大部分人。

苏格兰的国家宗教仍然予以保留,但国家教会失去了一部分独立权力,被剥夺了一切能够影响和控制公民政府的权力。苏格兰宗教大会曾被一位长老会牧师称为"我们的教会在世上的荣耀和力量"。然而,1653年,苏格兰宗教大会被强制解散,但允许举行地方宗教会议和长老会会议。英格兰政府剥夺了教会法庭对非教会成员的强制司法权,保护独立教会的成长。英格兰政府任命专员督察大学,惩罚宣扬反英格兰政府思想的牧师,裁决关于填补职位空缺的争论。英格兰政府对教会的内部事务干涉极少,并用宽容的态度维持抗议者和决议者之间的平衡。苏格兰教会虽然被剥夺了政治权力和大部分独立性,但并没有一蹶不振。罗伯特·布莱尔说:"上帝对他忠实仆人的辛勤劳动给予了极大的祝福,因而这些苦水也变甜了,而更有效的伟大之门向许多人敞开着。"

与爱尔兰一样,独立的苏格兰国家议会关闭了,取而代之的是苏格兰在大不列颠议会的代表权。联合王国经过詹姆斯一世的粗略尝试、长期议会的立法讨论,在护国制时期终于实现了。1652年,长期议会派来的专员勉强同意了两国联合的原则,但直到奥利弗·克伦威尔成为护国主时,联合王国组建的细节仍然没有确定。根据《政府文书》,苏格兰在大不列颠议会中有三十个议员配额。随后,奥利弗·克伦威尔下达了几条法令,完成了议会席位的分配工作。英格兰政治家将两国联合看作是一种慷慨的让步。这是议会的意图,埃德蒙·勒德洛说:

议会想说服苏格兰人，他们设想的初衷是希望政府管辖下的所有人都幸福富裕。苏格兰人极其明智，欣然接受这些设想。他们很清楚，对议会来说，允许一个被征服的民族参与立法是非常可贵的妥协。

然而，实际上，教会和民族感情都反对联合王国的设想。罗伯特·布莱尔说："让苏格兰与英格兰联合，就像让可怜的鸟与吃掉它的老鹰联合。"除了少数人，所有阶级都对联合王国心怀敌意和厌恶。

奥利弗·克伦威尔希望通过附带的物质利益让苏格兰融入联合王国。他承诺实现两国之间绝对的贸易自由，按配额征税并完善司法制度。这些都不是空话。包括分封制、劳役制和世袭司法权在内的土地终身使用权被废除。联合王国成立人民法庭，引入英格兰治安法官制度，减少法庭收费，新任命的法官也用不偏不倚的态度执行法律，甚至苏格兰人也承认司法管理有所改善。吉尔伯特·伯内特说："正义得到了伸张。"约翰·尼科尔补充道："说实话，英格兰人对苏格兰人更宽容、更仁慈，比苏格兰人对自己的同胞和邻居更好。在很多方面，英格兰人的公正都超过了苏格兰人的。"

起初，苏格兰民政掌握在议会专员手中。1655年后，由奥利弗·克伦威尔任命的苏格兰九人委员会接管苏格兰民政。在这九名委员中，有两名苏格兰人。在他们强有力的统治下，苏格兰出现了前所未有的井然秩序。英格兰驻军驯服了苏格兰高地，边境的流寇也被捉拿归案。一名英格兰官员夸口说，一个人只要口袋里揣着一百英镑，手里拿着一根鞭子，就可以策马走遍苏格兰。

从这些改革中受益最大的是中产阶级。乔治·蒙克在给奥利弗·克伦威尔的信中写道："通常，城镇居民是这个国家里对我们最忠诚的人。"1658年，奥利弗·克伦威尔向英格兰议会描述苏格兰的状况，并为英格兰统治带来的进步欢欣鼓舞。

在你们的治理下，那些穷苦人的生活还和以前在大领主统治下一样，他们的生活不比法兰西的农民更好，未来他们或许能生活得好一些。我发誓我所说的任何事情都真实地反映了那个国家的真实状况。然而，中产阶级在成长壮大。虽说他们的生活将来还能更好，但现在已经非常安逸了。

在描述奥利弗·克伦威尔在苏格兰的政权时，吉尔伯特·伯内特甚至说："我们通常认为他夺权的这八年是一段非常和平昌盛的时期。"这种说法过于夸张。长期战争带来的破坏和损失造成了广泛的贫困。奥利弗·克伦威尔承认："我的确认为，就物质生活而言，我曾经向你们提到的其他民族遭受的苦难，正是苏格兰民族此刻遭受的。我也确实认为这是一个非常破败的国家。"在苏格兰维持如此庞大的军队必然造成沉重的税收，这是英格兰统治的弱点。罗伯特·拜利的信中充满了对赋税负担的抱怨："庞大的驻军压在我们的头上，所有的阶级都极度贫穷。苛捐杂税繁多，贸易量却小。如果金钱的极度匮乏不会很快带来一场灾难，这简直就是奇迹。"起初，英格兰政府每月向苏格兰征收一万英镑的土地税，然而，实际征收十分困难，最终减少到六千英镑。奥利弗·克伦威尔去世的那年，英格兰不得不免除苏格兰十四万英镑的进贡，而该费用是用于维持对苏格兰的军事控制的。

苏格兰人普遍认为，英格兰统治带来的利益是以沉重的税收和国家的独立为代价的。在爱尔兰，无论是福是祸，奥利弗·克伦威尔的征服都在历史上留下了不可磨灭的印记。而在苏格兰，奥利弗·克伦威尔所做的和试图做的一切，包括联盟、法律改革和贸易自由，在复辟后都烟消云散了。然而，他的政策目标公平、正义，因此后来的政治家才愿意追随他的领导。1707年，不列颠联合王国成立，实现了贸易自由。1746年，世袭制被废除。

第 15 章

长期议会的终结

（1651—1653）

得知伍斯特战役大获全胜，议会通过投票决定给奥利弗·克伦威尔四千英镑年薪，将汉普顿宫分给他作为居所，并派代表向他表示感谢。1651年9月12日，奥利弗·克伦威尔凯旋回师伦敦。随军牧师休·彼得斯声称，奥利弗·克伦

休·彼得斯

威尔的举止中流露出一种发自内心的狂喜。他悄悄对一个朋友说，奥利弗·克伦威尔将自立为王。布尔斯特罗德·怀特洛克记录说："他表现得非常和蔼可亲。在他关于伍斯特战役的演讲中只说别人，很少提及自己，并理所当然地将战争的荣耀归于上帝。"显然，从战报上看，奥利弗·克伦威尔认为伍斯特的胜利是"至高无上的仁慈"。因为它不仅结束了战争，而且号召大家携手合作，共建和平。奥利弗·克伦威尔告诉议长，这是对议会的激励：

> 执行上帝的意志，因为上帝已经为这个国家执行了自己的意志。上帝的良好愿望是建立国家、改革政府。为了实现这个愿望，上帝让人们自发地保家卫国，并在这次伟大的战事里赐福给他的仆人。

布尔斯特罗德·怀特洛克

格洛斯特公爵亨利·斯图亚特

尽管共和国政府取得了成功，但它本质上只是临时政府。人民选择默认而不是接受它的存在，甚至拥护者也认为，既然内战已经结束，就必须建立一种更持久、更符合宪法的政府。在奥利弗·克伦威尔回到伦敦后不久，一次军官和议会议员的会议更明确了这种诉求。律师们都支持某种君主制形式的政府。有人建议说，已故国王查理一世的第三个儿子格洛斯特公爵亨利·斯图亚特现在十二岁了，可以被立为国王。但士兵们不愿意听到任何带有君主制色彩的东西。约翰·德斯伯勒少校质问道："为什么英格兰及其他国家不能以共和的方式治理？"奥利弗·克伦威尔很少说话。比起表达自己的观点，他似乎更愿意了解别人的想法。奥利弗·克伦威尔同意律师们的观点，认为"带有某种君主权力性质的国家治理方案"是最有效的。奥利弗·克伦威尔知道无论是和平任务还是战争任务都需要强大的执政力，但他怀疑恢复斯图亚特王朝的可能性。他同意士兵们的观点，认为建立新议会是当务之急。但与1649年一样，奥利弗·克伦威尔认为如果长期议会能自行解散，收场会更体面，也更合乎时宜。在公开和私下场合，奥利弗·克伦威尔利用自己的影响力说服下议院解散。他说："作为一名议员，我一次又一次地，甚至是十次、二十次地劝议会解散。"然而，尽管"奥利弗·克伦威尔阁下发表了一篇很长的演说"，下议院仅凭两票的优势决定了解散议会的日期，而这一日期是遥远的三年以后的1654年11月3日。奥利弗·克伦威尔只好接受拖延解散议会的事实，并尽其所能让现有议会发挥解决国家问题的作用。如今，摆在他面前的任务比同爱尔兰人和苏格兰人作战更艰巨。人们对他的期望越来越高，而他的权力却越来越小。有人给奥利弗·克伦威尔写信说：

> 上帝已经让您完成了伟大的战争使命，人们期待您能完成和平使命：打倒压迫者，减轻被压迫者的负担，解开被困者的枷锁，为贫困家庭提供温饱。

在伍斯特战役后的几个月里，国民通常将请愿书直接发给奥利弗·克伦威尔和军队而不是议会。然而，议会掌握了所有权力。虽然奥利弗·克伦威尔曾经拯救了议会，但随着危险的远离，议会逐渐摆脱了他的影响。在经常参加会议的六七十名议员中，最能干的成员同时也是国务委员会的成员。他们忙于日常行政事务，没有精力考虑更长远的立法计划。至于其他人，一些人专注于地方事务，另一些人忙于经营各自的农场和生意，还有一些人则忙于从没收来的土地中牟利。有少数几个议员是出了名的腐败，而党派纷争和钻营谋私比腐败危害更大。亨利·韦恩爵士向奥利弗·克伦威尔抱怨说，一些议员百般阻挠，"如果没有经过反复争论，即使是简单分内的事情他们都不愿意做"。奥利弗·克伦威尔自己说："任何事情的进展都困难重重，都要经历党派纷争。其实这根本不值得议会开会讨论。"

尽管困难重重，奥利弗·克伦威尔和下属军官们还是投入大量精力鼓舞议会。在政治上，最紧迫的事务是对被征服的保王派实行大赦。如果他们仍然要为他们过去十年的行为面临惩罚和没收财产的危险，内战的创伤就永远无法愈合。1652年2月，奥利弗·克伦威尔终于说服议会通过了一项法案，赦免伍斯特战役前的叛国者。但问题是该法案附带着许多例外和限制条款，因而没有什么效力。在讨论该法案的分歧时，奥利弗·克伦威尔不止一次反对这些限制条款，以至于顽固的共和党人认为他这么做是出于险恶动机。埃德蒙·勒德洛写道，他图谋让罪犯逃脱应有的惩罚，"这样他就可以通过增加新朋友来巩固势力，实现图谋"。对奥利弗·克伦威尔来说，这只是政治的权宜之计。奥利弗·克伦威尔认为保王派应该与清教徒一样，而无信仰者应该与有信仰者一样，都应该被给予同等的对待。

奥利弗·克伦威尔还说："真正的公正应该是摩西和保罗那样的做法，不单只为有信仰者，更应该为世间万民。"

法律改革的重要性仅次于大赦。在进行改革的人看来，法律改革不仅意味着法律的变革，还意味着总体的社会变革。两者都很有必要。内战摧毁了成千上万的家庭，而战争带来的后果让社会一片混乱。地主与佃户的关系，债务人与债权人的关系，皆因不可预见的灾难而变得错综复杂。伦敦的监狱里挤满了贫穷的债务人，而全国到处都是乞丐。对律师来说，这是最好的时代，他们从来没有像现在这样业务繁忙，但他们也同样令人生厌。1650年，奥利弗·克伦威尔对埃德蒙·勒德洛说："只要我们一提及法律改革，律师们就大声疾呼，说我们想要摧毁公民财产。然而，现存的法律只是养了一群律师，鼓励富人压迫穷人。"

在邓巴战报中，奥利弗·克伦威尔敦促议会："解放被压迫者，改革所有行业的弊端。如果一条法律让大多数人贫穷，而让少数人富有，那么它就不适合共和国。"

为了回应这些抱怨，议会已经采取了一些行动。1650年11月，议会通过了一项法案,要求所有法律程序和文件都必须使用英文。在这之前,议会已经通过了释放贫困囚犯的法案。1652年1月17日,议会大胆地任命了二十一名委员。这些委员都不是议员,他们由马修·黑尔担任小组长,负责"审视法律的不足,找到最快的补救方法",并将建议直接报告给下议院的一个委员会。委员们全身心投入工作,在接下来的几个月里提交了许多非常好的提案。这些提案中有一些在护国制时期通过了立法,另一些则在19世纪通过了立法。委员们甚至着手编纂法典,起草"法律体系"供议会审议。

马修·黑尔

在这段时间，议会也尝试对国家教会进行重组。为了增加人口，惩罚亵渎神明的行为，以及在威尔士和爱尔兰传播福音，长期议会通过了一系列法案。议会废除了主教制度，却没有任何其他教会管理制度补位。议会驱逐了保王派牧师，却没有为任命合适的继任者提供任何机制。在伦敦、兰开夏郡及其他一些地区，有一些牧师自愿组成了类似长老会的组织。1648年，长老会组织就已经通过立法，但在英格兰大部分地区，它从来没有真正被建立起来。国家教会里会众各自为政，人人都能随意自命为牧师并靠它维持生计。由乱入治困难重重，何况其中还伴随着诸多争议。因此，议会迟迟不愿着手解决这个问题。

约翰·欧文曾经是奥利弗·克伦威尔在爱尔兰的随军牧师，自荐承担了重组国家教会的重任。1652年2月10日，约翰·欧文和其他十四名牧师向议会提交了一

约翰·欧文

份解决国家教会问题的综合方案。下议院将方案转交给一个专门委员会,由他们审议如何更好地传播福音,而奥利弗·克伦威尔是委员会中最重要的成员。约翰·欧文的方案与《人民公约》意见一致。他建议继续建立一个国家教会,接纳教会里持不同意见的各种教派。国家教会将由委员会里两个不同派别控制,一部分是普通委员,一部分是牧师委员。地方委员审查所有申请成为牧师的候选人是否合格,而巡回委员则各地巡回检查,驱逐不称职的牧师和校长。关于接纳持异议者的限度,委员会分为两派。最后,综合方案提议,禁止反对基督教基本原则的人传播观点。当被问到这些原则的具体内容时,约翰·欧文和他的同事列出十五条基本原则。如果拒绝承认这十五条原则,就会被剥夺发表观点的自由。奥利弗·克伦威尔认为这些限制过于苛刻,并希望对基督教有一个更宽泛的定义。他强调说:"我宁可接纳伊斯兰教也不愿意任何一个上帝的孩子受到迫害。"1652年5月,在这些辩论的影响下,约翰·弥尔顿给奥利弗·克伦威尔写了一首十四行诗,请他记住"和平带来的成果不亚于一场战争"。

> 新的敌人已经出现,
> ……
> 用尘世的枷锁束缚我们的灵魂。
> 请让我们的良心免遭利用,
> 他们唯利是图,做尽坏事。

奥利弗·克伦威尔认为有必要建立国家教会,而约翰·弥尔顿并不认同这一观点。约翰·弥尔顿高度赞扬亨利·韦恩爵士,而不是奥利弗·克伦威尔。他认为亨利·韦恩爵士是一位政治家,知道两种不同国家利器的真正界限,也知道将精神力量与公民权利划清界限。在他给亨利·韦恩爵士写十四行诗的时候,教会的争论已经转为幕后。短暂的和平与改革时期结束了,奥利弗·克伦威尔和亨利·韦恩爵士都被迫将注意力转向外交政策和新的战争。

1649年夏天，当奥利弗·克伦威尔离开英格兰时，全世界都对共和国怀有敌意。而伍斯特战役使大不列颠再次成为欧洲强国，其他国家开始寻求与共和国建立友好关系，或者至少是害怕与共和国为敌。

这一巨大变化主要是受奥利弗·克伦威尔的胜利的影响。邓巴之战后，萨金特·约翰·布拉德肖在给奥利弗·克伦威尔的信中写道："事实是，您明智而忠诚的行为得到了上帝的赐福。您为共和国所做的所有尝试和行动带来了新生和荣誉。"罗伯特·布莱克的胜利也起了很大作用。1652年春天，英格兰海军已经将保王派的私掠船舰从英属海域和地中海扫荡干净，并相继收服了所有拒绝服从共和国的殖民地和属地。1649年5月到11月，罗伯特·布莱克将鲁珀特亲王的舰队封锁在金赛尔，使他既无法帮助奥蒙德伯爵詹姆斯·巴特勒占领都柏林和伦敦德里，也无法阻碍奥利弗·克伦威尔在爱尔兰的军事行动。

伦敦德里

鲁珀特亲王逃脱后前往里斯本，在葡萄牙国王的保护下改装船舰，继续劫掠英格兰商船。1650年3月，罗伯特·布莱克出现在塔古斯河口，将鲁珀特亲王的船堵了六个月。1650年10月，趁罗伯特·布莱克不在的时候，鲁珀特亲王终于可以出海。他进入地中海，掠夺和焚烧英格兰商船。罗伯特·布莱克在马拉加和卡塔赫纳附近捕获并摧毁了鲁珀特亲王的大部分船舰。鲁珀特亲王带着剩下的两艘船前往土伦避难。一些岛屿曾经是保王派私掠船的大本营，接下来则几经易手。1651年5月，荷兰舰队被派往报复约翰·格伦维尔爵士对荷兰商船

约翰·格伦维尔爵士

乔治·埃斯丘爵士

的攻击。约翰·格伦维尔爵士将锡利群岛交给了罗伯特·布莱克,从而使英格兰抢在这支荷兰舰队前及时收回该岛。1651年10月,曼岛沦陷。1651年12月,罗伯特·布莱克占领了泽西岛和根西岛。在这两个岛上,乔治·卡特莱特爵士经营的海盗业务比约翰·格伦维尔爵士的规模更大、更有利可图。1652年1月,乔治·埃斯丘爵士的舰队攻下巴巴多斯群岛和西印度群岛。1652年3月,北美的弗吉尼亚和马里兰表示臣服。至此,斯图亚特王朝统治过的所有领地都已经收复,而共和国领导人拥有了比以往任何时候都更强大的陆军和舰队,可以自由干预欧洲政治。

签订《威斯特伐利亚条约》

1648年,《威斯特伐利亚条约》签订,三十年战争宣告结束。法兰西和西班牙仍然在打仗,但并不激烈。法兰西由于投石党内战而自顾不暇,西班牙则由于治国不当和贸易衰退而逐渐败落,因此双方都希望得到英格兰的帮助。在1650年12月西班牙就承认了共和国,而法兰西却迟迟不肯表态。西班牙允许罗伯特·布莱克在西班牙港口为船队装贮食物,法兰西却允许鲁珀特亲王的船队在法兰西港口停驻及出售战利品。法兰西的私掠船和军舰一起袭击了黎凡特的英格兰商船。查理二世甚至在法兰西聚集流亡的保王派,密谋破坏共和国的和平。按当前局势,无论是出自宗教动机还是政治动机,大家都倾向于与西班牙结盟。在西班牙领土上,没有对新教教徒的迫害,而法兰西南部的胡格诺派希望英格兰的同道教友能出手支持,这是因为宗教改革以来的英格兰一直奉行传统政策。投石党的战争为英格兰插手解救法兰西胡格诺派提供了第二个动机。支持法兰西捍卫政治自由，避免君主集权制的侵蚀，这项事业必然会吸引充满激情的共和党人。当康德亲王路易·德·波旁和圭亚那的投石党人向英格兰和西班牙请求帮助对付朱尔斯·马扎林时，西班牙立即积极回应，而英格兰国务委员会的一个强大党派也准备给出肯定的答复。无论是支持西班牙的一派，还是支持法兰西的一派，只要能得到奥利弗·克伦威尔的支持，就将

康德亲王路易·德·波旁

占据上风。自伍斯特战役以来,甚至从更早的时候,外国外交官们就将注意力集中在奥利弗·克伦威尔身上,报道他的讲话,揣度他的微言大义。

有些人希望共和议会向国外推广共和制度。他们认为奥利弗·克伦威尔是执行这一政策的不二人选。据传,奥利弗·克伦威尔曾经这么说过,如果他能年轻十岁,他会让欧洲的每一个君主在他脚下战栗。他还说,他比已故的瑞典国王动机更单纯。在奥利弗·克伦威尔看来,比起那些只为满足个人野心的人,他能为人民做出更多贡献。奥利弗·克伦威尔从爱尔兰回来时,安德鲁·马维尔称赞他是一位救世主,而他未来的征服将标志着所有被压迫国家的历史进入一个新时代。

> 他将是恺撒之于高卢,
> 汉尼拔之于意大利,
> 所有被奴役的国家
> 都将迎来新世纪。

然而,在奥利弗·克伦威尔的行为中并没有众望所期的革命热情。第一次在外国政界露面时,他就显示出了一种敏锐而务实的政治家的特质。他更急于扩大自己国家的贸易和领土,而不是在国外传播共和制。他只对受压迫的新教教徒表达了同情。奥利弗·克伦威尔拒绝了康德亲王路易·德·波旁的特使在伍斯特战役刚结束时向他提出的建议,却立刻派了一名使者到巴黎与德雷茨枢机主教让-弗朗索瓦·保罗·德·贡迪谈判,同时派另一名使者查明法兰西南部的真实情况。奥利弗·克伦威尔最关心的问题是如何提高胡格诺派的地位,而比起武装干预,通过与法兰西政府沟通显然要有效得多。因此,从一开始,奥利弗·克伦威尔就倾向于与法兰西而不是西班牙联盟。1652年春,奥利弗·克伦威尔和另外两名国务委员针对敦刻尔克的割让与朱尔斯·马扎林进行秘密谈判。敦刻尔克的守备部队受到来自西班牙军队的沉重压力。当时法兰

德雷茨枢机主教让-弗朗索瓦·保罗·德·贡迪

西的立场是,如果法兰西政府无力挽救敦刻尔克,宁可将它交给英格兰,也不愿意让它落入西班牙之手。1652年4月,五千名英格兰士兵在多佛集结,只等一声令下便打进敦刻尔克,但朱尔斯·马扎林拒绝在这个条件下同英格兰联盟。就在朱尔斯·马扎林犹豫不决、讨价还价的时候,西班牙联盟的支持者在英格兰委员会占了上风。英格兰与法兰西的谈判中断。法兰西继续拒绝无条件承认共和国,因此英格兰只好诉诸武力。1652年9月16日,罗伯特·布莱克突袭了法兰西派往敦刻尔克的补给舰队，劫持了七艘船。其余船舰有的被摧毁，有的则被驱至海岸。1652年9月17日，被困的敦刻尔克向英格兰人投降。1652年12月，一位大使抵达伦敦，以路易十四的名义宣布两国之间一直存在的联盟不受政府形式的约束，正式承认共和国。

在这之前，英格兰已经卷入了与荷兰的战争。这两个新教共和国似乎是天然的盟友。英格兰帮助荷兰人实现了自由，荷兰曾经是清教徒逃亡者的避难所。但自1642年以来，王朝纷争和商业利益使两国渐生龃龉。尼德兰联合省总督威廉二世因与查理一世的女儿玛丽·斯图亚特的联姻，自然选择支持查理一世和查理二世，而这也影响了荷兰共和党人对英格兰的态度。1650年11月，威廉二世驾崩，尼德兰联合省总督的职位名存实亡。共和党声势渐盛，英

敦刻尔克

路易十四

格兰与荷兰的关系有望改善。六个月后,英格兰共和国派奥利弗·圣约翰和沃尔特·斯特里克兰前往海牙,代表英格兰与荷兰重修旧好,谋求建立一个"更严格和亲密的联盟,为两国的共同发展开拓互利共赢的新局面"。荷兰人愿意建立紧密的商业联盟,但不愿意有更深入的接触,避而不谈英格兰大使提出的"联合"和政治联盟,谈判因此破裂。从此,两国的商业竞争愈演愈烈。长期议会的一位议员曾经说过:"在贸易这个'世上最美丽的情妇'面前,我们都是情敌。" 1651年3月,荷兰与丹麦签订条约,损害了英格兰在波罗的海的贸易。1651年10月,英格兰通过了《航海法案》,一举禁止荷兰与英格兰殖民地的贸易，剥夺荷兰渔民在英格兰的市场，并威胁要摧毁荷兰的贸易。尼德兰联合省派出大使，希望英格兰废除《航海法案》，但新出现的其他问题使情况进一步复杂化。对于承认英格兰在英格兰海域的主权、向英格兰国旗敬礼，以及为获得捕鱼权缴纳贡品等老问题一直存在争议。现在对中立国的权益问题又新起争端。这时，英格兰与法兰西处于战争状态。英格兰声称有权扣押荷兰船舰装载的法兰西货物，而荷兰则提出国旗高于货物的原则。英格兰人对安博尼亚大屠杀记忆犹新，要求荷兰人为在东印度群岛犯下的罪行进行赔偿，这给英

安博尼亚大屠杀

多佛海战

格兰与荷兰之间达成协议带来了新的障碍。1652年5月,罗伯特·布莱克和马尔腾·特罗普在多佛海域发生了一次偶然的冲突,将英格兰与荷兰这两个共和国卷入了战争。

奥利弗·克伦威尔内心极其抵制与荷兰的这次战争,但他认为在两国的争端中,英格兰的立场是正确的。议会派他去调查这场战争的原因。他回来时确定无疑地说错在马尔腾·特罗普而不是罗伯特·布莱克。然而,这场战争可能会让奥利弗·克伦威尔一心向往的新教联盟计划就此落空。他对荷兰议会派往伦敦的代表说:"我不喜欢这场战争,我将尽我所能实现和平。"在此后每一次与荷兰的谈判中,奥利弗·克伦威尔都倡导和平。1652年夏天,他促成了双方特使的非官方谈判。

起初,战争的结果对英格兰有利。荷兰的贸易规模庞大,海军力量相对弱小。与此相反，英格兰海军力量强盛而贸易规模相对较小。一个荷兰人说："英格兰人在攻打一座金山，而荷兰人在攻打一座铁山。"英格兰人的军舰比荷兰人的更强大，并装备了重炮。英格兰海军统一由一个机构指挥，而荷兰海军则由五个不同的海军部门管辖。此外，英格兰的地理位置便于英格兰控制战线，而荷兰舰队不得不挨着自己的海岸航行。这意味着罗伯特·布莱克和乔治·埃斯丘爵士可以随意攻击任何一处，而荷兰的海军统帅通常要分心防护商船护卫舰。然而，1652年11月，马尔腾·特罗普在邓杰内斯海峡击败了罗伯特·布莱克。在随后的两个多月，邓杰内斯海峡的控制权转到了荷兰人手中。1653年2

马尔腾·特罗普

月,罗伯特·布莱克和乔治·蒙克在波特兰与马尔腾·特罗普苦战三天,击败对手,从而重新控制了邓杰内斯海峡。与此同时,在地中海,一支英格兰小舰队落败于厄尔巴岛,另一支则被困在里窝那。波罗的海关闭了对英格兰的贸易,而丹麦准备与荷兰结盟,一致对外。1652年年末,英格兰共和国前景一片黯淡。

英格兰的内部状况更迫切需要和平。战争结束了一切改革,取而代之的是一场倒退运动。陆军一年要花费一百五十万英镑,海军一年花费将近一百万英镑,建造新护卫舰需要三十万英镑,另外还有大约五十万英镑的财政赤字。为了让收支平衡,长期议会重新采用旧方案,没收大约六百五十人的财产,并将所得款项用于维持海军。大多数像这样被剥夺得一贫如洗的人并没犯什么大错。奥利弗·克伦威尔倡导的安抚政策被全然抛弃。目睹这一切,他义愤填膺。奥利弗·克伦威尔后来说:"这些可怜人像羊群一样,被一群群的赶了出来。一夜之间失去了财产和土地,却没有人给他们解释原因。"

教会的改组没有取得任何进展。议会讨论了奥利弗·克伦威尔所在委员会的一些提议,却没有采取任何行动。在最近颁布的法案中,有一条是拒绝继续委任三年前的委员在威尔士传播福音。对奥利弗·克伦威尔来说,这条法案是对"可怜的威尔士信徒"的蓄意打击,同时也清楚地向那些热衷于宗教传播的人表明,向议会求助的希望已经非常渺茫。奥利弗·克伦威尔说:"我和军官们都认为,这个决定是对他们精神上的极大考验。"法律改革也同样看不到希望。马修·黑尔的提案要么被搁置在下议院的桌上生尘,要么就像土地所有权登记提案一样,淹没于委员会的口水战中。奥利弗·克伦威尔评价议会说:

> 我不是说他们完全没有能力进行改革,尽管在法律改革方面,我大可以这么说。现在的状况太不尽人意。我们原本应该取得一些让人称道的成果,但现在我们发现,三个月过去了,连一个"财产抵押权"的问题都还没有解决。

邓杰内斯海峡战役

波特兰战役

军队逐渐失去耐心。1652年8月，军官委员会向议会提交请愿书，要求采取"迅速有效的手段"进行一系列的具体改革。如果不是因为奥利弗·克伦威尔，他们还会要求立即解散议会。下议院对军官们说尽好话，称"正在研究"他们的要求，但几个月过去了，只有一些微弱的行动迹象。1652年10月，军官和议会主要成员之间开始举行一系列会议。奥利弗·克伦威尔肯定地说：

> 我认为，我们至少开了十到十二次会。我们低声下气地恳求他们，希望他们能主动兑现承诺，执行万众期待的改革。因为这样就会显得他们的行动不是出于军队的建议，而是因为他们自己的聪明才智。我们设身处地地为他们着想，维护他们在人民心中的名誉。

布尔斯特罗德·怀特洛克和奥利弗·克伦威尔曾经有一次会面。对于这件事，布尔斯特罗德·怀特洛克记录如下：奥利弗·克伦威尔特别提到议员们目空一切、野心勃勃、自私自利。他说议员们将所有的荣誉和利益都归于自己和朋友，却遇事推阻，党同伐异，徇私枉法，贪恋权力。奥利弗·克伦威尔继续说，议会声称拥有至高无上的权力却管理不力，已经不适合继续执政。而为了约束和遏制议会的过分行为，需要再建立一个强有力的权威机构。布尔斯特罗德·怀特洛克希望议会能改过自新，他认为很难建立这样的一个权威机构。奥利弗·克伦威尔问道："假如有人当了国王呢？"布尔斯特罗德·怀特洛克只好回答说，如果奥利弗·克伦威尔自立为王，无异于饮鸩止渴。布尔斯特罗德·怀特洛克认为，奥利弗·克伦威尔的最佳选择就是与查理二世达成协议。

然而，军官和议会的会议毫无结果。1653年1月，军队忍无可忍。军官们在圣詹姆斯教堂召开大会，给爱尔兰和苏格兰的军队发出通函，呼吁军中伙伴们站在他们一边，并起草了威胁议会的宣言。大多数军官委员会成员要求立即解散议会，并准备施以武力。奥利弗·克伦威尔反对任何诉诸武力的手段，因此

圣詹姆斯教堂

尽管费尽力气,他还是成功制止了军官们。奥利弗·克伦威尔向一个朋友抱怨说,两个党派都希望他采取行动,而"考虑这些问题让他头皮发麻"。一党以约翰·兰伯特少将为首。约翰·兰伯特渴望报复下议院,剥夺他爱尔兰总督的职位。另一党则以托马斯·哈里森少将为首。他是一个诚实的人,"目标是好的",但太急于求成,"不愿意静心等待上帝的旨意"。

与此同时,议会对日益高涨的抗议活动感到极其震惊,再次讨论了《新代表提案》并准备认真推行。他们划定了选区,确立了选民资格。到1653年4月中旬,眼看这份提案就要通过委员会的审查:只要通过三读,该法案就能成为法律。然而,经过议会领导人的操作,这份提案变成了一项图谋永掌权力的计划。该提案提议增补下议院代表,但现任议员不需要重新选举就能连任。现任代表将拥有判定选票效力和被选举人资格的唯一裁决权。这套选举制度不仅适用于下次选举,而且适用于今后所有的议会选举。

这个狡猾的计划引起了军官们强烈的反对。其中一条表示,提案对选举权的定义太宽泛,而且让选举权的解释权落入了他们不信任的人手里。他们坚持要对选民进行政治和财产审查。此外,他们也不同意让革命事业的中立者和逃避者拥有投票权。将权力交到这些人手中,就是抛弃国家自由。

同样地,选举制度也令人反感。这个制度给予人民的只是表面权力,而不是真正的选择权。阿瑟·哈赛里格爵士或许不再受莱斯特郡选民的爱戴,而亨利·韦恩爵士也可能失去了赫尔选民的信任,但他们必须继续以1640年被选代表的身份连任。兰开夏郡将结束没有代表权的时代,但选出的代表可能会被那些相当于自我选举的人拒之门外。虽然军队准备限制选民资格和候选人范围,但这不意味着军队将默许议会对代议制政府如此彻底的嘲弄。

对奥利弗·克伦威尔和军官中的宪制理论家们来说,这个提案还有一个不可逾越的障碍。作为一个拥有无限权力和无限任期的机构,长期议会同时掌握立法权和行政权,这是奥利弗·克伦威尔和宪制理论家们最不喜欢的一点。他们希望成立一个短期议会,一年议期不超过六个月,并限制它的权力和任期。而该提案却用永久议会取代长期议会,长年开会,永不间断,行使着和长期议会一样的专断权力。后来奥利弗·克伦威尔说:

> 当时的设想很精妙。议会由四百人组成,持续地进行独裁管理,只替换一小部分成员。一届届议会稳坐权力的宝座,前一届议会座椅尚温,下一届又上任了……我始终认为,这是一种可耻的补救办法。

基于以上原因,军官们决定不惜一切代价阻止提案通过。整个事业的未来走向似乎都取决于这个问题。奥利弗·克伦威尔说:

> 我们得出结论：如果在这之前我们是为自由和权利而战，我们就应该学会耐心等待。然而，如果让这项提案通过，我们将成为这世上最可鄙的人，甚至称得上是上帝及其子民的仇敌。

奥利弗·克伦威尔不得不认清事实：如果说服手段失败，他就使用武力。

让长期议会接受一个妥协方案是它体面收场的唯一希望。1653年4月19日，奥利弗·克伦威尔和军官们与议会的部分议员会面，提出一个解决当前局势的权宜之计：议会放弃提案，立即解散，同时任命一个临时政府。议员们"将身上重任移交给可信赖的、自身利益与国家休戚相关并对共和国充满感情的人"，让这些人设计"国家方案"。军官们说："这是有先例可循的，英格兰在纷争时期就是这样。"军官们援引了许多历史先例。议员们提出抗辩，但最终同意仔细考虑，并答应在第二天与军官们再次会面讨论。同时，亨利·韦恩爵士和其他一些议员承诺说，他们将暂停对《新代表提案》的进一步讨论。军官们满意而归。

与亨利·韦恩爵士在下议院的声望相比，另一位议会领袖阿瑟·哈塞里格爵士毫不逊色。他从乡下赶来，决意破坏这个妥协方案。他言辞激烈地告诫议员们，他们所做的妥协是要被诅咒的，议会绝不能将权力移交给任何人。第二天开会时，下议院采纳了阿瑟·哈塞里格爵士的观点，呼吁表决通过《新代表提案》而不需要考虑军官们的抗议。同时，下议院打算休会至1653年11月，从而避免这项法案被修改或废除。此外，他们还安排国务委员会继续执政，任命托马斯·费尔法克斯爵士为上将，取代奥利弗·克伦威尔。

奥利弗·克伦威尔在白厅得知下议院正用最快的速度讨论《新代表提案》时，简直难以置信。直到信使接二连三地证实了这个消息，他终于相信"这些人竟如此卑劣"。于是，他匆忙赶到下议院，穿着平常的衣服，像一个普通公民，而不是一个将军或士兵。奥利弗·克伦威尔"穿着普通的黑衣和灰色的毛线长筒袜"，像往常一样，"在一个不起眼的地方"坐了下来。他坐了一刻钟，静听辩论，直到议长马上就要提出是否通过提案的问题。奥利弗·克伦威尔转向托马斯·哈里森少将，低声说："我该有所行动了。"随后，他站了起来，脱下帽子，向大家发表讲话。起初有好一会儿，他赞扬议会的工作和议会对公众利益的关心。接下来，他突然话锋一转，指责议员们行事不公，阻碍正义，以权谋私，以及其他许多过错。随着他的情绪逐渐高涨，他戴上帽子，来回踱步，眼睛盯着一个个议员，狠狠地斥责他们。他虽然没有指名道姓，却用手势表明指的是谁。这些人贪污腐败，那些人私生活不检点，这个议员是个骗子，那个议员裁决不公。奥利弗·克伦威尔说："你们可能会认为这些不是议会用语。我承认它们不是。但你们也别指望我会说一些冠冕堂皇的议会用语。你们不代表议会，对，我是说你们代表不了议会。我要终止你们的任期。"随后，他命令托马斯·哈里森少将："叫他们进来！"一听这话，托马斯·哈里森少将立刻走出去，将前厅里奥利弗·克伦威尔名下兵团的二三十名火枪手带了进来。这时只需要

奥利弗·克伦威尔解散长期议会

展示武力就够了。奥利弗·克伦威尔指着坐在主席台上的议长威廉·蓝托尔,对托马斯·哈里森少将说:"将他拉下来。"议长威廉·蓝托尔拒绝离开椅子。托马斯·哈里森少将说:"先生,让我给您搭把手。"他抓住议长威廉·蓝托尔的手,将他扶下来。当时坐在议长旁边的西德尼·蒙塔古爵士拒绝让位。奥利弗·克伦威尔命令道:"拉他出去!"于是托马斯·哈里森少将和一个军官将手放在西德尼·蒙塔古爵士的肩膀上,将他带到门口。然后,奥利弗·克伦威尔轻蔑地看着议会桌上的权杖,大声说道:"这个玩意儿我们怎么处理?"随后他命令一个士兵:"将它带走!"

权杖和议长威廉·蓝托尔被处理后,所有的议员都离开了下议院。他们走出去时,奥利弗·克伦威尔向他们喊道:"是你们逼我这么做的。我日夜祈求上帝,而主宁愿杀了我,也不愿意让我这么做。"奥利弗·克伦威尔叫住亨利·韦恩爵士,责备他不守信用,说他原本可以阻止这种事情发生,说他是个骗子,没有一点诚信。然后他从下议院秘书手中拿走提案文稿,命令锁上门,走了。

接下来的就是解散议会任命的国务委员会。下午,奥利弗·克伦威尔来到国务委员会。他对委员们说,他们可以以私人名义自由聚会,但如果是以委员会的名义开会,这里没有他们的位置,并告知他们议会解散了。萨金特·约翰·布拉德肖回答说:

> 先生,我们已经听说了您今天早上在下议院里的所作所为。不出几个小时,全英格兰都会知道的。如果您以为议会已经解散了,那您就大错特错了。天底下没有任何权力能解散议会,议会只能自行解散。您最好留意这一点。

萨金特·约翰·布拉德肖说对了:与奥利弗·克伦威尔的军队力量相比,长期议会所代表的宪政理想最终将被证明更强大。议会确实犯了奥利弗·克伦威尔所指责的所有错误,但对英格兰人来说,议会意味着世代的权利,"逐渐扩

奥利弗·克伦威尔指着坐在主席台上的议长威廉·蓝托尔

议员们离开下议院

大的自由"，以及法律至上的延续。随着议会被驱逐，军队扔掉了迄今为止掩盖其行为的合法外衣。从此以后，军事力量必须露出它固有的面目，摆出它应有的姿态。奥利弗·克伦威尔试图用宪法的形式掩饰军事力量，这种尝试注定徒劳，而他的一生都将在这种徒劳尝试中度过。奥利弗·克伦威尔的人生因此而不同，也因此变得不同了。然而，难道一项建立在现实而非法律虚构基础上的政策就没有什么值得期盼的吗？

第 16 章

护国制的建立

（1653）

对于长期议会的垮台，民众普遍表示满意。后来，奥利弗·克伦威尔说："既没有人反对，也没有什么明显或普遍的抱怨。"事实的确如此。爱德华·海德称这是一个最受欢迎也最体贴民心的行为。法兰西大使告诉政府说，贵族和民众普遍对奥利弗·克伦威尔的行为拍手称快。在民谣中，民众尽情发泄情绪。其中一首描述了解散议会的场景，记叙了奥利弗·克伦威尔说过的话，刻画了议员们的样子。

> 勇敢的奥利弗·克伦威尔如精灵一般降临，
> 愤怒的面庞吓得议长哑口无言，
> 他说："滚开，你已经坐得太久，
> 难道准备坐到世界末日来临？"

一位街头诗人则唱道："振作起来，善良的同胞们，别灰心。"每首诗都用欢快的合唱结尾："十二个议员就卖一便士。"

之后几个星期，奥利弗·克伦威尔是这个国家最受欢迎的人。保王派私下说查理二世将娶奥利弗·克伦威尔的女儿，奥利弗·克伦威尔将被封为公爵和爱尔兰总督。而更普遍的看法是，奥利弗·克伦威尔会亲自登上王位。一位热情的支持者挂了一张奥利弗·克伦威尔加冕的画像，下面写着：

登上三个宝座吧,伟大而神圣的队长;

此乃上帝的旨意,"老狮王",这些属于您。

奥利弗·克伦威尔则这样看待自己:他是议会任命的总司令,而这一委任使他成为现存的唯一权威。他希望尽快结束这个独裁政权。必须严厉禁止军事权力染指民政管理。军队领导人必须向世界证明,他们推翻长期议会并不是为了掌握权力。军队接受奥利弗·克伦威尔的观点,但对于新的民事政权的性质,军官们有两种看法。目前,临时国务委员会由十三人组成,其中大多数是军官,负责日常行政事务。

至于未来规划,约翰·兰伯特少将主张一种政府形式,而托马斯·哈里森少将主张另一种政府形式。约翰·兰伯特少将出身名门,虽然有一定的政治才能和宪法知识,但并没他自认为的那么多。他既是一位勇往直前的领袖,也是一位技巧娴熟的战术家,因为豪爽的风度和亲切的性情而广受欢迎。他的好脾气让人误认为他很诚实。作为一个政客,约翰·兰伯特少将是一个阴谋家,高深莫测,诡计多端,野心勃勃。托马斯·哈里森少将出身低微,没受过什么教育,在扭曲的迷信氛围中长大,充满勇气与激情。他注定要为渺茫的希望而生,为失败的事业而死,甚至连敌人都对他肃然起敬。他的奋斗目标大公无私,用忠诚和热情转变别人的看法。但他更适合在世界末日之战中指挥左翼,而不是参与政府的管理。

约翰·兰伯特少将希望将权力委托给一个十人或十二人的小委员会。托马斯·哈里森少将则希望将权力交给一个大委员会,由七十名成员组成,类似犹太公会。约翰·兰伯特少将一派提议,委员会应该由选举产生的议会协助执政,并由成文宪法规定委员会和议会的权力。托马斯·哈里森少将的追随者们则希望完全废除议会。约翰·兰伯特少将的提议符合四年前起草的《人民公约》的原则。托马斯·哈里森少将的提议则是受到第五君主派思想的启发,认为实现愿望的时候到了。在世界历史上的四大君主政体,亚述、波斯、马其顿和罗马

新政治家奥利弗·克伦威尔

中,有三个已经垮台,而第四个正摇摇欲坠。最后,正如先知们预言的那样,第五君主制,即基督的君主制即将开启。而在基督亲临统治前,圣徒将代他统治。托马斯·哈里森经常挂在嘴边的一句经文是:"圣人将占领并拥有这个王国。"

在解散长期议会时,奥利弗·克伦威尔对英格兰未来的政府并没有明确的规划。他虽然不崇信第五君主派观点,但对成文宪法也没有信心。奥利弗·克伦威尔相信虔诚的人会成为最好的管理者,但他觉得一个议会式的政府最能让全国人民满意。

最终达成了一个妥协方案。奥利弗·克伦威尔召集了一个比托马斯·哈里森少将提议的规模更大、更有代表性的大会。他要求每个郡的教区提名举荐,军官委员会再从推荐名单中选出他们认为最合适的人选。最终选出的有一百四十人,其中五人代表苏格兰,六人代表爱尔兰,其余的代表英格兰。奥利弗·克伦威尔上将给每个人颁发了委任状。委任状上写着，在军官委员会的建议下，奥利弗·克伦威尔特此任命，委托此人共同管理共和国重要事务。所有受托人都是清教徒的知名人士，对共和国事业虔敬而忠诚。委托书中将他们描述为"敬畏上帝，憎恨贪婪的人"。

　　1653年7月4日，所有委托人在威斯敏斯特集合。奥利弗·克伦威尔代表军队授予他们一张证书。证书由奥利弗·克伦威尔亲手签署盖章，表示这些委托人代表了最高权威。在开幕致辞中，奥利弗·克伦威尔提到了导致长期议会解散的原因和将他们召集来的缘由，并就他们如何行使手中的权力提出建议。奥利弗·克伦威尔要求他们公正温和地对待各种派别的基督教教徒，努力传播福音，好好工作，竭诚为公众谋福利，赢取国民支持。"奥利弗·克伦威尔使委托人相信，对神的敬畏让他们摆脱了自身束缚，而敬神之人现在正用敬神之心治理国家。"战争期间，在推翻君主制的一系列事件中，上帝给出了"明显的天意"。现在，政府的任务摆在他们面前，"势在必行，天意已定"。"上帝明示，这是基督显灵的日子。我们的国民流了这么多的血，受了这么多的考验，当前任务的重中之重是将上帝子民聚集在至高无上的权柄之下。"因此，响应内心的呼唤吧。从来没有人用这样的方式走向权力之巅：拥有上帝，同时为上帝所有。

　　奥利弗·克伦威尔说，这一切并不是他凭空想象出来的。

　　　　我从来没有想过会有这样一天……这真是太奇妙了，这一切没有经过设想。我们和你们一样，都是不久前才知道这个局面。这确实是上帝自始至终对待我们的方式。在主下定决心之前，我们一无所知，而这在某种程度上也是对我们忠诚的见证。

　　既然上帝创造了如此奇妙的构想，为什么他们就不能期待更奇妙的事情呢？"我们为什么不敢说、不敢想？或许这条道路将为我们通向上帝曾经有所预言而人们也一心所盼的道路。"奥利弗·克伦威尔一再重申这些希望。"我的确认为有某种东西在门那边。我们的一只脚已经迈过这道门槛。""你们正处在应许之门的边缘，上帝的承诺即将实现。"最后，他引用《诗篇》的第六十八篇作为"福音教会"的荣耀和胜利的预言。"《诗篇》歌颂的胜利，上帝已经成功兑现。"

与会者同样深信，这次会议标志着一个新时代的开始。正如他们宣称的："他们期待着自由和幸福的诞生。""全世界的上帝子民"都在"密切期待伟大而神奇的事物降临。在这之前的世间万物都无法与之比拟，唯有我们的主耶稣基督出生前或许可以与之相提并论"。为了完成使命，大会满怀希望地开始工作。大会通过投票给自己定名为议会，邀请奥利弗·克伦威尔和其他四名军官代表参加会议，选举了新的国务委员会，并组建了十二个大委员会来解决各种冤屈和不满。与此同时，大会着手改革法律和教会。只经过一天的辩论，大会就投票废除了大法官法庭。一直以来，大法官法庭就由于做事拖沓、费用昂贵而臭

大法官法庭内景

名昭著。据说五到三十年前的旧案中,至今还没有得到解决的有两万三千宗。随后,大会制定民事婚姻的法案,规定必须对出生、结婚和死亡进行登记。此外,大会还通过了释放债务囚犯、对智力障碍和精神病人进行安全监护等各项法案。大会任命一个委员会编纂法律。乐观的改革者说要将大部头典籍缩减到"一个口袋书大小,而新英格兰与其他地区也同样按比例缩减"。黑衣修士区的第五君主派走得更远,他们要求废除所有法官,用上帝律法取而代之。他们要求的不是简化版的英格兰法律,而是以摩西律法为基础的法典。

教会遭遇了和律法同样的粗暴对待。一项立即废除什一税的提议因几票之差遭到否决,但即使是反对者也愿意废除什一税,前提是补偿世俗的税田主人,并给牧师提供其他形式的生活补贴。最终整个问题提交给了一个委员会讨论。一项废除庇护制的决议凭借十七票的优势通过,并下令起草法案使之生效。一直有谣言称将对大学的捐赠制进行改革,下议院有一大团体反对任何已建立的教会和任何不依赖自愿捐助的牧师。议会之外,第五君主派谴责教区牧师是"有钱人的雇工"和"贵族的教士"。在布道中,他们将教会描述为"巴比伦的外垒",是"野兽王国"的一部分。第五君主派说,基督的伟大计划是摧毁全世界所有反基督教的组织、教会和神职人员。他们的赞美诗号召信徒们跟随耶和华战争的脚步。

> 主赋予我们荣光。
> 圣徒们列阵前进,
> 刀已出鞘,箭在弦上,
> 摧毁巴比伦!

私下里,第五君主派密谋让托马斯·哈里森少将出任大将军,而不是奥利弗·克伦威尔。

奥利弗·克伦威尔对小议会的行为及产生的后果感到极其不满和震惊。它不但没有宣传福音，反而威胁说剥夺牧师们的生计。它的政策不但没有平息教派冲突，反倒使冲突恶化。奥利弗·克伦威尔坚持不懈地试图化解宗教仇恨，但收效甚微。他安排长老派、独立派和重浸派牧师进行商讨，说服他们和睦相处，但徒劳无功。正如他向女婿乔治·弗利特伍德抱怨的那样："如果上帝愿意，我非常乐意为圣徒们服务，但事实并非如此。每个教派都有不同的判断，每个派别都想传播自己的思想，而对于每个人都应该具有的善意，他们却弃之不顾。"当奥利弗·克伦威尔试图在敌对的教会之间斡旋时，几个教派转而攻击他，就像以色列人攻击摩西一样，质问道："谁让你做我们的主？谁让你审判我们？"由于奥利弗·克伦威尔想扶持一个国家教会，黑衣修士区的传教士将他称为"老龙"和"罪恶之人"。由于奥利弗·克伦威尔没有召开真正的议会，平等派指控他叛国，说他背叛了"他的主人——英格兰人民"。不管他做了什么，或没做什么，各党派狂热分子都会对他进行大肆攻击。

  与此同时，自小议会掌权以来，共和国的地位每况愈下。荷兰战争仍在继续。1653年6月3日和1653年7月31日，乔治·蒙克取得了两次决定性的胜利，大胜荷兰舰队。尽管如此，和平仍然遥不可及。和平的主要障碍是小议会提出的过分要求。在这个问题上，奥利弗·克伦威尔与掌权者也存在分歧。英格兰和荷兰都迫切需要和平。1653年9月，人们发现海军的预算赤字将超过五十万英镑。在荷兰承诺提供援助的煽动下，苏格兰爆发了一场新的叛乱。在英格兰，保王派反抗情绪明显复苏，突袭朴次茅斯的阴谋败露。平等派重新冒头。约翰·利尔伯恩公然违抗流放法案的惩罚，回到英格兰。1653年8月，约翰·利尔伯恩因蔑视法庭而受审。群众闻讯赶来听审。一旦他被判罚，人们会将他解救出来。当他被宣判无罪时，人们高声欢呼，而守卫法院的士兵也吹响了喇叭，击鼓欢庆。这些似乎表明1649年被压制的骚动又死灰复燃了。

  奥利弗·克伦威尔现在彻底放弃幻想，开始后悔当初让小议会掌权。

  之后几年，当提到这次尝试时，奥利弗·克伦威尔充满歉意地说："这是一个暴露我的缺陷和愚蠢的故事。"奥利弗·克伦威尔说：

1653年6月3日的海战

1653年7月31日的海战

这是由于我的想法过于简单造成的。根据我们的判断，小议会的成员都曾为这个事业浴血奋战，理应也会为这个事业竭尽全力。他们为什么要如此攻击这个事业？他们为什么会这么做？是出于什么原因？确实，一经选中，他们就开始行动了。事实赤裸裸地告诉我们，这个问题不是头脑单纯、诚实做事就能解决的。

除了忏悔自己的行为，奥利弗·克伦威尔也开始怀疑自己的动机。他急于将最高权力移交他人是发自内心地对宪法的敬畏，还是怯懦地逃避责任？也许，"在召唤我放下权力之前，在我们的斗争取得最终胜利之前，天意表明上帝已经亲手将权力交给我，而我却想逃避。这难道不是一种罪恶的想法吗"？

不仅奥利弗·克伦威尔表示不满，军官们也对小议会的举动十分失望。除了政治和宗教考量，小议会的行为严重损害了士兵们的利益。这损害了军官们的名誉，威胁到了他们的收入。军官们要求严格遵守针对保王派指挥官的投降协定。然而，在一个臭名昭著的案例中，投降条款遭到严重违反，议会却拒绝纠正。在这一点上，士兵们的不满不无道理。士兵们强烈反对重新实施用每月征税的方式供养军队，同时提议用更合理的方式筹集资金。他们担心如果采用这种新办法，军饷将被拖欠，他们不得不忍饥挨饿，而驻地也得不到保障。更令他们怒火中烧的是，一项动议认为，鉴于国家的迫切需要及军官们在服役时收入不菲，高级官员应该免费服役一年。

不出所料，满腹牢骚的军官们向奥利弗·克伦威尔求助。约翰·兰伯特少将和他的党派再次提议撰写成文宪法。1653年11月，议会举行了一次军官会议，会上讨论并通过了约翰·兰伯特少将的计划。这是《政府文书》的初稿。它和定稿的主要区别在于，初稿规定国家元首是国王，而不是护国主。1653年11月月末，这个计划被递交给奥利弗·克伦威尔。奥利弗·克伦威尔说："他们告诉我，如果我不接管政府，事情将很难得到解决，而流血事件和混乱局面也将再次出现。"但奥利弗·克伦威尔拒绝了所有请求。对这个提议，奥利弗·克伦威尔有两大反对意见。一是他极其厌恶国王头衔，这一点在1657年再次显露出来；二是他已经授权小议会执政至1654年年末，而他不愿意再次用武力驱逐议会。约翰·兰伯特少将的图谋由于关键人物不配合而宣告破灭，他闷闷不乐地回到了乡下。

奥利弗·克伦威尔仍然希望能劝导议会实施更明智的政策。议会两党实力相当，只要再争取几个议员的选票，结果可能就会使天平向温和派倾斜。关于教会问题的最后斗争是对议会两党力量的新考验。1653年12月2日，什一税委员会提交了一份报告，报告包含教会重组的常规计划。其中一项条款提议，为了驱逐不称职的牧师并填补空缺，可以任命巡回专员。另一项条款则规定，用于维持已经核准的牧师的费用应该由议会承担。还有一些条款明确规定什一税是合法财产。考虑到可能有人对支付什一税有顾虑，条款中还提出了一项代偿计划。针对这份报告，议会两党开了五次会。教会究竟应该改革还是解散，就取决于这次会议的结果。最终，1653年12月10日星期六，激进分子取得胜利。报告的第一项条款以五十四票赞成、五十六票反对，遭到否决。教会的支持者认为这个决定对整个计划的实施是致命的。

这次失败后，议会中的温和派和军官中的不满分子立即达成了协议。1653年12月11日星期日，整整一天双方领导人都在谋划和谈判。眼前的权宜之计就是说服议会下野，让位给更有能力的政府。如果解散议会这个大难题能得到和平解决，了解奥利弗·克伦威尔的人确定他会接受既成事实，接管权力。如果运作得当，这事也不是毫无希望。大多数人已经投票通过一些次要问题。其他人也可以争取过来。缺席会议的人被鼓动起来，而摇摆不定的人或被威逼利诱。一些人开始权衡，既然军队打定主意要解散议会，那么议会体面地自行解散是避免暴力的唯一途径。

1653年12月12日星期一，温和派提前做好准备，准时来到下议院。战斗一开始，威廉·西德纳姆上校和党内其他领导人就站起来，猛烈抨击对手的政策。他们指控对方试图通过不及时提供足够的经费来摧毁军队，试图推翻法律、消灭神职人员、剥夺臣民的财产。最后，他们表示，"议会的存在已经不利于共和国的利益，甚至未来也是如此。因此，他们从奥利弗·克伦威尔手中接过的权力，有必要重新交还给他"。

这次行动进展迅速。辩论很短。一个党派仍然在负隅顽抗，希望陆续有更多议员到会支持他们。而另一个党派则决心速战速决。温和派说，当务之急不是辩论，而是采取行动防止灾难发生，避免国家利益受损。议长老弗朗西斯·劳斯参与了此次密谋，他既没有提出任何问题，也不听取反对派意见，

老弗朗西斯·劳斯

直接从主席台上站起来，示意讨论结束，离开了下议院。反对派让他停下来，但他置之不理。议会权杖引领在前，下议院书记官陪同在侧，议会议长带领着五六十名议员，大步流星走向白厅。到达白厅后，他们在一份文件上签名，将权力交还给奥利弗·克伦威尔，恢复平民身份。最终，约八十名议员签署了这项退位法案。

大约有二十七名议员仍然留在下议院。由于人数达不到法定人数，他们不能组成议会。在他们起草一份对这次让权程序的抗议时，两名上校进来命令他们出去。其中一名议员说："我们是奥利弗·克伦威尔上将招来的，不会听你的命令出去，除非你有奥利弗·克伦威尔上将的命令。"两名上校没有奥利弗·克伦威尔的命令，但他们找来两队火枪手。议员们明白了他们的用意。

奥利弗·克伦威尔没有参与促成小议会让权的阴谋。他对下一届议会的议员们说："这里有人知道我是否说谎。当着他们的面，我敢这么说，他们一起来到我面前，将信交到我手中时，我对那份让权文件一无所知。"上述人士从来没有反驳过他的说法，因此可以认定这是事实。对奥利弗·克伦威尔来说，保持被动就已经足够，而权力重回他的手中是时事使然。奥利弗·克伦威尔又一次掌握了他试图推翻的独裁政权。"由于议会辞职，我的权力又像以前一样，不受约束。一切都可以独断专行，而我掌管三国，不受任何限制。所有的政府都解散了，所有的民事管理机构也都停止运转。"约翰·兰伯特少将和他的同盟第二次敦促奥利弗·克伦威尔按照他们起草的宪法组建政府。解散小议会的难题已经解决，而国王的头衔也已经用护国主的头衔所取代。他们还向奥利弗·克伦威尔指出，接受护国主的身份丝毫没有增加他的权力。相反，这结束了他的独裁统治，宪法中对权力实施的诸多限制反而削弱了他的权力。没有委员会或者议会的同意，他什么也不能做。而另一个论点更有说服力。他们再次向奥利弗·克伦威尔发出警告说，如果他拒绝执政，无政府状态将不可避免。这必将造成"流血和混乱"，而他难辞其咎。讨论历经了三四天，在这期间，全体军官大会批准了宪法，表示坚决服从。最终，奥利弗·克伦威尔接受了这部宪法。1653年12月16日，在一个庄严仪式上，奥利弗·克伦威尔被推举为"护国主"。他没有穿红色的将军服，而是以公民身份穿着普通的黑色外套，向所有人表明军事统治已经结束，而民事政府恢复了。

和1649年的《人民公约》一样，新宪法代表了军队军官的政治思想。然而，自1649年以来，军官们对人民失去了信心。现在，他们希望将政府建立在比人民游移的本性更坚定的基础上。军官们相信，比起人民的许可，一部成文宪法

奥利弗·克伦威尔就职护国主

护国主的徽章

更适合作为政府的基石。最根本的原因是，人民无权改变宪法。这个国家已经受够了反复的骚动、混乱和变革。"为了约束飘忽不定的民意，是时候确立这样的权力了。像全能的上帝曾经对不服约束的大海说的那样告诉国民：'这是你们的界限，你们可以到达这里，但不可逾越。'"同时，这也是约翰·兰伯特少将和军官们在英格兰推行《政府文书》时声称的权利。

纵观所有条款，军官们对英格兰人民的不信任是显而易见的。小自治市被废除了，选区变得更平等，然而，选举权非但没有扩大，反倒缩小了。在自治市，选举权保持不变，这意味着选举权通常掌握在市政府手中。在各郡县，废除了拥有四十先令财产的自由职业者的旧选举权，同时赋予所有拥有价值两百英镑财产的人新选举权。从此，议会将代表中产阶级的意志和利益。

当然，对选举人的不信任造成了对代表的不信任。未来的立法权和行政权将永远分开。议会的权力和任期受到严格限制。三年只召开一次大会，而会期只有五个月。议会有权按照自己认为合适的方式立法，但法律不得违背宪法条文。如果政府需要为大笔的开支并征税，必须征得议会的同意，但政府每年要有固定的收入用来支付民事政府、陆军和海军的日常费用，议会无权减少这项固定收入。

护国主拥有行政权，但他的权力也受到限制。除非法案中有违反宪法的内容，否则他无权否决。在国内管理和外交事务中，没有经过国务委员会同意，护国主不得采取行动。在税收和军队任免方面，护国主也需要得到议会或国务委员会的同意。用奥利弗·克伦威尔的话来说，新国务委员会的成员是"议会休会期间的共和国受托人"，比1649年建立的国务委员会拥有更大的权力。委员们大部分是由《政府文书》任命的，终身受任，掌握着护国主的继任者的决定权。

制定这套复杂的制衡制度的目的是防止议会或护国主变得专权，并确保宗教自由不受侵犯。没有人比军队领导人更清楚，这个国家的宽容原则是以多么微弱的优势获得的，而宗教党派有多么不愿意接受。奥利弗·克伦威尔说："这是竞争的空洞口号之一。每个教派都说：'啊！给我自由。'但如果给了它自由，它却紧攥在手里，不肯转给他人。"对于宪法中巧妙的政治设计，护国主奥利弗·克伦威尔并不关心，而对宗教的解决方案却遵循了他的心意。未来英格兰将建立一个国家教会，在出现更好的解决办法前，先由什一税维持。国家教会之外信仰其他宗教的人将享有完全的信仰自由，"只要他们不滥用这个自由伤害他人或者干扰公共秩序"。但信仰自由不适用于教皇制天主教和主教制天主教，因为这些宗教不仅对政治构成危险，而且"以基督教之名，行放荡之实"。

自1647年以来军队一直要求的宗教自由，现在终于实现了。然而，无论新宪法如何承诺，获得国民接受的可能性微乎其微。要将一个军事独裁政府转变为宪政政府，英格兰是最不可能成功的一个国家。

然而，当时唯一的反对派来自第五君主派，他们敌视任何类似君主制和国家教会的东西。托马斯·哈里森少将拒绝在奥利弗·克伦威尔的政府效力，因此被剥夺军职。第五君主派的传教士在讲坛上对奥利弗·克伦威尔大肆污蔑。有人称奥利弗·克伦威尔为"世上隐藏最深的发伪誓的恶棍"，也有人认为他是但以理预言中的小角，将与圣徒开战，也会为圣徒所灭。

反对派的谩骂攻击只会巩固奥利弗·克伦威尔的地位。英格兰需要一个能够维持秩序、保护财产的政府。深受小议会威胁的利益集团欢迎奥利弗·克伦威尔掌权。埃德蒙·勒德洛说，奥利弗·克伦威尔的晋升是他与腐败的神职人员和律师交易的结果。奥利弗·克伦威尔成了他们的保护者，而他们则是暴政卑鄙的支持者。从过去几个月的事件中，奥利弗·克伦威尔获得的好处显而易见，甚至之前发生的一切都被归结为他的驭国之术。理查德·巴克斯特认为，这一切都是奥利弗·克伦威尔玩的把戏，不过是为了激发士兵对民主的热爱，从而给他的篡位披上时事所逼的外衣。奥利弗·克伦威尔已经下定决心，国家要么被他拯救，要么灭亡。

奥利弗·克伦威尔利用了疯狂的教徒，不只是让他们为他而战。现在，他们以异端邪说、对学问和基督教的敌意，以及引入混乱有害要求为他服务，就像他们以前在战场上为他英勇奋战一样。奥利弗·克伦威尔现在可以随意召唤可怕的鼓动者、平等派之类的幽灵，就像他们曾经将查理一世吓得逃出汉普顿宫。他们将威吓人民向他求救，而那制造创伤的手将抚平人民的伤痛。

一直以来，奥利弗·克伦威尔是旧制度的破坏者，而现在他摇身一变，成为社会的救世主。英格兰人屈服于政府，没有反抗，也不再热忱，而是带着一种普遍的解脱感。英格兰从君主制转变为共和制的道路曾充满了血腥和暴力，如今从共和制向护国制的过渡却风平浪静，就像是自然界中一次再正常不

过的变化。因此,埃德蒙·沃勒在他写给奥利弗·克伦威尔的诗中充满了溢美之词:

> 当您崛起,国家兴盛,
> 您改变一切,波澜不兴,
> 如美景悦目,无杂音乱耳,
> 如初升的太阳刺破黑夜。

第 17 章

奥利弗·克伦威尔的对内政策

（1654—1658）

奥利弗·克伦威尔以军队提名人的身份上台。在处理国内事务方面，奥利弗·克伦威尔奉行的计划就是军队在请愿书和宣言中提出的计划。这时，奥利弗·克伦威尔被赋予了很大权力。根据《政府文书》，第一届三年议会将在1654年9月召开。这段时间，奥利弗·克伦威尔及国务委员会有权发布法令，"直至议会针对相关问题发布类似法令"。在这之前，政府法令具有法律效力。奥利弗·克伦威尔充分利用了这一规定。他上台后的九个月时间是护国制政府创造力喷发的时期。1653年12月到1654年9月，奥利弗·克伦威尔颁布了八十二条法令，几乎所有法令都在1656年他召开的第二次议会中批准通过。亨利·哈勒姆对比了奥利弗·克伦威尔和拿破仑·波拿巴，他认为奥利弗·克伦威尔不如拿破仑·波拿巴："他没有进行任何立法，也不打算在建立宏伟的社会根基、改善社会制度上有所建树。"实际上，这些说法与事实恰恰相反。如果奥利弗·克伦威尔的改革热情没有在法典上留下任何痕迹，那是因为护国制期间通过的所有法律在复辟时都被废除了。

奥利弗·克伦威尔实施的国内政策的主要原则都包含在他的小对开本法令中。第一类法令只是延长即将到期的法案。第二类法令是应用于个人或地方的法令，其中一条法令释放贫困的囚犯，另一条法令为公路维护编纂法典，还有三条法令专门用于重组国库。第三类法令涉及爱尔兰和苏格兰的组建，还有长期议会一直没有完成的三国联合。但最明确体现奥利弗·克伦威尔国内政策的法令是针对法律改革、宗教仪式改革和国家教会的重组的三套法令。

自1647年以来，军队就要求改革英格兰的法律，"明确所有的诉讼和权利问题，改革诉讼过程的拖沓和争议"。长期议会接手了这项任务，取得略微进展后就停滞不前。小议会的做法简单粗暴，几乎是对所有法律的颠覆。奥利弗·克伦威尔重新启动了长期议会遗留下来的工作，并在他执政期间坚持不懈地推行下去。

奥利弗·克伦威尔意识到了法律改革的困难。"如果有人问我'你准备怎么做'，坦白地说，我也不知道。"奥利弗·克伦威尔唯一能做的就是为法律改革挑选最合适的人，让他们自由发挥。因此，奥利弗·克伦威尔向律师们寻求合作，"决意将改革他们自身行业的荣誉交给那些穿袍子的学者"，并希望"上帝会让他们全力以赴"。奥利弗·克伦威尔的首席助手是马修·黑尔。1654年年初，马修·黑尔被任命为法官。1654年9月，在议会的开幕式上，奥利弗·克伦威尔宣布政府已经召集了"能力超群、心系国家利益的人，让他们着手改革，让法律更通俗易懂，减少人民的负担"。这些人已经提前准备了一些提案。其中最重要的一项是1654年8月21日颁布的规范大法官法庭的法令。这条法令于1656年获得议会通过。它不仅减少了诉讼费用，而且在现代律师看来，还包含了许多有价值的改革。当时的法律从业者，如布尔斯特罗德·怀特洛克，认为在新程序中还有很多行不通或是不可取的地方，但后来只做了一些修订就按时付诸实施了。

奥利弗·克伦威尔同样热衷于刑法改革。1653年4月，他刚解散了议会，就赦免了所有杀人犯之外的死刑犯。奥利弗·克伦威尔的目标是使法律"符合上帝的公平正义"。奥利弗·克伦威尔跟议会说，一些英格兰法律是"邪恶可憎的法律"。

> 我不知道为什么要随随便便因为偷了六便士、八便士就绞死一

个人。为了一点儿小事就判人死罪,而谋杀者却无罪释放,这是法律不完善造成的……人们因为一些琐碎的事情就失去生命,上帝会看在眼里的。我希望这样的事情再也不要在这个国家发生,你们要抓住机会进行补救。

要实施这些计划,不仅需要律师协助设计方案,还需要议会配合,让这些方案成为法律。奥利弗·克伦威尔的第一届议会将所有的时间都花在了宪法辩论上,却没有对法律进行任何改革。第二届议会的情况也没有取得什么成果。虽然他们讨论了政府提出的关于建立郡区登记处和地方法院的法案,但最终不了了之。第二届议会完成了对封建刑罚的废除。这项工作是长期议会启动的,而查理二世的议会最终将它写入法典,但刑法的严厉和残酷直到19世纪才得到纠正。

奥利弗·克伦威尔改革风俗的想法获得了议会的支持。所有的清教徒都对此充满期待。长期议会已经通过了一些法案,规定要更严格地遵守礼拜日,更严厉地惩罚咒骂行为,并将通奸定为死罪。奥利弗·克伦威尔也颁布了一系列法令。其中一条法令宣布决斗"不为上帝所喜,不符合基督教教徒的身份,违背了所有的公序良约"。挑战者在六个月内不能轻举妄动,而杀死对手的决斗者将被判谋杀罪。第二条法令对禁止咒骂法案进行了补充,增加了禁止车夫、搬运工和运水工说脏话的特别规定,因为这些人"经常喝得酩酊大醉,亵渎神灵"。第三条法令禁止斗鸡。因为斗鸡经常会扰乱治安,还往往伴随着赌博和酗酒。第四条法令禁止六个月内举行赛马活动,不是因为赛马本身有什么问题,而是因为保王派会乘机"图谋不轨"。

奥利弗·克伦威尔召开第二届议会时,他呼吁议会进一步推进风俗改革的工作。他说:

我相信,我们的自由和繁荣取决于此项改革。如果看见人们恬不知耻，亵渎神灵，你们就要让大家以此为耻，而上帝必将保佑你们。毫无疑问，这反映了一个人的灵魂和精神状态。人即其思想。如果一个人保持思想纯净，这个人多多少少是有价值的。但如果一个人的思想污浊，我很想知道他和畜生有什么分别。他只会做更多的恶事。

议会批准了反对决斗、咒骂、斗鸡的法令，还拟定、通过了类似法案。其中一项针对的是流民和"游手好闲、不务正业"的人，而他们遍布全国各地。其中，在酒馆里弹唱音乐的小提琴手和吟游诗人也被囊括在内，"铁腕时代的偏激分子"将他们当作"流氓和流浪汉"，并宣布他们是惩治的对象。第二项法案针对的是伦敦的职业赌徒，他们将"欺骗引诱年轻绅士"当作职业。第三项法案要求严格执行清教徒的安息日。安息日这天，商店不准开门营业，制造业禁止开工。所有人禁止出门旅行，除非情况紧急，并手持法官证明，任何"在上述的日子里不敬神灵而四处闲游"的人将受到惩罚。所有旅馆和酒店在礼拜日这天必须关门歇业。不过，法案允许商店用不起眼的方式出售衣服和食物，因为"这些物品不能通过其他方式获得"。

这些严苛的立法，大部分收效甚微。在某些情况下，这些方案超过了时代的接受范围。陪审团坚决拒绝依据1650年的法案给被指控犯有通奸罪的人定罪，因此，是否真的执行过死刑也值得怀疑。在许多地方，地方当局要么漠不关心，要么胆小怕事。奥利弗·克伦威尔说："我们也许有很好的法律，足以整治国家普遍存在的乱象，但谁来执行呢？"各地没有地方法官。"为了防止人们偏离正常轨道，和平时代的正义在大多数时候应该被当作一只猫头鹰来敬畏，而法律改革就是为了这个目的。"这正是1655年秋天奥利弗·克伦威尔在整个英格兰委派少将的意义所在。这些少将不仅是负责监视政府政敌的军官，而且是镇压所在区域的犯罪行为和不道德行为的警察治安官。在伦敦，托马斯·普赖德上校通过杀死熊来制止逗熊游戏，通过拧断公鸡的脖子来制止斗鸡活动。上任几个月后，爱德华·沃利少将吹嘘说诺丁汉郡已经没有游民了。少将们在每个郡区大量取缔了不必要的酒馆。不只是那些卑微的罪犯成为打击的对象，连富人和贵族也逃不过这些军事改革者的严厉惩罚。奥利弗·克伦威尔说："堕落的人，就让他们沉沦吧！为了上帝的荣耀，任何外在因素都不能让他们免于正义的惩罚。"他声称派驻少将是"五十年来在减少罪恶和整顿宗教问题方面最有效的措施"。1657年春天，少将制度结束，奥利弗·克伦威尔担心宗教改革的工作就此停止。这次尝试为地方管理注入了新的活力，而这些措施在护国制期间也一直延续。

尽管有各项限制性的法律被颁布，但不能因此认为公共娱乐和体育活动被普遍禁止了。即使是清教徒也鼓励"合法的、值得推崇的娱乐活动"。1647年，长期议会禁止庆祝圣诞节和圣徒节日，但通过了一项法案允许仆人、学徒和学者一个月休假一次，让他们"在持续的日常劳动之外得到娱乐和放松"。奥利弗·克伦威尔自己也打猎、放鹰、打保龄球，一如老派的保王派乡绅。他告诉议会，禁止竞技、集会不是因为这些活动不合法，而是因为目前不合时宜。他虽然极力禁止礼拜日开业、取缔不必要的酒馆及惩治酗酒行为，但从来没有想过要完全禁止卖酒。他自己也喝葡萄酒和啤酒，并认为"因为担心人们喝醉而将所有的酒拒于国门之外的人"荒谬可笑。禁酒与公民自由的理念背道而驰。奥利弗·克伦威尔说："如果因为担心一个人会滥用权力，就剥夺他的天然权利，这是狭隘、愚蠢的嫉妒。而如果他确实滥用了权力，就审判他。"

在奥利弗·克伦威尔进行的道德改革运动中，他更依赖教育和宗教的影响而不是立法的限制。他将"这个国家世俗贵族和绅士"的诸多不端行为归咎于教育的缺失。奥利弗·克伦威尔说："我们的孩子在不识礼数、对上帝一无所知的时候就被送到法兰西，然后带着那个国家的浮华回来了。我们既没有在走之前好好教育他们，也没有在回来后好好约束他们。"作为一个党派，清教徒对教育表现出极大的热情，当时的时政小册子中也充满了关于改革和推广教育的计划。在这些时事讨论中，逐渐形成了国家应该在教育方面承担责任的现代理念。约翰·弥尔顿在1644年出版的教育计划只针对"部分贵族和乡绅青

詹姆斯·哈林顿

年"。1660年，约翰·弥尔顿主张在全国各地建立学校，向"仍然麻木无知、被忽视遗漏的所有群体"传播知识、礼仪和文化。在《非营利组织》一书中，詹姆斯·哈林顿声称，共和国的主要职责之一是通过免费教育培养未来公民。

通常情况下，实干家落后于理论家。但在共和国时期，没收来的教会土地产生的一部分收入被系统地用于维持学校运转和支付校长薪资。奥利弗·克伦威尔也采取了同样的政策。在拨款资助苏格兰教育时，他公开宣称，政府"不仅有责任传播福音书，还要为孩子们建立学校，并提供相应的维护资金"。护国制政府驱逐了无能的校长，给称职的人颁发教师执照。政府还将对教育捐赠的合理管理当作日常事务的一部分。奥利弗·克伦威尔最早的法令中有一条任命了一批新专员,负责定期视察大学,并为大型公立学校设立一个永久的督察董事会。就个人而言,奥利弗·克伦威尔对大学的重组比对中小学教育更感兴趣。他极力保护大学免受小议会的狂热分子的攻击,这些人威胁要废除对大学的捐赠,甚至解散大学。1651年,奥利弗·克伦威尔被推举为牛津大学的校长。直到1657年7月,这个职位由他的儿子理查德·克伦威尔接替。奥利弗·克伦威尔与牛津大学一直保持联系,斥资建立新的神学读者群,并向牛津大学图书馆捐献了一些希腊手稿。他任命约翰·欧文为副校长。在副校长约翰·欧文的有效管理下,牛津大学取得了巨大成功。就连爱德华·海德也不得不承认,尽管牛津大学经历了多次视察和清洗,但"在各个领域的学问研究都取得了巨大突破"。

牛津大学校徽

奥利弗·克伦威尔还致力于在英格兰北部建立一所新大学。当时人们普遍认为，现有的两所大学不足以满足国家的需要。1641年，有请愿书提议在约克郡或曼彻斯特建立一所大学，后来又提议在伦敦建立一所大学。1651年，奥利弗·克伦威尔强烈建议为所有的文理学科捐资建立专门的学院，由杜伦学会会长和分会管理。他写道，这项计划"事关重大。上帝保佑，这将有助于促进这些贫穷落后、愚昧无知的地区的人学习知识、敬奉上帝"，并将带来"前所未有、意料之外的惊喜，结出神圣的果实"。但议会不为所动。1657年，奥利弗·克伦威尔亲自在杜伦建立了一个学院。这个学院迅速发展壮大，直到复辟时期才被取缔。

奥利弗·克伦威尔鼓励学者和作家。诗人埃德蒙·沃勒是他的亲戚，两人交往密切。他允许保王派托马斯·霍布和亚伯拉罕·考利结束流放回国。尽管约翰·克利夫兰因写讽刺清教徒的诗而著名，当他被一名少将逮捕时，奥利弗·克伦威尔还是放了他。约翰·弥尔顿和安德鲁·马维尔是奥利弗·克伦威尔的拉丁文秘书。此外，奥利弗·克伦威尔还雇用安德鲁·马维尔为他的一个监护对象做家教。他资助布莱恩·沃尔顿印刷他多种语言对照版《圣经》。詹姆斯·厄谢尔大主教死后，为了表示尊崇，奥利弗·克伦威尔专门给他举行了公开葬礼。

在奥利弗·克伦威尔看来，学术和教育与宗教密不可分。当他接受牛津大学校长一职时，他祝贺牛津大学在学术和宗教探索上"取得如此令人惊叹的成绩"，还希望牛津大学能够"对耶稣基督伟大而光荣的事业有所益助"。奥利弗·克伦威尔认为大学的主要功能是为国家教会提供牧师，因此，虔诚比学识更重要。五年后，他告诉议会："我相信，上帝已经在大学青年的心中播下了伟大的宗教种子。他们不是研究书籍，而是审视内心。"奥利弗·克伦威尔决心保留国家教会，反对切断宗教和国家之间的联系。因此，奥利弗·克伦威尔希望发展高等教育，保护大学免受攻击。在这个问题上，全军都支持奥利弗·克伦威尔。在1649年提交给议会的《人民公约》中，军队曾经要求"将基督教作为国家的一项公共事业进行推广"。而政府的合法职能包括"指引人们信仰基督教，而不再使用强制手段"及"为这个目的供养有能力的牧师"。这些原则已经体现在《政府文书》中，而具体如何实施则落在了奥利弗·克伦威尔身上。

首先要解决的是神职人员的供养问题。小议会已经提议完全废除什一税，《政府文书》中也建议了一些替代方式。然而，奥利弗·克伦威尔认为，既然无法制定出令人满意的替代方案，就必须保留什一税。他说："如果在通过立法解决牧师的供养问题前就贸然取消什一税，我会鄙视自己。"贸然废除什一税将"割断牧师们的喉咙"。和在长期议会统治下一样，护国制期间，增加教区牧师的收入是政府的长期政策。从圣公会土地获得的资金，加上对保王派恶意分子的罚款，使贫穷牧师的捐赠制度得到大幅改善。

1652年，约翰·欧文曾经向长期议会提出解决教会问题的计划。在他的基础上，奥利弗·克伦威尔提出了重组教会的计划。

1654年3月20日，奥利弗·克伦威尔颁布了一条法令，"批准公共布道"，并任命了三十八名世俗和教会委员在伦敦永久任职，负责审核所有职业牧师候选人的资格。委员们负责给候选人颁发证书，只要候选人"体现出主的慈悲，信仰虔诚，知识丰富，谈吐得体，适合传播福音"。而没有取得证书的人今后将不再发放俸禄。委员们没有权力强制执行任何教义测试，并明确声明审查"不准备针对任何人，也不应该被解读为对任何特定宗教派别和神职人员的排斥和隔离"。"审查官"的任务就是确保胜任宗教事务的人能领到国家发放的"公共津贴和生活费"。

确定了任命合适人选的方式后，对不合适人选的淘汰工作随即开始。1654年8月，第二条法令颁布。这条法令提出在每个郡设置地方专员，主要负责在各自的管辖范围内清除丑闻缠身、效率低下的牧师和校长。被驱逐的理由不仅包括不道德行为、宣扬教皇制和渎神观点，还包括抱怨政府和使用《祈祷书》。1654年9月，为了进一步完善这项工作，第三条法令颁布。该法令要求合并小教区，划分大教区和人口密集的教区。

托马斯·霍布

亚伯拉罕·考利

约翰·克利夫兰

布莱恩·沃尔顿

在奥利弗·克伦威尔的演讲中，他对这些法令效果的满意之情随处可见。他为神职人员的品格感到骄傲。奥利弗·克伦威尔说："在圣公会时代，证书在牧师任命上几乎没起什么作用。只要能读懂拉丁文和希腊文，任何一人就可以得到任命。"然而，现在，"尽管专员们非常尊重学问，但即使是教区牧师和大学博士的资历，都不足以得到专员的认可"。审查官的原则是："如果在他身上不能发现主的慈悲，就坚决不能批准。"

同时，奥利弗·克伦威尔也为国家教会得到广泛推广而感到自豪。教会容纳"三类虔诚的信徒"，也就是说，教会有三个教派：长老派、独立派和重浸派。审查官是从这三个教派中公平地选出来的。奥利弗·克伦威尔说："不管审查官是出自这三类教派的哪一个，只要他具有信教最根本的东西，就可以得到批准。"在总结审查官和驱逐官的工作时，奥利弗·克伦威尔强调说："自从基督教的地位在英格兰确立以来，英格兰从来没有获得过这样的服务。"

奥利弗·克伦威尔的满意不无道理。这两个委员会的专员都恪尽职守。虽然一些好人仅仅因为是保王派或使用祷告文而被驱逐，但大部分失去生计的人都罪有应得，而获得批准的人都胜任其职。长老派的理查德·巴克斯特一直反对奥利弗·克伦威尔和他的各项措施，但他觉得有必要对专员们表示肯定。

他们为教会做了许多好事，这点还是应该表扬的。他们让许多会众摆脱了傲慢无知、亵渎神灵、整日醉酒的牧师。这些牧师仅仅像人们做普通祈祷一样念一下布道，别的什么也不干。他们在礼拜日拼凑一两句好话，让听众昏昏欲睡，而其他的日子就一起在酒馆鬼混，日渐沉沦。此外，还有一类牧师要么宣讲反对圣洁的生活，要么宣讲一些人们压根就听不懂的东西。他们都将牧师职业当作一门谋生的行当，因此是绝不可能感化灵魂的。专员们将他们都驱逐出去，取而代之的是一些能干、严肃的传教士。新的传教士生活虔诚，教义宽容。因此，尽管专员中有很多人对独立派、分裂派、第五君主派、重浸派有些偏爱，对主教派和阿民念派有些排斥，但总体来说专员给教会带来的利远大于弊，而成千上万的人将因为这些审查通过的忠实牧师而感谢上帝。

在国家教会的范围外，宪法承诺"所有因为耶稣基督而信仰上帝的人"都有信仰自由。然而，英格兰圣公会和天主教被贴上了主教制和教皇制的标签。他们被认为是偶像崇拜，具有政治危险性，因而不在承诺范围内。实际上，尽管自1645年起就禁止使用《祈祷书》，许多东正教圣公会教徒还是设法保留了自己的方式。他们有时会根据记忆念《祈祷书》中的部分内容，有时则仅限于在布道和举行圣礼时保留自己的特色。许多被驱逐的牧师在私人住宅里举行小型集会，对此政府不再干涉。1655年的保王派起义让政策收紧。1655年10月，奥利弗·克伦威尔颁布公告禁止雇佣被驱逐的神职人员为牧师或校长。这个公告意在警告，并没有被严格执行，并承诺任何能证明"忠于现政府并对政府持良好观感"的人都应该被好好对待。整个护国制期间，保王派持续在伦敦集会。对于他们使用英格兰国教的典礼和仪式，政府睁一只眼闭一只眼。但只要发现新的阴谋，他们的集会就会受到士兵的干预。

尽管天主教教徒的命运相比以前有所好转，但他们的情况比英格兰圣公会的情况更复杂一些。1650年，对拒绝参加教堂礼拜的教徒处以罚款的法案被废除。一直有传言称，独立派打算提出宽容天主教教徒的议案。1654年6月，一名天主教神父在伦敦被处决，而除了传教士身份，他没有任何罪名。据说奥利弗·克伦威尔希望能赦免他，但遭到国务委员会的反对。1656年，朱尔斯·马扎林敦促奥利弗·克伦威尔对天主教教徒实行宽容政策。奥利弗·克伦威尔回答道：

> 对这一点我还不能公开表态。但我认为在我的政府内，与议会管理下的政府相比，您作为天主教教徒代表能抱怨的事要少得多。因为我和其他许多人都富有同理心。这和以前还是有区别的。我将

许多人从宗教迫害中拯救出来。他们的良心受到专制折磨,财产被巧取豪夺。我谨此表态:一旦障碍消除,压力缓解,我将逐步改善现状,履行对您的承诺。

奥利弗·克伦威尔的承诺从未兑现。英格兰公众对天主教教徒充满敌意,不允许对他们实施法律上的宽容。奥利弗·克伦威尔在希望英格兰重新接纳犹太人时也遇到同样的阻力。1655年11月,博学的葡萄牙犹太人玛拿西·本·以色列[①]以医生的身份定居阿姆斯特丹,他向奥利弗·克伦威尔提交请愿书,要求

玛拿西·本·以色列

---

① 玛拿西·本·以色列,葡萄牙犹太法学博士、作家、外交官和出版商,创办了阿姆斯特丹第一家印刷厂。——译者注

奥利弗·克伦威尔面前的玛拿西·本·以色列

允许犹太人在英格兰定居和开展贸易，并给予他们信仰自己宗教的自由。奥利弗·克伦威尔支持他的请愿书，并召集了一个由神职人员、商人和律师组成的委员会和国务委员会一起开会讨论这个问题。奥利弗·克伦威尔亲自参加了会议。一名听众说道："我从来没听过这么精彩的演讲。"但神职人员为宗教考虑，商人们为生意担心，因此，犹太人所要求的法律上的宽容没有获得批准。然而，奥利弗·克伦威尔允许他们在私人住宅聚会礼拜，并给予一定的鼓励和支持政策，因此，犹太人在英格兰的重新定居实际是从护国制时期开始的。

奥利弗·克伦威尔在处理贵格会事宜时也表现出了宽容。在共和国时期，贵格会教徒受到了迫害和监禁。贵格会信仰被认为是亵渎神明，而贵格会教徒被认为破坏公共和平。贵格会教徒攻击神职人员、在教堂大肆喧闹更是坐实了这些指控。在护国制期间，针对贵格会教徒的迫害仍然继续，直到护国主和国

乔治·福克斯

务委员会介入才有所缓解。1654年，乔治·福克斯与奥利弗·克伦威尔进行了一次长时间的交谈。乔治·福克斯写道："我跟他谈了很久，针对宗教问题进行了一次大讨论。他的态度非常温和。"乔治·福克斯的认真和热情给奥利弗·克伦威尔留下了深刻印象："就像我说的，他多次说'这太好了，确实如此'。当我转身要走的时候，他抓住我的手，眼里含着泪水，说：'希望您能再到我家来。哪怕您和我只待一个小时，我们都会更接近彼此。'他还祝我身体健康，就像他祝福自己那样。"确定乔治·福克斯不会再"拿起世俗的刀剑"反对政府，奥利弗·克伦威尔下令释放了他。1656年10月，他释放了一些被囚禁的贵格会教徒。1657年11月，奥利弗·克伦威尔又向所有英格兰和威尔士的大法官下发了一份通告。通告表明，尽管他绝不支持贵格会教徒错误的方式和原则，然而，贵格

贵格会标志

会教徒最近的所作所为是"出自精神上的错误认识,而不是对当局的恶意反抗"。他们"值得同情,应该将他们当作被迷惑误导的人来处理"。应该释放他们,今后对他们温柔以待,而不是施以苛政。

尽管奥利弗·克伦威尔很宽容,但他的宽容有限,有些观点并不能得到宽容。《政府文书》拒绝给予"表面以基督教为业,却行为放荡"的人自由。随后《谦卑的请愿和建议》将那些"发表渎神言论"的人也列在自由范围之外。奥利弗·克伦威尔说:

> 作为民事法官的惩罚对象,亵渎神明的亵渎者应该包括煽动暴乱者、好斗谩骂者、满口脏话者、诽谤他人名誉者、言论不当者。即使这些人假装问心无愧,实际上却行为不端,与福音书背道而驰,甚至

与自然法则格格不入,就必然要受众人审判。而他们的罪恶一旦确认,就必须受到行政法官的制裁。我们法官的刀剑不应该只是摆设。军队也应该遵守这样的纪律,一旦发现有人犯了上述乱行,就绝不能容许他继续留在军队。

奥利弗·克伦威尔认为,一个秩序井然的国家,在这方面应该像军队一样。但即使是对待亵渎神明的行为,他也不愿意实施法律和大多数清教徒所要求的严厉惩罚。

詹姆斯·内勒是乔治·福克斯早期收的门徒,也是一名老兵。1656年,由于纵容狂热的追随者称自己为新弥赛亚,詹姆斯·内勒被当作亵渎者投入监狱。

詹姆斯·内勒

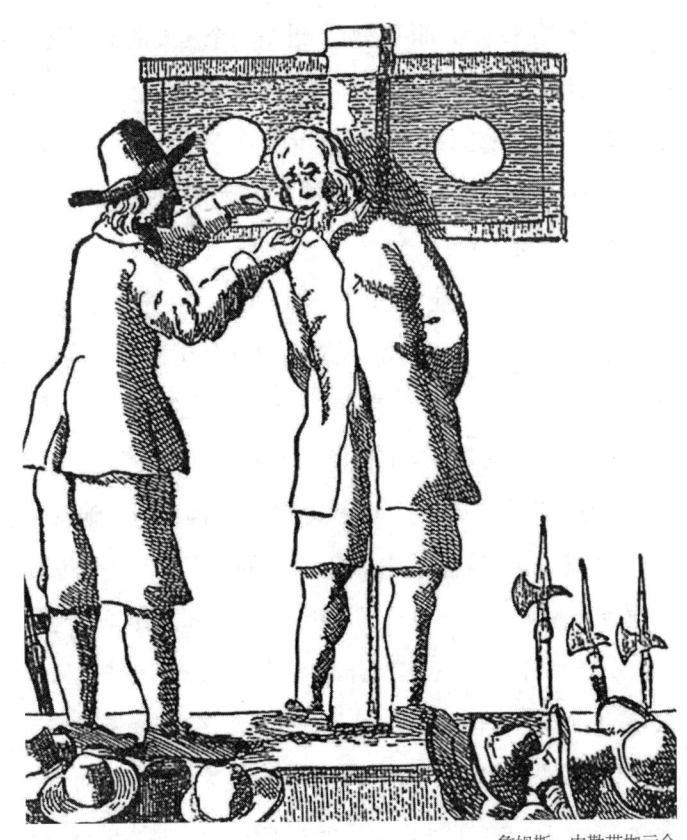

詹姆斯·内勒带枷示众

随后,议会举行会议,夺过司法权。经过几天的辩论,议会投票决定,应该给詹姆斯·内勒打上烙印,带枷示众,鞭打一顿后监禁起来。奥利弗·克伦威尔向下议院指出,议会已经越权行事。但奥利弗·克伦威尔抗议无效,需要政府施加影响才能使詹姆斯·内勒免于死刑。如果詹姆斯·内勒落在奥利弗·克伦威尔的手中,奥利弗·克伦威尔会如何处置他呢?这可以从奥利弗·克伦威尔处理约翰·比德尔的方式中略见一斑。在《谦卑的请愿和建议》中,一神论者被排除在宽容范围之外。1655年,约翰·比德尔被起诉,而根据1648年的《亵渎法案》,他肯定会被判死刑。约翰·比德尔请求奥利弗·克伦威尔进行干预。奥利弗·克伦威尔对他做出了严厉的批判。他说:"如果约翰·比德尔先生所持观点成立，我们的救世主耶稣基督不过是一个凡夫俗子。那么，所有像崇敬上帝一样崇敬耶稣基督的人，都是偶像崇拜者。"他因此得出结论，没有任何一个基督教教徒能支持这样的观点。然而，他还是阻止了对约翰·比德尔的审判。他发出逮捕令，将约翰·比德尔关押在锡利群岛的圣玛丽城堡。他的干预无疑救了约翰·比德尔一命。

尽管奥利弗·克伦威尔的教会政策非常宽宏大量，但还是不能满足一些清教派系的要求。一些独立派反对建立任何国家教会，认为国家不应该通过任何方式干涉宗教事务。在支持这一观点的人中，最著名的是亨利·韦恩爵士和约翰·弥尔顿。约翰·弥尔顿说，治安官在宗教问题上根本没有强制权。正如大家所说，治安官的任务不是"解决宗教问题"，"他既不能规定我们信仰什么，也不能规定我们怎么去信仰"。他的职责仅仅是保卫教会。"如果不用再关注教会事务，他可以省下一半的精力，将共和国管理得更好。"

另一个独立派系以良心自由的名义，否认国家有惩罚亵渎邪恶的教义的权利。奥利弗·克伦威尔说："他们告诉治安官，持有这种观念的人与治安官毫无关系。这些都是良心和信仰的问题，是宗教问题，而治安官跟这些有什么关系呢？治安官要管理的是人的外在行为，而不是人的内心世界。"奥利弗·克伦威尔对待危险观点的立场是，如果这些观点只是观点，就没有必要大题小做。"观念只会伤害那些有观念的人。"然而，当他们发展成行动，尤其是导致叛乱和流血时，情况就不同了。1656年，奥利弗·克伦威尔说："我们的做法是让全国人民知道，任何宗教，不管用什么借口，只要一直保持安静和平，就应该享有良心自由。"由此可见，保持安静和平是必不可少的条件。1657年春，在第五君主派试图起义的那段时间，经常有传教士因为宣扬反对政府被捕。有一次，其中一个牧师约翰·罗杰斯的一些会众来到白厅与奥利弗·克伦威尔争论。他们控诉说他们的牧师因为信教而受到了迫害。奥利弗·克伦威尔回答道，约翰·罗杰斯是作为一个谩骂者、引诱者和煽动叛乱者而受到惩罚，而让违背福音书的人受苦就是让基督成为我们的守护神。他最后说："上帝作证，在英格兰，没有人会因为信仰基督而受迫害。不，不要举着双手、瞪着眼，因为在英格兰没有人遭受这样的迫害。这里有信仰自由，我希望这种自由不会被滥用。在英格兰没有人为基督受难。"

奥利弗·克伦威尔所言非虚。他的政府是宗教改革以来英格兰最宽容的政府。在具体实施中，奥利弗·克伦威尔比法律更宽容，比大多数顾问更开明。而缺点是，对这个国家的大多数人来说，即使法律所保证的宗教自由有限，似乎也已经太多。包括清教徒在内的英格兰人还没有汲取宽容的教训。1655年，奥利弗·克伦威尔说："人类灵魂中是不是总有一种奇怪的精神之痒？他们如果不能掐住兄弟们的良心，就总不知足。"他宣布，作为统治者，他的任务就是防止这类情况的发生。

> 如果所有权力都掌握在长老派手中，他们就会强迫所有人走和他们一样的路。第五君主派会如此，而重浸派也不例外。奥利弗·克伦威尔的工作就是让各种观点和平共处。这种情况类似于，人们在街上闹事会互相撞得头破血流。而奥利弗·克伦威尔像巡警一样分开他们，让他们相安无事。

虽然要说服这些彼此不和的教派合作难上加难，但奥利弗·克伦威尔还是尝试了。在他组建的清教徒教会里，除了接受基督教的主要原则外，不需要针对仪式、纪律或教义达成一致。与其说这是一个教会，不如说是一个基督教各教派的联盟。它们在国家的控制下共同为正义而奋斗。奥利弗·克伦威尔认为，在外在和细节上的不一致不仅不是缺点，反而是一种优势。他曾经写道："所有信仰基督的人都拥有真正的统一，因为内在和精神上的统一更光荣。"

奥利弗·克伦威尔试图将宽容和包容结合起来，而这正是他的教会政策的独创性。这反映了他的性格。他的宽容不是因为怀疑和冷漠，而是出于对他人良心的尊重。他的教会博大精深，是他对各种清教主义广泛同情的结果。他对处理地方宗教纷争的地方法官谆谆教导:"要有一颗像基督一样博大的慈善之心。"他也激励小议会要有同样的精神。

> 照顾好整个羊群。爱护你们的羊,爱护你们的羊羔。爱所有,照顾所有。珍惜支持一切美好的事物。我认为,如果那些最可怜的、犯了大错的基督教教徒愿意在你们治下安享太平,只要他们愿意虔诚、本分的生活,就应该给予保护。

在伟大心灵先生的庇护下,所有去天国的朝圣者,无论是意志薄弱者、瞻前顾后者还是信仰坚定者,都安心地走着。对于清教徒而言,奥利弗·克伦威尔正是伟大心灵先生的寓言式再现。虽然奥利弗·克伦威尔的教会制度随着创始者的去世而消亡,但对英格兰的宗教发展来说,没人能比奥利弗·克伦威尔有更大的影响力。因为他,不信奉国教主义才有机会在英格兰生根发芽,茁壮成长,甚至复辟时期的暴风雨也没能将它连根拔起。

第 18 章

奥利弗·克伦威尔的对外政策

（1654—1658）

　　奥利弗·克伦威尔的对外政策由三大目标决定着：第一，维护和传播新教；第二，保留和扩展英格兰贸易；第三，通过外国援助阻止斯图亚特王朝复辟。在奥利弗·克伦威尔心中，英格兰在欧洲的使命与英格兰的物质繁荣和政治独立密不可分。因此，在一切外在的动摇和犹疑下，他始终追求着这三大目标。

　　长期议会倒台后，奥利弗·克伦威尔面临着最为复杂的欧洲局势。荷兰战争让共和国建立三年以来的努力付诸东流。1653年，英格兰再次被孤立，面临被欧洲各国联合反对的风险。英格兰和法兰西的海上敌对态势仍然在继续。丹麦扣留了英格兰商船，关闭了英格兰到波罗的海的贸易通道。葡萄牙与英格兰处于交战状态。有传言说，荷兰、法兰西和丹麦将组成三国联盟对抗英格兰。另外，战事对尼德兰联合省越来越不利。1654年春，英格兰成了"英吉利海域的绝对霸主"，在英吉利海峡肃清了荷兰商船。

　　英格兰夺取了一千四百多艘荷兰船，其中包括一百二十艘军舰。1654年3月，英格兰有了一百四十艘军舰。奥利弗·克伦威尔的国务秘书说："这些军舰的性能比我们以前任何时候的都更好。"英格兰渴望完成新教事业，扩大商业利益，摧毁保王派的阴谋，而这所有的目标都需要与荷兰维持和平。此外，即使战争取得了胜利，也将给英格兰造成巨大的财政负担。因此，虽然有人要求将战争继续下去，从而迫使荷兰接受长期议会的最初要求，奥利弗·克伦威尔却充耳不闻。从他着手谈判的那一刻起，他就抛弃了联合英格兰和荷兰这两个共和国的想法。相反，他首先提议英格兰和荷兰建立防御联盟。它们的联合不仅是为了商业或国家目的，更是"为了维护自由和扩张基督教王国"。奥利弗·克伦威尔说："上帝让这两个国家成为共和国，谁能说得清是打算让它们为受压迫人民的解放做些什么呢？"而其他的新教势力，甚至那些允许臣民有信仰自由的天主教势力，也在受邀之列。

荷兰特使虽不那么热情，却更务实。他们对防御联盟更感兴趣，而事实证明，即使是防御联盟也不那么容易实现。谈判进展缓慢，因为英格兰仍然要求过高，法兰西也尽可能阻挠条约的进展。奥利弗·克伦威尔在一些问题上做出了让步，但在另一些问题上却决不让步，准备重新开战。荷兰只好让步。1654年4月5日，双方签署条约，荷兰承认大不列颠国旗在海上的霸主地位，放弃了对《航海条例》的所有修改要求，并承诺对英格兰商人在东方的损失给予赔偿。双方还承诺将对方的叛乱分子或敌人驱逐出境。最后，荷兰省通过一项私人协议，剥夺奥兰治亲王威廉二世在陆地和海上的指挥权。奥利弗·克伦威尔因此实现了两个目标：英格兰的商业得到了保障，而荷兰人也不再帮助保王派攻击英格兰政府。条约签订后，奥利弗·克伦威尔为荷兰大使举办了宴会，特别提到两国友谊带来的好处。他们一起高唱《诗篇》的第一百二十三篇："看啊，弟兄们和睦相处是多么美好！"但两国的联合并没有真正恢复。如果奥利弗·克伦威尔关于新教联盟的伟大梦想取决于荷兰人的支持，那么实现的希望就微乎其微了。两国不仅从来没有停止过商业上的竞争，奥利弗·克伦威尔的外交官们还发现荷兰人一直在阻挠谈判。

1654年4月11日，与尼德兰联合省的和平条约签订几天后，奥利弗·克伦威尔的大使布尔斯特罗德·怀特洛克与瑞典签订了条约。对奥利弗·克伦威尔及目睹过古斯塔夫二世·阿道夫丰功伟绩的英格兰人来说，瑞典仍然是北欧新教的领导者和英格兰清教的天然盟友。布尔斯特罗德·怀特洛克在日记中写道:"英格兰人是瑞典人唯一希望与之建立稳固的友好关系的对象。他们希望双方为新教利益团结一致,对抗天主教这个共同的敌人。"除此之外,两国还存在其他共同的政治利益。奥利弗·克伦威尔表示愿意派出一支舰队协助瑞典对抗丹麦和荷兰的阻挠,维护瑞典在松德海峡的航行自由。布尔斯特罗德·怀特洛克受到了盛情款待。克里斯蒂娜女王对布尔斯特罗德·怀特洛克说:"奥利弗·克伦威尔的功勋在当今世界无人能及。康德亲王路易·德·波旁或许可

克里斯蒂娜女王

古斯塔夫一世

以和他比肩,但仍稍逊一筹。"她比较了奥利弗·克伦威尔和她的祖先古斯塔夫一世,预言道,奥利弗·克伦威尔像她祖先一样,将在解放英格兰后成为国王。尽管如此,由于担心瑞典卷入与荷兰的战争,或许还有法兰西,瑞典的大臣们还是拒绝了缔结同盟的提议。两国大使签订了一项关于规范两国商业往来的友好条约,规定瑞典不能援助查理二世。

接下来是与丹麦的条约。作为荷兰的盟友,英格兰与荷兰的条约也适用于丹麦。战争期间英格兰船舰曾经被扣留在松德海峡,而条约签订的前提是丹麦赔偿由此给英格兰商人造成的损失。1654年9月，双方又签订了商业条约，规定英格兰船舰将来可以按照与荷兰船舰相同的条款通过松德海峡。从商业角度来看，1654年7月与葡萄牙签订的条约更重要。根据该条约，英格兰商人获得了赔款，保证不受宗教裁判所的干涉，可以与所有葡萄牙在东方和西方的殖民地自由贸易。这些条约不但给英格兰带来了商业利益，也让新政府放开手脚打击保王派。但奥利弗·克伦威尔更看重这些条约给新教国家带来的好处，因为这让"国外的新教教徒"更安全。他对议会说："我希望这将鼓舞我们更努力地追求这个利益。因为在过去那样艰苦的条件下，尚且如此接近目标，何况现在目标已经实现。结合实际，你们将更有能力帮助他们。"

在同一篇讲话中，奥利弗·克伦威尔指出，欧洲对英格兰态度的转变是他执政九个月以来的成果。他说："在欧洲，每个国家都希望与你们增进了解。"欧洲大陆上最强大的两个国家不但不像谣言所说的要联合起来反对英格兰，

宗教裁判所

反而为了争取与英格兰的联盟而互相较劲。西班牙承诺帮助英格兰收复加莱，并同意给英格兰援助部队提供巨额补贴，以此要求英格兰在法兰西南部部署军队支持康德亲王路易·德·波旁。法兰西提出不再支持查理二世的主张，并保证提供人力和金钱帮助英格兰征服敦刻尔克。几个月来，奥利弗·克伦威尔摇摆不定，或者看似摇摆不定。表面上，他只想在这场交易中从两个竞争对手身上为英格兰争取最大利益。实际上，他正在研究问题的实质，从而决定如何采取行动。由于双方都是天主教国家，所以宗教问题不是决定性因素。一方面，法兰西政府不顾《南特敕令》，侵犯了胡格诺教派的权利，这激起了奥利弗·克伦威尔强烈的维护新教的热情。另一方面，法兰西的天主教不如西班牙的天主教顽固，而且无论胡格诺教派受了什么冤屈，与法兰西进行良性沟通比展开武装干预更能解决问题。从政治上看，与法兰西结盟也更有利。的确，迄今为止，西班牙远比法兰西对共和国友好。但法兰西既是更危险的敌人，也是更珍贵的盟友。无论西班牙答应给英格兰盟军提供多少补贴，它很快就会无力支付。不久，奥利弗·克伦威尔决定，英格兰不会卷入法兰西和西班牙之间在欧洲展开的争夺。相反，他要利用这个机会解决悬而未决的争端，尽可能与两国保持友好关系。然而，他的计划执行起来并不像看上去那么容易。在与西班牙续订之前的商业友好条约时，作为条件，奥利弗·克伦威尔要求英格兰商人在西班牙港口享有宗教信仰自由，西印度群岛的西班牙人不应该将英格兰殖民者和商人当成敌人。西班牙断然拒绝了这一要求。

西班牙大使宣称："免受宗教裁判所管辖，在西印度群岛自由航行，就是要求主人摘掉两只眼睛。"任何一条都不能让步。1654年8月，奥利弗·克伦威尔决定派遣一支探险队前往西印度群岛，索取对之前损失的赔偿，为未来的安全提供物质保障。虽然他认为这些报复行为不会导致与西班牙在欧洲开战，但如果真的开战了，他也准备铤而走险。

与法兰西的谈判同样失败了。原则上法兰西同意将查理二世和他的党羽驱逐出境。双方同意将两国商人的损失提交仲裁，但胡格诺派的问题是无法逾

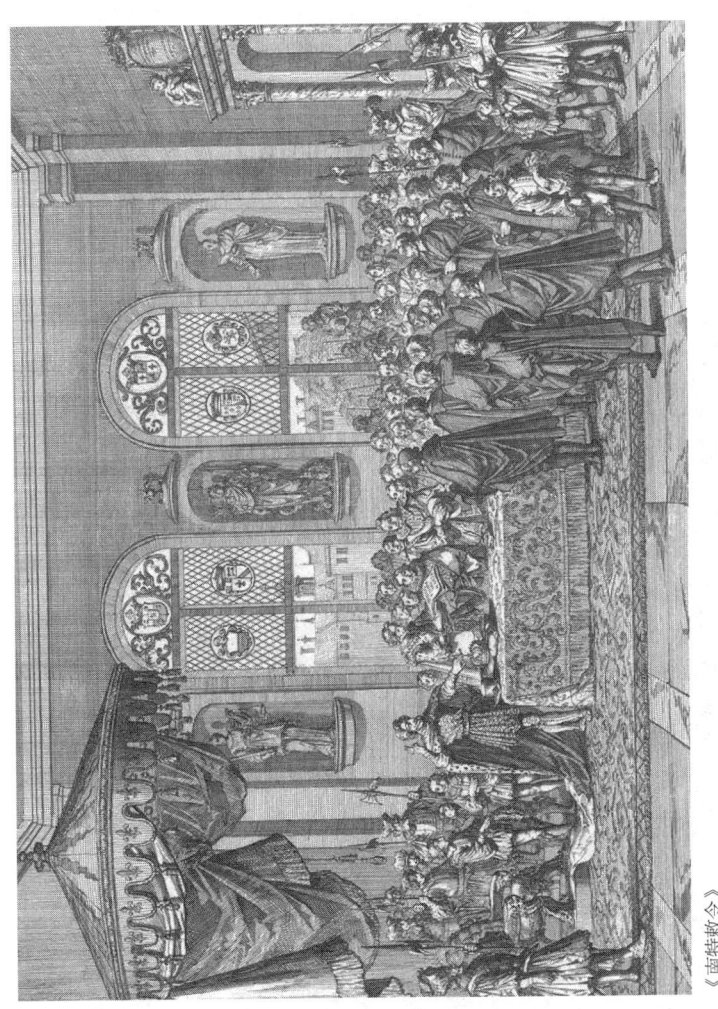

《南特敕令》

越的障碍。奥利弗·克伦威尔要求,如果《南特敕令》授予胡格诺派的自由受到侵犯,条约就应该明确承认他有权代表胡格诺派进行干预。毫无疑问,法兰西拒绝了这一要求。奥利弗·克伦威尔仍然坚持主张。约翰·瑟罗在给一位英格兰特使的信中写道,奥利弗·克伦威尔视新教利益"高于一切,甚至高于自己的生命",不会同意与外国势力签订任何不利于新教的条约。到1654年年末,英格兰与法兰西、西班牙均没能达成协议。依靠陆军和一百六十艘船舰,奥利弗·克伦威尔觉得足以保持完全独立,可以用高压手段对抗任何一方,维护英格兰的利益。1654年12月,威廉·佩恩奉命前往西印度群岛,进攻西班牙殖民

约翰·瑟罗

托斯卡纳大公斐迪南多·德·美第奇

地,并获许劫掠沿途法兰西船舰。在这之前,1653年10月,罗伯特·布莱克就被派往地中海,对法兰西实施报复,保护英格兰的贸易。

罗伯特·布莱克的航行使整个地中海对英格兰国旗敬而远之。有传奇写到他曾经向托斯卡纳大公斐迪南多·德·美第奇和教皇克莱门特九世索要赔偿,因为他们在荷兰战争期间对英格兰有过不友好行为,但这个说法并没有实证。罗伯特·布莱克与阿尔及尔总督订立了一项条约,将关押在那里的英格兰俘虏赎了出来。突尼斯总督就没这么理性了。他拒绝赔偿,甚至不允许罗伯特·布莱克的船进港补水。罗伯特·布莱克写道:"既然他们不将我们当朋友,为了我们舰队、国家和宗教的荣誉,我们认为有必要让他们将我们当敌人。"

第18章 奥利弗·克伦威尔的对外政策(1654—1658) | 473

因此，1655年4月4日，在进入法利纳港后，罗伯特·布莱克轰炸了突尼斯总督的城堡，烧毁了突尼斯的船舰。

在罗伯特·布莱克的功绩传到英格兰的同时，人们还获悉萨伏伊摄政的军队屠杀了沃多伊斯人。每一个清教徒的心随之颤抖，对新教教徒的苦难充满同情。约翰·弥尔顿呼吁上帝为"被屠杀的圣徒"报仇，不要让他们的尸骨白白散落在阿尔卑斯山脉上。三个国家的军队都敦促奥利弗·克伦威尔采取行动。奥利弗·克伦威尔立刻做出反应。他带着全国为受难者筹募的两千英镑，对法兰西大使说，可怜的皮埃蒙特人的苦难深深地触动了他。皮埃蒙特人就像是他最亲近的亲人，如果他们的冤屈得不到伸张，奥利弗·克伦威尔将拒绝与法兰西签署条约。在约翰·弥尔顿的笔下，奥利弗·克伦威尔召集了所有新教力量进行干预，并计划召回罗伯特·布莱克的舰队攻击尼斯和弗兰卡村庄。外交行动充分证明了这一说法。为了巩固与英格兰的友谊，法兰西对萨伏伊施加压力，屠杀停止了，沃多伊斯人继续在山谷居住。尽管奥利弗·克伦威尔对《皮格纳尔条约》中很多条款非常不满，认为还有改进的空间，但所有英格兰的清教徒和欧洲的新教教徒都将奥利弗·克伦威尔誉为沃多伊斯的救主。即使是英格兰的非清教徒，看到国家在奥利弗·克伦威尔的引领下维护海洋主权、惩罚地中海海盗、保护受压迫的人民，也备感自豪。埃德蒙·沃勒给奥利弗·克伦威尔写了一首颂词，表达了自豪之情：

> 大海属于我们。
> 万国下帆，
> 向我们的舰队致以敬意。
> 您的威名乘风破浪，
> 随扬帆的船舰传播世界各地。
>
> 您的名声超越所向披靡海军，

穿过每一片临海的陆地。
您的名字回响，诉说令人生畏的消息，
让所有海盗和掠夺销声匿迹。

世上这一片纯洁的土地
是否会被海洋那边的大陆侵袭，
或者就由此创造，
成为人类神圣的庇护。
被压迫者从此将求助于您，
在您的法庭寻求正义和援助。
阁下将不只属于我们，
您是全世界的保护者。

埃德蒙·沃勒说，在这片土地上，在这样一位领袖的带领下，还有什么不可能呢？然而，不久之后，奥利弗·克伦威尔就发现，即使是最周密的计划也不一定总能成功。1655年5月月末，颂词发表。1655年8月，消息传到英格兰，派往西印度群岛的远征军在伊斯帕尼奥拉岛遭遇惨败。奥利弗·克伦威尔病倒了，人们都说他为了这个消息过度伤神。与他的预期相反，西班牙禁止英格兰船舰入港，撤回了大使，并向英格兰宣战。英格兰与西班牙关系破裂。1655年10月24日，就在西班牙大使离开英格兰的当天，英格兰与法兰西达成了拖延已久的协议。实际上，这个协议不过是一个商业条约，附加了一条秘密条款，要求法兰西将保王派首领驱逐出去。此外，法兰西还向奥利弗·克伦威尔非正式承诺，胡格诺派的权利不会受到侵犯。对此，奥利弗·克伦威尔相当满意。协议的达成势必使两个大国之间的联系更密切。但目前奥利弗·克伦威尔正忙于与瑞典谈判，他希望以此为基础建立新教国家联盟。1655年6月，克里斯蒂娜女王的继任者卡尔十世·古斯塔夫入侵波兰，派遣大使前往英格兰请求军队、船舰和

卡尔十世·古斯塔夫对波兰的胜利

资金援助。奥利弗·克伦威尔对卡尔十世·古斯塔夫的特使特别宠信。"他们吃、住、游、玩都在一起。从来没有哪个大使，哪个人，得到过奥利弗·克伦威尔这样的关怀和尊重，也从来没有哪个人能像卡尔十世·古斯塔夫一样，让奥利弗·克伦威尔如此渴望与之建立友谊。"从一开始，奥利弗·克伦威尔就宣布愿意与瑞典"建立更严格、更紧密的联盟"，这既是为了两国的利益，也是为了新教教徒的利益。然而，协议是不可能达成的。卡尔十世·古斯塔夫征服了天主教国家波兰。在奥利弗·克伦威尔看来，这似乎是新教的胜利，或者用他的话说，这是"掰下了牛角"。然而，他敏锐地发现，瑞典完全控制波罗的海对英格兰不利，而支持卡尔十世·古斯塔夫在波罗的海沿岸的行动必然会使英格兰卷入与丹麦、荷兰及勃兰登堡的纷争。有段时间，奥利弗·克伦威尔希望利用卡尔十世·古斯塔夫对抗奥地利，并将瑞典提出的联盟变成自己渴望的新教联盟。但这一切都没有带来任何成果。1656年7月，双方签署了一个商业条约，作为这次外交活动的唯一成果。

与此同时，与西班牙的战争如火如荼地进行着。1655年下半年到1656年，为了阻止西班牙人向西印度群岛派遣增援部队，并拦截从美洲回来的宝藏船，一支英格兰舰队在西班牙海岸附近巡航。这只舰队同时为地中海的英格兰商人提供保护，迫使葡萄牙国王执行1654年签订的条约。奥利弗·克伦威尔曾经颇具先见之明地提出占领直布罗陀海峡。他写信给罗伯特·布莱克说："一旦我们在那儿站稳脚跟，我们将不需要在海岸沿线维持如此庞大的一支舰队。只要驻守六艘灵活的护卫舰，就能给西班牙人带来更大的破坏，还能减少费用。这难道不是让我方占据优势，而置西班牙于下风的好事吗？"但没有登陆部队，海军上将认为这个设想行不通。罗伯特·布莱克坚持不懈地封锁终于获得成功。1656年9月8日，理查德·斯泰纳上尉率领一队巡洋舰在加的斯附近与八

理查德·斯泰纳

艘自美洲回来的西班牙船舰相遇。他摧毁了四艘载有价值两百万英镑宝藏的船舰，还俘获了一艘载有价值六十万英镑白银的船舰。然而，1657年4月20日，在特内里费的圣克鲁斯的行动更辉煌。这时，来自西印度群岛的西班牙宝藏船队正在这里躲避。罗伯特·布莱克驶进了港口，与对方战船和大帆船近距离交火，击沉并烧毁了西班牙所有的十六艘船舰，而己方却毫发无伤。这是罗伯特·布莱克最辉煌的一次远征，也是最后一次。长期的征战耗尽了他所有的精力。1657年8月7日，罗伯特·布莱克在返回英格兰时去世，当时他的船正驶进普利茅斯湾。

另外，一连串事件迫使奥利弗·克伦威尔与法兰西结成更紧密的联盟。西班牙人积极支持查理二世的主张，希望发动英格兰起义推翻奥利弗·克伦威尔。1656年4月，腓力四世与查理二世签订条约。在此期间，腓力四世承诺给查理二世一笔津贴，帮助维持驻扎在佛兰德斯的一小队英格兰和爱尔兰保王派

圣克鲁斯行动

腓力四世

军队,并提供船舰运送他们到达英格兰海岸。同时,西班牙还提供资金推动平等派暗杀护国主奥利弗·克伦威尔的阴谋。很明显,要迫使西班牙走向和平,必须在大陆和海洋同时发动攻击。1657年3月23日,奥利弗·克伦威尔与法兰西结成进攻联盟,由英格兰提供六千名士兵并派一支舰队运送,攻击佛兰德斯的西班牙人。作为回报,马尔戴克和敦刻尔克将归英格兰所有。奥利弗·克伦威尔认为,占领敦刻尔克将有利于英格兰更好地控制英吉利海峡,对法兰西施加更大的压力,并为在陆地攻打西班牙提供一个安全基地。国务秘书约翰·瑟罗说:"这将是对荷兰人的束缚,也是通往欧洲大陆的一扇门。"

1657年5月，约翰·雷诺兹爵士带着六千人在布洛涅登陆，加入了特伦纳子爵亨利·德·拉图尔·奥维涅领导的法兰西军队。起初，特伦纳子爵亨利·德·拉图尔·奥维涅派遣英格兰的特遣队攻击佛兰德斯内部，但在攻城战和其他行动中似乎只考虑法兰西的利益，迟迟不肯进攻沿海城镇，这让奥利弗·克伦威尔起了疑心。奥利弗·克伦威尔在给英格兰大使威廉·洛克哈特爵士的信中写道，法兰西人似乎"不会让我们在海峡对岸有任何立足点"，而法兰西人为拖延给的借口不过是"打发小孩子的废话"。他要求法兰西立即展开进攻，否则将撤回部队，并要求偿还开支。"我希望你针对此事与法兰西人打

特伦纳子爵亨利·德·拉图尔·奥维涅

威廉·洛克哈特爵士

交道时,能大胆直言。"1657年10月3日,法兰西军队向佛兰德斯海岸逼近,包围并占领了马尔戴克,交由英格兰守备部队接管。

下一次战役开始时,特伦纳子爵亨利·德·拉图尔·奥维涅包围了敦刻尔克,奥地利的约翰和康德亲王路易·德·波旁率领的一万四千名西班牙士兵赶来救援。1658年6月14日,特伦纳子爵亨利·德·拉图尔·奥维涅在敦刻尔克南部的沙丘击溃了对手,而自己损失了五千人。在这次战役中,威廉·洛克哈特爵士率领的英格兰特遣队表现得最出色。当英格兰士兵看到敌人对特伦纳子爵亨利·德·拉图尔·奥维涅表示钦佩时,高兴地欢呼起来。在西班牙军队作战的约克公爵詹姆斯对同胞们的勇气赞不绝口。英格兰军匍匐前进,袭击西班牙左翼主力所在的沙丘,挥动长矛将西班牙人赶走了。这场胜利结束了法兰西

沙丘战役

特伦纳子爵亨利·德·拉图尔·德·奥维涅指挥沙丘正战役

和西班牙之间的长期斗争。1658年6月14日,敦刻尔克投降。查理二世的计划彻底失败。他那支小军队有一半在战斗中被歼灭,而提供运输的船也被英格兰舰队俘获。

奥利弗·克伦威尔终于如愿以偿地在欧洲大陆站稳了脚跟,而英格兰也免除了入侵的威胁,但他梦想的新教联盟却离他越来越远。一场风暴正在北欧酝酿,这将使建立新教联盟从此无望。卡尔十世·古斯塔夫刚刚开始征服波兰,就野心毕露,与信奉新教的邻国发生冲突。反对卡尔十世·古斯塔夫的大联盟正在形成。1657年春,卡尔十世·古斯塔夫向奥利弗·克伦威尔求援。但奥利弗·克伦威尔在冒险出人出钱之前,要求卡尔十世·古斯塔夫拿不莱梅的临时控制权作为抵押。在必要情况下,不莱梅将充当军事行动的基地,并在丹麦企图破坏和平的时候作为向丹麦施加压力的一种手段。卡尔十世·古斯塔夫拒绝这些条件,因此奥利弗·克伦威尔只能在瑞典和丹麦之间斡旋。1657年5月,

不莱梅

丹麦向瑞典宣战，迫使卡尔十世·古斯塔夫放松对波兰的控制。1657年年末，勃兰登堡、荷兰、奥地利与丹麦联盟，瑞典只能屈服。虽然奥利弗·克伦威尔在这之前拒绝加入卡尔十世·古斯塔夫分裂丹麦的计划，但也不允许丹麦和他的盟友完全推翻瑞典。他认为这个联盟是一个反对新教力量的天主教阴谋。因为在这场阴谋中，误入歧途的新教国家正在推进教皇和哈布斯堡王朝的事业。在想象中他似乎看到了奥地利之鹰向东海展翅，降落在波罗的海上，就像三十年战争里的黑暗时代一样。而那时，瑞典还没有拯救德国新教教徒。

1658年1月，奥利弗·克伦威尔在议会发表的演说充满了类似的担忧。他说，问题是"基督教世界是否应该都是教皇制"。国外的新教利益正被"攻击，不，是被践踏"。西班牙人和奥地利的哈布斯堡王朝联合起来要摧毁新教。在波兰和神圣罗马帝国，新教教徒遭到迫害和驱逐。瑞士受到威胁，而新教运动的主要支持者瑞典也岌岌可危。"这股强大的潮流从四面八方涌向所有新教教徒"，除了卡尔十世·古斯塔夫，还有谁在抵抗？

> "一个可怜的君主，但他和最近这个时代的人一样勇敢善良。"……"他甘愿冒着一切危险反对波兰的教皇制。他的成果还是有益于新教的。现在他已经被逼到绝路。雪上加霜的是，我们教派的人忘记了这一点，并希望他灭亡。"

奥利弗·克伦威尔宣称，反瑞典联盟一旦得逞，将威胁到英格兰的商业利益和海上霸权。"如果他们将我们挡在波罗的海之外，称霸这片海域，你们的贸易何存？海上运输何存？"每个水手都明白被挡在波罗的海之外对英格兰意味着什么。

奥利弗·克伦威尔的结论是，英格兰必须介入，给卡尔十世·古斯塔夫提供支持，避免瑞典溃败。他准备动用舰队，还准备在欧洲大陆部署兵力。奥利弗·克伦威尔说："你们认为自己很幸运，有一条海峡将你们与世界各地隔绝开来。说实话，如果你们不增强骑兵和步兵的实力，在陆地上自卫反击，就守不住这个屏障，也守不住你们的海上运输。"

危机来得快也去得快。英格兰还没有开始支援，卡尔十世·古斯塔夫就已经开始自救了。卡尔十世·古斯塔夫带领部队在冬季行军越过冰封地带，包围了哥本哈根。丹麦只好投降。1658年2月，奥利弗·克伦威尔的大使罗斯柴尔德在两个敌对势力间进行调解。但和平转瞬即逝。1658年8月，奥利弗·克伦威尔去世前一个月，战争再次爆发，荷兰和勃兰登堡再次帮助丹麦人。新教大联盟不

卡尔十世·古斯塔夫带领部队越过冰封地带

可能实现,因为每一个新教力量都有各自的目的,同时捍卫各自的利益。野心和民族传统使丹麦和瑞典成为不可调和的敌人。比起宣传信仰,勃兰登堡更急于获得独立。荷兰将追求自己的商业利益放在第一位。就像奥利弗·克伦威尔抱怨的那样,荷兰认为"世俗利益高于宗教利益"。

在奥利弗·克伦威尔统治下的英格兰,有一些人同塞缪尔·莫兰一样,认为奥利弗·克伦威尔最伟大的地方在于将英格兰的利益和欧洲新教的利益等同起来。伦敦的商人们抱怨说,停止与西班牙的贸易毁了他们的一切,而与西班牙的战争使奥利弗·克伦威尔失去了伦敦的人心。在商人阶级和许多共和

塞缪尔·莫兰

党政治家看来,英格兰的天敌是荷兰而不是西班牙。1659年,议会对已故奥利弗·克伦威尔的政策开始进行猛烈抨击。然而,奥利弗·克伦威尔的毕生精力为英格兰在欧洲赢得了重要地位,同时代的人都应记得。安德鲁·马维尔在写给奥利弗·克伦威尔的挽诗中唱道:"他又一次让我们参与了大陆事务。"托马斯·斯帕拉特认为,奥利弗·克伦威尔唤醒了沉睡中的不列颠雄狮,而约翰·德莱顿则教它咆哮。当时的历史学家也持同样的观点。爱德华·海德承认:"奥利弗·克伦威尔在国内的伟大只是他在国外扬威的缩影。"奥利弗·克伦威尔说要让英格兰人的名字和罗马人一样伟大。吉尔伯特·伯内特记录了这一说法,但也由衷地表示赞许。与查理二世的政策相比,这位篡权者的政绩更辉煌。1667

托马斯·斯帕拉特

约翰·德莱顿

年,塞缪尔·佩皮斯说:"真奇怪,如今每个人都会回想起奥利弗·克伦威尔并称赞他,说他做了多么英勇的事,让所有的邻国王侯都望尘莫及。"

然而,随后的评价变了。一百年来,流行着这么一个说法,奥利弗·克伦威尔与法兰西结盟对抗西班牙的做法破坏了欧洲的势力平衡,让法兰西占据了优势地位,使欧洲不得不长期与之对抗。人们忘记了法兰西权力的过度膨胀是由于查理二世与葡萄牙联姻打压荷兰,而这比奥利弗·克伦威尔与法兰西结盟打压荷兰起了更重要的作用。人们还忘记了,如果有奥利弗·克伦威尔作盟友,路易十四不会企图瓜分荷兰,也不会废除《南特敕令》。在现代历史学家看来,奥利弗·克伦威尔的外交政策是不符合时代潮流的。宗教战争时代随着《威斯特伐利亚条约》的签订而结束,纯粹的物质和政治动机决定了今后欧洲列强的关系。这些批评不无道理。在《威斯特伐利亚条约》签署后的几年里,宗教争端很大程度上演变成了政治争端。这对后世来说是显而易见的事,但同时代的人却很难察觉。最后,对奥利弗·克伦威尔来说,作为一个清教主义政治家,宗教利益显然高于其他一切利益;而作为一个军人,战争是战神在世上实现目标的工具。

奥利弗·克伦威尔的部分外交政策是失败的,但只是部分。奥利弗·克伦威尔促进了国家的物质繁荣,使英格兰内政免遭外国干涉。他在纯粹追求国家利益方面取得了成功,但他不可能不将目光投向英格兰之外。奥利弗·克伦威尔说:"上帝在这个世界上所关心的,远远不止于这三个王国的人民。"还有一次,他对国务委员会说:"上帝将我们带到这,是要我们竭尽所能考虑国内外事务的。"其他人也有同样的观点。很多清教徒像奥利弗·克伦威尔一样,认为国家既要维护利益也要承担责任。詹姆斯·哈林顿写道,自由共和国的职责是解救受压迫的人民,向其他国家传播自由和真正的宗教。"共和国不仅是为自己而生",更是"作为上帝在世间的牧师,让全世界都能得到正义的统治"。这是奥利弗·克伦威尔试图通过新教大联盟实现的梦想。从一个角度看,他像商人一样实际;而从另一个角度看,他是清教的堂吉诃德。

第 19 章

奥利弗·克伦威尔的殖民政策

奥利弗·克伦威尔是第一个系统运用政府权力增加和扩张英格兰殖民地的英格兰统治者。他的殖民政策不是外交政策的附属，而是自成一体、原则明确、持续不断的行动体系。如前文所述，正是他的欧洲以外的政策最终决定了他在那个时代的地位。

所有的英格兰殖民地都是在奥利弗·克伦威尔在世期间建立起来的。奥利弗·克伦威尔出生的时候，英格兰还没有任何殖民地。1606年，奥利弗·克伦威尔七岁时，詹姆斯一世给弗吉尼亚公司颁发执照。奥利弗·克伦威尔结婚时，清教徒朝圣前辈移民乘坐"五月花"号①启航。或许奥利弗·克伦威尔曾经想过移民，而且肯定对新英格兰的清教徒移民最感兴趣。自1643年起，奥利弗·克伦威尔就与殖民地政府建立了官方联系。1643年11月，议会任命了一批专员管理美洲和西印度群岛的种植园，奥利弗·克伦威尔是其中一员。1646年，他第二次被任命。然而，尽管专员们的头衔很大，却没有什么实权。虽然在西印度群岛上，专员的权力很大，但在美洲大陆上，他们的权威几乎可以忽略。内战使殖民地与宗主国之间的联系越发松散。1643年5月，内战爆发不久，马萨诸塞、普利茅斯、康涅狄格和纽黑文四个殖民地以"新英格兰联合殖民地"的名义组成了共和

---

① "五月花"号，1620年从英格兰的普利茅斯搭载着清教徒前往位于美洲马萨诸塞普利茅斯殖民地的客船。——译者注

清教徒登上"五月花"号,准备启航

清教徒登陆北美大陆

国。即使没有宗主国的帮助，他们也足以自卫。因此，他们不愿意服从英格兰的控制。当不满分子从马萨诸塞法院向议会上诉时，议会签发命令表示支持，而当地法院无视议会命令，继续惩罚了上诉人。与此同时，新英格兰殖民地对议会与查理一世的斗争由衷地表示同情。这些清教主义先驱从大西洋彼岸派来许多志愿者加入清教主义军队。在志愿者中，不止一个人做出了杰出贡献，并因此晋升为高级指挥官。更重要的是，新英格兰的榜样力量和先进思想影响了英格兰独立民主的发展。英格兰共和国成立的时候，英格兰政府和新英格兰殖民地间的政治联系更多是名义上的，但两者在思想上的共鸣从没有如此强烈。

在西印度群岛和南部殖民地，情况截然相反。那里的人们普遍对清教徒怀有敌意，却对查理一世充满好感。战争结束后，逃亡的保王派蜂拥至巴巴多斯群岛和弗吉尼亚，就像当年流亡的清教徒曾经在新英格兰寻求庇护一样。查理一世被处死后，在威廉·伯克利爵士的带领下，弗吉尼亚宣布承认查理二世即

威廉·伯克利爵士

位,并要求对支持查理一世死刑的人施以刑罚。在弗朗西斯·威洛比勋爵的鼓动下,巴巴多斯群岛拒绝承认英格兰共和国的合法性,并镇压非国教教徒,驱逐圆颅党,宣称与所有国家有贸易自由。眼看着巴巴多斯群岛就要宣布独立。

然而,用武力将三个王国纳入共和国的政治家们绝不允许殖民地摆脱英格兰的控制。1651年秋,乔治·埃斯丘爵士率领一支英格兰舰队,前往收服巴巴多斯群岛和弗吉尼亚。与此同时,《航海法案》的通过表明,共和党打算加强而不是放松宗主国对殖民地的管控。通过确保殖民地对英格兰的商业依赖,《航海法案》将殖民地与英格兰捆绑在一起。而这部法案也通过武装船主和商人增强英格兰的海上实力。但这不仅是英格兰人与荷兰商人竞争的结果,还标志着商人阶级的崛起。这是英格兰首次尝试对整个殖民地立法,将殖民地当成它的政治体系不可分割的组成部分。通过《航海法案》,共和国的政治家宣布,从此在世人眼中,英格兰不仅是一个欧洲强国,而且是全世界的中心。

人们常说,掌握制海权、开拓殖民地是奥利弗·克伦威尔和共和国的标志性政策。这承袭了伊丽莎白一世时代的传统。从某种程度上说,这不无道理。但对政治家和思想家而言,英格兰的扩张热情也是一种明确的政治理论导致的。詹姆斯·哈林顿的看法在他那个时代非常有代表性。他认为停滞不前必定导致衰落。共和国的政策必须是为了发展而不仅是维持。如果一个国家要长盛不衰,就必须为今后打下坚实的基础。而如果一个国家要发展壮大,就必须开拓成长空间。詹姆斯·哈林顿说:"你不能在花盆里种橡树,得有地为根、有天为枝。"

奥利弗·克伦威尔的行动充分体现了帝国的目标。正是这一目标激发了共和国的殖民政策。当奥利弗·克伦威尔成为护国主时,英格兰政府的主权虽然得到了全世界的承认,但没有被真诚的接纳。在南方殖民地,强烈的反清教主义情绪普遍存在。而在新英格兰,独立精神日益增长。从大陆到岛屿,人们普遍厌恶《航海法案》对殖民地贸易的限制。法案规定,殖民地的产品只能通过英格兰和殖民地的船出口到英格兰,殖民地也只能进口来自英格兰宗主国的产

爱德华·温斯洛

品，其他任何外国产品皆不得入港。弗吉尼亚怨声载道，他们抱怨法律是"对贫苦种植园主的毁灭"。巴巴多斯群岛曾经与荷兰人有大量的贸易往来，因此敌意更深。1655年，爱德华·温斯洛写道："真是奇怪，他们竟然如此钟爱与荷兰贸易。"奥利弗·克伦威尔不为所动，继续执行《航海法案》。如果有荷兰商船向群岛或南部殖民地出售违禁商品，一经发现，立即没收。但在新英格兰殖民地，大家心照不宣地默许了不遵守《航海法案》的行为。作为对殖民者的补偿，英格兰的烟草种植受到了严格限制。尽管这时这里的烟草生产已经开始取得相当大的成功，还是有一些人试图发展同北方殖民地的海运贸易。

奥利弗·克伦威尔对殖民地内部事务和殖民地之间的关系干涉极少。他保护岛上的清教徒，并任免总督。他仲裁马里兰和弗吉尼亚之间的边界争端，并解决马里兰居民内部的分歧。在新英格兰,奥利弗·克伦威尔试图在罗得岛和其他殖民地之间进行调解,命令各殖民地及时给罗得岛居民提供信息,从而预防印第安人来袭,并允许殖民地开展自由贸易。"在所有可能有助于共同利益的事务上保持团结友爱的沟通往来",这是奥利弗·克伦威尔在处理罗得岛关系方面对新英格兰人的建议,而这也恰当地定义了他对整个殖民地的政策目标。他的政策的基石是维持新英格兰和宗主国政府之间的良好关系。可以说,新英格兰人组成了美洲的清教徒要塞,因此安抚他们是出于重大的政治得失考量。除此之外,奥利弗·克伦威尔对同教弟兄怀有特别的感情,而这种感情也得到了丰厚的回报。1651年,马萨诸塞感谢奥利弗·克伦威尔在所有场合展现出来的"亲切的关怀和担当不起的尊重",并祝愿他在"伟大而神圣的事业"中一帆风顺。当奥利弗·克伦威尔登上护国主之位时,马萨诸塞祝贺他响应主的号召荣登宝座。"我们为此欢欣鼓舞。愿您的政府长盛不衰。在您的护翼下,我们和所有其他教会都能安享太平。"考虑到马萨诸塞担心自身的自治权受到侵犯,奥利弗·克伦威尔邀请而不是命令马萨诸塞支持他的政策,并充分尊重马萨诸塞对他的建议的进谏。与此同时,马萨诸塞日益增长的实力并没有引起他的顾虑。他任由马萨诸塞经济自由发展,甚至赞成马萨诸塞将一些小的定居点纳入其北部边境范围内。无论是在英格兰本土还是在殖民地,奥利弗·克伦威尔不带偏见地任用马萨诸塞和新英格兰的公民。一位马萨诸塞的特使写道:"新英格兰享有的巨大特权让人羡慕。而其他一些种植园及根基在英格兰但在殖民地做生意的人也享有同样的特权。"他称奥利弗·克伦威尔和他的许多顾问是"他们非常亲密的朋友"。奥利弗·克伦威尔死后,一个波士顿人在日记中将他描述为"一个极有价值的人",一个"为新英格兰谋福利的人。尽管他似乎没有充分的证据为当前针对他的亵渎进行辩护"。

奥利弗·克伦威尔政策的一大特点是对新英格兰的偏爱,这体现在他对英格兰殖民地扩张的热情上。当他成为护国主时,与荷兰的战争和与法兰西的敌对关系为他提供了机会。他马上抓住了这次机会。荷兰战争开始时,长期议会曾经号召新英格兰殖民地攻击荷兰在美洲的领地,但新英格兰联盟内部意见不一,没有采取行动。马萨诸塞坚决反对战争,部分原因是他们反对无缘无故地攻击邻居,部分原因则是出于政治动机。由于利益相关,康涅狄格、纽黑文和普利茅斯急于采取行动,但没有强大伙伴的支持,它们无法形成组织。新英格兰联盟似乎面临分裂的威胁。对一些殖民者来说,新英格兰的整个未来似乎都取决于这次战争的结果。威廉·胡克从纽黑文写信给奥利弗·克伦威尔说:

> 如果不除去荷兰人,我们将无路可走。他们紧挨着我们的西部边界,而法兰西人则在东部,这阻断了我们扩张的方向。眼看着我们的子孙后代有大量繁衍的趋势,而我们将因此和子孙后代一起被困在这里。面前是大海,周围是不适合种植的荒漠。这里商品紧缺,而身后便利的沿海区域都已经被占领开垦了。

奥利弗·克伦威尔毫不迟疑地回应了威廉·胡克的请求。1654年2月,奥利弗·克伦威尔派遣了三艘船和一些士兵前往新英格兰,指示他们占领"曼哈顿"和哈德逊河上的荷兰定居点。这次远征由马萨诸塞的罗伯特·塞奇威克少校指挥,而副将是与他同属一个殖民地的约翰·莱弗里特上尉。约翰·莱弗里特上尉曾经是东部联盟军队的一名上尉,未来他将担任马萨诸塞的总督。在给殖民地政府的信中,奥利弗·克伦威尔说道,他不想追究他们为什么到目前为止还没有采取行动,但他希望每个殖民地都应该与其他殖民地精诚合作,将这项关系到大家共同福祉的事业进行到底。当远征队到达时,就连马萨诸塞也做出了让步,允许征募五百名志愿者。而其他三个殖民地则积极招募人手"消灭荷兰人"。但1654年6月,大军还没出发,就有消息传来说英格兰已经与荷兰缔结和平条约。这个计划不得不因此被放弃。

鉴于此,罗伯特·塞奇威克少校和他的舰队奉命航行到阿卡迪亚海岸,一路掠夺沿途的法兰西船舰和定居点。他们发动攻击的理由是报复过去法兰西

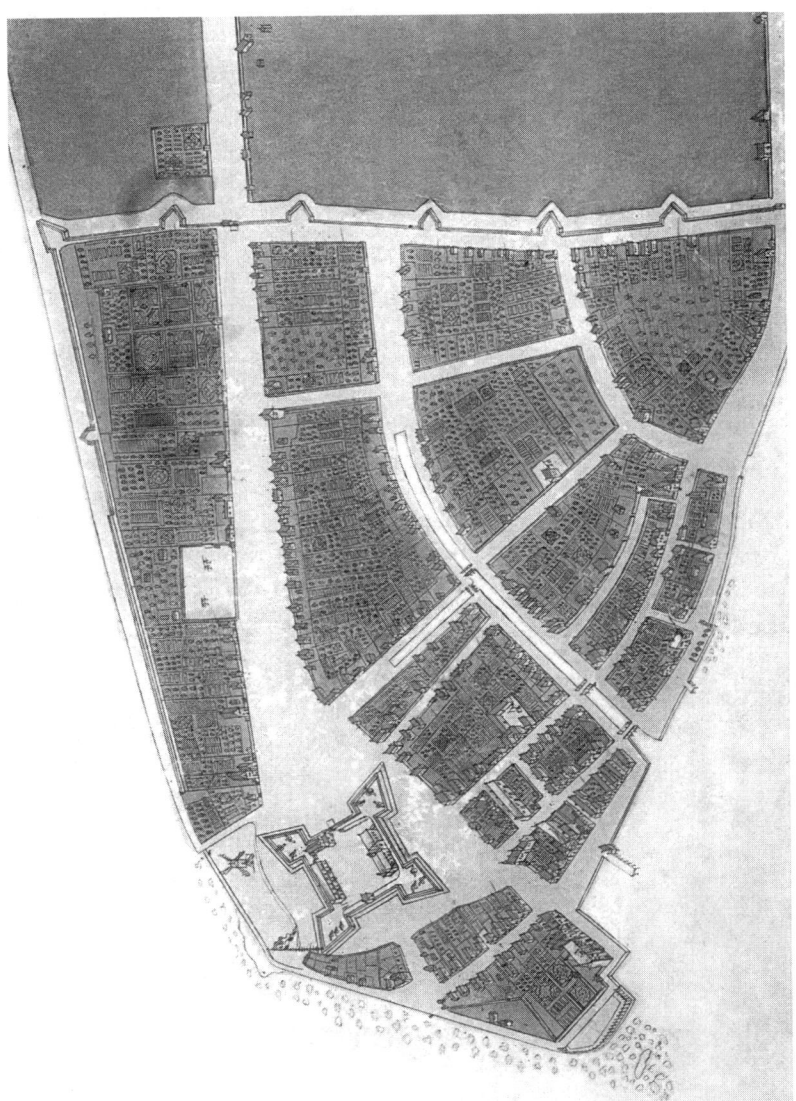

曼哈顿

的侵略行为,以及响应英格兰在欧洲对抗法兰西的行动。而且被约翰·莱弗里特上尉称为"自欺欺人的船员"的法兰西殖民者"已经在印第安人中散布言论说,虽然在海上相对荷兰人而言英格兰人是如此骁勇,但一个法兰西人就可以打败十个陆地上的英格兰人"。他补充道:"然而,上帝显然愚弄了他们。"罗伯特·塞奇威克少校只带了一百三十人,先是占领了圣约翰堡,接着是皇家港口①,最后是法兰西在佩诺布斯科特河上的坚固堡垒。因此,从佩诺布斯科特

约翰·莱弗里特上尉

① 现名为安纳波利斯。——原注

北美印第安人

河到圣劳伦斯河口的全部领土都转到了英格兰手中。直到1668年查理二世割让这些领土,英格兰一直将它们攥在手里。

处理了法兰西人和荷兰人后,轮到西班牙人了。英格兰人对西班牙人的敌对情绪早已经形成。人民怨声载道,但长期议会的所有外交手段都没能补救。自1630年以来,英格兰和西班牙在欧洲一直处于和平状态,但这种和平从来没有在西半球出现。西班牙一直声称,由于教皇的馈赠,西班牙对没被占领的岛屿拥有专属主权,并攻击所有试图殖民这些岛屿的外国人。1634年,西班牙人将英格兰殖民者逐出托图加。1641年,一支来自迦太基纳的舰队在蚊子海岸抓获并驱逐了新普罗维登斯岛的英格兰殖民者。1651年,圣克鲁斯遭到突袭,一百名英格兰居民被杀,其余的人被迫逃离该岛。只要驶往英格兰殖民地的英格兰船舰在西部海域的任何地方遇到西班牙舰队,就很可能遭到攻击和掠夺。而如果英格兰船舰在古巴或中美洲的海岸上遭遇意外或风暴袭击,西班牙人就会没收船舰并强迫船员以囚犯的身份做苦力。

对这些伤害的报复行动还夹杂着其他动机。出于宗教和经济两方面的原因,奥利弗·克伦威尔执意要征服西班牙。西班牙在西印度群岛所控制的岛屿面积很大却人口稀少,而英格兰所拥有的岛屿很小却人口众多。伊斯帕尼奥拉岛非常富饶。人们说:"这是一个无与伦比的国家。"征服伊斯帕尼奥拉岛将为奥利弗·克伦威尔提供一个人口流向地,解决英格兰殖民地的剩余人口、苏格兰桀骜难驯的高地居民及英格兰的流浪者和罪犯的去向问题。此外,每从西班牙手中夺取一块土地,都被认为是天主教的折损、新教的胜利。

1654年8月,奥利弗·克伦威尔决定派遣远征队进攻西印度群岛的西班牙殖民地。罗伯特·维纳布尔斯将军被任命为指挥官,他对攻击西班牙人这件事的正义性有所顾虑。结果他被告知:"如果我们和西班牙人之间本来就没有和平,那么这次行动就没有破坏和平。如果我们和他们是和平状态,那么他们已经破坏了和平,而英格兰人要求赔偿也是理所当然的。"

奥利弗·克伦威尔认为,在西印度群岛与西班牙开火不一定会导致在欧洲与西班牙开战。然而,无数先例和西班牙人的实际做法证明结果恰恰相反。伊丽莎白一世时代的一句格言是:"边界之外无和平。"这个说法现在也适用。而伊丽莎白时代的水手们带回的宝藏更有说服力。假如西班牙真的宣战呢?那些载有秘鲁银币的大型西班牙帆船,从波托贝洛运到哈瓦那,又从哈瓦那运到西班牙,要拦截也很容易。与西班牙的战争是所有战争中最有利可图的。即使在最坏的情况下,捕获宝藏船得到的利润也足够支付远征所需的费用。

1654年12月,海军上将威廉·佩恩率领一支由三十八艘船组成的舰队从朴次茅斯出发,载着罗伯特·维纳布尔斯将军和两千五百名士兵。同行的还有爱德华·温斯洛。他曾经是普利茅斯殖民地的总督,现在被任命为专员之一,协助罗伯特·维纳布尔斯将军的远征行动。奥利弗·克伦威尔曾经要求新英格兰的殖民地为征服荷兰人做出贡献,所以期望西印度群岛的英格兰殖民地也协

哈瓦那

助与西班牙人作战。奥利弗·克伦威尔的期望没有落空。在巴巴多斯群岛和其他地方，罗伯特·维纳布尔斯将军新征募的兵力让军队人数增加到七千人。虽然有些人加入军队是希望可以大肆掠夺，获取"成堆的黄金"，但对其他人而言，对新土地的渴望是主要的激励因素。"由于人口太多不堪重负"的圣基茨岛出兵八百。尽管军队人数庞大，但补给不足，武器装备很差。士兵中只有一半受过训练，纪律涣散。军官们对手下士兵知之甚少，而那些从英格兰不同兵团中挑选出来组成部队核心的老兵，也不足以带动这些乌合之众。1654年4月，罗伯特·维纳布尔斯将军在伊斯帕尼奥拉岛登陆，率军穿过树林，准备攻击伊斯帕尼奥拉岛首府圣多明戈。西班牙人堵住了水井，而士兵没带水瓶。由于口干和体力耗费过大，还没看到城镇的影子，士兵们就已疲惫不堪。他们遭到两次伏击，被一小队西班牙人击退，这让他们颜面尽失。在第二次伏击中，他们损失了八面旗帜和四百名士兵。而詹姆斯·希恩少将不屑于逃跑，在他奋力集结残兵时，被十多支西班牙长矛刺穿。大雨和变质的食物让部队陷入彻底的混乱。罗伯特·维纳布尔斯将军写道："我从没有见过如此萎靡的军队。"当有人提议发动第三次攻击时，军官们拒绝领导手下士兵，但提议可以不带士兵发动攻击。

  罗伯特·维纳布尔斯将军希望在别处碰上好运，于是带上部队驶向牙买加。因失败的耻辱伤透了爱德华·温斯洛的心，他死于航行途中。1655年5月10日，军队在牙买加登陆，没有遭到多少抵抗就占领了首府圣杰戈德拉维加，迫使西班牙人逃往山区或前往古巴。但现在远征又出现了新问题。这时候正值雨季，由于缺乏给养、工具和其他生活必需品，许多士兵因病死去。数百人死于高烧和痢疾。罗伯特·维纳布尔斯将军病入膏肓，生命垂危，被上报死亡。1655年6月，海军上将威廉·佩恩率领舰队驶回英格兰，而罗伯特·维纳布尔斯将军乘船紧随其后。他们都将失败的责任归咎于对方。奥利弗·克伦威尔明白，他们之间的不和是造成这次失败的一个很重要的原因，就将两人都送进了伦敦塔。威廉·佩恩和罗伯特·维纳布尔斯很快就获得释放，但再也没有被任用。

  远征的失败让奥利弗·克伦威尔深感屈辱。他说："主让我们如此蒙羞。"但他还是坚持既定计划。了解牙买加的人告诉他，牙买加是比伊斯帕尼奥拉岛更美好的国家，土地更肥沃、气候更良好，也更适合贸易和战争。因此他决心要控制牙买加，使它成为英格兰控制西印度群岛的基地。奥利弗·克伦威尔对罗伯特·维纳布尔斯将军留下来的指挥福特斯库少将承诺，将提供充足的补给和增援部队。奥利弗·克伦威尔补充道："我们的目的是与西班牙人争夺对所有这些海域的控制权。"海军中将威廉·古德森是福特斯库少将的同僚。奥利弗·克伦威尔在给他的信中提醒道，这场战争不只为了占领土地，还为了宗教。

  你们要凭借基督之名竖起大旗，因为这是主的事业。你们之前

遭受的责难和羞辱是因为受人误导,再加上自身过失。现在鼓起信心,相信我们的主,夺回主的荣誉,打败那些将成功归因于偶像和自身的人……主与你们同仇敌忾。对西班牙人来说,罗马的巴比伦是他们的精神支柱。从这个方面看,我们是为主而战。

这场战斗漫长而艰苦。1655年年末,阿卡迪亚的征服者罗伯特·塞奇威克率领第一批增援部队抵达牙买加时,他发现福特斯库少将已经奄奄一息。罗伯特·塞奇威克这样描述眼前的军队:

> 可以想象是何等的凄凉悲惨、士气低迷。许多士兵死了,尸体暴露在公路上和灌木丛中,而许多活着的人也形如鬼魅。当我走过城镇的时候,他们就躺在那里呻吟哭喊:"看在上帝的分上,给点面包。"

这种不必要的苦难在很大程度上不是由于战争造成的,而是由于指挥官的管理不善和士兵的行为不当造成的。虽然以每周一百人的速度死去,但幸存者们既没有采取任何措施抵御恶劣的气候,也没有考虑未来该如何生存。罗伯特·塞奇威克抱怨说:"他们不会挖土种植,宁愿饿死也不干活。"他称士兵是一群"卑鄙无耻、懒惰成性之徒。任何一个英格兰人都羞于承认,居然有这样的血液流淌在英格兰人的血管里"。

新殖民地需要种植园主和农场主,而奥利弗·克伦威尔希望新英格兰和群岛能提供这些。最重要的是,他希望有一群勤奋上进、敬畏上帝的清教徒作为新殖民地的核心力量。在英格兰殖民地中,只有新英格兰能满足他的需要。1650年,奥利弗·克伦威尔曾经请求新英格兰人帮助再次殖民爱尔兰。现在,他没有被失败吓倒,而是邀请新英格兰人移居牙买加。奥利弗·克伦威尔说:"我们希望这个地方被那些信奉主、畏惧主的人占据,继而通过他们照亮周围的人。这是我们设计这次行动的初衷。"马萨诸塞的丹尼尔·古金是奥利弗·克伦威尔的特使，为劝导同胞移居国外，提出很多优惠条件。这些条件包括给移民配备船舰、免缴七年地租和三年所有其他税费、保证当地政府享有与任何英格兰城市一样的特权和自治权。奥利弗·克伦威尔相信许多人会接受这个提议，因为他对早期移民的艰辛记忆深刻，认为新英格兰土地贫瘠、气候恶劣，而新征服的殖民地是更好的选择。奥利弗·克伦威尔宣称：

> 出于对他们的爱和关心，自从他们为了自己的良心，被迫从出生地来到那片贫瘠的荒地，我们一直非常关心我们同胞战胜困难、坚强存活的情况。如果能将他们从一个贫瘠的国家迁移到一个富饶的土地上，只要有机会，我们就必须适时地表现出来。

奥利弗·克伦威尔对约翰·莱弗里特上尉说，移民应该"响应上帝明确的号召"，从新英格兰移民到牙买加，"改善外部条件，就像他们从英格兰来到新英格兰一样"。

然而，新英格兰比奥利弗·克伦威尔想象的要富饶得多。即使在最糟糕的情况下，那里的气候也比他让新英格兰人移居的地方更有益健康。纽黑文当时正受到印第安战争的威胁，是唯一一个认真考虑这个提议的殖民地，但最后还是给出了否定答复。在马萨诸塞的答复中，"关于死在牙买加的英格兰人人数的情报"是唯一被明确提到的反对理由。马萨诸塞人民用谦恭热情的虔诚感谢奥利弗·克伦威尔的好意，保证对他效忠，但明确表示愿意留在原地。虽然有大约两三百名新英格兰人接受了邀请，但也仅此而已。

想从苏格兰或爱尔兰召集人移民牙买加也几乎行不通。奥利弗·克伦威尔曾经考虑大规模运送苏格兰低地的流浪者和高地的乱民，但被告知任何强制移民的计划都会点燃整个苏格兰愤怒的火焰。他还考虑将一千名爱尔兰小伙儿和同样数目的爱尔兰姑娘送到牙买加，最终也不了了之。西印度群岛的多余人口流进了牙买加。圣基茨岛、巴巴多斯群岛和百慕大群岛也送了许多移民过来，而尼维斯岛则由总督亲自带领，派出一千七百名移民。士兵和殖民者的死亡率逐渐降低。种植园扩大了，也出现了小规模的殖民地产品的贸易。在罗伯特·塞奇威克的治理下，种植园的工作真正开始了。1656年5月，罗伯特·塞奇威克去世，由威廉·布雷恩少将接任总督。威廉·布雷恩少将曾经是乔治·蒙克手下的苏格兰军官。1657年9月，威廉·布雷恩少将去世。一个殖民者写道："大家陷入极度悲痛之中。他头脑聪明，指挥和设计岛上的建设工作非常出色。"爱德华·杜利上校继任总督，直到查理二世复辟后仍然治理着牙买加。

在此期间，这个初生的殖民地一直在海陆与西班牙人积极交火。舰队一直埋伏着等待西班牙的宝藏船，或者攻击西班牙主干航线上的城镇。1655年，海军中将威廉·古德森袭击了圣塔玛莎。1656年，他又袭击了里奥阿查。罗伯特·塞奇威克强烈反对这些海盗式的袭击，认为这有百害而无一利。他写道："我们无法占有被我们袭击的任何地方。我们也不希望因为这件事影响我们的真正意图，那就是将上帝的知识传授给居民。"关于对印第安人和黑人的攻击，他补充说："我们将使自己变成一个残忍、血腥和摧毁一切的民族。我担心这会让印第安人和黑人认为我们比西班牙人更恶劣。"然而，很少有人产生这种良心上的顾虑。1657年，克里斯托夫·明斯上尉袭击了委内瑞拉的科罗和库马纳，带回了"牙买加从未有过的战利品"，使整个岛国富裕起来。在以后的岁月里，海盗精神造成了如此恶劣的影响，让殖民地从诞生之日起就染上污点。

西班牙人一再企图重新征服牙买加。有些人仍然潜伏在森林和山上。在黑白混血人和黑人的帮助下，切断了一小群定居者与其他定居点的联系。西班牙向古巴派遣了新士兵，来自圣地亚哥和哈瓦那的远征队多次登陆牙买加北部海岸。1657年，爱德华·杜利上校袭击并杀死了一支三百人的小分队。1658年，他打败了三十支西班牙步兵连。这些西班牙步兵在里约热内卢附近建立了据点。爱德华·杜利上校共杀死了三百人，俘虏了一百人，并突袭了他们建立的堡垒。他向奥利弗·克伦威尔送去了十面旗子作为战利品，但胜利的消息还没抵达，奥利弗·克伦威尔就去世了。一位殖民历史学家写道："因此，尽管这是英格兰人花费最大，也是最伟大的设计，但他从未因此听到过一句感谢的话。"

虽然对奥利弗·克伦威尔本人来说，西印度群岛的远征史可能是一份充满失败的沉闷记录，但实际上，这是他对外政策中最富有成效的部分，也取得了最长久的成果。通过这次远征，西班牙人被迫停止对西印度群岛的英格兰殖民地的骚扰。如奥利弗·克伦威尔所愿，英格兰获得了"对那片海域的控制"。这个政策没有像其他政策一样遭到否定，而是在复辟期间一直延续了下去。查理二世保留了牙买加，并用高压手段迫使西班牙承认英格兰对牙买加的控制。查理二世成功征服了荷兰的美洲殖民地，这也是奥利弗·克伦威尔一直渴望做到的。查理二世将阿卡迪亚割让给了法兰西，但他的继任者又夺了回来，还获得了整个加拿大。在奥利弗·克伦威尔和之后的领导者的带领下，宗主国政府的力量有条不紊地转向保有现有殖民地和建立新殖民地。因此，奥利弗·克伦威尔和共和国政治家提出的殖民政策成为继任统治者的永久政策。之所以如此，是因为它不代表某个政党的观点，而是代表全体英格兰人的愿望和利益。

第 20 章

奥利弗·克伦威尔及其议会

1654年到1658年,英格兰政治的根本问题是,奥利弗·克伦威尔能否让国民接受军队授予他的最高权力。对于这一点,外国人看得很清楚。听到布尔斯特罗德·怀特洛克关于建立护国制的报告后,著名的瑞典首席大臣阿克塞尔·乌克森谢纳说,奥利弗·克伦威尔只有一件事要做,那就是"给自己一个钢

阿克塞尔·乌克森谢纳

铁护背和护胸"。布尔斯特罗德·怀特洛克问："您是指什么？"瑞典首席大臣阿克塞尔·乌克森谢纳回答道："我的意思是，让您的议会确认他的护国主地位，这将是他最好也是最大的力量源泉。"奥利弗·克伦威尔本人并不希望继续以军队代表的身份存在，他希望通过授权而不是武力来统治国家。但在他面前一直有两大障碍。其一是英格兰人对军人统治根深蒂固的厌恶，而这恰恰是他权力的起源。其二是下议院的传统。1649年1月，下议院曾经宣称，议会代表了人民至高无上的主权，是国家的最高权力机关。这个宣言一旦发表，就永远不会被遗忘。对一部分共和党人来说，唯一合法的政府是被驱逐的长期议会。法律规定，不经过长期议会自己同意，没有人能解散它。而在另一部分人看来，任何选举产生的议会都像赋予它权力的人民一样拥有最高主权，让任何外部权力限制议会权力都是对国家自由的背叛。

  1654年9月，根据《政府文书》选出的第一届议会举行了会议。大多数议员是长老派或者温和的独立派，因为在投票时小议会中的极端分子已经被排除在外。很明显，虽然下议院准备接受奥利弗·克伦威尔作为国家元首，但他们不愿意接受军官们制定的宪法。议会不满足于立法职能，声称自己是制宪大会。奥利弗·克伦威尔虽然可以行使行政权，但前提是由人民的代表们确定他行使权力的依据。议会采用的模式是："政府应该被包含在议会中，受议会认为合适的条件限制。"因此，《政府文书》赋予护国主的最高地位和独立权力就站不住脚。议会又一次宣称拥有最高权力。

  为了维护自身地位和宪法权威，奥利弗·克伦威尔认为有必要插手干涉这个问题。他提出一个折中方案。如果宪法的基本要素没有阐释清楚，议会可以修改。议会可以修改"次要条款"，但必须接受"基本条款"。奥利弗·克伦威尔总结了基础条款的四个原则：政府由国家元首和议会组成；议会和护国主共同控制军队；限制议会的任期；最后，良心自由。至于他自己，奥利弗·克伦威尔宣称他的统治已经被国民认可。军队、伦敦、大部分的自治市和郡县都发表宣言表示同意；法官们通过成立新的委员会接受了他的权威；行政长官根据他的令状进行选举，而在这些选举中选出的议员也因此拥有了主权。因此，不管是直接还是间接的，奥利弗·克伦威尔的权力已经被人民接受和同意。为了国民和他们的子孙后代的利益，奥利弗·克伦威尔将维护目前的解决方案，反对一切反对意见。"这是上帝名下的政府，是人们认可的政府。我宁愿被扔进坟墓，被耻辱埋葬，也不会同意任何对这个政府的蓄意推翻。"

约有一百名议员被驱除出下议院。原因是他们不仅拒绝签署一份效忠共和国和护国主的承诺书，而且不接受现有的由政府首脑和议会组成的政府。其余议员接受了护国主奥利弗·克伦威尔的邀请，开始修改宪法。他们辩论了很多天，花费大量时间在徒劳无益的争论上，只做出了一些司法修改。他们将护国主的确立方式修改为选举产生，让国务委员会更依赖于议会。与此同时，他们限制了护国主对立法的否决权，并试图限制宪法规定的宗教宽容政策。他们将起草一份名单，在上面罗列出准备严厉打击的异端邪说，一并列举二十条任何人都不得违反的信仰条款。对这一点，军队和奥利弗·克伦威尔都警觉起来。军官们请愿要求奥利弗·克伦威尔进行干预。最后，军队和议会同意异端问题应该由护国主和议会共同决定，但对于信仰条款问题，议会绝不妥协。根据《政府文书》，护国主有权维持一支三万人的常备军。但到1654年年末，三个王国的步兵总数实际上达到了五万七千人。国家的年度支出已经升至二百六十七万英镑，虽然年收入只有二百二十五万英镑。议会希望减少税收，最重要的是减少军费支出，而军费支出已经高达每年一百五十六万英镑。议会要求军队总数减少到法定范围内。经过多轮讨论，议会投票决定每年给军队提供一百三十万英镑的军费，这足以维持一支三万人的军队。议会还承诺提供足以支付两万七千人的遣散费的资金。同时，议会坚持国家军事力量的控制权应该属于议会，而不是护国主。在这个问题上，奥利弗·克伦威尔不能让步。在他和国务委员会看来，三万人不足以维持三个王国的和平。

苏格兰的保王派起义刚刚被镇压。爱尔兰虽然被征服，不满的火苗却四处燃烧。在英格兰，由于议会和护国主之间的争执，起义正在酝酿中。奥利弗·克伦威尔说:"政府分裂、政务堆积、民怨不断,在你们争吵不休的这五个月里,整个国家面临的危险比几年前还严重。国内外敌对势力已经为我们这三个王国未来面临的麻烦埋下隐患。"

奥利弗·克伦威尔说,保王派早已经磨刀霍霍:"无须怀疑,无论之前他们受到了什么挫折,他们都会等到这一天的。比起让他们自力更生,我们之间的分裂能让他们获利更多。"平等派也在呼应保王派的行动:"尽力陷我们于流血和混乱之中,这将是英格兰从没有过的混乱。"下野的共和党人与平等派联合起来,在士兵中制造不满和叛乱,而军费支付的拖延及总军费的不足使事态更加严峻。驻苏格兰的军队的军饷拖欠了三十周,因此他们的驻地即将没有保障。据透露,有人谋划抓住乔治·蒙克,另立将军带领大军进入英格兰推翻政府。在这种情况下,奥利弗·克伦威尔绝不同意如此大规模地裁减军队,也不会放弃对军队的控制。他说:"如果在这非常时刻抛弃军事力量,在我们的事业还需要保护的时候裁军,当我们再次需要军队的时候,我们会面临什么?"为了维持宪法的平衡,他在任何时候都不可能放弃对军队的控制。奥利弗·克伦威尔说,除非护国主和议会享有同等的军队控制权,否则护国主将无权"为人民的福利尽职,也不能阻止议会延续任期、任意强加议会认可的宗教于人们的良心、强加议会喜欢的政府于国民"。如果这一项基本原则被推翻,所有其他原则就都将受到威胁。最后奥利弗·克伦威尔说,"因此我认为我有责任告诉你们,你们这样继续下去既不利于国家利益,也不利于公共利益"。

奥利弗·克伦威尔所说的阴谋不仅广泛存在而且极其危险,但政府保持高度警惕,将这些阴谋扼杀在萌芽之中。苏格兰反叛者推选的领袖罗伯特·奥弗顿少将[①]先是被投进了伦敦塔,然后被转移到了泽西岛。托马斯·哈里森少将是英格兰第五君主派推举的领袖,被关进了卡里斯布鲁克城堡。约翰·维尔

---

① 罗伯特·奥弗顿少将,英格兰内战期间的议会派军官。内战后,他主张建立共和国,反对护国制,在奥利弗·克伦威尔执政和查理二世复辟期间曾经多次被监禁。——译者注

德曼少校[①]是平等派的首领，他在宣读一份宣言时被逮捕。那份宣言号召"自由热情的英格兰人民拿起武器，打倒奥利弗·克伦威尔"。许多保王派特使被捕，保王派的阴谋因此陷入瘫痪。起义原本定在1655年2月3日，后来推迟了三个星期。到了三月，虽然保王派在五六个地方都召开了集会，但听从号令者寥寥无几，密谋者只好散去，各自回家。唯一一次真正的起义发生在索尔兹伯里。约翰·彭鲁多克上校和约瑟夫·瓦格斯塔夫爵士聚集三四百人，宣布承认

约翰·彭鲁多克上校

---

① 约翰·维尔德曼少校，英格兰军官，军队叛变时"鼓动者"的法律顾问，护国制期间参与了推翻奥利弗·克伦威尔的阴谋。——译者注

查理二世。随后他们向保王派群众基础深厚的康沃尔进发，但在德文郡的南莫尔顿被奥利弗·克伦威尔的军队追上并击溃。约翰·彭鲁多克上校和其他一些人被处决，而一些追随者则被运到西印度群岛，在甘蔗种植园服劳役。

暴乱一结束，奥利弗·克伦威尔就着手裁减军队，从而显示他想减轻国家负担的愿望，并希望尽可能满足这届议会的合理要求。1655年夏秋两季，共有一万到一万两千名士兵被遣散，留下来的服役人员的饷银也降低了。接下来是给奥利弗·克伦威尔招来恶名的军事统治的扩张，这比他的其他任何措施都更令人反感。英格兰被分成十二个区，每个区派驻一名军官，军衔为地方少将，专门负责维持所在地区的秩序。这名军官负责实施一套详尽的警察制度，旨在预

1655 年的奥利弗·克伦威尔

防针对政府的阴谋活动，并负责执行所有与公共道德有关的法律。地方少将指挥着当地的民兵团和从各郡召集起来作为补充的骑兵连。

这支所谓的"民间常备骑兵团"由大约六千名士兵组成。只需一小笔维持费用，这支"民间常备骑兵团"在一天内就可以被通知和召集。为了维持这些部队，每年需要八万英镑。税款按保王派贵族收入的百分之十征收[①]，而税的分摊和征收则由地方专员协助地方少将负责。

虽然从治安的衡量标准来说，这个机构取得了巨大的成功，但在政治上它却是一个巨大的错误。这与奥利弗·克伦威尔此前的政策背道而驰。1652年，通过颁布特赦及废除效忠共和国的宣誓，奥利弗·克伦威尔努力说服保王派忘记战争的失败，做一个好公民。而现在，为了证明以确保国家和平为目的而采取的行动是正义的，奥利弗·克伦威尔却宣称与保王派的矛盾不可调和。奥利弗·克伦威尔抱怨说，保王派刻意保持群体特征，拒绝融入良民团体，"他们似乎拒绝融入任何团体"。他们让被驱逐的教士教育孩子，在小团体内部通婚，"他们似乎想将不满传给下一代，并避免和解"。人们可能会说为了少数人的错误而惩罚整个保王派有失公允，但直接或间接地，"整个保王派都参与了其中"。因此，"既然由于他们造成了这个局面，才需要我们付出更大的努力，那么让他们负责工作开销也理所当然"。

这样的辩护只说服了政府的支持者。对其余的英格兰人来说，地方少将的专权和审讯程序就已经让这个机构饱受诟病。显然，在护国主奥利弗·克伦威尔的顾问中，军事派已经压制住了律师派和平民派。在这之前，护国制政府一直表现得像一个温和的宪政政府，但现在却显露出军事专制政权的本质。

与此同时，一个比保王派阴谋更危险的反对派对护国主奥利弗·克伦威尔的权威构成了极大威胁。律师们开始质疑奥利弗·克伦威尔的法令是否有效，法官们也开始对执行这些法令表现出顾虑。布尔斯特罗德·怀特洛克和托马

[①] 下文称为"抽什税"。——译者注

斯·威德灵顿勋爵是掌管印玺的两位委员,他们对执行改革大法官法庭的法令心存顾虑,并因此辞去了职务。法官理查德·纽迪盖特爵士和弗朗西斯·索普拒绝接受审判北方的叛乱分子的任务。一个叫康尼的商人拒绝支付非议会法案规定的关税。他的律师特维斯登宣称奥利弗·克伦威尔通过法令征收关税违反了《大宪章》①。为了避免裁决这个问题,首席法官亨利·罗尔爵士赶在这个案子被提交前辞职。

亨利·罗尔爵士

---

① 1215年6月15日英格兰国王约翰在温莎附近的兰尼米德签署的一份权利宪章,旨在协调国王和封建领主之间的纷争。《大宪章》承诺保护教会权利、保护封建领主免受非法监禁、制定高效的审判程序、设定王室向封建领主摊派款项的额度,并建成一个由二十五名封建领主组成的议会。——译者注

埃德蒙·卡拉米

奥利弗·克伦威尔逮捕了拒绝纳税者,将康尼的律师送进了伦敦塔,任命更顺从的法官取代了立场不坚定的人。在威逼利诱下,康尼撤回了申诉,而律师们也正式道歉表示服从命令。被时势所逼是奥利弗·克伦威尔为这些专制行为辩解的唯一理由。奥利弗·克伦威尔在解散议会时曾经断言:"在紧急情况下,人民会更喜欢安全而不是激情,更喜欢真正的安全而不是形式上的安全。"他坚信维护政府是为了人民的利益,因此他决心用武力来维护政府,决不退缩。据说,当奥利弗·克伦威尔出任护国主时,埃德蒙·卡拉米曾经警告奥利弗·克伦威尔:"这是有违国家意志的,百分之九十的人会反对您。"奥利弗·克伦威尔说:"很好。但如果我解除那九个人的武装,将一把剑放在第十个人的手中,结果会是什么?那不就解决问题了吗?"

然而，无论是好言相劝，还是诉诸武力，都无法说服共和党领导人承认政府的权威。一些人如亨利·韦恩爵士和埃德蒙·勒德洛甚至不愿意表示不参与反政府的行为。

约翰·兰伯特少将问埃德蒙·勒德洛："你为什么不承认这是个合法政府呢？"埃德蒙·勒德洛回答道："因为在我看来，这实际上是重新建立了我们一直都反对的东西，那是我们曾经为废除它而付出大量的鲜血和金钱的东西。"奥利弗·克伦威尔亲自问："那你到底想要什么？"埃德蒙·勒德洛说："我想要实现我们为之奋斗的目标：我们的国家由人民同意的政府来治理。"奥利弗·克伦威尔回答道："我和所有人一样，也希望有一个人民同意的政府。但我们从哪里征得这个同意呢？"

这就是困难所在。埃德蒙·勒德洛说，全民同意指的是"所有忠实于公众、热爱公众的人"的同意。亨利·韦恩爵士在《提出一个可解的问题》中提到，代表"这一事业的全体信徒"的公约是有权决定国家政府形式的唯一权威。他们都忽略了一个事实，那就是由于清教徒政党的分裂，协议根本不可能达成。而全民同意的政府必然会导致斯图亚特王朝的复辟。

根据《政府文书》条款，护国主奥利弗·克伦威尔要到1657年才需要召集议会。但1656年夏，奥利弗·克伦威尔就召集了第二届议会。他需要钱来支持继续与西班牙开战。地方少将告诉他，他们可以确保选举出对政府有利的成员。然而，当选举到来时，出现了让少将们不愉快的意外。过去十八个月的独裁措施在各地引发了普遍的不满。"不要朝臣，不要军人。"这是人民普遍的呼声。在一些郡区，选民人数过于庞大，政府无法施威，因此选出了大批反对党候选人，结果这些候选人不被承认。当议会召开时，护国主奥利弗·克伦威尔的国务委员会担当起审查当选议员资格的工作，驱逐了一百名对政府不满的议员。

被驱逐的议员提出抗议，但被无视，而留下来的议员几乎毫无怨言就屈服了。留下来的一般都是温和的长老派或独立派人士，只要政府能够给饱受政治斗争的国家带来安宁，他们愿意支持任何政府。他们通过一项法案废除了斯图亚特王朝王位，而为了表示愿意接受奥利弗·克伦威尔为护国主，他们还通过了一项法案，将推翻奥利弗·克伦威尔政府的行为认定为叛国罪。议会刚召开，理查德·斯泰纳上尉夺取了西班牙宝藏船的消息随之传来，这大大提高了奥利弗·克伦威尔的外交政策的威望。下议院回应了奥利弗·克伦威尔的军需申请，投票批准了对西班牙的战争并签发了四十万英镑的军费。

其他问题也很快显现出来。即使是支持护国制的人也难以理解奥利弗·克伦威尔对宗教迫害的敌意。他们对地方少将恣意妄为的行动也极其不满。在詹姆斯·内勒一案中，下议院接过司法权，许多议员急于用死刑来惩罚他的亵渎行为。奥利弗·克伦威尔的干预被驳回。判决下来了，詹姆斯·内勒被打上烙印，执行鞭刑，投进监狱。对于为了给新的民兵队提供资金，是否继续执

詹姆斯·内勒被执行鞭刑

行对保王派征收抽什税的法案，双方更是争论不休。地方少将遭到了来自下议院各个方面的攻击。议员们谴责说，这项税收是非正义的，是对公众信仰的侵犯。奥利弗·克伦威尔的女婿约翰·克莱波尔反对抽什税法案，而奥利弗·克伦威尔信任的国务委员会委员布罗吉尔勋爵也不支持。除了士兵们，这项法案几乎没有人支持。最终，这项法案以压倒性票数被否决了。

正当这些争论进行得如火如荼的时候，一个针对护国主奥利弗·克伦威尔生命安全的阴谋暴露了。一个叫迈尔斯·辛德康贝的平等派退役士兵，试图枪杀前往汉普顿宫的奥利弗·克伦威尔，或者趁奥利弗·克伦威尔带着教练在海德公园散步时暗杀他。屡次失败后，他试图火烧白厅教堂，希望在混乱中能找到更

布罗吉尔勋爵

好的机会。当关于这一阴谋的报告提交给议会时，一位不出名的长老派议员爱德华·阿什语出惊人，提议在祝贺致辞中加上一个动议。他宣称："阁下如果愿意根据古代的宪法管理政府，这对您自己和我们的存续都大有裨益。我们的自由和平安，以及阁下的特权和延续都将建立在一个古老而可靠的基础上。"

下议院之外也有同样的呼声。在《政府文书》的初稿中，军官们给奥利弗·克伦威尔的头衔是国王而非护国主，但奥利弗·克伦威尔拒绝了。1655年8月，一份请愿书在伦敦传播，要求奥利弗·克伦威尔出任国王，但请愿书的发起人遭到国务委员会的谴责，因此请愿书被压制下来。1656年年末，英格兰打败西班牙。民众情绪高涨。民众认为奥利弗·克伦威尔值得被称作英格兰国王。这种情绪反映在埃德蒙·沃勒关于俘获西班牙宝藏船的诗句中。

"让快乐民众的愿望实现吧！"诗人唱道：

> 让珍贵的宝石立刻熔铸，
> 给他加冕，山河永固；
> 让他身披貂袍紫服，
> 手握西班牙黄金炼成的王杖。

然而，无论是国外的胜利还是国内的危险，都不足以让人们同意复兴君主制，人们还是希望回归宪政。对第五君主派的反对使奥利弗·克伦威尔成为护国主，而对军人统治的反对促使人们试图推举奥利弗·克伦威尔为国王。一位议会观察员写道，"他们被地方少将的独断专行激怒了。只要能将权力置于法律的管辖和限制之下，任何形式的政府他们都能接受。"一些坚定的共和党人强烈谴责爱德华·阿什的建议，认为这是犯罪。然而，这项建议有坚实的群众基础。1657年2月23日，来自伦敦的议员奥尔德曼·帕克提交了一份议案，提议修改宪法，复兴君主制。共和党人认为这个计划是由奥利弗·克伦威尔本人推动的，但实际上这是中产阶级商人和律师发动的。下议院再次分裂，军事力量和民事力量又对立起来。在士兵和共和党人的支持下，地方少将强烈反对这项议案，对议案条款一条条加以驳斥。1657年3月25日，下议院最终以一百二十三票对六十二票的投票结果决定，奥利弗·克伦威尔应该被冠以国王头衔，行使国王职责。1657年3月31日，议会将这份《谦卑的请愿和建议》提交给护国主奥利弗·克伦威尔，希望他接受。

奥利弗·克伦威尔的回答模棱两可。他感谢他们的好意，并对新宪法的通过表示感谢，但最后拒绝了这一建议。他说他不能只接受整个计划的一部分而不接受其余，也不能"以这样的名义为上帝和议会工作"。在接下来的五个星期里，议会委员会一直在与奥利弗·克伦威尔讨论，试图打消他的顾虑，证明他接受王位的必要性。这个头衔对他们来说意味着一切。约翰·瑟罗写道：

> 议会不接受任何别的解决方案。头衔不是问题，关键是王位。法律和人民都清楚这一点。他们知道自己对国王的职责，也清楚国王对他们的职责。无论会出现什么，都必然与现在不同。在接下来的新局面下，一切将再次改变。他们还说，护国主的头衔是用刀剑换来的，因此永远不会成为其他头衔的基础，也不会有自由的议会存在。既然现在已经品尝了刀剑的滋味，一切将必然走向军事化。

让议会和律师如此向往的君主制复辟却让军队极其厌恶。在提议奥利弗·克伦威尔即位前的一个月，约翰·兰伯特少将和一百名军官请愿，希望护国主奥利弗·克伦威尔拒绝。奥利弗·克伦威尔坚决地回答，在他看来，他们对这个头衔的反对是过度紧张，纯属多虑。奥利弗·克伦威尔提醒他们，"不要费神操心'国王'这个称号"。他补充说，就他自己而言，他和他们一样不喜欢这个头衔。这只不过是"帽子上的羽毛"。但军官们的政策失败了，他们起草的宪法需要修改。地方少将的试验以失败告终。奥利弗·克伦威尔总结道："是时候定下方案了，也是时候放弃国家所不能接受的独断专行了。"

讽刺奥利弗·克伦威尔企图篡夺君主权力的漫画

奥利弗·克伦威尔希望接受议会起草的宪法，因为经过这么长时间的努力和失败，这似乎就是人民同意的解决方案。奥利弗·克伦威尔在议会委员会上宣布："我对这个解决方案非常感兴趣。我对这个词和这个概念都非常感兴趣。对这个方案没有期待的人，我认为他不配生活在英格兰。"

《谦卑的请愿和建议》中所记录的宪法方案本身是一个好方案。1657年，奥利弗·克伦威尔曾经表示接受这个方案里面的君主元素。另外，奥利弗·克伦威尔一直觉得有必要制衡下议院的专断权力，而这也包含在宪法方案内。在成文宪法上，有1653年军官们制定的宪法制衡；在专断权力上，则有复兴的第二议院作为下议院的一种平衡。公民自由似乎得到了充分的保障，"伟大的、与生俱来的公民自由，或者说良心自由"得到了安全保障。奥利弗·克伦威尔断言："请愿书中提供的东西确保了上帝子民的自由，而在这之前他们从来没有享有过。"

会议持续了五周。会议开始时，奥利弗·克伦威尔说："我的确是这样认为的，国王头衔完全没有必要，换一个名字也完全可以。"他甚至认为，上帝诅咒了这个头衔，也诅咒了拥有这个头衔的家族。此外，他告诉议会，许多好人承受不了这个头衔，不应该让他们为了一件微不足道的事情冒着失去朋友或仆人的风险。如果从他个人考虑，他也许会放弃顾虑接受国王称号，但出于上述最后一点，他还是决定不接受。军队以外有许多坚定的奥利弗·克伦威尔支持者，他们给他送来了信和时事小册子，反对他接受国王称号。他们清楚地告诉他，如果他"重新建立上帝让他推翻的旧政府结构"，重新建立议会已经宣布对国家造成负担和破坏的君主制，这将是"可怕的叛教"行为。在军队内部，如果奥利弗·克伦威尔接受国王称号，就必然会造成不可弥合的分裂。1657年5月8日，乔治·弗利特伍德、约翰·德斯伯勒和约翰·兰伯特少将威胁说，一旦奥利弗·克伦威尔接受国王头衔，他们就立刻辞职。上午，大约三十名军官向议会提交了一份请愿书，请求议会不要再向奥利弗·克伦威尔施压，并抗议王权的复辟。这一天，奥利弗·克伦威尔又一次拒绝了议会，他说："除了我的头衔欠妥，这个政府方案在各方面都是一个非常优秀的方案。但我不能以国王的身份接管政府。"

议会虽然非常失望，但还是领会了这些话的含义。如果奥利弗·克伦威尔在初次接到《谦卑的请愿和建议》时就明确拒绝，议会在那时就会抛弃整个

奥利弗·克伦威尔拒绝国王头衔

计划。由于迫切希望奥利弗·克伦威尔接受这个计划，议会通过了护国主奥利弗·克伦威尔在各次会议上提出的所有修改意见，而这个时候再选择放弃如此精心制定的宪法为时已晚。1657年5月25日，《谦卑的请愿和建议》再次提交到奥利弗·克伦威尔手上，护国主的头衔取代了国王的头衔。这次他接受了。1657年6月26日星期五，在威斯敏斯特大厅举行了盛大的就职仪式，奥利弗·克伦威尔第二次被任命为护国主。议长作为议会代表给他穿上了一件貂皮镶边的紫色天鹅绒袍子，"这是历代国王登基时的惯例"。议长呈给他一本《圣经》，在他腰间佩了一把剑，又将一支金色权杖交到他手中。奥利弗·克伦威尔宣誓维护新教，维护三个王国的和平与权利，然后登上元首宝座。号角吹响，人们高呼："上帝保佑护国主！"传令官按照古代国王加冕的方式宣布他就职。

奥利弗·克伦威尔终于如愿以偿。他的权威终于建立在宪法的基础上。从此，他不仅是军队的提名人，还是人民代表的推选人。另外，在《谦卑的请愿和建议》下，他的权力比在《政府文书》下更大了。奥利弗·克伦威尔已经获得提名继任者的权利，并且在议会批准的情况下，他还可以为新的第二议院任命七十名成员。议会每年拨给奥利弗·克伦威尔一百三十万英镑，认为这足以覆盖政府在和平时期的所有支出。在接下来的三年里，为了支付战争费用，奥利弗·克伦威尔还获得六十万英镑的额外拨款。同时，议会的权力扩大了，护国主的国务委员会的权力缩小了。议会控制了选举。从此，禁止随意驱逐议员。议会代表所有清教党派，而他们是否会接受一个小型议会提出的解决方案还有待观察。或者说，与《政府文书》里的文字限制相比，新设立的第二议院是否会更具有制衡效力还无从得知。

1658年1月，在休会六个月后，议会再次召开，情况发生了变化。在下议院，大约四十名奥利弗·克伦威尔的主要支持者被召集到新的第二议院，他们空出的席位没有进行增补选举。与此同时，在第一届会议开始时被排除在外的所有主要共和党人，那些擅长辩论、对护国制怀有强烈敌意的议会元老，壮大了反对派的队伍。下议院的两党没有形成强大的政府多数派，而是相互制衡。尽管如此，奥利弗·克伦威尔的开幕词依然充满了信心和希望。他回顾了本届议会过去的工作和通过的解决方案，心中充满了感激和喜悦。"我们今天站在这里，都是因为上帝救赎我们！我们不再烦恼、悲伤和愤怒，而是进入幸福的家园，所有利益都可以实现。"我们终于"从十年战争中解脱出来，安享太平"。经过多年的迫害，我们有了宗教自由。"当年我们在苦海煎熬时，谁能预想，有一天上帝的子民可以不再惧怕敌人，自由地信奉上帝？"让百姓安享上帝赐予的一切，并在上帝给予的公民自由的基础上开拓进取。奥利弗·克伦威尔继续说：

> 如果上帝保佑你们完成工作，让这个大会圆满成功，你们将是被主赐福的子民。我们的后代也将感谢我们。你们将是"补天之石，修桥之土"。在我有限的认知里，这是人类能取得的最高成就。

奥利弗·克伦威尔很快就醒悟过来。大会一开始，两个议会之间的决裂就迫在眉睫。会议开始后四天，奥利弗·克伦威尔发表了第二次演讲，他谈到了恐惧而不是希望。他说，在国外，北欧陷入混乱，新教事业危在旦夕。查理二世也集结了一支军队，计划登陆英格兰。而在国内，保王派正在策划另一次起义，但最大的危险在于议会内部的分裂。"正是在这样的局面下，我们恢复了和平，这是人类创造的最伟大的奇迹。"想想现在国家有多少教派和党派，而每个派别都希望能占据主导地位。"如果上帝不阻止，将势必造成混乱。如果上帝不加以限制，我们会在英格兰发现一个该隐①，而在我们的土地上会再爆发一场更血腥的内战。"除了军队和由《谦卑的请愿和建议》建立的政府外，英格兰和无政府状态之间还可以选择什么？"如果不选择这个框架模式，你们有什么框架模式能满足人们的需求吗？"

---

① 该隐，《圣经》故事中亚当和夏娃的长子。一次，该隐和弟弟亚伯同时给上帝祭献，上帝更喜欢亚伯的祭品，该隐一怒之下杀了亚伯。该隐因此成为基督教文化中邪恶、暴力和贪婪的代名词。此处指英格兰将陷入混乱。——译者注

共和党领导人现在得到了下议院的指导，对这些观点充耳不闻。他们发誓会忠于奥利弗·克伦威尔，不做任何违背奥利弗·克伦威尔合法权威的事情，并将严格遵守承诺。但他们坚持要再一次讨论《谦卑的请愿和建议》，认为自己不在场时发生的事不应该被认定为既定事实。阿瑟·哈塞里格爵士说："只有牢固的根基才能对事业有所助益。"另一个人则补充说："我们没有参与你们之前的辩论，你们就做出了决定。我们应该有再次发起辩论的自由。"他们非常敏锐地将新第二议院的权威作为进攻的重点，否认第二议院是奥利弗·克伦威尔所称的上议院。他们坚持说，根据《谦卑的请愿和建议》，应该称之为"另一个下议院"。

如果第二议院是奥利弗·克伦威尔自称的上议院，它将拥有此前上议院拥有的所有立法权和司法权，那么人民的权利会变成什么？托马斯·斯科特说，"上帝保佑，人们已经从可以否决人民决议的权威中解放出来"。"如果你们重回老路，他们会感谢你们吗？除了为制定自己的法律而战，还有什么值得他们争取？"阿瑟·哈塞里格爵士宣称："如果英格兰人民听到他们要走历史的老路，会十分震惊。"下议院整整开了七次会议展开辩论。在这个问题得到解决前，下议院拒绝与上议院有任何接触。对共和党人来说，上议院头衔意味着一切。安东尼·阿什利·库珀宣称："承认了上议院，就承认了一切。"阿瑟·哈塞里格爵士叫道："我宁可被撕成碎片也绝不接受对英格兰人民自由的背叛。绝不能！"

共和党领导人的反对不止于口诛笔伐。他们中的一些人与伦敦的不满分子和军队取得了联系。他们准备组织写一份请愿书，集齐一万名伦敦人的签名，要求限制护国主奥利弗·克伦威尔在军队的权力，并承认下议院是国家的最高权力机构。作为回应，下议院将投票通过一项主张这两项原则的演说。如果有必要，还将让托马斯·费尔法克斯爵士出任总司令，取代奥利弗·克伦威尔。共和党人预计会得到部分军队的支持。因为有传言称，军队中存在不满情绪。传言说士兵们曾经抱怨被别人打着"良心自由"的旗号愚弄了。他们背叛了

托马斯·斯科特

国家的公民自由,只是为了使某个家族声名显赫。而最强烈反对新上议院的,恰恰是护国主奥利弗·克伦威尔自己的骑兵团的军官。

共和党人同下议院的计划传到奥利弗·克伦威尔耳中。1658年2月4日早上,奥利弗·克伦威尔突然传唤两院。他说,他成为护国主是由《谦卑的请愿和建议》规定的。"没人敢说这是我主动追求的结果。是的,在英格兰的土地上,没人能说这话。"议会向他请愿,劝他接受这个职务,他也希望议会好好遵守诺言。接着,奥利弗·克伦威尔向下议院议员发表讲话。他抱怨说,议会不但没有认可他们自己同意的解决方案,反而试图推翻这个方案。"你们开了这十五六天的会,就给这个国家带来了休会以来最大的混乱。你们试图再建立一个共和国,这样有些人就可以重新掌管一切。"有些人"试图让军队卷入阴谋",另一些人则"煽动伦敦人暴动"。这些企图"不过是玩苏格兰国王①的把戏",最终只会导致流血和混乱。奥利弗·克伦威尔总结道:"我认为现在是时候结束你们的任期了,我要解散议会。愿上帝在你我之间裁决。"

"阿门。"共和党人挑衅地说。

---

① 指查理二世。——译者注

第 21 章

奥利弗·克伦威尔之死

（1658—1660）

在当时的人看来，护国政体于1658年达到鼎盛。爱德华·海德写道："奥利弗·克伦威尔解散了最后一届议会后，国内外的一切事务似乎都按照他的意愿运转。他的权力比以往任何时候都更稳固。"军事叛变、保王派叛乱、入侵阴谋，这三大在春天针对奥利弗·克伦威尔统治的威胁都得到成功化解。阴谋集团头目被及时逮捕，阴谋遭到挫败。一些心怀不满的官员被解职，几个第五君主派被监禁，高等法院审判了十几个保王派，其中五人被绑上绞刑架或断头台。在国外，沙丘的胜利和敦刻尔克的占领给英格兰军队带来了新的荣誉。奥利弗·克伦威尔在欧洲的声望得到提升。福肯贝格子爵托马斯·贝拉西在法兰西宫廷受到了隆重的接待。路易十四派来专员对奥利弗·克伦威尔表示祝贺，证明欧洲最强大的君主对与奥利弗·克伦威尔友谊的重视。

然而，现代历史学家对当时情况的看法却不那么乐观。一些历史学家认为，奥利弗·克伦威尔的权力岌岌可危，他肯定已经向周围的困难屈服了。这些历史学家表示，如果没有议会的支持，奥利弗·克伦威尔必将破产；而如果他召集议会，必将被推翻。这两种说法都言过其实，因为这两种困难都不是不能克服的。自开始执政以来，奥利弗·克伦威尔一直面临着这两方面的问题，而他的政府也设法解决了问题。

1658年，财政困难比议会困难更严重。长期议会被驱逐时，国家财政正处于混乱状态。财产税已经上升到每月十二万英镑，而政府每月负债却高达约七万英镑。皇家土地、教会土地、充公的地产——紧急时期的主要财政来源——几乎都被变卖了。在护国制期间，政府改善了财政管理，对公共资金的使用更节制，并降低了税收。每月税收最初降到九万英镑，然后降到六万英镑，最后降到五万英镑。但国家支出并没有相应降低，因此，收支没有平衡。1657年到1658年，奥利弗·克伦威尔政府的年收入大概有一百九十万英镑，而支出约四百万英镑甚至更多。陆军花费约一百一十万英镑，海军花费约九十万英镑，政府民事花费约三十万英镑。造成巨额赤字的原因有两个。其一是控制爱尔兰和苏格兰的成本。这两个国家的收入不足以支付当地驻军的成本，因此，英格兰财政部每年不得不为此提供二十五万英镑的资金。其二是奥利弗·克伦威尔的国外政策。据金融家计算，维持一支用于自卫的舰队只需要不到五十万英镑。然而，一支强大到足以与西班牙争夺西部海域控制权、封锁西班牙海岸、干涉波罗的海诸国争端的海军，所需花费要翻倍。这造成的后果是，护国主奥利弗·克伦威尔的政府总是经济拮据，债台高筑。1659年春，债务达到了一百七十五万英镑。假如护国制的金融家能像威廉三世时代的金融家一样，采用发行公债和贷款的方式弥补战争造成的赤字，或许能暂时解决困难。但受当时条件所限，奥利弗·克伦威尔的财政顾问也缺乏经验，没有采用这样的措施。因此，唯一的办法就是削减开支，或者从议会获得更多的资助。两者都很难实现，但也不是绝无可能。1658年的战役成功后，西班牙将被迫讲和，削减海军和陆军开支成为可能。法兰西大使是一位精明的观察员，密切关注这个问题并做出了正确的估计。他认为政府在财政上的窘迫并没有危及政府的稳定。在他看来，议会推翻政府的可能性不大。政府的四十名支持者退出议会，组建第二议院，政府失去了议会的多数席位。因此，共和党人在上届议会的第二次会议上取得了暂时的成功，但这个成功不可复制。护国制不但没有失去议会的力量，反而获得了更多支持。1654年，议会削弱了奥利弗·克伦威尔的权威。1656年，议会提高了奥利弗·克伦威尔的权威。1658年夏，奥利弗·克伦威尔决定在年底前召集另一届议会，而如果不是他突然离世，这个意图可能已经实现了。所有人都满怀信心地认为议会将再次提出给奥利弗·克伦威尔加冕。此外，正如1658年12月的选举显示，政府将获得至少三分之二的议会多数席位。理查德·克伦威尔获得了议会的支持，证明反对派企图推翻他父亲奥利弗·克伦威尔的理论根本站不住脚。

事实清楚地表明，护国制的维持有赖于军队的忠诚。在护国制初期，军队人数有六万多。1654年12月，尽管刚刚裁军，但散布在三个王国的军队仍然有五万三千人。到护国制结束时，包括在佛兰德斯和牙买加的军队在内，共有四万八千人。在这期间，军队的性质和组成发生了重大变化。反对政府的军官一个接一个地被剥夺了指挥权：1653年12月的托马斯·哈里森少将、1654年的罗伯特·奥弗顿和其他四名上校、1657年的约翰·兰伯特少将、1658年春的威廉·帕金少将和五名奥利弗·克伦威尔所在兵团的上尉，无一例外。1658年，上级军官要么是奥利弗·克伦威尔的个人追随者，要么是对政治问题不感兴趣的职业军人，乔治·蒙克这样的人取代了托马斯·哈里森少将这样的人。在下级军官和士官军官中，有许多共和党人，但他们没有足够的影响力，无法构成威胁。所有的重浸派和第五君主派都被清除出军队，而普通士兵将服兵役看作一种谋生手段。如果军饷拖欠太多，他可能会制造暴动。但制造暴动绝不是出于维护政治主张。

护国制的历史是奥利弗·克伦威尔逐渐从军队的政治控制中解放出来的历史。护国主奥利弗·克伦威尔不仅两次成功地粉碎了议会反对派和军队不满分子结盟的企图，而且每次都加强了他在军队中的权威。

只要奥利弗·克伦威尔还活着，起义运动就绝不可能成功。在绝望之余，保王派和平等派多次策划暗杀奥利弗·克伦威尔的阴谋。1654年，查理二世身边的一些人用国王的名义发布公告称，任何人只要成功用"手枪、刀剑或毒药"杀死某个叫奥利弗·克伦威尔的人，就将获赏五百英镑，并被授予骑士爵位和上校军衔。查理二世知道这些阴谋，只是提议暗杀奥利弗·克伦威尔应该结合大规模的保王派起义,而不仅仅是一次孤立的行动。后来还有许多同样性质的计划,特别是在平等派和保王派结盟之后。爱德华·塞斯比中校曾经是奥利弗·克伦威尔所在兵团的一名士兵,如今负责安排暗杀奥利弗·克伦威尔,为此西班牙政府提供了资金。1657年1月泄露的阴谋中,迈尔斯·辛德库姆就是他派出的特工。1657年5月,迈尔斯·辛德库姆出版了一本名为《刺杀非谋杀》[①]的小册子,意图证明杀死奥利弗·克伦威尔既是合法的,也是光荣的。他说:"为了上帝的荣誉和安全及自身和国家的利益,让每个秉承了上帝的智慧和勇气的人,用一切理性手段将世界从这个祸害手中解放出来。"迈尔斯·辛德库姆宣称:"不是我死,就是奥利弗·克伦威尔亡。"迈尔斯·辛德库姆在乔装打扮前往英格兰安排暗杀计划时被捕,死于在伦敦塔被监禁期间。

警察将所有阴谋都汇报给了奥利弗·克伦威尔,但他对这些阴谋嗤之以鼻。在一次演讲中,奥利弗·克伦威尔称这些阴谋为"小打小闹"。奥利弗·克伦威尔将1654年的阴谋告诉议会说:"第一次暗杀是针对我个人。这对我和你们来说,都不值得放在心上,因为他们在阴谋得逞前就会丧命。"

奥利弗·克伦威尔当上护国主后,警卫还是最初做总司令时由四十五名绅士组成的。1656年,为了预防这类阴谋的发生,警卫人数上升到一百六十人。保王派记载说,在生命的最后几个月,奥利弗·克伦威尔"比以往任何时候都更担心人身安全",因此,他周围总有卫兵护卫,再也没有沿原来的路线去过汉普顿宫,而且每天换不同的地方休息。这些不过是无稽之谈。奥利弗·克伦威尔虽然采取了合理的预防措施,但也没有过分夸张。他不是一个会被威胁吓倒的人,但他和对手一样清楚,他的生命关系重大,而他事业的永久存续希望渺茫。

奥利弗·克伦威尔正在衰老,这才是对护国制真正的威胁。他现在已经

[①] 《刺杀非谋杀》,1657年出版的一本时事小册子,主张暗杀奥利弗·克伦威尔。这本小册子发行后销售一空。据说这本小册子出现后奥利弗·克伦威尔十分不安,不敢在同一个地方待两个晚上以上,出行时总是小心谨慎。——译者注

五十九岁了。在执政之前，战事劳顿损害了他的健康。1648年春天，他患了一场重病，1651年春天又病了一次。对于第二次生病，他曾经说："我以为我会死于这场疾病。"在繁重的政务下，奥利弗·克伦威尔的健康状况日益恶化。派遣外国的使者经常提到，延迟谈判的原因之一是护国主奥利弗·克伦威尔的健康状况不佳。奥利弗·克伦威尔在1651年的签名和在1657年的签名大不一样。写下第一个签名的那只勇敢坚定的手在六年后变得颤抖无力。他的讲话证明他感觉到了肩上的重担。1657年，他说："到现在我才发现，崇高的职位和无上的权力同时也是巨大的负担。这不仅是一个哲学命题，事实也确实如此。"失败曾

奥利弗·克伦威尔1651年和1657年的签名

经使乔治·丹东①大失所望,乔治·丹东叫道,做一个穷渔夫总比做一个统治者好。在为无上权力奔忙劳碌时,奥利弗·克伦威尔偶尔也会怀念平静的乡村生活。"在上帝面前,我们微小如蝼蚁。我愿意住在我的木头房子里,饲养着我的羊群,而不是管理这样的政府。"

乔治·丹东

① 乔治·丹东,法兰西大革命的领袖,1794年4月5日被处死。——译者注

奥利弗·克伦威尔总是足智多谋，勇敢面对每一个新的困难。但一个困难刚被克服，另一个困难又出现了。不断的斗争对他的精力提出了越来越高的要求。在他的管家约翰·梅德斯顿看来，"在没有议会协助的情况下，他不得不尽其所能与一切困难做斗争"。他的第二届议会解散后，这更是一个致命的负担。"我敢说，虽然他身躯里储备着无限的精力，但这耗尽了他的心神，并最终将他送进了坟墓。"

个人的不幸也增加了他的负担。1658年2月，奥利弗·克伦威尔的小女儿弗朗西丝·克伦威尔的丈夫罗伯特·里奇结婚才四个月就去世了。1658年8月6日，

罗伯特·里奇

他最宠爱的女儿伊丽莎白·克伦威尔在长期的病痛折磨后也去世了。在她生命最后的日子里,奥利弗·克伦威尔经常陪伴着她,"她极度痛苦的样子给他留下了深刻印象"。

在女儿的葬礼后不久,奥利弗·克伦威尔患了疟疾并伴随着间歇性发烧,但几天后他似乎摆脱了病魔,恢复了体力。1658年8月20日,乔治·福克斯前往汉普顿宫,"就朋友们的冤屈"向奥利弗·克伦威尔求情。他看到奥利弗·克伦

奥利弗·克伦威尔陪伴生病的伊丽莎白·克伦威尔

伊丽莎白·克伦威尔病亡

威尔带领着警卫在公园骑马。乔治·福克斯说:"我走近他之前,感觉到有一股死亡之风向他袭来。而当我走到他身边后,他看起来像个死人。"第二天,奥利弗·克伦威尔又病了,但他确信上帝会回应他的祈祷,他会康复。他对一位忧心忡忡的医生说:"驱走你脸上所有的悲伤,像对待军人一样对待我。""你或许医术十分高超,但自然能做的远超过所有医生。而上帝远胜于自然。"发烧暂时缓解后,医生命令他搬到白厅去住,认为换换空气对他有好处。

在白厅,奥利弗·克伦威尔的病情不但没有好转,反而变得更糟。他被交替的冷热折磨着,大家都意识到情况严重。约翰·瑟罗在给亨利·克伦威尔的信中写道:"我们极度担忧,看不到希望。"1658年8月31日星期二,法兰西大使告诉法兰西政府,英格兰护国主奥利弗·克伦威尔生命垂危。但就在当天晚上,他重新振作起来,似乎有好转的迹象。那天晚上,一个留在病房看护的人说他听到奥利弗·克伦威尔在祈祷,"为上帝的事业而献身的公共精神确实一直延续到他最后一次呼吸"。奥利弗·克伦威尔不是为自己或家人祈祷,而是为清教主义和所有清教徒祈祷——为"上帝的事业"和"上帝的子民"祈祷。奥利弗·克伦威尔说:"虽然我承担不起,但您让我成为一个卑微的工具,可以为他们做点好事,为您服务。他们中的许多人把我看得太重要了,尽管其他人希望我死,并为此欢呼。但主啊,无论您怎样处置我,都请继续向他们播撒善意。让他们保持判断力,坚持信仰,互信互爱。请继续护佑他们……教导他们依靠自己,而不是过分依赖您的'工具'。原谅那些想要践踏可怜的蝼蚁之人,因为他们也是您的子民。求您看在耶稣基督的份上,饶恕我这短暂而愚妄的祷告。承您恩典,让我们一夜平安。"

奥利弗·克伦威尔逐渐衰弱。1658年9月2日,星期四的晚上,他非常焦躁不安,不时自言自语,断断续续,人们难以听清。他说:"我愿意继续活着为上帝和他的子民做更多的事,但我的职责已经完成了。""上帝将与他的子民同在。"他静待死亡。

一名医生给他一些喝的,让他尽量入睡。但他回答说:"我不想喝,也不想睡,我只想尽快离去。"快到早上的时候,他再次开口,"用隐晦的圣言,暗示着内心的安慰与平静",混杂其中的是"过度自我贬抑的话语,自我毁灭和自我审判",此后他不再说话。1658年9月3日,星期五下午四点,奥利弗·克伦威尔去世。

这一天是奥利弗·克伦威尔的幸运日,邓巴和伍斯特的胜利纪念日。

正如安德鲁·马维尔所唱:

奥利弗·克伦威尔之死

他的荣誉从未消逝,

整年都是奥利弗·克伦威尔的纪念日,

但今日,是最吉利的日子,

战场上他曾经三次头戴桂冠,

掀翻敌人藏身的邓巴之山,

他穿过幽深的塞文河,终结内战。

> 他的永生是否同一时刻,
> 与他的名字永垂史册?

生病期间,奥利弗·克伦威尔口头将长子指定为继承人。因此,奥利弗·克伦威尔死后只过了约三个小时,理查德·克伦威尔就被宣布成为护国主。各郡、各市、各兵团纷纷来信向新的统治者表示祝贺,外国列强也立即向这位新统治者表示祝贺和承认。几乎没有什么反对意见,似乎他就应该继承护国主之位。约翰·瑟罗在给亨利·克伦威尔的信中写道:"甚至没有激起一声狗叫。这是多么平静啊!"

理查德·克伦威尔就任后的第一件事是安排父亲的葬礼。经过防腐处理,奥利弗·克伦威尔的遗体被从白厅运到萨默塞特宫①并安放,就像当年安放詹

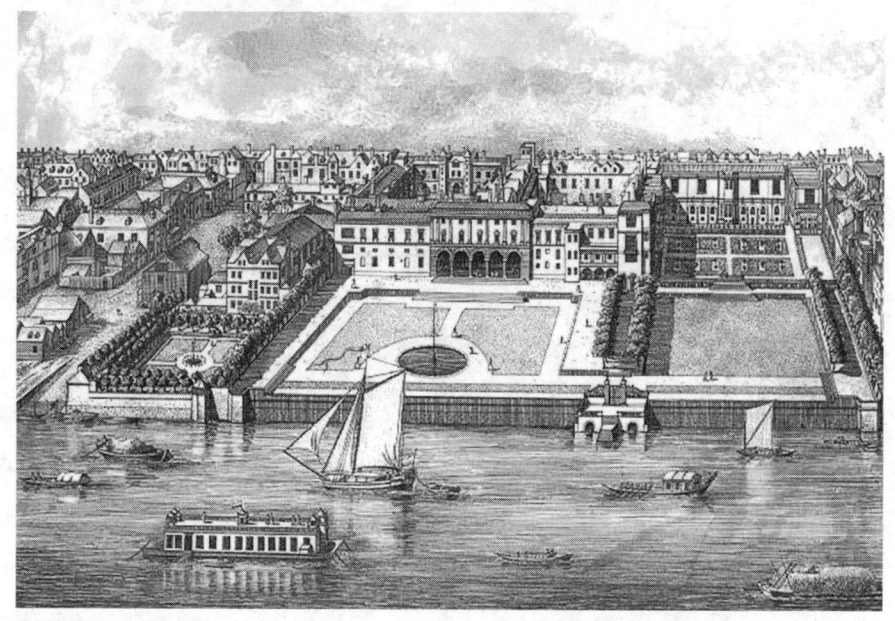

萨默塞特宫

---

① 萨默塞特宫,位于伦敦中部,是英格兰最早的文艺复兴时期建筑之一。17世纪,萨默塞特宫先后成为詹姆士一世王后、查理一世王后和查理二世王后的居所。——译者注

姆斯一世的遗体那样。奥利弗·克伦威尔的蜡像身穿貂皮镶边的紫色王袍，手里拿着金色的权杖，头上戴着一顶王冠，一连好几个星期供众人瞻仰。1658年9月26日，奥利弗·克伦威尔的遗体被秘密安葬在亨利七世的小礼拜堂里。1658年11月23日，在威斯敏斯特大教堂举行了一场盛大的葬礼。所有高级官吏和各兵团的军官庄严地从萨默塞特宫出发，穿过大街，走向威斯敏斯特教堂。街道两旁站着的士兵身穿有黑色纽扣的红外套。

葬礼花了六万英镑。由于花费过大，政府无力承担，引起了共和党人的愤怒批评。他们的不满原本应该无关大局，但在一个更危险的地方，这些无关紧要的不满正酝酿着大祸。在护国主的国务委员会中，民事派和军事派之间出现了不和。奥利弗·克伦威尔曾经是总司令兼护国主，但现在高级军官们要求自己选出一个总司令，并提名乔治·弗利特伍德中将为候选人。他们的目的是摆脱理查德·克伦威尔的民事顾问的控制，使军队独立于民事权力外。理查德·克伦威尔坚决拒绝了他们的要求。暴风雨似乎平息了，但军官们只是等待一个更合适的时机。

政府运转需要资金。1659年1月，理查德·克伦威尔不得不召集议会。所有共和党领导人都获得了席位，但超过三分之二的当选议员是政府的支持者。对于是否承认理查德·克伦威尔的护国主身份，议员们进行了长时间的论战。接着，针对苏格兰和爱尔兰议员是否有权参加议会，以及上议院的地位问题，议员们展开了激烈辩论。在这些问题上，政府都赢得了胜利。然而，与此同时，军队的骚动又开始了。军官委员会重提了上一年秋天的要求。议会反对军队独裁，对理查德·克伦威尔表示支持。理查德·克伦威尔命令军官委员会停止会议。军方领导人与下议院的共和党少数派结盟，拒绝服从命令。几个坚持服从理查德·克伦威尔命令的上校则被军队驱逐。伦敦所有的兵团都聚集在圣詹姆斯宫的乔治·弗利特伍德中将周围。乔治·弗利特伍德中将和约翰·德斯伯勒代表军官委员会要求立即解散议会。约翰·德斯伯勒说："如果他解散议会，军官们就会支持他；而如果他拒绝，军官们也可以自行解散议会，那他就自求多

奥利弗·克伦威尔的遗体

威斯敏斯特教堂

福吧。"如果理查德·克伦威尔继续坚持，可能会有一些胜算，因为乔治·蒙克和苏格兰的军队仍然愿意效忠于他，而亨利·克伦威尔和爱尔兰军队也会支持他。但理查德·克伦威尔相信了他们的承诺。无论结果如何，他都不敢发动内战。"我不会为了维护我的地位而让流血事件发生。"1659年4月21日，迫于压力，理查德·克伦威尔解散了议会。两周后，他辞去职位。

因此，护国制在共和党和军队的不满分子结盟前就垮台了。此前，奥利弗·克伦威尔一直能稳稳地控制住局面。乔治·弗利特伍德中将无意推翻小舅子，约翰·德斯伯勒对外甥也没有敌意。他们只是想让理查德·克伦威尔成为手中的工具，用他的名义统治政府。然而，下级军官宣布恢复共和国，推翻了克伦威尔家族的统治。1653年4月，下级军官驱逐了长期议会。1659年5月7日，同一批人重新扶持长期议会上台。到这时，革命结束。

这些临时盟友之间没有真正的团结。用共和国名义统治英格兰的五六十名长期议会议员没有学到任何教训，也没有忘记任何恩怨。士兵们意识到，如果没有军队的支持，政府一天也维持不下去。当士兵的要求被忽视时，他们变得焦躁不安，怒不可遏。1659年8月，在约翰·兰伯特少将镇压保王派叛乱后，议会和军队公开决裂。议会开除了约翰·兰伯特少将和其他八名军官，原因是他们发起了一项请愿。议会宣布请愿书具有煽动性。1659年10月13日，约翰·兰伯特少将采取报复行动，终止了议会。

虽然名义上乔治·弗利特伍德中将是军队的领袖，但约翰·兰伯特少将才是军队真正的首领。现在约翰·兰伯特少将身居1653年4月时奥利弗·克伦威尔的地位，但这次军队分裂了。在苏格兰，乔治·蒙克一边宣布恢复议会，一边拖延谈判，从而阻止约翰·兰伯特少将和乔治·弗利特伍德中将采取行动，直到士兵逃亡、舰队叛变和伦敦敌对迫使他们让步。1659年12月月末，长期议会第二次恢复。乔治·蒙克带着六千余人进入英格兰，一路没有碰上任何阻力。使议会恢复的不是人们对议会的喜爱，而是对军事政府的敌视。在充满讽刺意味的绰号"残余议会"下，议会成了每一个民谣作者的笑柄，但目前是宪法留下

1660年左右的查理二世

来的唯一痕迹。英格兰人民厌倦了政治实验，也烦透了刀剑统治，希望回归熟知的法律和政府。当乔治·蒙克行军到伦敦时，许多人请愿，要求他宣布议会自由。每个请愿者都心知肚明，一个真正有代表性的议会意味着查理二世的复辟。作为回应，乔治·蒙克宣布对共和国矢志不渝。但他暗下决心，要用手中的权力让国家自由地决定未来走向。1648年，托马斯·普赖德上校曾经驱逐长老派议员。1660年2月21日，乔治·蒙克利用伦敦的不满，迫使议会重新接纳这些议员。因此，乔治·蒙克获得了议会多数派的支持，可以提出请求让下议院自行表决解散。1660年3月16日，乔治·蒙克签发令状，要求召开自由议会。作为总司令，他负责维护选举自由，控制军队，守护国家和平。

乔治·蒙克对英格兰最大的贡献不是复辟查理二世。在军队和议会决裂后，复辟在所难免。亚伯拉罕·考利说："这股洪流不可抗拒。面对它，最强大的力量也无法抵御,而最弱小的力量也能顺流前进。"乔治·蒙克的贡献是在没有发生内战的情况下实现了复辟。他圆滑无耻的政策蒙蔽了共和党人的眼睛,当他们想反抗时为时已晚。乔治·蒙克利用军队实现了自己的目的,而这原本是军队大部分人想要尽力阻止的。但如果不是乔治·蒙克,用奥利弗·克伦威尔的话说,英格兰就是"一个该隐"。多亏了乔治·蒙克,通过一场和平的宪政革命,英格兰从代表少数人的武装政府过渡到全国绝大多数人希望的政府。因此,建立在铁血基础上的清教主义统治不攻自破。长老派和保王派在1647年就开始的联盟现在终于成功了。曾经胜利的独立派四分五裂,无力改变现状。在给约翰·温思罗普的一封信中,奥利弗·克伦威尔的管家约翰·梅德斯顿为军事独立派写下了墓志铭:

约翰·温思罗普

独立派利益被践踏在地。曾经宣称是忠实信徒的著名人物,此前在战争中取得了伟大胜利,因而在军中获得了巨大权力。他们用手中的权力对独立派管理施加各式改革,而这些改革是危险且有害的……他们极力攻击独立派创始人的原则。作为公理教会会众,他们不仅让独立派变得卑鄙无耻,而且使独立派信徒在整个国家眼中变得面目可憎。

1660年4月月末,二十年来第一次召开自由议会。1660年5月29日,查理二世重回伦敦,"这是超过两万骑兵和两万步兵的胜利。他们挥舞着刀剑,欢呼雀跃,带着无法形容的喜悦。道路上摆满了鲜花,钟声阵阵。街道上绣帷漫天,喷泉里酒香四溢"。约翰·伊夫林写道:

> 我站在河岸街观看。上帝保佑,这一切竟然发生了。军队还是那支反叛过国王的军队,这次却没有造成任何流血牺牲。但这是上帝所为。自从犹太人逃脱了巴比伦的囚禁以来,这样的复辟前所未有。这个国家呈现出从未有过的愉悦和生机。当这一切发生的时候,期待它或者实现它都已超过人类的处事原则。

查理二世回归后,英格兰回到了内战开始前的状态。奥利弗·克伦威尔的立法和长期议会制定的所有法律都被认定无效。除弑君者和少数被认为特别危险的人外,所有政治犯都获得大赦。十二名弑君者因叛国罪被处以极刑。休·彼得斯和亨利·韦恩爵士也遭遇同样的命运。有二十人逃到了国外,二十五人被处以终身监禁。活着的人受到了惩罚,而死去的人也难逃报复。1660年11月,下议院讨论了剥夺奥利弗·克伦威尔和其他弑君者公民权的法案。在讨论过程中,西利乌斯·提图斯上尉站起来观察讨论情况:

查理二世在荷兰登船返回伦敦

查理二世回到伦敦

死刑的执行没有放过坟墓里的叛徒。一些人的头颅已经被放上了案板,而查理二世希望下议院下令将那些埋在威斯敏斯特的魔鬼的尸体——奥利弗·克伦威尔、萨金特·约翰·布拉德肖、亨利·艾尔顿挖出坟墓,拖到泰伯恩挂一段时间,然后埋在绞刑架下。

塞缪尔·佩皮斯认为很难决定"让一个像奥利弗·克伦威尔这样勇敢的人蒙羞,虽然他罪有应得"。尽管出席的四百五十一位议员中有很多肯定同意塞缪尔·佩皮斯的观点,但这次投票没有遭到任何反对。

1661年1月26日,奥利弗·克伦威尔和亨利·艾尔顿的尸体被从威斯敏斯特教堂的坟墓中挖出来。1661年1月28日,这两具尸体被从威斯敏斯特运到霍尔本的红狮旅馆。最后,1661年1月30日早晨,也就是处死查理一世的十二周年纪念日,他们和萨金特·约翰·布拉德肖的尸体都被放到了从霍尔本到泰伯恩的雪橇。"一路上,就像在这之前把遗体从威斯敏斯特运过来一样,人们蜂拥赶来,大声叫骂。"这家报纸还报道称,"当这三具尸体到达泰伯恩的时候,它们被从棺材里拖出来,挂在一棵树的三个枝丫上,直到太阳落山。随后刽子手放下尸体,砍掉头颅,而可憎的躯干被扔进绞刑架下的深坑里。"刽子手将头颅放在柱子上,高悬在威斯敏斯特大厅的顶上:萨金特·约翰·布拉德肖的头颅放在中间,而亨利·艾尔顿和奥利弗·克伦威尔的头颅分别放在两边。

然而,尽管这一切都是在光天化日之下进行的,许多地方却声称有奥利弗·克伦威尔的坟墓,就像曾经争夺荷马出生地的荣誉一样。奇怪的谣言传到国外,说受辱的并不是奥利弗·克伦威尔的尸体。1663年,一位来英格兰旅行的法兰西人听说,奥利弗·克伦威尔曾经下令打开威斯敏斯特教堂里的四百五十二座皇家陵墓,调换尸体,这样就没有人知道他的尸体安置在哪了。塞缪尔·佩皮斯将这个故事告诉了奥利弗·克伦威尔的一位牧师,牧师回答说:"他相信奥利弗·克伦威尔从未有过这么卑劣的想法。"另一个谣言是奥利弗·克伦威尔的尸体被秘密运走,并在深夜被埋在纳斯比荒原。第三种说

奥利弗·克伦威尔、萨金特·约翰·布拉德肖、亨利·艾尔顿的尸骨被悬挂示众

法是，奥利弗·克伦威尔的女儿福肯贝格夫人玛丽·克伦威尔预见到了改朝换代，事先将父亲的遗体从威斯敏斯特教堂移出，重新埋葬在约克郡纽堡修道院的墓园中。一直以来，这些故事都有人深信不疑。然而，目前没有任何可信的证据足以证明挂在泰伯恩的绞刑架上的不是奥利弗·克伦威尔的尸体，或者他的尸体没有被埋在绞刑架下面。现在的康诺特广场所在地，有千人万马践踏，而在街道下一两码的地方，就埋着这位伟大的护国主的遗骨。

第 22 章

奥利弗·克伦威尔和家庭

奥利弗·克伦威尔曾经对画家彼得·莱利说:"彼得·莱利先生,我希望你能发挥所有的绘画才能,画出我真正的样子。不要奉承讨好我。将我脸上所有的不堪,包括粉刺、赘疣等全都画上,否则我一文钱都不会给你。"毫无疑问,

彼得·莱利

彼得·莱利绘的奥利弗·克伦威尔的肖像

奥利弗·克伦威尔也会对他的传记作者提出类似的要求，但传记作者的任务更艰巨。许多同时代的证据不过是毫无价值的流言蜚语，还有许多被党派偏见玷污，而且在许多方面，当局都保持沉默。

奥利弗·克伦威尔的管家约翰·梅德斯顿向我们讲述了"奥利弗·克伦威尔的性格"。

> 他的身体很结实，身高大概还差两英寸就有六英尺高。你会觉得他的大脑像一座蕴藏着大量天赋的宝库。就我所知，他的脾气非常暴躁，但大部分情况下都能克制住脾气，或者很快就用道德操守平息自己的火气。他天生同情处境困难的人，甚至有点妇人之仁。虽然上帝为他造了一颗心，这颗心大部分用来敬畏上帝，没有多少恐惧

的余地，但他对受难者的柔情却超出了常人。很少有伟人比他更心系百姓。我相信，如果他的事迹能公正地流传下去，人们能不带偏见地了解他，就会将他与九大伟人①并列。

许多奥利弗·克伦威尔的肖像印证了约翰·梅德斯顿的描述。像大多数清教徒绅士一样，他留着长发。在成为护国主前，他厚厚的浅棕色头发开始变灰，披在衣领上，长及肩膀。根据塞缪尔·库珀和罗伯特·沃克描绘的肖像，奥

塞缪尔·库珀绘的奥利弗·克伦威尔的肖像

---

① 九大伟人，指在军事成就和统帅才能方面代表了最高成就的欧洲君主。这九个人选在中世纪时期已经固定下来，其中包括三个异教徒（赫克托、亚历山大大帝、尤利乌斯·恺撒）、三个《圣经》人物（约书亚、大卫王、犹大·马加比）和三个基督教教徒（亚瑟王、查理曼大帝、布永的戈弗雷）。——译者注

罗伯特·沃克绘的奥利弗·克伦威尔的肖像

利弗·克伦威尔的眼睛是蓝色或灰色的，眉毛很浓。他的鼻子又长又粗，微微勾起，鼻孔很大——保王派的时政小册子说这是鹰钩鼻，甚至他的政治家朋友都在取笑他的大鼻子。直肠子的阿瑟·哈塞里格爵士曾经对奥利弗·克伦威尔说："如果你说了假话，我就再也不会相信大鼻子的家伙了。"奥利弗·克伦威尔的嘴巴大而厚实。他的面庞和身材都让人联想到力量，而不是优雅。然而，他粗糙的外表透着善良和睿智的气质，兼具坚毅和活力，这是奥利弗·克伦威尔给人最显著的印象。在一些肖像中，他还流露出一丝忧郁。

甚至连反对派也承认奥利弗·克伦威尔的外表和举止透露出庄严。爱德华·海德写道：

第一次在议会露面时，他既没体现出什么过人之处，也不能说会道，没有任何能赢得旁观者支持的特殊才能。然而，随着地位和权威的确立，他的精神面貌焕然一新，仿佛他之前一直刻意隐藏一身本事，直到有朝一日派上用场。当以伟人的身份行事时，他表现得如此自然，没有任何不得体的地方。

保王派成员菲利普·华威克爵士说，奥利弗·克伦威尔"举止庄严，风度凛然"。外国观察家也有类似的说法。

奥利弗·克伦威尔在接见大使或接待官方代表团时，严格遵守一套精心设计的准帝王性质的仪式。奥利弗·弗莱明爵士曾经是查理一世在欧洲大陆的一名特使。由于精通各种外交礼仪，奥利弗·克伦威尔让奥利弗·弗莱明爵士负责安排重要仪式，但奥利弗·克伦威尔与外国代表处理的许多重要事务都是在非正式会谈中进行的。总的来说，奥利弗·克伦威尔非常亲民。不需要经过重重环节，请愿者就可以向他当面表达不满。政策反对派也有机会提出反对意见，奥利弗·克伦威尔会与他们展开自由辩论，做出答复。即使是宗教狂热者也可以设法传达他们获知的上帝福音，或者像乔治·福克斯一样，解释他们的宗教观点。奥利弗·克伦威尔大约每月参加三次国务委员会的会议，但他的大部分政治或行政工作都是与小委员会或单独与国务秘书约翰·瑟罗一起处理的。和信赖的顾问们在一起，奥利弗·克伦威尔无拘无束。布尔斯特罗德·怀特洛克说：

和我们在一起时，他有时会表现出很愉快的样子。他会放下架子，跟我们非常亲近。为了消遣，他会和我们一起写诗。每个人都要写。他经常跟我们借个烟或借个火，有时也会独自抽烟。接着他就会恢复严肃，一本正经地工作。

布尔斯特罗德·怀特洛克还讲述了奥利弗·克伦威尔的娱乐活动。奥利弗·克伦威尔一生都保持着乡绅的品位。在汉普顿宫，他经常玩保龄球，但最喜欢的运动是打猎和放鹰。1651年，战争胜利后，他从伍斯特骑马回伦敦的途中去放鹰了。成为护国主后，奥利弗·克伦威尔偶尔也会去亨斯洛荒原放鹰。1654年，他在汉普顿宫宴请瑞典大使。晚餐结束后，奥利弗·克伦威尔、瑞典大使及陪同人员在王宫花园里"追逐并杀死了一只肥壮的牡鹿"。奥利弗·克伦威尔一路奔跑跳跃。人们注意到瑞典大使"不会冒险跟在奥利弗·克伦威尔身后跳过沟渠，他更小心谨慎"。

奥利弗·克伦威尔喜欢各类品种的良马。英格兰驻黎凡特的外交人员曾经被派去采购阿拉伯马①和柏布马②供他乘骑或用于繁殖。他出发重新征服爱尔兰时，他的马车由"六匹华丽的佛兰德斯红灰色母马"拉着。他成为护国主后，有一次派车送西班牙大使到登船的码头，拉车的就是六匹白马。据说这些白马比以往任何英格兰国王的马更优良。1654年，奥尔登堡伯爵安东尼·甘瑟送了他六匹马。这些马后来在海德公园逃跑了。当时奥利弗·克伦威尔正亲自驾着马车，从车厢一头撞到辕杆上，被挽具缠住。一匹马拖着他跑了一段距离，但最后他只受了几处擦伤。安德鲁·马维尔和乔治·威瑟都发表了诗歌庆祝奥利弗·克伦威尔顺利脱险，而这次事件也为保王派的讽刺散文和短诗提供了创作灵感。

奥利弗·克伦威尔非常热衷的另一项娱乐活动是音乐。当他为外国大使或下议院议员举行宴会时，"优美的音乐，包括奏乐和演唱"一直是宴会的重要组成部分，在娱乐消遣或家庭聚会时也同样如此。根据一位当代传记作家的说法，奥利弗·克伦威尔是"一个伟大的音乐爱好者，常在家中款待音乐界

---

① 阿拉伯马，一种起源于阿拉伯半岛的马，头形独特，尾巴高耸，是世界上最容易辨认的马种之一，也是最古老的马种之一。阿拉伯马通过战争和贸易分布世界各地，改善其他马种的速度、耐力和体格。几乎每一个现代品种的骑乘马中都有阿拉伯马血统。——译者注
② 柏布马，北非的一个马种，具有很强的耐寒性和耐力。柏布马性情暴烈，运动能力强。——译者注

奥尔登堡伯爵安东尼·甘瑟

乔治·威瑟

的高手"。在汉普顿宫的大厅里,他有两个风琴。风琴手约翰·金斯顿是奥兰多·吉本斯的学生。詹姆斯·奎恩原本是牛津大学基督教堂学院的一名院士,被牛津大学的清教徒督察开除,之后因奥利弗·克伦威尔对音乐的热爱,恢复职位。詹姆斯·奎恩不是一名技巧型歌手,但他的低音"极其雄壮悠长"。他的一个朋友将他带到奥利弗·克伦威尔面前,"奥利弗·克伦威尔喜欢动听的嗓子和器乐"。奥利弗·克伦威尔"非常兴奋地听他唱歌,用大杯给他倒酒,最后说:'詹姆斯·奎恩先生,您唱得太好了。我能为您做点什么吗?'詹姆斯·奎恩感谢奥利弗·克伦威尔的好意,说要是能够让他回到原来的职位,他将不胜感激。奥利弗·克伦威尔照做了。"

奥兰多·吉本斯

从当代的资料中可以了解其他关于奥利弗·克伦威尔个人习惯的蛛丝马迹。奥利弗·克伦威尔的饮食非常简单。根据一本当代时事小册子的说法，他的饮食"平淡无奇"。在他的餐桌上找不到"精致的法国菜"，只有一些普普通通、分量十足的菜式。根据同一记载，奥利弗·克伦威尔通常喝的"一种小瓶装的麦芽酒"叫作"晨露"。他还经常喝一种低度葡萄酒，据医生说这对他的健康有益。

奥利弗·克伦威尔的衣着也同样朴素。1653年，当他驱逐长期议会时，他穿着"普通的黑色衣服和灰色的毛线长袜"。1654年12月，在就职典礼上，奥利弗·克伦威尔穿着"一套朴素的黑色西装和斗篷"。但在几周后，当伦敦市市长大人招待奥利弗·克伦威尔时，他穿着"一件麝香色西装大衣，上面绣满了金线"。当上护国主之后，奥利弗·克伦威尔的衣服自然比以前华丽了许多。1640年，菲利普·华威克爵士曾经轻蔑地批评过奥利弗·克伦威尔的衣服样式。他将奥利弗·克伦威尔在外表上的改善归功于一个裁缝的好手艺和同伴品位的提高。但即便如此，一位刚从法兰西宫廷归来的年轻保王派说，奥利弗·克伦威尔是一个"衣着朴素的人"，"他的穿着说不上品位高雅，更多的是不修边幅"。

奥利弗·克伦威尔的家庭用度自然比他任上将时的更大了。在第一届护国制期间，他的家庭花费是六万英镑，而第二届是十万英镑。但这个数字包括了其他方面的支出。根据一位传记作家的说法，奥利弗·克伦威尔在慈善上的支出高达四万英镑。说到奥利弗·克伦威尔的第二届任期及随之增多的排场，菲利普·华威克爵士说："现在奥利弗·克伦威尔的家庭组织与王室有一些相似之处，他的侍从、仆人和贴身侍卫都按惯例知道自己从属于谁。"四五十名绅士受雇于白厅和汉普顿宫的内务部门，直接听命于奥利弗·克伦威尔。他们穿的灰色外套有黑色天鹅绒领子，黑色天鹅绒或银色花边镶边。除了这些"贴身侍从"，奥利弗·克伦威尔还有骑兵警卫，这在前面已经提到过。所有这些排场激怒了许多顽固的清教徒。对他们来说，任何与王室类似的行为都是可憎的。另一些人则认为,"为了英格兰的荣誉",国家元首的周围环境应该体现一定程度的威武华丽,这种观点被大部分人所接受。

报纸和私人信函都经常提到奥利弗·克伦威尔的家庭。1654年4月,奥利弗·克伦威尔搬到白厅居住时,他年迈的母亲也住了进去。但她并没有为儿子的显赫地位感到高兴。据说她"非常不相信当前事态。当她听到传言说有人用毛瑟枪谋杀她儿子时,她会非常害怕。她要求每天至少见儿子一次,否则就不安心"。1654年11月,奥利弗·克伦威尔的母亲去世,享年94岁。临终前,她祝福儿子,言语中充满对儿子人生目标的同情。"主将普照着你,保佑你度过一切患难,让你行伟大之事,彰显上帝荣光,护百姓安康。我亲爱的儿子,我的心与你同在。晚安。"

奥利弗·克伦威尔的母亲

哈钦森夫人

官方称奥利弗·克伦威尔的妻子为"护国主夫人殿下",但关于她的事迹,很少有人提及。当然,也会有一些关于她料理护国主家事和财务的基本描述,在当代的一本时事小册子里就有提及。不过,这些小册子作者的主要目的是嘲笑她"肮脏、节俭",德不配位。哈钦森夫人①承认奥利弗·克伦威尔"天生伟大,衬得起他的地位"。但他的妻儿随之"鸡犬升天",与沐猴而冠毫无二致。

她认为奥利弗·克伦威尔的女儿们是"傲慢的傻瓜",只有一人例外,就是长女布丽奇特·克伦威尔。在第一任丈夫亨利·艾尔顿去世后,布里奇特·克伦

---

① 哈钦森夫人,本名露西·阿普斯利,约翰·哈钦森上校的妻子,英国翻译家、诗人和传记作家,写了《约翰·哈钦森上校回忆录》,被认为是了解那个时代极有影响力的作品。——译者注

乔治·弗利特伍德中将

威尔成了乔治·弗利特伍德中将的妻子。只有她"一直谦逊得体，从不因身居高位而睥睨自傲"。

克莱波尔夫人伊丽莎白·克伦威尔是奥利弗·克伦威尔的次女，也是他最宠爱的女儿。在奥利弗·克伦威尔看来，她容易"被身边虚荣、势利的人利用"。一些针对她的严厉批评也印证了哈钦森夫人的尖锐评论。不过，《非营利组织》的作者詹姆斯·哈林顿说道："她很自然地担当了'公主'的角色，彬彬有礼地对待所有人，经常为不幸的人求情。"詹姆斯·哈林顿的《非营利组织》手稿被没收后，还是伊丽莎白·克伦威尔给要回来的。她经常替被监禁的保王派向父亲求情。也许是出于这个原因，当奥利弗·克伦威尔、海军上将罗伯特·布莱克和许多其他著名的议会议员的尸体被从威斯敏斯特教堂的陵园中挖出来时，她的尸体没有被惊动，仍然留在了威斯敏斯特。

玛丽·克伦威尔是奥利弗·克伦威尔的第四个女儿,出生于1637年。1657年11月,她嫁给了福肯贝格子爵托马斯·贝拉西。同月,三女儿弗朗西丝·克伦威尔嫁给了华威克伯爵的孙子罗伯特·里奇。

为这两场婚礼举行的盛大庆祝活动让一些清教徒十分愤慨。弗朗西丝·克伦威尔的婚宴在白厅举行。一则新闻报道写道:"那时一共有四十八把小提琴演奏,除了男男女女一起跳舞亵渎神灵,还大肆喧闹直到第二天凌晨五点。"玛丽·克伦威尔的婚宴在汉普顿宫举行,婚礼的歌曲是由安德鲁·马维尔

福肯贝格子爵托马斯·贝拉西

谱写的。在这首歌里，新娘玛丽·克伦威尔被喻为辛西娅[①]，福肯贝格子爵托马斯·贝拉西被喻为恩底弥翁[②]，护国主奥利弗·克伦威尔则是朱庇特[③]。

这两位女士都见证了光荣革命。婚后，玛丽·克伦威尔更名为福肯贝格夫人玛丽。她死于1713年，而弗朗西丝·克伦威尔死于1720年。福肯贝格夫人玛丽没有孩子，伊丽莎白·克伦威尔的孩子没结婚就死了。罗伯特·里奇去世后，弗

玛丽·克伦威尔

[①] 辛西娅，希腊神话中月神阿尔忒弥斯的别名。在各个版本的神话中，宙斯、潘神和恩底弥翁是她的情人。——译者注
[②] 恩底弥翁，希腊神话中凡间的一个英俊的牧羊人，由于与月神相恋而受到宙斯惩处。——译者注
[③] 朱庇特，古罗马神话中的众神之王，阿尔忒弥斯的父亲。——译者注

朗西丝·克伦威尔嫁给了切本哈姆的约翰·罗素爵士。从她和姐姐布丽奇特·克伦威尔那里，许多现在的家族可以追溯他们的血统。

在哈钦森夫人的笔下，奥利弗·克伦威尔的儿子们也不比女儿们好多少。根据她的说法，亨利·克伦威尔和妹夫约翰·克莱波尔是"两个放荡不羁、行为不端的骑士"，而理查德·克伦威尔虽然"温文尔雅、品行高尚"，但"本质上还是个农民"，"成不了伟人"。理查德·克伦威尔所受的教育也不是让他做一个伟人的。至少在第二届护国制之前，奥利弗·克伦威尔从没有想过让自己儿子中的任意一个继承护国主之位。原则上，奥利弗·克伦威尔反对世袭政府。1655年，奥利弗·克伦威尔宣布，如果议会提出让政府在他的家族里世代相传，他会拒绝。统治者的选择应该基于他爱上帝、爱真理、爱公平，不是基于他的出身。"就如《传道书》[①]所言，谁知道他的儿子是个智者还是愚人？"奥利弗·克伦威尔一开始并没有试图提拔两个儿子。婚后的六七年里，理查德·克伦威尔一直住在汉普郡自己的地产上，耽于狩猎和其他娱乐活动。奥利弗·克伦威尔曾抱怨儿子无所事事，负债累累，疏于财产管理，整日"以消遣为乐"。然而，1655年11月，奥利弗·克伦威尔任命理查德·克伦威尔为贸易委员会的一员，无疑是为了让他接受公共事务方面的训练。1657年，奥利弗·克伦威尔第二次上任后，又发生了进一步的变化。理查德·克伦威尔突然被推到前台，继父亲后成为牛津大学的校长，同时成为国务委员会的一员，并被授权指挥一个骑兵团。理查德·克伦威尔在国内出行时，地方当局的接待方式仿佛他是他父亲的继任者。对未来的统治者来说，这些训练非常糟糕。在理查德·克伦威尔成为护国主之后，有人听到他抱怨说，他本来只想做一个乡绅，他父亲也并没有让他为这个职位做足够的准备。他认为他父亲本来就是这么安排的。然而，尽管理查德·克伦威尔在短暂的统治期间没有表现出任何政治能力，却远非保王派所讽刺的乡下小丑。在公开活动中，他表现出的庄严风度甚至连朋友们都

[①] 《传道书》，《希伯来圣经》二十四书之一，最初写于公元前450年到公元前200年，是基督教教派《旧约》中的经典智慧书之一。——译者注

感到惊异。此外，他还表现出朋友们熟知的雄辩能力。复辟后，他作为护国主欠下的债务，以及查理二世政府的猜忌和关注，迫使他流亡多年。1690年，他给女儿写信道："我孤独了三十年，四处漂泊，默默无闻。我的生命安全在于退隐缄默、不问世事。"1680年，他回到英格兰，为保平安，用一个假名过着完全与世无争的生活。1712年，理查德·克伦威尔去世，留下三个女儿，而他的长子1705年就已经去世。

亨利·克伦威尔比哥哥理查德·克伦威尔天分更高，但也被父亲压制了一段时间。1650年到1653年，亨利·克伦威尔出任爱尔兰一支骑兵团的团长，被认为是一名优秀的军官。1654年8月，国务委员会提名他任爱尔兰军队的总指

在军中的亨利·克伦威尔

挥，但奥利弗·克伦威尔不想让儿子担任此职，让他在英格兰多待一年。奥利弗·克伦威尔在给乔治·弗利特伍德中将的信中写道："上帝明鉴，我希望他和他哥哥能在乡下过自己的小日子。哈利[①]知道我的想法，我真的不想让他担此重任。"在担任爱尔兰军队总司令和爱尔兰事务委员会委员期间，亨利·克伦威尔证明了自己的能力。1657年11月，亨利·克伦威尔接替姐夫乔治·弗利特伍德中将，成为爱尔兰总督。

亨利·克伦威尔的任务与他父亲在英格兰的任务一样，即建立民事政府，使其取代军事统治，并团结所有新教教派支持护国制。他在政治和财政上都有许多困难要应付。重浸派教徒和军官中的一个派别不断制造麻烦。土地的安置只完成一半，经济恢复缓慢，秩序难以重建。然而，亨利·克伦威尔的成功远超预期。在爱尔兰新教殖民地的大部分人中，他获得了巨大的声望。严格的清教徒认为，他的生活方式和穿着打扮似乎过于浮夸，但在其他方面，他的行为无可指摘。亨利·克伦威尔的主要缺点是脾气暴躁，不太接受批评，也听不进去反对意见。因此，他的父亲告诫他，不要让对手觉得自己不好打交道。

有一种说法，如果奥利弗·克伦威尔立亨利·克伦威尔而不是理查德·克伦威尔为护国主继承人，护国制可能不会倒台。但奥利弗·克伦威尔的选择受制于当时的环境。在他的顾问和将军中，没有一个人足以孚众成为统治者。而在他的儿子中，护国制的主要支持者更愿意接受理查德·克伦威尔，而不是更有能力和主见的亨利·克伦威尔。对亨利·克伦威尔来说，理查德·克伦威尔的军事阴谋集团过于强大。此外，军队的一些领导人对亨利·克伦威尔也持敌视态度。

在哥哥倒台一个月后，亨利·克伦威尔辞去爱尔兰总督职务，拒绝了保王派的所有提议，默认了共和国的重建。他说，虽然他以前对共和国心怀敬仰，但也认为"由个人领导的上届政府"具有合法性。

---

① 哈利，亨利·克伦威尔的昵称。——译者注

我希望你们不要认为我父亲对国民的自由和福祉有非分之想。他和我哥哥先后成了政府首脑，或许有人会认为政府重回原来的形式是对我至亲之人的侮辱。不得不承认我有点难以适应这突然的变化，而我也不适合再为你们效力……因为我不能支持任何会损害先父的荣誉和功绩的事情。感谢上帝让我免于巨大的诱惑，没有过多参与先父生前和死后的事业。

在复辟时期，亨利·克伦威尔损失了部分财产。但多亏他的保王派朋友和他使用权力时的节制，他没有受到更多骚扰。亨利·克伦威尔回到剑桥郡，经营自己的产业，直到1674年去世。切斯亨特的奥利弗·克伦威尔是亨利·克伦威尔的曾孙，死于1821年，是护国主奥利弗·克伦威尔的最后一位男性后裔。

第 23 章

奥利弗·克伦威尔：国家未来的塑造者

无论是作为军人还是政治家，奥利弗·克伦威尔都比那个时代的任何一个英格兰人都伟大得多，他既是军人又是政治家。要找到这样一位政治和军事能力完美结合的人，或许只有尤利乌斯·恺撒和拿破仑·波拿巴了。虽然奥利

拿破仑·波拿巴

尤利乌斯·恺撒

弗·克伦威尔没有尤利乌斯·恺撒和拿破仑·波拿巴伟大,毕竟他在一个更小的舞台上施展拳脚,但他"像巨人一样跨越了清教主义英格兰的狭隘世界"[①]。

作为一名军人,奥利弗·克伦威尔不仅赢得了伟大的胜利,而且创造了获取这个胜利的工具。在战争初始的军事混乱中,他组织了军队,使清教主义大获成功。新模范军及后来的共和国和护国制的军队,不过是更大规模的铁甲军。跟奥利弗·克伦威尔的铁甲军一样,新模范军军官是经过精心挑选的。如果条件允许,尽可能从绅士当中挑选军官。如果没有合格的绅士,普通的自耕

---

① 这是借用了威廉·莎士比亚在戏剧《尤利乌斯·恺撒》中评价尤利乌斯·恺撒的台词:"他像一位巨人,跨越了这狭隘的世界。"——译者注

农和市民也可以。不管什么身份,"他们不急功近利,忠于职守,工作谨慎"。品行和军事技能同等重要。一位上校曾经抱怨说,奥利弗·克伦威尔任命的一名上尉更适合传教,而不是作战。奥利弗·克伦威尔回答说:"没错。我确实认为能将祈祷和传教做到极致的人,战斗力也最强。据我所知,只有心怀上帝,才能勇气倍增,信心满满。我向你保证,他是一个好人,也会是一名好军官。"任何军官一经发现效率低下,信仰某些被认为是亵渎神明的异端邪说,或是总体道德素质低下,则会被立刻解职。

人们常说,军官是军队的灵魂。奥利弗·克伦威尔要求军官保持效率,遵守纪律,军官们也依此向下推行。大多数士兵都是志愿兵,当然也有许多被强制入伍的。我们不能说所有为清教而战的人都是圣人。然而,正规的薪饷和严明的纪律使他们在和平时期成为欧洲最循规蹈矩的士兵,而在战争时期则是一支"可以去任何地方、做任何事情"的军队。共同的信念将士兵和军官团结在一起。让他们备感自豪的是,他们不只是一支雇佣军。他们不仅为报酬而战,还为原则而战。奥利弗·克伦威尔成功激励士兵,让他们对自己的领导力充满信心。同时,他也用自己的高度热情感染大家。奥利弗·克伦威尔和拿破仑·波拿巴一样,有影响大众的力量。因此,他组建的这支军队正如爱德华·海德所说,"这支军队是胜利的代名词"。"这支军队秩序井然,纪律严明,作风良好,行为自制,勇往直前,所向披靡。这些特质使它闻名于世,令人生畏。"

然而,奥利弗·克伦威尔的胜利更多归功于他自身的军事天赋,而不是军队的素质。在他的军旅生涯中,最引人注目的一点是他在军队中的事业起步很晚。大多数成功的将军都从年轻时就接受武装训练,但直到四十三岁,奥利弗·克伦威尔才第一次听到枪响,在战场上指挥一个中队。人们常问,一个没有经过训练的乡绅是如何打败那些曾经在欧洲最著名的军官指挥下学会作战的士兵?答案是奥利弗·克伦威尔有军事天赋,而当时的形势更是快速促进了这一天赋的全面发展。在战争开始时,奥利弗·克伦威尔表现出的精力、决心和判断力,证明他具有战争要求领袖必须具备的才智和品格。战争的特殊性质,总体指挥的缺乏、议会力量的混乱,给了他自由发挥的空间。在战争初期,地方首领只顾各自地盘,发动小规模战斗,下级军官罕见地拥有行动自由。独立性和责任感让优秀的士兵迅速成长。起初,奥利弗·克伦威尔和对面的敌人一样没有经过训练,但在频繁的战事中,他学会了如何作战。安德鲁·马维尔曾经用轻快的口吻谈到奥利弗·克伦威尔的"勤奋英勇"。如果他比别人更快地吸取了战争的教训,那是因为他全力以赴地学习,从不错失任何一次机会,让每一次经历都成为财富。

一次带领骑兵的战斗给奥利弗·克伦威尔带来了第一次荣誉。在进攻中他进攻迅猛,势不可当。和鲁珀特亲王一样,奥利弗·克伦威尔也喜欢亲自带领骑兵冲锋,但在战斗趋白热化时,他能更严格地控制部队。将对面交战的敌人击溃后,他会留心观察战场,时刻准备让获胜的中队投入战斗,要么援助打成平手的部队,要么加入获胜部队完成最终胜利。马斯顿荒原战役和其他许多战役表明,奥利弗·克伦威尔能在突发状况下果断迅速地得出结论,而威廉·弗朗西斯·帕特里克·纳皮尔[①]将这种特质称为"战争中大师精神的可靠标志"。一旦战局已定,奥利弗·克伦威尔毫不留情地乘胜追击。"我们追出两三英里,处决了他们。"这是格兰瑟姆的战斗结束后,奥利弗·克伦威尔描述战场的冷酷话语。纳斯比战役后,奥利弗·克伦威尔的骑兵追击了十二英里。

成为军队统领后,在战场上,奥利弗·克伦威尔对军队的管理和对骑兵师的管理有着相同的特点。在内战早期的战斗中,敌对双方有一个共同特征:都没有设立上将。总指挥通过召集军队、选择战场展示统帅能力,而一旦战斗开始,军队就脱离了控制。一个师的每一名指挥官都独立行动,军队各部合作很少,缺乏统一指挥。奥利弗·克伦威尔则大不相同,他指挥大军行动就像控制自己的骑兵一样,目标明确,充满活力。各师都分配有具体的任务,联合行动从而完成总体目标。最能证明奥利弗·克伦威尔的战术技巧的例子就是邓巴之战。

---

① 威廉·弗朗西斯·帕特里克·纳皮尔,爱尔兰人,英国陆军将军,军事历史学家,巴斯骑士。著有《1807年到1814年比利牛斯半岛和法国南方战争史》,下文引用部分出自该书。——译者注

威廉·弗朗西斯·帕特里克·纳皮尔

虽然士兵人数比对方少得多，但奥利弗·克伦威尔用大炮和一小部分士兵牵制住敌方一半的兵力，全力以赴攻击敌人阵地的要害，并在关键时刻让一支强大的后备部队投入战斗，从而决定了当天的战局。无论哪一次胜利，奥利弗·克伦威尔都将胜利最大化。邓巴战役后，苏格兰人两万两千人中损失了一万三千人。普雷斯顿战役后，詹姆斯·汉密尔顿公爵的军队中成功返回苏格兰的不到三分之一。伍斯特战役后，没有一支苏格兰部队能成功撤退。

与同时代的将军相比，奥利弗·克伦威尔的战略特点是大胆、充满活力。这反映了他的性格特点，但最初是出于政治和军事考虑。1644年，奥利弗·克伦威尔宣称："如果不快速有效地推动战争，为了缔结和平，国家将迫使议会答应任何条件。"必须抛弃"海峡对岸士兵那样的拖延战术"，否则清教主义事业将就此毁于一旦。因此，奥利弗·克伦威尔没有模仿专业士兵普遍采用的小心谨慎的防御策略，而是采用了速战速决的战术。一位军事评论家说："他是现代战争方法的伟大的首创者。拿破仑·波拿巴和赫尔穆特·卡尔·贝恩哈特·冯·毛奇后来使用的就是他的战略。这个战略将攻占堡垒和防御工事降为次要，而将攻击战场上的军队作为首要任务。"

在普雷斯顿战役中，奥利弗·克伦威尔不得不面对一股人数两倍于己的军队。由于人数的优势，对方在没有足够的地面侦察和集中兵力的情况下，大胆挺进。奥利弗·克伦威尔原本可以拦在詹姆斯·汉密尔顿公爵的前方，将敌人赶回去。然而，他选择攻击苏格兰军队的侧翼，并将己方精悍的兵力安插在

赫尔穆特·卡尔·贝恩哈特·冯·毛奇

苏格兰军和苏格兰之间。就这样,他将詹姆斯·汉密尔顿公爵的军队切成了不同的分队,每一次攻击都将詹姆斯·汉密尔顿公爵与援军隔得更远,最终导致对方的毁灭性溃败,而不只是一次退败。1650年和1651年,奥利弗·克伦威尔面临更艰巨的任务。他不得不入侵一个有许多天然屏障的国家——苏格兰。这个国家有一支更强大的军队和一位精通防御战略的总指挥。在邓巴,奥利弗·克伦威尔想尽办法让大卫·莱斯利在开阔的战场上打一场阵地战,却毫无成效,直到对方的一次错误给了他机会。奥利弗·克伦威尔毫不迟疑地抓住了这个机会。在1651年的战役中,奥利弗·克伦威尔发现自己又一次因大卫·莱斯利的费边战术①陷入僵局。由于大卫·莱斯利没有留任何机会,奥利弗·克伦威尔不得不制造一个机会,大胆明智地敞开了通往英格兰的大门,引诱苏格兰人入侵,最终给了他们致命一击。

在远征爱尔兰中,奥利弗·克伦威尔有一个完全不同的问题要解决。虽然敌方的军队过于疲弱,在战场上无法与己方抗衡,但他们行动敏捷,将他们击退并非易事。爱尔兰许多天然和人为的障碍也是敌军的优势所在:要塞城市具有战略价值,而高山沼泽为地方开展游击战提供了便利。此外,爱尔兰气候恶劣,人民充满敌意,国土荒芜,奥利弗·克伦威尔必须从英格兰携带大量补给。在这种情况下,战争主要是攻城战、突击战和艰苦行军,没有什么大会战。为了充分利用英格兰在海洋控制上的优势,奥利弗·克伦威尔将陆军和舰队的运作结合起来。他首先进攻、控制海港,进而占领河流要塞,从而逐渐加强对整个国家的控制。这样一来,最终的完全征服就只是时间问题了。

对这些不同战役取得的战绩,观点或许各异。但有一点很明确,奥利弗·克伦威尔能根据战争的实际环境和对手的性格调整策略并获得成功。他的军事天赋可以胜任命运赋予他的一切任务。

只有专家才能确定奥利弗·克伦威尔在伟大将领中的精确位置。奥利

---

① 费边战术,指在两军交战时,避免壕沟战和正面会战,采用小规模冲突、切断对方物资供应、消磨对方斗志等方式拖垮敌军的战术。——译者注

弗·克伦威尔本人认为,在军事和政治上能与古斯塔夫二世·阿道夫相提并论将是他的最高荣誉。他们两人一手组建了军队,是战争中的创新者——古斯塔夫二世·阿道夫是战术上的创新者,而奥利弗·克伦威尔是战略上的创新者。古斯塔夫二世·阿道夫是欧洲新教的捍卫者,这正是奥利弗·克伦威尔希望成为的样子,在为信仰而战的同时,他们也在为自己国家的利益而战。然而,无论他们的目的有什么样的相似之处,世袭君主和篡位者的地位悬殊,终究无法相提并论。同时,人们经常拿奥利弗·克伦威尔与拿破仑·波拿巴相比,不是因为他们的性格相似,而是因为他们的事业相似。他们都是革命的宠儿,凭借军功一路攀升,登上权力巅峰。在国内动乱后,他们都努力重建民事政府,在新的基础上建立国家。但使他们掌权的革命具有不同的性质,要求这两位统治者具备不同的品质。

奥利弗·克伦威尔的性格是延续至今的争议话题。大多数同时代人对他十分苛责。在保王派看来,正如爱德华·海德所说,奥利弗·克伦威尔只是"一个勇敢的坏人"。然而,在谴责奥利弗·克伦威尔的同时,爱德华·海德却无法抑制对他的钦佩之情。因为尽管这位篡位者"罪恶滔天,必将永沉炼狱,但也不乏美德,让历代后人念念不忘"。奥利弗·克伦威尔是一个暴君,但他"没有杀人成性"。他不仅"对人的天性和情感有深度的理解",而且"有着伟大的精神,令人钦佩的谨慎和睿智,以及宽大的胸怀"。

共和党人认为护国主奥利弗·克伦威尔是一个自私自利的叛教者。埃德蒙·勒德洛说,"他的所有变革只为自己的一路晋升"。为了"一己之私",他牺牲了公共事业。本来国家的一切都进展顺利,新的政治纪元即将到来,"眼看国民就要获得人类能够享有的最大幸福,却因为一个人的野心,所有善良公民的期望就此成为泡影"。

理查德·巴克斯特是一位长老派。和埃德蒙·勒德洛一样,理查德·巴克斯特也是护国主坚定的反对者,但态度要温和一些。在他看来,奥利弗·克伦威尔是个好人,只是无法抵挡巨大的诱惑。

奥利弗·克伦威尔的初衷是好的。在他人生的主要过程中也是虔诚忠厚的，是成功和胜利使他堕落。后来，他的宗教热情为野心让位，而野心随着成功不断膨胀。当奥利弗·克伦威尔用胜利击败了所有的反对意见后，他面临着最大的诱惑。而他被诱惑征服了，一如他征服了别人。

奥利弗·克伦威尔就像约翰·弥尔顿笔下的撒旦，即使在堕落之后，"他最初的美德也并未丧失"。作为英格兰的统治者，"奥利弗·克伦威尔的主要目的是行善。他比之前任何人都更能推动上帝的利益"。

18世纪的作家对奥利弗·克伦威尔的评价和之前的作家一样严厉。亚历山大·蒲柏提倡道德修养，反对扬名于世的野心。因此他评论说："奥利弗·克

亚历山大·蒲柏

伏尔泰

伦威尔之名将永刻耻辱柱。"伏尔泰将奥利弗·克伦威尔概括为半无赖半狂热者。大卫·休谟则称奥利弗·克伦威尔为伪善的狂热者。1839年，约翰·福斯特甚至援引了沃尔特·萨维奇·兰道的"毋庸置疑的"论断，认为奥利弗·克伦威尔活着是一个伪君子，死后是一个叛徒。

1845年，托马斯·卡莱尔出版了《奥利弗·克伦威尔的信和演讲集》。对每一位不带偏见的读者来说，这本书有力地驳斥了指责奥利弗·克伦威尔伪善的理论。"他不是满嘴谎言的小人，而是心怀真理的君子"，这是托马斯·卡莱尔的结论。后来的历史学家和传记作家接受了这个观点。至于奥利弗·克伦威尔是不是狂热分子就不那么容易回答了。就像东正教一样,对于狂热一词,不同的人有不同的理解。不只是大卫·休谟,对许多人而言,热心者和狂热者是同义词。显然,奥利弗·克伦威尔不同于大多数政治家,指导他行动的是宗教而不是政治原则。他的政治理想是他的信条的直接结果。这并不是说纯粹的政治考虑对他的政策没有影响,只不过这些影响不是主要因素。

在一次演讲中,奥利弗·克伦威尔明确陈述了他在公共生活中遵循的原则。"我曾经在这个国家担任过好几个不同的职务。我确实竭诚履行对上帝、对上帝的子民、对共和国的责任。"

大卫·休谟

这些话意味着什么？如果有人问奥利弗·克伦威尔，在公共事务中他对上帝的义务是什么，他会回答说，就是执行上帝的意愿。1647年，奥利弗·克伦威尔对军官同仁说："我们都希望将执行上帝的意愿作为我们所有行动的基础。"奥利弗·克伦威尔敦促军官们在行动之前必须深思熟虑，"我们会发现我们所做的就是上帝所想的"。因为莽撞行事会招致违背上帝意图的风险，也就是"与上帝作对"。

然而，在错综复杂的英格兰政治中，人们如何确定上帝的旨意呢？一些清教徒声称他们已经直接获知了上帝的意愿，并将这些个人信念当作上天的旨意。奥利弗·克伦威尔从不这么做。在一次祈祷会上，有人号称他们得到了类似启示。奥利弗·克伦威尔宣布："我不敢说我能奉主之名得到任何启示。"他认为人们或许可以"被神灵告知"，但将这些"神圣的意念和发现"用作政治行动的依据时，必须慎之又慎，因为自欺欺人的危险真实可见。奥利弗·克伦威尔说："我们会轻易地将这些'神圣的意念和发现'叫作信念，但或许这只是世俗的想象。"奥利弗·克伦威尔曾经警告苏格兰的神职人员道，"人们对错误的认知和它的误用有一种世俗的信心"，而这可以被称为"精神上的酗酒"。

就奥利弗·克伦威尔自己而言，他相信"天命"而不是"启示"。既然万事都是由上帝的意志决定的，那么政治家要解决的问题就在于发现事件背后隐藏的目的。当奥利弗·克伦威尔宣布普雷斯顿战役胜利时，他请求议会探询"在我们所有的职责中，上帝体现了什么意志"。他对疑虑重重的朋友罗伯特·哈蒙德上校说："你要在一连串天象中探寻上帝的旨意。"对奥利弗·克伦威尔来说，在每次政治危机中试图解释事件的意义都是采取行动前心理活动的一部分。由于很难确定上帝的真实意图，他常迟迟下不了决心，宁愿多看一会儿，任事态继续发展，等待事态发展更明朗。这种迟缓不是优柔寡断，而是有意中止判断。而一旦他下定决心，就绝不犹豫，勇往直前。他在政治上和在战争中一样雷厉风行。

这种由事件引导的天意感知体系有一定的危险性。在政治上，摇摆不定通常被认为是欺诈的表征，而奥利弗·克伦威尔在政治上的前后不一有目共睹。前一年，他的首要任务是与查理一世达成协议，而后一年则是将查理一世送上断头台。一会儿全力支持建立共和国，一会儿支持建立带有君主制性质的政府。他的政策变化太突然，连朋友都很难为他申辩。一位时事评论家虽然相信奥利弗·克伦威尔的动机，但仍然抱怨他反复无常，缺乏远见，对一件事"一会儿全力以赴，一会儿弃之不顾"。此外，奥利弗·克伦威尔对每一项新政策的执行都表现出极大的热情，这更加剧了这种前后矛盾的影响。这是奥利弗·克伦威尔天性的一部分，就像他的管家提到的"极度暴躁的脾气"。1647年，奥利弗·克伦威尔说："人们常说我操之过急。"他补充说，急躁之人倾向用自己的方式衡量危险，这种方式更多是出于想象而不是真实，有时会欲速不达。这通自我批评不仅相当公正，而且解释了他的一些错误。1653年时，如果奥利弗·克伦威尔能充分意识到强制解散议会会给清教事业带来什么危险，他决不会这么做。

然而，政策短视虽然有损奥利弗·克伦威尔的政治家形象，却有助于维护他的正直。他忙于应付眼前的种种困难，无暇制定一个使自己无懈可击的周密计划。1647年，奥利弗·克伦威尔带着一种惊讶的语气告诉法兰西大使，当一个人不知道自己要去哪里的时候，他的地位是最高的。他对议会说，他早就没有从天命中得到启示了。1656年，奥利弗·克伦威尔说："这些问题和事件不是有所预兆，而是在事务中突然出现。"由于这一系列不可预见的事件，他必须先行一步。而再往前一步，他就被推到护国主的位置上了。他说："我是出于必要才坐到这个位子上的。虽然说是希望做点好事，但更多是为了防止即将到来的伤害和不幸。我确实预见了这种可能。"

奥利弗·克伦威尔自认从未图谋高位，因此，他对"制造了必要条件"的指控更是反感。因为这不仅是对他诚信品质的玷污，而且是在宣扬无神论，仿佛这世界已经任由人类翻云覆雨，而不是归上帝的管辖。人们说"是护国主奥利弗·克伦威尔的阴谋诡计促成了这一切"，而实际上这些伟大的革命是"上帝的革命"。"当你评判一个人时,说他阴险狡诈或是精明圆滑都无妨,但如果你说主的革命是人类发明的产物,可要当心。"

奥利弗·克伦威尔的话发自肺腑。他觉得自己不过是更高权威手中的一件工具。然而,他用如此强大的力量给事件定性,并将他对事件意义的解释强加于事件之上,无论是同时代的人还是历史学家,都不能将他的自由意志范围限制得如此之小。

"过分注重外来的天意"是奥利弗·克伦威尔自己也承认的缺点。他将事件的表象而不是真相作为导向并不能排除他有自欺欺人的可能性,尽管这个可能性微乎其微。正如威廉·莎士比亚所言:"人们可能会按照自己的方式解

威廉·莎士比亚

读事件,却完全脱离事务本身。"奥利弗·克伦威尔有时会误解事实的含义,即使他能充分意识到事实的重要性。他曾经说:"如果事实如此,我们岂能儿戏?"因此,他比党内其他政治家更务实,更缺乏远见。同时,他也更开放,更能适应不断变化的环境和时代的需要。对许多那个时代的政治家来说,遵循老套的政治计划似乎是政治智慧的最高境界。平等派和苏格兰长老会就是典型的例子。盟约者在时势变化、屡次失败的情况下仍然坚持旧模式。对此,奥利弗·克伦威尔认为是没有吸取事件的教训。他对苏格兰的牧师说,盟约者对上帝的伟大启示视而不见,这是固执任性,"因为事务没有按照他们的想法推进,而伟大的上帝也没有降临到他们的思想中"。如果一个人固执地坚持共和制或君主制,他会觉得自己犯了同样的错误。政府形式本身不分好坏。任何一种形式都可能是好的,这取决于当时英格兰的具体情况和人民的感情,也取决于是否对我们的事业更有利及事件揭示的上帝的目的。据报道,奥利弗·克伦威尔曾经说,无论通过任何形式实现目的都合法。如果将"形式"理解为政府的形式,将"目的"理解为政治目的,毫无疑问,奥利弗·克伦威尔就是这么想的。无论他如何改变方法,他的目的都一样。

为了理解奥利弗·克伦威尔的政治目标,有必要讨论他说的维护"上帝子民的利益和共和国的利益"的具体含义。奥利弗·克伦威尔给出的顺序本身就能说明问题。他的责任对象首先是一部分英格兰人,然后才是所有的英格兰人。奥利弗·克伦威尔充满爱国自豪感。在向议会列举国家面临的危险时,奥利弗·克伦威尔曾经总结说,这些危险不会让英格兰人意志消沉。"我确定不会,因为我们是英格兰人,而这就足以说明一切。"在另一个场合,他说:"跟其他民族一样,英格兰人在这世上的声誉会有变化,但与其他国家相比还是高很多。"在几次演讲中,奥利弗·克伦威尔称英格兰人为"世上最好的人民"。他们之所以最好是因为"他们拥有最高贵纯洁的信仰,这是他们的无上荣耀。这就是宗教"。说英格兰人是最好的,还因为在英格兰人中间有另一个民族,"他们是上帝的掌上明珠","上帝的心头挚爱",也是"上帝的子民"。他解释道:"我所说的上帝的子民,指的是在这个国家中各种各样的虔敬的人们。"换句话说,就是所有的清教徒。

奥利弗·克伦威尔认为上帝子民和国家的利益是截然不同的两件事,但这两者并不是不可调和。奥利弗·克伦威尔说:"歌声之所以动听,因为唱的是这两种利益的和谐之歌。如果有人认为两种利益不一致,那是令人同情的空想。"与此同时,上帝子民的自由比公民的自由和国家的利益更重要,"公民的自由和国家的利益次于并且理应次于上帝更特殊的利益。除此之外,上帝已经将最好的事物给予了人类"。宗教自由优先于政治自由。政客们认为:"如果我们能动用聪明才智取得公民自由,那么宗教自由就会随之而来。"奥利弗·克伦威尔强烈谴责他们,认为他们是"犹疑分子","被顾忌所束缚"。政客们并不比那些漠不关心的世俗之人强多少,因为他们永远不可能达到事业所要求的"精神高度"。然而,事实是,一半的共和党人和绝大多数英格兰人都持有被奥利弗·克伦威尔谴责的观点。

奥利弗·克伦威尔希望用宪法治理国家。一个能人有统治芸芸大众的神圣权利。这个理论并没有迷惑奥利弗·克伦威尔。他清醒地认识到,自治是英格兰人民的先辈遗产和天然权利。总体上,他接受将民主作为首要原则,即人民主权的观点,或者用他的话说是"最高权力的基础在于人民,并由人民的代表决定"。奥利弗·克伦威尔不止一次宣称,所有政府的终极目标是被管理者的利益。他声称自己的政府准则是"一切为了人民。为人民的利益着想,完全不考虑其他利益"。然而,人民的政府并不一定意味着由人民管理。奥利弗·克伦威尔说"这是问题所在。为人民着想,而不是取悦他们"。护国制的历史是对这段文字的阐释。为了防止重新陷入无政府状态或复辟斯图亚特王朝,必须建立一个稳定的政府。因此,在可能的情况下,奥利弗·克伦威尔决定在议会的协助下让政府运转。如果不可能,可以不需要议会。如果有必要暂停人民的自由或在没有议会批准的情况下征税,他也不会犹豫。最终,英格兰人会意识到他的行为是为了他们的利益。奥利弗·克伦威尔说:"问问他们是愿意让自由意志毁了他们,还是服从必须服从的事?"他相信人们会给出让他满意的答复。

如果有希望逐渐回归宪政,英格兰人也能默许这种暂时的独裁。他们不能接受的是,为了被奥利弗·克伦威尔称为上帝子民的清教徒少数派的利益,人民主权被永久限制。然而,护国制所有宪法的确立都是为了这个目的。为了这些少数人的利益,《政府文书》限制了议会的权力,使护国主奥利弗·克伦威尔成为宪法的守护者。也是为了清教徒的利益,《谦卑的请愿和建议》重新建立了上议院。如约翰·瑟罗所说,上议院的目的是"确保良好利益不受下议院的不确定性影响"。正如另一位奥利弗·克伦威尔支持者承认的,"下议院的精神不仅与上帝的事业没什么关系,而且不尊重上帝的事业"。

奥利弗·克伦威尔相信,他的政府所带来的切身利益,会将国家的多数派融入少数派的统治当中,并"将人民纳入耶稣基督的利益范围"。因此,人民和"上帝的子民"间长期的敌对将最终达成和解。

这是虚妄的幻想。清教主义徒费精力,妄想用武力使英格兰成为清教主义国家。他们企图转变世界信仰的热情与之一脉相承。支持奥利弗·克伦威尔的党派逐渐发生了变化,失去了许多"有良知的人",却吸引了大量的追名逐利者。这个党派不再是由宗教利益维系的政党,而是由物质利益和政治需要维系的联盟。奥利弗·克伦威尔曾经斥责苏格兰教士"搅入世俗政策,染指世俗权力",妄图建立他们所谓的"基督王国"。奥利弗·克伦威尔警告苏格兰教士,"主承诺的锡安①"不会建造在"这样无节制的砂浆"上。然而,奥利弗·克伦威尔自己也犯了同样的错误,清教主义正是建立在流沙上。因此,随着奥利弗·克伦威尔的去世,护国制消亡,他的努力也因失败宣告结束。与此同时,奥利弗·克伦威尔也取得了巨大成就。由于他的利剑,君主专制没能在英格兰扎根。也由于他的利剑,大不列颠从内战的混乱中崛起,成为一个强大的国家,

---

① 圣典中的耶和华居住之地,是一个正义、忠诚、纯洁的乌托邦,和代表世俗与罪恶的"巴比伦"相对。——译者注

而不再是三个独立的敌对王国。奥利弗·克伦威尔的尝试也并不是完全负面。他的政策思想对英格兰的发展产生了持久的影响。奥利弗·克伦威尔死后三十年,他为之奋斗的宗教自由被正式立法。至于与苏格兰和爱尔兰的联盟,虽然遭到了复辟时期的政治家的破坏,却由18世纪的政治家实现了。奥利弗·克伦威尔渴望确立的海洋控制权和他试图建立的大不列颠帝国,都成为现实。就这样,其他人完善了他设计和尝试的事业。

在奥利弗·克伦威尔的一生中,他都是一个政党拥护者,后人无法接受他民族英雄的身份。然而,在致力于个人事业时,奥利弗·克伦威尔也为国家尽忠。在塑造国家未来方面,没有哪位英格兰统治者比他做得更多。在行动方面,也没有哪位统治者比他更明确地展示出"朴素的英雄气概"。

译名对照表

Life of Cromwell	《奥利弗·克伦威尔与清教徒革命》
Nationary of National Biography	《国家传记辞典》
Clarke Papers	《克拉克文件》
B.V.Darbishire	B.V. 达比希尔
Marston Moor	马斯顿荒原
Earl of Essex	埃塞克斯伯爵
Thomas Cromwell	托马斯·克伦威尔
Henry VIII.	亨利八世
Katherine Cromwell	凯瑟琳·克伦威尔
Putney	普特尼
Morgan Williams	摩根·威廉姆斯
Glamorganshire	格拉摩根郡
Richard Cromwell	理查德·克伦威尔
Huntingdon	亨廷顿
Hinchinbrook	欣钦布鲁克
Benedictine	本笃会
Ramsey	拉姆西
May Day	五朔节
Anne of Cleves	克莱沃的安妮
Westminster	威斯敏斯特
Tower of London	伦敦塔
Gentleman of Privy Chamber	枢密室绅士
Berkeley Castle	伯克利城堡

Henry Cromwell	亨利·克伦威尔
Elizabeth I	伊丽莎白一世
Huntingdonshire	亨廷顿郡
Spanish Armada	西班牙无敌舰队
Major-General Edward Whalley	爱德华·沃利少将
William Hampden	威廉·汉普登
John Hampden	约翰·汉普登
James I	詹姆斯一世
Knight of the Bath	巴斯骑士
Robert Cromwell	罗伯特·克伦威尔
William Lynn	威廉·林恩
Elizabeth Steward	伊丽莎白·斯图尔德
Ely	伊利
William Steward	威廉·斯图尔德
Steward	斯图尔德
Stuart	斯图亚特
Norfolk	诺福克郡
Styward	斯提尔德
St. John's Church	圣约翰教堂
Thomas Beard	托马斯·比尔德
The Theatre of God's Judgments	《上帝审判剧场》
Cambridge	剑桥
Sidney Sussex College	西德尼·苏塞克斯学院
William Laud	威廉·劳德
Puritanism	清教主义
Samuel Ward	塞缪尔·沃德
Gilbert Burnet	吉尔伯特·伯内特
Edmund Waller	埃德蒙·沃勒
Marquess of Montrose	蒙特罗斯侯爵
James Graham	詹姆斯·格雷汉姆
Sir Walter Raleigh	沃尔特·雷利爵士

The History of the World	《世界史》
Elizabeth Bourchier	伊丽莎白·布尔奇尔
Cripplegate	克利伯盖特
St. Giles's Church	圣吉尔斯教堂
Sir James Bourchier	詹姆斯·布尔奇尔爵士
Tower Hill	塔山
Essex	埃塞克斯郡
Felstead	费尔斯特德
Hartford	哈特福德
Charles I	查理一世
Sir Sidney Montague	西德尼·蒙塔古爵士
Duke of Somerset	萨默塞特公爵
Edward Seymour	爱德华·西摩
Earl of Warwick	沃里克伯爵
John Dudley	约翰·达德利
Queen Mary	玛丽女王
Anglican Church	英格兰圣公会
Scotland	苏格兰
Geneva	日内瓦
Presbyterian	长老会
Independency	独立教派
Holland	荷兰
New England	新英格兰
Sion	锡安
Spain	西班牙
Walter Raleigh	华尔特·罗利
Duke of Buckingham	白金汉公爵
George Villiers	乔治·维利尔斯
Baron Burghley	伯利男爵
William Cecil	威廉·塞西尔
John Kingston	约翰·金斯顿

House of Hapsburg	哈布斯堡王朝
France	法兰西
Cadiz	加的斯
Denmark	丹麦
Germany	德意志
Huguenots	胡格诺教派
Sir John Eliot	约翰·艾略特爵士
Isle of Rhe	罗伊岛
Denzil Holles	登齐尔·霍利斯
Petition of Right	《权利请愿书》
John Felton	约翰·费尔顿
Arminianism	阿民念主义
Bishop of Winchester	温彻斯特主教
Dr. William Neile	威廉·尼尔博士
Dr. William Alablaster	威廉·阿拉布拉斯特博士
Forest Laws	森林法
Council of the North	北方议会
The Privy Council	枢密院
The Star Chamber	星室法庭
William Prynne	威廉·普林
Henry Burton	亨利·伯顿
John Bastwick	约翰·巴茨威克
St. George's Channel	圣乔治海峡
Thomas Wentworth	托马斯·温特沃斯
John Pym	约翰·皮姆
Palatinate	普法尔茨
Gustav II Adolf	古斯塔夫二世·阿道夫
Ferdinand II	斐迪南二世
Edward Hyde	爱德华·海德
Breitenfeld	布赖滕费尔德
Count of Tilly	蒂莉伯爵

Johann Tserclaes	约翰·瑟克莱斯
Lützen	吕岑
Simonds D'ewes	西蒙兹·德威尔斯
Edward IV	爱德华六世
Prince Henry	亨利王子
Irish Sea	爱尔兰海
St. Ives	圣艾夫斯
St. Mary's Church	大圣马利亚堂
The glebe house	牧师公馆
Bridget Cromwell	布丽奇特·克伦威尔
Frances Cromwell	弗朗西丝·克伦威尔
Thomas Carlyle	托马斯·卡莱尔
Andrew Marvell	安德鲁·马维尔
Thirty Years War	三十年战争
Austria	奥地利
Leopold I	利奥波德一世
William Shakespeare	威廉·莎士比亚
Charles X	查理十世
The Swedish Intelligencer	《瑞典情报员》
The Swedish Soldier	《瑞典士兵》
Mr. Robert Barnard	罗伯特·巴纳德先生
Brampton	布兰普顿
Earl of Manchester	曼彻斯特伯爵
Edward Montagu	爱德华·蒙塔古
The Great Level	大平面工程
Earl of Bedford	贝德福德伯爵
William Russell	威廉·罗素
Sir Philip Warwick	菲利普·华威克爵士
Somersham	萨默舍姆
Long Parliament	长期议会
John Williams	约翰·威廉姆斯

Bishop of Lincoln	林肯主教
Buckden	巴克登
East Anglia	东英吉利地区
Earl of Warwick	华威克伯爵
Robert Rich	罗伯特·里奇
Connecticut patent	殖民特权
Viscount Saye	赛义子爵
William Fiennes	威廉·费因斯
John Bunyan	约翰·班扬
Meshech	米谢克
Keda	基达
Covenant	《盟约》
Duke of Venice	威尼斯公爵
Marquis of Hamilton	汉密尔顿侯爵
James Hamilton	詹姆斯·汉密尔顿
Alexander Leslie	亚历山大·莱斯利
Treaty of Berwick	《伯威克条约》
Episcopacy	圣公会
John Forster	约翰·福斯特
Walter Savage Landor	沃尔特·萨维奇·兰道
Cumberland	坎伯兰郡
Leith	利斯
Edinburgh	爱丁堡
Lowlands	低地
Prayer-book	《祈祷书》
David Hume	大卫·休谟
Coat-and Conduct-money	服装和行军费
Newcastle	纽卡斯尔
Yorkshire	约克郡
River Tweed	特维德河
Newburn	纽伯恩

River Tyne	泰恩河
Durham	杜伦
Voltaire	伏尔泰
Oliver St John	奥利弗·圣约翰
William Strode	威廉·斯特罗德
Benjamin Rudyard	本杰明·鲁迪亚德
Nathaniel Fiennes	纳撒尼尔·费因斯
Sir Henry Vane	亨利·韦恩爵士
Sir Arthur Haslerig	阿瑟·哈塞里格爵士
Sir Harry Marten	哈里·马滕爵士
Sir Richard Manly	理查德·曼利爵士
High Commission	最高刑事法庭
John Lilburn	约翰·利尔伯恩
Secretary of State	国务秘书
Francis Windebank	弗朗西斯·温德班克
Lord Keeper	掌玺大臣
Earl of Nottingham	诺丁汉伯爵
Heneage Finch	赫尼奇·芬奇
Attainder Bill	《剥夺公民权提案》
Tonnage and Poundage Act	《吨税和磅税法案》
Triennial Act	《三年法案》
Edward III	爱德华三世
Archbishop James Ussher	詹姆斯·尼谢尔大主教
Sir Edward Dering	爱德华·德林爵士
Viscount Falkland	福克兰子爵
Lucius Cary	卢修斯·卡里
Marquess of Argyle	阿盖尔侯爵
Archibald Campbell	阿奇博德·坎贝尔
Dublin Castle	都柏林城堡
Ulster	阿尔斯特
Connaught	康诺特

Wicklow	威克洛
Alexander Pope	亚历山大·蒲柏
Robert Devereux	罗伯特·德弗罗
River Trent	特伦特河
The Grand Remonstrance	《大谏章》
Joab	约押
Abner	押尼珥
Whitehall	白厅
Prince of Orange	奥兰治亲王
William II.	威廉二世
Militia Bill	《民兵提案》
Newmarket	纽马克特
Hull	赫尔
Sir John Hotham	约翰·霍萨姆爵士
Edmond Ludlow	埃德蒙·勒德洛
Nottingham	诺丁汉
Wars of the Roses	玫瑰战争
Marquess of Newcastle	纽卡斯尔侯爵
William Cavendish	威廉·卡文迪许
Lord Goring	戈林勋爵
George Goring	乔治·戈林
Sir Baronet Henry Brooke	亨利·布鲁克男爵
Earl of Holland	霍兰德伯爵
Henry Rich	亨利·里奇
Earl of Pembroke	彭布罗克伯爵
Philip Herbert	菲利普·赫伯特
Earl of Salisbury	索尔兹伯里伯爵
William Cecil	威廉·塞西尔
Wilton	威尔顿
Hatfield	哈特菲尔德
Chester	切斯特

John Milton	约翰·弥尔顿
Manchester	曼彻斯特
Birmingham	伯明翰
Somersetshire	萨默塞特郡
Gloucestershire	格洛斯特郡
Colonel John Hutchinson	约翰·哈钦森上校
Fairfaxes	费尔法克斯家族
Sheffields	谢菲尔德家族
Byrons	拜伦家族
Comptons	康普顿家族
Edgehill	埃奇希尔
Earl of Denbigh	登比伯爵
William Feilding	威廉·费尔丁
Earl of Dover	多佛伯爵
Henry Carey	亨利·凯里
Lord Basil Feilding	巴泽尔·菲尔丁勋爵
Lord Rochford	罗克福德勋爵
John Carey	约翰·凯里
Sir William Waller	威廉·沃勒爵士
Sir Ralph Hopton	拉尔夫·霍普顿爵士
Leicester	莱斯特
Marquess of Hertford	赫特福德侯爵
William Seymour	威廉·西摩
Governor of Portsmouth	朴次茅斯总督
Valentine Walton	瓦伦丁·沃尔顿
John Desborough	约翰·德斯伯勒
Jesus College	耶稣学院
Queen's College	皇后学院
St. John's College	圣约翰学院
Downs fleet	唐斯舰队
Lyme	莱姆

Plymouth	普利茅斯
Walloon	瓦隆
Earl of Worcester	伍斯特伯爵
Edward Somerset	爱德华·萨默塞特
Lord Herbert	赫伯特勋爵
Henry Somerset	亨利·萨默塞特
Prince Rupert	鲁珀特亲王
Northampton	诺桑普顿
Shrewsbury	什鲁斯伯里
William Balfour	威廉·巴尔弗
Earl of Lindsey	林赛伯爵
Robert Bertie	罗伯特·伯蒂
Kineton	凯恩顿
Henry Wilmot	亨利·威尔莫特
Banbury Castle	班伯里城堡
Reading	雷丁
Brentford	布伦特福德
Turnham Green	特南格林
Kingston	金斯顿
Sir Philip Stapleton	菲利普·斯泰普尔顿爵士
Battle of Chalgrove Field	查格罗夫荒原战役
Lord Ferdinando Fairfax	斐迪南多·费尔法克斯勋爵
Sir Thomas Fairfax	托马斯·费尔法克斯爵士
West Riding	西里丁
Battle of Adwalton Moor	阿德瓦尔顿荒原战役
Bradford	布拉德福德
Bridlington	布里德灵顿
Cornishmen	康沃尔人
Braddock Down	布拉多克顿
General Patrick Ruthven	帕特里克·鲁斯温将军
Stratton	斯特拉顿

Lord Stamford	斯坦福德勋爵
Henry Grey	亨利·格雷
Prince Maurice	莫里斯王子
Bath	巴斯
Lansdown	兰斯顿
Devizes	迪韦齐斯
Roundway Down	兰德威顿
Kent	肯特
Bristol	布里斯托尔
Fabian tactics	费边战术
Colonel Edward Massey	爱德华·梅西上校
Newbury	纽伯里
Dorsetshire	多塞特郡
Lancashire	兰开夏郡
Norfolk	诺福克郡
Suffolk	萨福克郡
Hertfordshire	赫特福德郡
Lincolnshire	林肯郡
St. Albans	圣奥尔本斯
Helmuth Karl Bernhard von Moltke	赫尔穆特·卡尔·贝恩哈特·冯·毛奇
Lord Arthur Capel	阿瑟·卡佩尔勋爵
Lowestoft	洛斯托夫特
Lynn	林恩
Crowland	克洛兰
The New Model Army	新模范军
Richard Baxter	理查德·巴克斯特
Norwich	诺威奇
Anabaptists	重浸派教徒
Committee of Suffolk	萨福克委员会
Bulstrode Whitelocke	布尔斯特罗德·怀特洛克
Grantham	格兰瑟姆

Derbyshire	德比郡
John Hotham	约翰·霍瑟姆
Newark	纽瓦克
Stamford	斯坦福德
Burleigh House	伯利庄园
Peterborough	彼得伯勒
Gainsborough	盖恩斯伯勒
Lord Francis Willoughby	弗朗西斯·威洛比勋爵
Colonel Charles Cavendish	查尔斯·卡文迪许上校
Major Edward Whalley	爱德华·威利少校
Captain Edward Ayscough	爱德华·艾斯卡夫上尉
Isle of Ely	伊利岛
Boston	波士顿
River Humber	亨伯河
Saltfleet	索尔特弗利特
Lord Thomas Widdrington	托马斯·威德灵顿勋爵
Sir John Henderson	约翰·亨德森爵士
Winceby	温斯比
Committee of Both Kingdoms	两国委员会
Committee of Safety	安全委员会
Robert Baillie	罗伯特·拜利
Earl of Ormond	奥蒙德伯爵
James Butler	詹姆斯·巴特勒
The Solemn League and Covenant	《庄严联盟和盟约》
Earl of Leven	利文伯爵
Nantwich	南特威奇
Lord John Byron	约翰·拜伦勋爵
Hampshire	汉普郡
Cheriton	切里顿
Sussex	萨塞克斯郡
Abingdon	阿宾顿

River Ouse	乌斯河
Tockwith	托克维斯
Marston	马斯顿
Roundhead	圆颅党
David Leslie	大卫·莱斯利
Major-General Lawrence Crawford	劳伦斯·克劳福德少将
Leeds	利兹市
Sir Charles Lucas	查尔斯·卢卡斯爵士
John Maitland	约翰·梅特兰
Ludovic Lindsay	卢多维克·林赛
Flodden	弗洛登
Newport	纽波特
Sheffield Castle	谢菲尔德城堡
Battle of Cropredy Bridge	克罗普迪桥战役
Lostwithiel	洛斯特威西尔
Philip Skippon	菲利普·斯基彭
Donnington Castle	唐宁顿城堡
Cornwall	康沃尔
Wallingford	华林福德
Berkshire	伯克郡
Assembly of Divines	宗教大会
John Maynard	约翰·梅纳德
Weymouth	韦茅斯
Taunton	陶顿
Windsor	温莎
Islip	伊斯利普
Hereford	赫里福德
Blechington House	布莱辛顿庄园
Bampton-in-the-Bush	班普顿
Faringdon	法灵顿
Faringdon House	法灵顿庄园

Hawkesley House	霍克斯利庄园
Pontefract	庞蒂弗拉克特
Harborough	哈伯勒
Colonel Henry Ireton	亨利·艾尔顿上校
Sir Marmaduke Langdale	马默杜克·兰代尔爵士
Bridgwater	布里奇沃特
River Yeo	约河
River Parret	帕雷特河
Langport	兰波特
Major Hugh Bethell	休·贝瑟尔少校
Napier	纳皮尔
Devon	德文郡
Sherborne Castle	舍伯恩城堡
Napoleon Bonaparte	拿破仑·波拿巴
Wiltshire	威尔特郡
Laycock House	莱科克庄园
Winchester	温彻斯特
Basing House	贝辛宫
Marquis of Winchester	温彻斯特侯爵
John Paulet	约翰·波利特
Psalms	《诗篇》
Exeter	埃克塞特
Prince of Wales	威尔士亲王
Charles	查理
Tippermuir	蒂珀缪尔
Aberdeen	阿伯丁
Inverlochy	因弗洛奇
Auldearne	欧尔迪尔内
Alford	阿尔福德
Kilsyth	基尔西斯
Glasgow	格拉斯哥

Philiphaugh	菲利普豪赫
Raglan Castle	拉格兰城堡
Rowton Heath	罗顿荒原
Major-General Sydnam Poyntz	锡德南·波因茨少将
Earl of Bristol	布里斯托尔伯爵
George Digby	乔治·迪格比
Sir Richard Grenville	理查德·格伦维尔爵士
Duke of Lorraine	洛林公爵
Charles IV	查理四世
Bovey Tracey	博维特蕾西
Lord Thomas Wentworth	托马斯·温特沃斯勋爵
Dartmouth	达特茅斯
North Devon	北德文郡
Torrington	托灵顿
Channel Islands	海峡群岛
Marquess of Worcester	伍斯特侯爵
Julius Caesar	尤利乌斯·恺撒
Monmouthshire	蒙茅斯郡
Raglan Castle	拉格伦城堡
Denbigh Castle	登比城堡
Harlech Castle	哈莱克城堡
Drury Lane	德鲁里街
King Street	国王街
Commissary-General Henry Ireton	亨利·艾尔顿准将
Northamptonshire	北安普敦郡
John Claypole	约翰·克莱波尔
Cheshunt	切斯亨特
John Robinson	约翰·鲁滨孙
Seekers	探索者
Finder	发现者
Amsterdam	阿姆斯特丹

Apostolic succession	使徒继承制度
Holmby House	霍尔姆比庄园
Newcastle Proposition	《纽卡斯尔提议》
Dublin	都柏林
Covent Garden	科文特花园
Elector Palatine	普法尔茨选帝侯
Charles Louis	查理·路易
Saffron Walden	萨弗隆瓦尔登
Harry	哈利
Colonel Graves	格拉夫斯上校
Cornet Joyce	科内特·乔伊斯
Kentford Heath	肯特福德荒原
Council of the Army	军事议会
Wycombe	威康比
Hounslow	豪恩斯洛
Guildhall	市政厅
Heads of the Proposals	《大倡议书》
Henry Marten	亨利·马滕
Colonel Thomas Rainsborough	托马斯·雷恩巴勒上校
Ahab	亚哈
Jonah	约拿
Knight of the Garter	嘉德骑士
Levellers	平等派
John Wildman	约翰·威德曼
The Agreement of the People	《人民公约》
Zeruiah	洗鲁雅
Hampton Court	汉普顿宫
Isle of Wight	怀特岛
Carisbrooke Castle	卡里斯布鲁克城堡
Colonel Robert Hammond	罗伯特·哈蒙德上校
Jersey	泽西岛

The Engagement	《协约》
Duke of York	约克公爵
James	詹姆斯
Pembroke Castle	彭布罗克城堡
Colonel John Poyer	约翰·波耶上校
Colonel Rowland Laugharne	罗兰·拉法恩上校
Colonel Thomas Horton	托马斯·霍顿上校
St. Pagans	圣帕甘
Chepstow	契普斯托
Colonel Isaac Ewer	艾萨克·尤尔上校
Tenby	坦比
Maidstone	梅德斯通
Earl of Norwich	诺威奇伯爵
Sir John Russell	约翰·罗素爵士
Thames	泰晤士河
Colchester	科尔切斯特
St. Neots	圣尼茨
Mersea	默西岛
Major-General John Lambert	约翰·兰伯特少将
Chippenham	切本哈姆
Sir Philip Musgrave	菲利普·马斯格雷夫爵士
Cumberland	坎伯兰郡
Pontefract Castle	庞蒂弗拉克特城堡
Scarborough	斯卡伯勒
Appleby	阿普尔比
Gloucester	葛洛斯特
Knaresborough	克纳斯伯勒
Skipton	斯基普顿
Gisburn	吉斯本
Ribble	里布尔
Hodder Bridge	霍德桥

Preston	普雷斯顿
Westmoreland	威斯特摩兰
Stonyhurst	斯托尼赫斯特
Earl of Callendar	卡伦德伯爵
James Livingston	詹姆斯·利文斯顿
General John Middleton	约翰·米德尔顿将军
Wigan	维冈
Kirby Lonsdale	柯比朗斯代尔
Major-General George Monro	乔治·蒙罗少将
Ulster	阿尔斯特
Jove	朱庇特
River Darwen	达尔温河
Major-General William Baillie	威廉·拜利少将
Colonel Francis Thornhaugh	弗朗西斯·索恩豪上校
Warrington	沃灵顿
Winwick	温威克
Cheshire	柴郡
Baron Byron	拜伦男爵
John Byron	约翰·拜伦
Staffordshire	斯塔福德郡
Uttoxeter	尤托克塞特
Colonel Ralph Ashton	拉尔夫·阿什顿上校
Henry V	亨利五世
Battle of Agincourt	阿金库尔战役
Scottish Committee of Estates	苏格兰阶层委员会
Orcades	奥凯德
Sir George Lisle	乔治·莱尔爵士
Remonstrance	《抗议宣言》
Treaty of Newport	《纽波特条约》
Hurst Castle	赫斯特城堡
Colonel Thomas Pride	托马斯·普赖德上校

St. James's	圣詹姆斯宫
Painted Chamber	绘厅
Algernon Sidney	阿尔杰农·西德尼
Courts of Chancery	大法官法庭
Court of King's Bench	国王法庭
Serjeant John Bradshaw	萨金特·约翰·布拉德肖
John Lisle	约翰·莱尔
William Say	威廉·赛伊
Colonel Richard Ingoldsby	理查德·印戈尔兹比上校
Bishop William Juxon	威廉·朱克森主教
Duke of Gloucester	格洛斯特公爵
Henry Stuart	亨利·斯图亚特
Thomas Herbert	托马斯·赫伯特
Colonel Daniel Hacker	丹尼尔·哈克上校
St. James's Park	圣詹姆斯公园
Philip Henry	菲利普·亨利
Charing Cross	查令十字街
Duke of Richmond	里士公爵
James Stewart	詹姆斯·斯图亚特
Earl of Southampton	南安普敦伯爵
Thomas Wriothesley	托马斯·赖奥斯利
St. George's Chapel	圣乔治小礼拜堂
Jane Seymour	简·西摩
Thomas Scot	托马斯·斯科特
Great Seal	大印章
Thomas Hobbes	托马斯·霍布斯
James Harrington	詹姆斯·哈林顿
Council of State	国务委员会
Tenure of Kings and Magistrates	《国王和行政官的任期》
Jean-Jacques Rousseau	让-雅克·卢梭
Moses	摩西

United Provinces	尼德兰联合省
States-General	荷兰议会
Charles II	查理二世
Walter Strickland	瓦尔特·思特里克兰德
Dr. Issac Dorislaus	埃萨克·多利斯劳斯博士
The Hague	海牙
Stadtholder	总督
William II	威廉二世
House of Orange	奥兰治王朝
Jules Mazarin	朱尔斯·马扎林
Francis Cottington	弗兰西斯·卡廷顿
Antony Ascham	安东尼·阿斯克姆
Madrid	马德里
Eikon Basilike	《国王圣像》
Dr. John Gauden	约翰·高登博士
Eikonoklastesy	《偶像破坏者》
Isle of Man	曼岛
Endymion	恩底弥翁
Scilly	锡利群岛
Mediterranean	地中海
Azores	亚速尔群岛
Roman Senate	罗马长老院
Pyrrhus	皮拉斯
Hannibal Barca	汉尼拔·巴卡
Robert Blake	罗伯特·布莱克
Robert Deane	罗伯特·迪恩
Edward Popham	爱德华·波普汉姆
Admiralty Committee	海事委员会
Board of Navy Commissioners	海军委员董事会
Council of Agitators	鼓动者委员会
Phineas	非尼业斯

Dunbar	邓巴
Baron Inchiquin	因奇奎恩男爵
Murrough O'Brien	穆罗·奥布莱恩
Munster	明斯特
Confederated Catholics	天主教同盟
Papal Nuncio	教廷大使
Giovanni Rinuccini	乔万尼·里努西尼
Caesar	恺撒
Ulster Presbyterians	阿尔斯特长老会
Owen Roe	欧文·罗伊
Londonderry	伦敦德里
Sir Charles Coote	查尔斯·库特爵士
Colonel George Monk	乔治·蒙克上校
Dundalk	邓多克
Colonel Michael Jones	迈克尔·琼斯上校
Dungan's Hill	邓根山
Drogheda	德罗赫达
Rathmines	拉斯敏斯
Wexford	韦克斯福德
St. James	圣詹姆斯
Trim	特里奇
Ross	罗斯
Waterford	沃特福德
Cork	科克
Youghal	尤格尔
Kinsale	金赛尔
Bandon	班登
Cape Clear	克利尔角
Cashel	卡西尔
Cahir	卡希尔
Kilkenn	基尔肯尼

Hugh O'Neill	休·奥尼尔
Clonrnel	克伦梅尔
Limerick	利默里克
Scariffhollis	斯卡里夫霍利斯
Marquess of Clanricarde	克兰卡德侯爵
Ulick Burke	乌利克·伯克
Cynthia	辛西娅
Lucy Apsley	露西·阿普斯利
Galway	戈尔韦
Edmund Spenser	埃德蒙·斯宾塞
Peregrine Spenser	佩莱格林·斯宾塞
Fairy Queen	《仙后》
Dialogue on the State of Ireland	《关于爱尔兰现状的对话》
Mrs.Hutchinson	哈钦森夫人
Barbadoes	巴巴多斯群岛
Innis-boffin	茵尼斯伯菲岛
Archbishopric of Dublin	都柏林大主教辖区
St. Patrick	圣帕特里克教堂
Trinity College	三一学院
John Cooke	约翰·库克
Parliament of the Three Nations	三国议会
Instrument of Government	《政府文书》
Navigation Act	《航海法案》
William III	威廉三世
William Lecky	威廉·莱基
Breda	布雷达
Tolbooth	托尔斯波特
Orkneys	奥克尼斯
Caithness	凯斯内斯
Sutherland	萨瑟兰
Carbisdale	卡比斯代尔

Major Archibald Strachan	阿奇博德·斯特拉坎少校
Assynt	阿森特
Neil Macleod	尼尔·麦克劳德
Calton Hill	卡尔顿山
Doon Hill	杜恩山
Copperspath	科珀斯帕斯
River Brock	布罗克河
Broxmouth House	布罗克斯茅斯庄园
Noll	诺尔
Colonel Gilbert Ker	吉尔伯特·克尔上校
Whigs	辉格党
Lanarkshire	拉纳克郡
Patrick Gillespie	帕特里克·吉莱斯皮
James Guthry	詹姆斯·古斯里
The Remonstrants	抗议者
Scone	斯昆
Act of Classes	《阶级法案》
Blackness Castle	黑暗城堡
Tantallon Castle	坦特伦城堡
River Forth	弗斯河
Fife	法夫
Sir John Brown	约翰·布朗爵士
Inverkeithing	因弗凯辛
Perth	珀斯
Earl of Derby	德比伯爵
James Stanley	詹姆斯·斯坦利
James Quin	詹姆斯·奎恩
Colonel Robett Lilburn	罗伯特·利尔伯恩上校
Evesham	伊夫舍姆
River Severn	塞文河
River Teame	蒂姆河

Brighton	布赖顿
Alyth	埃利斯
Dundee	邓迪
The Orkneys	奥克尼群岛
Dunnottar Castle	邓诺特城堡
Earl of Glencairn	格伦凯恩伯爵
William Cunningham	威廉·坎宁安
Orlando Gibbons	奥兰多·吉本斯
General Assembly	苏格兰宗教大会
Robert Blair	罗伯特·布莱尔
John Nichol	约翰·尼科尔
Scottish Council of Nine	苏格兰九人委员会
Hugh Peters	休·彼得斯
Matthew Hale	马修·黑尔
John Owen	约翰·欧文
Mahometanism	伊斯兰教
Lisbon	里斯本
Tagus	塔古斯
Malaga	马拉加
Cartagen	卡塔赫纳
Toulon	土伦
Sir John Grenville	约翰·格伦维尔爵士
Scilly Islands	锡利群岛
Guernsey	根西岛
Sir George Carteret	乔治·卡特莱特爵士
Sir George Ayscue	乔治·埃斯丘爵士
Barbadoes	巴巴多斯群岛
Virginia	弗吉尼亚
Maryland	马里兰
Treaty of Westphalia	《威斯特伐利亚条约》
Frondc	投石党

Levant	黎凡特
Prince of Conde	康德亲王
Louis de Bourbon	路易·德·波旁
Cardinal De Retz	德雷茨枢机主教
Jean François Paul de Gondi	让-弗朗索瓦·保罗·德·贡迪
Dunkirk	敦刻尔克
Dover	多佛
Louis XIV	路易十四
Walter Strickland	沃尔特·斯特里克兰
Baltic	波罗的海
Amboyna Massacre	安博尼亚大屠杀
Maarten Tromp	马尔腾·特罗普
Dungeness	邓杰内斯海峡
Portland	波特兰
Elba	厄尔巴岛
Leghorn	里窝那
Incumbrances	财产抵押权
Bill for a New Representative	《新代表提案》
Fifth Monarchy Men	第五君主派
Assyrian	亚述
Persian	波斯
Macedonian	马其顿
Court of Chancery	大法官法庭
Blackfriars	黑衣修士区
Colonel William Sydenham	威廉·西德纳姆上校
Old Francis Rouse	弗朗西斯·劳斯
Daniel	但以理
Napoleon Bonaparte	拿破仑·波拿巴
Oceana	《非营利组织》
Thomas Hobbe	托马斯·霍布
Abraham Cowley	亚伯拉罕·考利

John Cleveland	约翰·克利夫兰
Brian Walton	布莱恩·沃尔顿
Prelatist	主教派
Manasseh Ben Israel	玛拿西·本·以色列
Quakers	贵格会
George Fox	乔治·福克斯
Humble Petition and Advice	《谦卑的请愿和建议》
James Naylor	詹姆斯·内勒
John Biddle	约翰·比德尔
Blasphemy Act	《亵渎法案》
St. Mary's Castle	圣玛丽城堡
John Rogers	约翰·罗杰斯
Mr. Greatheart	心灵先生
Queen Christina	克里斯蒂娜女王
Gustavus I	古斯塔夫一世
Calais	加莱
Edict of Nantes	《南特敕令》
John Thurloe	约翰·瑟罗
William Penn	威廉·佩恩
Grand Duke of Tuscany	托斯卡纳大公
Ferdinando II de' Medici	斐迪南多·德·美第奇
Clement IX.	克莱门特九世
Dey of Algiers	阿尔及尔总督
Dey of Tunis	突尼斯总督
Porto Farina	法利纳港
Regent of Savoy	萨沃伊摄政
Vaudois	沃多伊斯人
Piedmontese	皮埃蒙特人
Nice	尼斯
Villa Franca	弗兰卡村庄
Treaty of Pignerol	《皮格纳尔条约》

Hispaniola	伊斯帕尼奥拉岛
Karl X Gustav	卡尔十世·古斯塔夫
Brandenburg	勃兰登堡
Gibraltar	直布罗陀海峡
Teneriffe	特内里费
Santa Cruz	圣克鲁斯
Philip IV	腓力四世
Flanders	佛兰德斯
Mardyke	马尔戴克
Sir John Reynolds	约翰·雷诺兹爵士
Boulogne	布洛涅
Viscount Turenne	特伦纳子爵
Henri de La Tour d'Auvergne	亨利·德·拉图尔·奥维涅
Sir William Lockhart	威廉·洛克哈特爵士
John of Austria	约翰
Bremen	不莱梅
Copenhagen	哥本哈根
Roeschild	罗斯柴尔德
Samuel Morland	塞缪尔·莫兰
Thomas Sprat	托马斯·斯帕拉特
John Dryden	约翰·德莱顿
Samuel Pepys	塞缪尔·佩皮斯
George Wither	乔治·威瑟
Don Quixote	堂吉诃德
Virginian Company	弗吉尼亚公司
Mayflower	"五月花"号
Massachusetts	马萨诸塞
New Haven	纽黑文
Sir William Berkeley	威廉·伯克利爵士
Edward Winslow	爱德华·温斯洛
William Hooke	威廉·胡克

Major Robert Sedgwick	罗伯特·塞奇威克少校
Captain John Leverett	约翰·莱弗里特上尉
Acadia	阿卡迪亚
Fort of St. John's	圣约翰堡
Port Royal	皇家港口
River Penobscot	佩诺布斯科特河
River St. Lawrence	圣劳伦斯河
Tortuga	托图加
Carthagena	迦太基纳
Mosquito Coast	蚊子海岸
New Providence	新普罗维登斯岛
Santa Cruz	圣克鲁斯
Cuba	古巴
General Robert Venables	罗伯特·维纳布尔斯将军
Peru	秘鲁
Porto Bello	波托贝洛
Havana	哈瓦那
St. Kitts	圣基茨岛
San Domingo	圣多明戈
Major-General James Heane	詹姆斯·希恩少将
Jamaica	牙买加
St. Jago de la Vega	圣杰戈德拉维加
Major-General Fortescue	福特斯库少将
Vice-Admiral William Goodson	海军中将威廉·古德森
Daniel Gookin	丹尼尔·古金
Bermudas	百慕大群岛
Nevis	尼维斯岛
Major-General William Brayne	威廉·布雷恩少将
Colonel Edward Doyley	爱德华·杜利上校
Santa Martha	圣塔玛莎
Riohacha	里奥阿查

Captain Christopher Mings	克里斯托夫·明斯上尉
Venezuel	委内瑞拉
Coro	科罗
Cuman	库马纳
Santiago	圣地亚哥
Rio Nova	里约热内卢
Axel Oxenstierna	阿克塞尔·乌克森谢纳
Major-General Robert Overton	罗伯特·奥弗顿少将
Major John Wildman	约翰·维尔德曼少校
Colonel John Penruddock	约翰·彭鲁多克上校
Sir Joseph Wagstaff	约瑟夫·瓦格斯塔夫爵士
South Molton	南莫尔顿
Sir Richard Newdigate	理查德·纽迪盖特爵士
Francis Thorpe	弗朗西斯·索普
Twysden	特维斯登
Magna Carta	《大宪章》
Sir Henry Rolle	亨利·罗尔爵士
Edmund Calamy	埃德蒙·卡拉米
A Healing Question Propounded	《提出一个可解的问题》
James Naylor	詹姆斯·内勒
Lord Broghil	布罗吉尔勋爵
Miles Sindercombe	迈尔斯·辛德康贝
Edward Ashe	爱德华·阿什
Alderman Pack	奥尔德曼·帕克
Cain	该隐
Anthony Ashley Cooper	安东尼·阿什利·库珀
Viscount Fauconberg	福肯贝格子爵
Thomas Belasyse	托马斯·贝拉西
Major-General William Packer	威廉·帕克少将
Lieutenant-Colonel Edward Sexby	爱德华·塞斯比中校
Miles Sindercombe	迈尔斯·辛德库姆

Killing No Murder	《刺杀非谋杀》
John Maidston	约翰·梅德斯顿
George Fox	乔治·福克斯
Somerset House	萨默塞特宫
The Rump Parliament	残余议会
John Winthrop	约翰·温思罗普
John Evelyn	约翰·伊夫林
Strand	河岸街
Captain Silius Titus	西利乌斯·提图斯上尉
Holborn	霍尔本
Red Lion Inn	红狮旅馆
Tyburn	泰伯恩
Lady Fauconberg	福肯贝格夫人
Mary Cromwell	玛丽·克伦威尔
Newburgh Abbey	纽堡修道院
Connaught Square	康诺特广场
Peter Lely	彼得·莱利
Samuel Cooper	塞缪尔·库珀
Robert Walker	罗伯特·沃克
Sir Oliver Fleming	奥利弗·弗莱明爵士
Hounslow Heath	亨斯洛荒原
Arabs	阿拉伯马
Barbs	柏布马
Count of Oldenburg	奥尔登堡伯爵
Anthony Günther	安东尼·甘瑟